U0688645

· 毛泽东谈文论史全编 ·

顾 问：龙新民 郑欣淼 陈 晋 阎晓宏

评说中国古代文人墨客

MAOZEDONG PINGSHUO ZHONGGUO
GUDAI WENREN MOKE

毕桂发 主 编

毕国民 副主编

中国文史出版社

图书在版编目（CIP）数据

毛泽东评说中国古代文人墨客 / 毕桂发主编 . —— 北京：中国文史出版社，2023.12
（毛泽东谈文论史全编）

ISBN 978-7-5205-4558-7

Ⅰ . ①毛… Ⅱ . ①毕… Ⅲ . ①毛泽东著作研究②历史人物 – 人物评论 – 中国 –
古代 Ⅳ . ① A841.692 ② K820.2

中国国家版本馆 CIP 数据核字 (2023) 第 244880 号

责任编辑：窦忠如
特约编辑：王德俊　窦广利　赵增越　张幼平　邓文华　张永俊

出版发行：中国文史出版社
社　　址：北京市海淀区西八里庄路 69 号院　邮编：100142
电　　话：010-81136606　81136602　81136603（发行部）
传　　真：010-81136655
印　　装：廊坊市海涛印刷有限公司
经　　销：全国新华书店
开　　本：787 毫米 × 1092 毫米　1/16
印　　张：24.5
字　　数：362 千字
版　　次：2024 年 1 月北京第 1 版
印　　次：2024 年 8 月第 3 次印刷
定　　价：85.00 元

文史版图书，版权所有，侵权必究。
文史版图书，印装错误可与发行部联系退换。

总　序

2023 年 12 月 26 日，是中国人民的伟大领袖毛泽东同志诞辰 130 周年。经过多年酝酿策划和组织编撰，我们于今年正式出版发行《毛泽东谈文论史全编》（以下简称《全编》）以示隆重纪念。

十年前，习近平总书记在纪念毛泽东同志诞辰 120 周年座谈会上的重要讲话中指出："毛泽东同志是伟大的马克思主义者，是伟大的无产阶级革命家、战略家、理论家，是马克思主义中国化的伟大开拓者，是近代以来中国伟大的爱国者和民族英雄，是党的第一代领导核心，是领导中国人民彻底改变自己命运和国家面貌的一代伟人。"同时，毛泽东同志又是世所公认的伟大的文学家、史学家、诗人和作家。在深入学习贯彻党的二十大精神、纪念毛泽东同志诞辰 130 周年的重要时间节点上，组织编撰出版这一大型项目图书，为人们缅怀毛泽东同志的丰功伟绩，学习毛泽东同志的伟人品格、政治智慧和文化思想，提供了一套非常重要的文化历史资料；对于弘扬中华优秀传统文化，学习贯彻党的二十大报告中关于"推进文化自信自强，铸就社会主义文化新辉煌"的重要精神，具有十分宝贵的启示和积极的意义。

在组织编撰这部大型项目图书的过程中，我们坚持以习近平新时代中国特色社会主义思想为指导，认真学习党中央关于历史问题的三个决议精神，特别是十九届六中全会通过的《中共中央关于党的百年奋斗重大成就和历史经验的决议》精神，对全部书稿的政治观点和思想内容进行了认真把关，使其符合三个决议精神，也符合习近平总书记十年来有关论述毛泽东同志历史功绩和毛泽东思想指导地位的重要讲话精神，以及关于学习党史国史和弘扬中华传统文化的重要讲话精神。

《全编》计 27 种 40 册 1500 万字。编撰者耗费数十年心血收集、整理、阐析、赏评，把毛泽东在各个时期的文章、诗词、书信、讲话、谈话中引用、化用、批注、圈阅、点评、编选的古今人物和文史作品，把毛泽东传记、年谱、回忆录中提及或引用和评点的古今人物和文史作品，即使片言只语、寸缣尺楮也收集入册，希望能够集散为专、分门别类，尽量避免遗珠之憾，力求内容全面系统、表述科学客观。

这部《全编》有以下几个特点：

资料齐全。毛泽东同志一生酷爱读书，可以说是博览群书、通古贯今。他曾说："饭可以一日不吃，觉可以一日不睡，书不可以一日不读。"他熟读《二十四史》《资治通鉴》等中国历代著名历史著作，熟读中国历代优秀的诗词文学作品，且不动笔墨不读书，读书时做了大量批注和圈画，还常常在自己的文章、诗词、讲话、谈话中引经据典、巧妙运用，真可谓博学约取、学以致用。这就给我们留下了浩如烟海的珍贵史料。在编著这部《全编》时，我们想最大限度地收集、整理、汇编其所涵盖的各个方面的文献史料，力争做到文献可靠、史料精准，可读性、知识性和趣味性兼具，使其成为研究毛泽东思想特别是毛泽东文化思想的重要资料。

分类精细。毛泽东同志喜欢中国古代文学，阅读、圈评了大量各类体式的文学作品，他的诗词创作尤为脍炙人口。因此，收录《全编》中关于毛泽东同志的文史资料，浩瀚如海，编撰者都进行了认真严格的划分整理，将其分三辑，文学类就有两辑，所占分量最大。比如，编撰者将其细分为评点名诗、名词、散曲、辞赋、小说、散文、戏曲的"毛泽东同志评点中国传统文化赏析"7 种 19 册，以及《跟着毛泽东学诗词》《毛泽东诗话》《周世钊论毛泽东诗词》《毛泽东致周世钊书信手迹》与毛泽东读唐诗、宋词、元曲、古文等的"毛泽东与中国诗词曲赋"8 种 9 册。

评述允当。在这部《全编》中，编撰者将每篇作品分为毛泽东评点、人物、事件评述或毛泽东评点、原文和赏析，力求评述或赏析允妥、适当，即深刻理解毛泽东原文含义，紧扣毛泽东的评点，不作过多发挥，文字力求简明生动。同时，编撰者注重史料收集整理的文献性，兼顾知识性和趣味性，这就使得这部大型项目图书兼具很强的可读性。

这部《全编》还有一个最突出的重要特点，那就是比较集中地梳理和呈现了毛泽东同志的历史自信和文化自信。习近平总书记在纪念毛泽东同志诞辰 120 周年座谈会上的讲话中明确指出，毛泽东同志"是马克思主义中国化的伟大开拓者，是近代以来中国的爱国者和民族英雄"。这个评价反映在毛泽东同志学习和运用、继承和发展中华优秀传统文化方面，鲜明地体现为他的历史自信和文化自信。因此，我们认为这部《全编》的编撰出版，有益于读者更深入体会党的二十大报告论述的"坚持和发展马克思主义，必须同中华优秀传统文化相结合"的重大论断。在这部《全编》中，有关毛泽东圈阅、评点历史人物和文史作品的材料，就很具体地体现了他作为"马克思主义中国化的伟大开拓者"，是如何运用马克思主义的世界观和方法论，去激活中华优秀传统文化的；又是如何通过继承、运用和发挥中华优秀传统文化，为坚持和发展马克思主义提供深厚滋养的。

　　《全编》除了引用毛泽东同志的相关评点外，主要篇幅是介绍、叙述和评论毛泽东同志评点的对象即历史人物和文史作品，所引毛泽东的评点内容都出自公开的出版物并注明出处。从目前已出版的各类关于毛泽东同志的书籍来看，这是目前更加全面系统反映伟人毛泽东同志的一部大型丛书，但每册又可独立成书，以满足不同读者的阅读喜好与多样需求。当然，限于编撰者的水平和时间，这部《全编》的体例编排和文字表述等方面还有改进和完善空间，恳请专家学者和广大读者朋友不吝批评指正。

《毛泽东谈文论史全编》编委会

2023 年 12 月 18 日

目　录

屈原是位『天才诗人』

【传略】

屈原（约前340—约前278），名平，字原；又自云名正则，字灵均，丹阳（今湖北秭归）人，战国末年楚国政治家、诗人。

屈原的远祖是颛顼高阳氏。据《史记·楚世家》记载，高阳氏六代孙名季连，是楚的创业始祖，姓芈（mǐ 米）。周成王时季连的曾孙熊绎受封于楚，居丹阳，传至熊通（一作达），就是楚武王。其子瑕，封采邑于屈，子孙就以屈为氏。屈原的父亲，《离骚》中称其名为"伯庸"，另外，传说屈原还有一姊。

屈原出身于楚国贵族，博闻强记，通晓国家兴盛衰亡的道理，擅长外交辞令。楚怀王即位之初，想改革朝政，振兴楚国，非常信任屈原，让屈原担任左徒（官名）。左徒是参与国家内政外交的要职，屈原因此能和楚王讨论国家大事，制定法令，接待宾客，办理诸侯国的事务，很受楚王的信赖。屈原很有政治抱负，想通过楚怀王来实现自己的政治理想。他主张举贤授能，立法富国，联齐抗秦，进而统一中国。屈原的变法主张得罪了楚国众多守旧的大夫们。与他官职相等的上官大夫，妒忌屈原的贤能。为在楚怀王面前争宠，有一次，怀王让屈原制定国家的法令，屈原起了草稿，还没有最后定稿，上官大夫见了想夺为己有，屈原不肯给他，因而他向楚怀王进谗言说："大王让屈原制定法令，无人不知，每颁布一项法令，屈原自夸有功，说是除了我别人都做不出来。"怀王听了非常生气，从此，便疏远了屈原。

屈原痛心怀王不能明辨是非，小人的谗言蒙蔽了怀王的眼睛，邪恶小人对公正无私的人这样损害，端方正直的人反而不为朝廷所容，所以忧愁沉郁写成了《离骚》。离骚就是遭受忧患的意思。上天是造物主，父母是人的根本。人们到了困难境地就追念根本，所以劳苦疲倦不堪时，没有不呼喊上天的；内心极度痛苦时，没有不呼喊爹娘的。屈原秉持公心，行为正直，竭尽忠诚、智能侍奉君主，却遭到谗人的挑拨离间，他的处境可以说是困窘到极点了。屈原对楚怀王守信义，尽忠诚，反而受到楚怀王怀疑，遭到小人诽谤，怎能没有怨恨呢？屈原创作《离骚》，就是由这种怨愤心情产生的。《诗经·国风》里的诗歌虽咏恋情，但不至于荒嬉无度；《诗经·小雅》里的篇章虽流露怨恨讥讽，但不主张公开进行叛乱。像《离骚》这首长诗，可以说是兼而有之。这首诗对上古曾提到帝喾，对近古曾说到齐桓公，对中古说及商汤王、周武王，用历史事迹来批评时政，阐明道德内容的广博高深和国家所以有治乱的先后因果关系，《离骚》中所要阐明的道理无不完全表现出来。它的文字精约、语词含蓄，反映了诗人志向高洁、品行方正。它的诗句写的虽是香草美人、飘风云霓等细小事物，用意却极其恢宏博大；列举的比喻多是眼前习见的事例，而体现的道理却很深远。由于屈原志趣高洁，所以作品中提到的都是芳香的事物；他品行廉正，所以至死也不愿意自甘堕落。屈原身处污泥浊水之中而能自加洗濯，像蝉脱壳于浊秽泥土之中，而浮游于尘埃之外，不被世俗的污浊所玷辱，出污泥而不染，依旧保持着高洁的品德。推论他的这种高洁的志趣，即使与日月争光，也是可能的。

屈原遭贬去职后，秦国打算攻打齐国，当时齐国和楚国联姻并结为合纵联盟。秦惠文王忧虑这种情况，就派张仪假装脱离秦国，备了大量礼物来投靠楚国，向楚怀王说道："秦国非常憎恨齐国，齐国与楚国订立盟约并通婚，楚国如果能和齐国绝交，秦国愿献出商、於（wū 乌）（今陕西商洛商州区至河南内乡一带）600 里的土地。"楚怀王贪得土地而听信了张仪的谎话，宣布和齐国断交，并派使者到秦国去接受土地。张仪欺骗楚国使者说："我和楚王的约定是割让土地 6 里，没有听说过什么 600 里。"楚使者怒冲冲地离开秦国，回来向楚怀王禀报。怀王大怒，大规模起兵攻打秦国。秦国派兵迎击，在丹水、淅水地带大败楚军，斩杀八万余人，俘虏了楚国大将屈匄（gài 盖），乘胜夺取了楚国的汉中（今陕西汉中）地区。楚怀王于是动员全国兵力，进击秦国内地，在蓝田（今陕西蓝田西 30 里）大战。魏国知道后，发兵偷袭楚国，进军至邓（今河南邓州）。楚军恐惧，就从秦国撤退。这时齐国终因恼怒楚怀王而不肯援救楚国，楚国大为困窘。

第二年（前 311），秦国要放弃汉中与楚媾和。楚怀王说："我不想得到土地，只有得到张仪心里才痛快。"张仪听到这话，就说："以我一个张仪而顶替汉中之地，请让我去楚国。"张仪一到楚国，就用丰厚的礼物收买当权大臣郑尚，继而施逞诡辩欺骗楚怀王的宠姬郑袖说，秦王要给楚王献美人换取张仪，并以上庸六县（今湖北竹山一带）作为陪嫁。郑袖害怕自己失宠，于是劝楚怀王放掉张仪以阻止秦女之来（《史记·楚世家》）。怀王竟然听信了郑袖的话，放走了张仪。这时屈原已被疏远，不再担任原职，被派到齐国去做使者，等到返回，他向怀王进谏说："怎么不杀掉张仪？"楚怀王后悔，派人追赶张仪，没有追上。

公元前301年，齐、魏、韩三国联军攻打楚国，大败楚军，杀死了楚国的将军唐昧（mò 末）。

这时秦昭王又提出和楚怀王结为姻亲，要求和怀王会晤。怀王想要去，屈原说："秦国是虎狼一样凶暴的国家，是不能信任的，不如不去。"怀王的小儿子子兰劝怀王前去："为什么要断绝秦王的欢心呢！"怀王终于前去。怀王进入武关（在今陕西商洛商州区东），秦国的伏兵截断其归路，于是秦国扣留他，要求割让土地。怀王发怒，不肯答应。他逃往赵国，赵国拒绝他入境。他不得已又回到秦国，终于死在秦国，而遗体归葬楚国。

怀王长子顷襄王继位，让他的弟弟子兰担任令尹。楚人都抱怨子兰因劝怀王误入秦国而不得生还，而对子兰十分不满。

屈原也因为上述原因嫉恨子兰，虽然身遭放逐迁徙，但还是眷恋楚国，系念怀王，一心只希望能回到朝中来。他期望怀王能悔悟过来，楚国贵族荒淫堕落的习俗也能得到改变。他渴望保存君主，振兴国家，想要扭转衰弱的局势，他的作品中多次流露出这种心情。然而终究无法实现，再也不能重回朝中。由此可以看出怀王始终未能了解屈原的忠诚。

国君不管是愚蠢的、明智的、贤能的、不中用的，没有谁不想寻求忠臣来保卫自己，选拔贤才来辅佐自己，然而却弄得国亡家破现象的相继出现，而那圣明的君主，太平的国家却好多世代都见不到，原因就在于他们所认为的忠臣并不是忠臣，所认为的贤才并不是贤才啊。怀王因为不识忠臣的职责本分，所以在内被郑袖所迷惑，在外受到张仪的欺骗，疏远屈原，信任上官大夫、令尹子兰，结果军队吃败仗，国土被侵占，丧失了六郡土地，自己也死在秦国，被天下人所耻笑。这是不识人的贤或不肖的祸害啊。

《易经》上说:"井已经浚治干净,却没有人来喝井里的水,这是使我很难过的事,要知井水原是供人汲用的。正如贤人所具有的治国之道是可以供人君施用的。如果明君肯用贤人,大家都能得到幸福。"怀王这样昏庸,哪能获得幸福呢!

令尹子兰听到这情况大怒,便让上官大夫向顷襄王说屈原的坏话,顷襄王发怒,把屈原放逐到更远的江南。

屈原来到江边,披头散发缓步悲吟于泽畔,面容憔悴,形容枯槁。一位渔翁看见他,问道:"您不就是三闾大夫吗?怎么弄到这般地步?"屈原道:"世人都是混浊的而我独干净;大家都昏愦而我独清醒,因此遭到放逐。"渔翁说:"聪明贤哲的人对待事物不是一成不变的,而是能够圆通地随着世俗风气转移。既然世人都是污浊的,你何不也效法世俗小人随波逐流甚至推波助澜呢?既然大家都昏醉了,何不也跟着吃糟喝酒呢?为什么怀抱着美玉般的德操,而自讨苦吃呢?"屈原说:"我听说过,刚洗了头的人一定要弹弹帽子,才洗了澡的人一定要抖抖衣服,人们又有谁肯让自己清白之身,去受外界污垢呢!宁可投身长流的江水,而葬身鱼腹之中,又怎么能让自己洁白的品德去蒙受世俗尘滓的污染呢?"

屈原于是写了一篇《怀沙》赋。

然后屈原怀抱石头就自沉于汨(mì)罗江而死。

屈原死后,楚国有宋玉、唐勒、景差一类的人都爱好文学而以擅长辞赋被人称赏。这些人的作品都是师法屈原的,可是他们都只师法屈原的文辞委婉含蓄,再也没有人像屈原那样敢于直言进谏了。此后楚国一天天削弱,过了几十年终于被秦国灭亡。

屈原自沉汨罗江之后的100多年,汉朝有个贾谊,去做长沙王太傅,经过湘江时,写了篇文章投到江里悼念屈原。

七 绝

屈 原

一九六一年秋

屈子当年赋楚骚，手中握有杀人刀。艾萧太盛椒兰少，一跃冲向万里涛。

——中共中央文献研究室编：《毛泽东诗词集》，第 203 页，中央文献出版社 1996 年版。

学楚词（辞），先学离骚，再学老子。

——摘自毛泽东 1958 年 1 月 16 日《在南宁会议上的讲话提纲》，《建国以来毛泽东文稿》第七册，第 16 页，中央文献出版社 1992 年版。

我今晚又读了一遍《离骚》，有所领会，心中喜悦。

——1958 年 1 月 12 日毛泽东致江青的信，转引自逄先知：《古籍新解，古为今用——记毛泽东读中国文史书》，《毛泽东的读书生活》，第 215—216 页，三联书店 1986 年版。

屈原如果继续做官，他的文章就没有了。正是因为开除"官籍""下放劳动"，才有可能接近社会生活，才有可能产生像《离骚》这样好的文学作品。

——摘自毛泽东 1959 年 12 月至 1960 年 2 月关于苏联《政治经济学（教科书）》的谈话，《党的文献》1994 年第 5 期。

骚体是有民主色彩的，属于浪漫主义流派，对腐败的统治者投以批判的匕首。屈原高居上游。宋玉、景差、贾谊、枚乘略逊一筹，然亦甚有可喜之处。

——摘自毛泽东 1959 年 8 月 16 日《关于枚乘〈七发〉》，《毛泽东文艺评论集》，第 201 页，中央文献出版社 2002 年版。

《左传》《楚辞》虽是古董，但都是历史，也还有一读的价值。

——毛泽东1951年7月7日在中南海同周世钊、蒋竹如的谈话，转引自张贻玖《毛泽东和诗》，第15页，中央文献出版社1998年版。

《天问》了不起，几千年以前，提出各种问题，关于宇宙，关于自然，关于历史。

——摘自毛泽东1964年8月18日在北戴河同几位哲学工作者的谈话，转引自张贻玖《毛泽东和诗》，第16页，中央文献出版社1998年版。

【作者述评】

屈原是战国时期一位杰出的政治家，也是我国文学史上第一位伟大的爱国诗人。屈原是楚辞的主要代表作家。"楚辞"之名，首见于《史记·张汤传》。其本义，当是泛指楚地的歌辞，以后才成为专称，指以战国时楚国屈原的创作为代表的新诗体。这种诗体具有浓厚的地域文化色彩，如宋人黄伯思所说，"皆书楚语，作楚声，纪楚地，名楚物"（《东观余论》）。西汉末，刘向辑录屈原、宋玉的作品，以及汉人模仿这种诗体的作品，书名即题作《楚辞》。这是《诗经》以后，我国古代又一部具有深远影响的诗歌总集。另外，由于屈原的《离骚》是楚辞的代表作，所以楚辞又被称为"骚"或"骚体"。汉代人还普遍把楚辞称为"赋"。屈原的作品被称为"屈赋"。

屈原的作品，在《史记》本传中提到的有《离骚》《天问》《招魂》《哀郢》《怀沙》五篇。《汉书·艺文志》载屈原赋25篇，未列篇名。东汉王逸《楚辞章句》所载也是25篇，为《离骚》《九歌》（计11篇）、《天问》《九章》（9篇）、《远游》《卜居》《渔父》，而把《招魂》列于宋玉名下。可知对这25篇作品的归属和真伪，在汉代就有争议。大致说来，现代研究者多认为《招魂》仍应遵从《史记》，视为屈原所作；《远游》《卜居》《渔父》，则伪托的可能性为大。

《离骚》是屈原最重要的代表作。全诗372句，2400余字，是中国古代最为宏伟的抒情诗篇。全诗大致可分为前后两部分：从开头到"岂余心之可惩"为前半篇，侧重于对以往经历的回顾，多描述现实的情况；后半篇则重在表现对未来道路的探索，并主要通过幻想的方式。《离骚》集中表现诗人对美好政治理想的热烈追求和坚持不懈的斗争精神。全诗才气纵横，感情激荡，震撼人心。

《九歌》是屈原根据民间祭神乐歌改作或加工而成，共计11篇：《东皇太一》（天帝）、《云中君》（云神）、《湘君》、《湘夫人》（湘水之神）、《大司命》（主宰人的生死寿夭之神）、《少司命》（主管子嗣之神）、《东君》（日神）、《河伯》（黄河之神）、《山鬼》（山神）、《国殇》（礼赞为国阵亡将士之歌）、《礼魂》（送神之曲）。现代研究者多认为，《九歌》当作于屈原放逐之前，仅供祭祀之用，所以，诗中既洋溢着古老的神话色彩，又表现着诗人对人生的某种感受。

《九章》由九篇作品组成：《惜诵》《涉江》《哀郢》《抽思》《怀沙》《思美人》《惜往日》《橘颂》《悲回风》。《九章》的大部分都反映屈原流放生活的经历，善于把纪实、写景与抒情相结合，以华美而富于表现力的语言，写出复杂的、激烈冲突的内心世界。

《天问》是一篇奇文。它就自然、社会、历史以及有关的神话传说，一口气提出172个问题，"怀疑自遂古之初，直至百物之琐末，放言无惮，为前人所不敢言"。（鲁迅《摩罗诗力说》）《天问》中表现出的对现实答案大胆怀疑的精神，是诗人独立人格力量的表现，高扬了人的深刻有力的理性精神。但由于这一思想性特别强的作品，形象的描写较少，在文学意义上，其价值就远逊于屈原其他作品了。

在屈原之前，《诗经》中有许多优美动人的作品，但它基本上是群众性集体性的创作，个性的表现甚少。而屈原的创作，却是用他的理想、遭遇、痛苦，以及他全部生命的热情打上了鲜明的个性烙印。这标志着中国古典文学创作的一个新时代。

屈原是一位具有崇高人格的诗人。他关心国家和人民，忠君爱国，无私无畏，勇敢坚强，至死不渝地追求理想的实现。由于表达这种感情的需要，屈原大量借用楚地的神话材料，用奇丽的幻想，使诗歌的境界大为扩展，显出恢宏瑰丽的特征。这为中国古典诗歌的创作，开辟了一条新的道路。

在诗歌形式上，屈原打破《诗经》那种以整齐的四言句为主、简短朴素的体制，创造出句式可长可短、篇幅宏大、内涵丰富复杂的"骚体诗"，这也具有极重要的意义。

总之，由屈原开创的楚辞在中国诗歌史上有重要地位。《诗》《骚》并称，成为我国古典诗歌乃至整个中国文学的两大源头。特别是《楚辞》中屈原的作品，以其深邃的思想、沉郁的感情、丰富的想象、瑰丽的文辞，体现了内容与形式的完美统一。它的比兴寄托手法，不仅运用在遣词造句上，还能拓展到篇章构思方面，为后人提供了创作的楷模。而它对其后的赋体、骈文、五七言诗的形成，又都产生了深远的影响。诚如南朝梁刘勰所说："其衣被词人，非一代也。"

湖南是楚国旧地、屈原殉难的地方，又是毛泽东的故乡。毛泽东对屈原可谓情有独钟，终生挚爱。早在湖南省立第一师范读书时，毛泽东在自己的《讲堂录》中，用工整的笔迹抄录了《离骚》《九歌》全诗，在《离骚》正文天头上，写有各节提要。这本《讲堂录》共有 47 页，抄文占去了前 11 页，它留下了毛泽东早年学习屈原作品所下苦功的珍贵史料。另据罗章龙回忆，在他和毛泽东初次见面交谈的三个多小时中，毛泽东"对《离骚》颇感兴趣，主张对《离骚》赋予新评价"。为了纪念这次有意义的会面，罗章龙曾写诗纪事，其中特别提到："策喜长沙傅，骚怀楚屈平。"可见，贾谊的《治安策》和屈原的《离骚》都是他们的谈话内容，也是他们那时十分喜爱的作品。1918 年春天，毛泽东在写给罗章龙的七言古风《送纵宇一郎东行》里，不无自豪地说："年少峥嵘屈贾才，山川奇气曾钟此。"由衷地表达了对以屈原、贾谊为代表的湘楚浪漫主义文化精神的艳羡之情。

全国解放以后，毛泽东在繁忙的工作中，仍常读《楚辞》，每次外出携带的阅读书籍中，总忘不了带上《楚辞》。1957 年 12 月，毛泽东让为他管理书报的逄先知请中国科学院文学研究所所长何其芳把各种版本的《楚辞》，以及有关《楚辞》和屈原的著作，收集了 50 余种，列了一个书目。在这段时间里，毛泽东比较集中地阅读了这些书。1958 年 1 月 12 日，他在致江青的信中说："今晚我又读了一遍《离骚》，有所领会，心中喜悦。"寥寥数语，一代伟人从《离骚》中得到思想启迪和艺术享受的快乐，跃然纸上。1958 年 1 月 11 日至 20 日的南宁会议期间，在有国民党飞机空袭危险的情况下，他仍然点上蜡烛，聚精会神地读《离骚》。另一个夏天，习惯于夜间工作的毛泽东，中午时分仍然辗转难眠，服用安眠药后，他终于合上眼睛，抓在手中的书放在胸脯上，人们发现那是一本《楚辞》。1959年和 1961 年，毛泽东又两次要《楚辞》读，还特别指名要人民文学出版社影印的宋版《楚辞集注》和明陈第撰写的《屈宋古音义》。

收藏在中南海菊香书屋里的《屈宋古音义》中，毛泽东用红蓝两色铅笔对《离骚》中的一些段落作了圈画。如：

……汩（gǔ）余若将不及兮，恐年岁之不吾与。朝搴阰之木兰兮，夕揽洲之宿莽。日月忽其不淹兮，春与秋其代序。惟草木之零落兮，恐美人之迟暮。……忽驰骛以追逐兮，非余心之所急。老冉冉其将至兮，恐修名之不立。……长太息以掩涕兮，哀民生之多艰。余虽好修姱以鞿羁兮，謇朝谇而夕替。……怨灵修之浩荡兮，终不察夫民心。众女嫉余之蛾眉兮，谣诼谓余以善淫。……朝发轫于苍梧兮，夕余至乎县圃。……吾令羲和弭节兮，望崦嵫而勿迫。路漫漫其修远兮，吾将上下而求索。……陟升皇之赫戏兮，忽临睨夫旧乡。仆夫悲余马怀兮，蜷局顾而不行。……

以上每句末，毛泽东都做了圈断。

1972 年日本首相田中角荣访华，中日邦交正常化实现了，毛泽东把一套线装宋朱熹注《楚辞集注》作为贵重礼物送给他。

这些事实虽不足以概括毛泽东读《楚辞》的全貌，但已可以看出他从青年读到老年，常读常新，时有领会。

毛泽东为什么这样喜读屈原的作品呢？

首先，屈原忧国忧民，具有崇高的爱国主义精神。1949 年 12 月，毛泽东在赴苏联访问的火车上，向苏方陪同的汉学家费德林介绍屈原，称屈原是我国"第一位有创作个性的诗人"，并结合"这位天才诗人"所处的时代，分析了屈原所起的历史作用："连年战乱使国家凋敝、民不聊生，楚国灭亡了，这是事情的一个方面。但接着开始了另一个历史过程，就是把那些分散的、互相争权夺利争战不休的诸侯王国统一起来的过程，这个过程是不以人的意志为转移的，最后，它以秦始皇统一中国而告终，从而形成第一个集中统一的帝国。这对中国的命运产生了重要作用。这是事情的另一个方面。……因为这缘故，屈原的名字对我们更为神圣。他不仅是古代的天才歌手，而且是一名伟大的爱国者，无私无畏，勇敢高尚。他的形象保留在每个中国人的脑海里。"（费德林：《我所接触的中苏领导人》，转引自张贻玖《毛泽东和诗》，第12—13页，中央文献出版社1998年版）毛泽东运用历史唯物主义观点，分析了屈原顺应历史潮流，谋求变法图强的历史功绩。因为战国七雄，秦、楚最强，楚国如能修明政治、联齐抗秦，并进而统一中国并不是不可能的。1954年10月26日，毛泽东见会来华访问的印度总理尼赫鲁时，引屈原《九歌·少司命》中"悲莫悲兮生别离，乐莫乐兮新相知"的诗句，来表示对尼赫鲁来访的欢迎态度。接着他向尼赫鲁介绍说："屈原是中国一位伟大的诗人，他在两千多年前写了许多爱国的诗篇，政府对他不满，把他放逐了。最后屈原没有出路，就投河而死。"（陈晋：《毛泽东之魂》，第344页，吉林人民出版社1993年版）在《离骚》中，抒情主人公是一个上天入地、顽强执着地探索真理的形象，光辉的理想、崇高的人格、炽热的感情、不懈的斗志集于一身。他忧国忧民，当理想破灭时，他便表示以身殉理的坚强意志。这个形象纯洁、高大、完美，可以"与天地同寿，与日月齐光"，已经远远地超出流俗和现实之上。这便是屈原塑造的自我形象。

屈原的爱国主义思想，突出地表现为"批判君恶"。1958年8月，毛泽东在审阅和修改陆定一的《教育必须与生产劳动相结合》这篇文章时，曾经加了一段话，谈有关中国教育史中有人民性的代表人物及其思想问题，其中概括屈原的思想为"批判君恶"，认为"批判君恶"是有进步的"人民性"的表现，可见毛泽东对屈原作品的现实意义和思想价值是给予高度评价的。

其次，以屈原为代表的是浪漫主义文学流派。1958年，张治中陪同毛泽东视察安徽，毛泽东向他推荐《楚辞》，说："那是好书，我介绍给你看看。"1959年庐山会议期间，他写了《关于枚乘〈七发〉》一文，即发给与会代表。其中说："骚体是有民主色彩的，属于浪漫主义流派，对腐败的统治者投以批判的匕首。屈原高居上游。"1964 年 8 月毛泽东在北戴河同几位哲学工作者的谈话中，又说："《天问》了不起，几千年以前，提出各种问题，关于宇宙，关于自然，关于历史。"可见毛泽东对屈原所代表的浪漫主义文学流派的高度重视。

众所周知，神话是我国浪漫主义的直接源头，但它还处在朴素而自发的阶段。到了屈原，浪漫主义创作方法才得到比较自觉地运用，并显示了巨大威力。屈原的作品把神话传说、历史故事、自然现象编织成一个奇异的世界。在这个世界中，人神杂处，寥廓疏荒，芳草美人，鸾鸟凤凰，望舒飞廉，巫咸夕降，飘风云霓，羲和弥节，流沙赤水，奇禽怪兽，神魔鬼魅，情景怪诞奇异，境界恍惚迷离，场面壮丽宏伟，完全打破时间和空间的界限。屈原的作品，形式是浪漫的、神话的，思想内容却是历史的、现实的。毛泽东主张革命的现实主义和革命的浪漫主义相结合，这正符合他的原则，他自然就喜欢阅读、欣赏这类作品。

毛泽东非常同情屈原的生活遭遇，他在 20 世纪 50 年代末至 20 世纪 60 年代初读苏联《政治经济学（教科书）》的谈话中说："屈原如果继续做官，他的文章就没有了。正是因为开除'官籍'、'下放劳动'，才有可能接近社会生活，才有可能产生像《离骚》这样好的文学作品。"言外之意，颇有点为屈原遭贬而成为大诗人庆幸的味道。"屈原放逐，乃赋《离骚》"，马司迁显然是把屈原的作品同他的人生遭际联系在一起评价的。毛泽东同意司马迁的看法，认为自古以来的优秀作品，都是处于逆境中的人"发愤之所为作也"。

再次，学以致用，往往与自己的革命活动相结合。当然，作为一个伟大的革命家，毛泽东阅读文学作品往往是与他的革命活动密切相关的，对《楚辞》的阅读与欣赏也是如此。从 1918 年风华正茂的毛泽东对"年少峥嵘屈贾才"的艳羡，可以看出他以改造社会为己任的宏伟抱负。在以后漫长的革命斗争生涯中，毛泽东采取传统的赋诗言志的方法，多次把屈原的作品用于外交场合。1949 年 12 月在赴苏访问的列车上，他对陪同的苏联汉学家费德林详细介绍并高度评价了屈原。1950 年 3 月 10 日，毛泽东在勤政殿接见新中国未来的大使们，听了黄镇为什么要把原来的名字黄士元改为黄镇后说："黄镇这个名字也不错。《楚辞》中说，白玉兮为镇。玉可碎而不改其白，竹可黄而不毁其节。派你出去，是要完璧归赵喽。你也做个蔺相如吧。"（尹家民：《将军不辱使命》，第10页，解放军出版社1992年版）希望他们能"完璧归赵"，不辱使命。1954年10月26日，毛泽东在接见访华即将回国的印度总理尼赫鲁时，引屈原《九歌·少司命》中"悲莫悲兮生别离，乐莫乐兮新相知"的诗句，表达他对客人来访的喜悦。特别是1972年日本首相田中角荣为实现日中邦交正常化应邀访华时，毛泽东赠给他的礼物，就是一部精印的《楚辞集注》。

以上都是用于外交事务的事例，耐人寻味的是，毛泽东读以《离骚》为代表的《楚辞》中的作品最勤、时间最集中的是在1958年前后。这恐怕与他倡导的"大跃进"有密切关系，因为"大跃进"就是企图跨越经济发展常规，把理想变为现实，把想象变为实践的盲目行为。这种不切实际的空想与屈原作品中的大胆幻想，正好可以互相印证、直接沟通。但是毛泽东本人却是认真的，有一件趣事可以说明这一点。1958年南宁会议期间，1月18日凌晨一点多钟，突然发现国民党飞机向南宁方向飞来，全城立即进入防空状态。警卫人员要求毛泽东进防空洞，以保安全。他却神情若定，安然处之，挥手说："我不去，要去你们去。"又说："蒋介石请我去重庆，我去了，怎么样？我又回来了，他还能怎么样？现在还不如那时安全吗？"他让人点燃蜡烛，聚精会神地读起了《楚辞》。毛泽东的这种英雄气概与屈原的人格个性是息息相通的。在1958年成都会议上，毛泽东提倡干部讲真话，说屈原是敢讲真话的人，敢于为原则而斗争，虽然不得志。毛泽东从《楚辞》中吸取精神力量的同时，更汲取屈原的浪漫主义创作方法的精髓，运用于自己的诗词创作，更是大家所熟知的。

最能反映毛泽东对屈原的综合评价的，大概要算是他晚年写的七绝《屈原》：

> 屈子当年赋楚骚，手中握有杀人刀。
> 艾萧太盛椒兰少，一跃冲向万里涛。

宋玉『写的《风赋》值得一看』

【传略】

宋玉是战国时期楚国著名辞赋家，其生平事迹历史记载很少，生卒年不详。最早记载宋玉生平的西汉司马迁《史记·屈原贾生列传》称："屈原既死之后，楚有宋玉、唐勒、景差之徒，皆好辞而以赋见称。然皆祖屈原之从容辞令，而终莫敢直谏。"从这一段简略记载，我们知道宋玉等三人的生活时代在屈原之后，都曾担任某种官职（否则无所谓"谏"）。宋玉等三人作为辞赋家，在文学方面都学习屈原，在屈原死后才在楚国享有盛名，但都缺乏屈原那种为捍卫真理、正义和国家利益敢于直谏的积极抗争精神。

继司马迁的《史记》之后，西汉韩婴的《韩诗外传》有"宋玉因其友而见楚相"之言。汉刘向《新序·杂事》则作："宋玉因其友以见于楚襄王"，"事楚襄王而不见察"，"意甚不得"，同时又有"楚威王（襄王的祖父）问于宋玉"的话。汉王逸在《楚辞章句》中则说："宋玉者，屈原弟子也，闵惜其师忠而放逐，故作《九辩》以述其志。"晋代习凿齿《襄阳耆旧传》又说："宋玉者，楚之鄢（今湖北宜城）人也，故宜城有宋玉冢。始事屈原，屈原既放，求事楚友景差。景差惧其胜己，言之于王，王以为小臣。……玉识音而善文，襄王好乐而爱赋，既美其才，而憎之似屈原处。"总之，宋玉的生平，众说纷纭，至难分晓。大体上说，宋玉当出生于屈原之后，且出身寒微，在仕途上很不得志。政治上的失意使他感到苦闷不平，这种感情倾注到作品中，使他创作了许多不朽的作品。

宋玉的作品，东汉班固《汉书·艺文志》著录为16篇，唐魏征等《隋书·经籍志》著录有《宋玉集》三卷，均无篇名。王逸《楚辞章句》中有《九辩》《招魂》两篇；《文选》有《风赋》《高唐赋》《神女赋》《登徒子好色赋》《对楚王问》，共五篇。以上作品，《招魂》已基本上断定为屈原所作，其他虽都是文学史上的名篇，但究竟是否宋玉所作，尚存争议。其他如《笛赋》《大言赋》《小言赋》《讽赋》《钓赋》《舞赋》等篇，见于唐无名氏编、宋章樵注《古文苑》。《高唐对》《微吟赋》《郢中对》三篇，见于明刘节编《广文选》。这些作品一般认为是赝作。而真正被大多数文学史家所肯定为宋玉所作的，只有《九辩》一篇。

《九辩》是一首长篇抒情诗，借悲秋来抒写"贫士失职"的"惆怅"和"自怜"，并在一定程度上揭露了现实的黑暗。诗人怀才不遇的不平之感是真挚的，但不像屈原那样激烈和执着，情调相对低沉。屈原的感情，是由理想破灭中所产生的愤激与沉痛；宋玉的感情，主要是由个人仕途失意与自然环境所酿成的哀伤与自怜。但是诗中悲秋感怀的主题和借景抒情的手法，对后代诗歌创作产生了深远的影响。在封建社会中，那些怀才不遇的知识分子，会产生同情与共鸣，因此那些穷愁潦倒的文人，都自比宋玉，伤春悲秋，多愁善感，模仿《九辩》，写出那些自怨自怜的诗词文赋。

《高唐赋》《神女赋》《登徒子好色赋》等篇，以丰富的想象和铺陈的手法来描绘女性的神情与体貌，在文学史上也产生了一定的影响。这类作品可能渊源于《离骚》中上天求女的传统，但多跌宕的情思而少讽喻的意味。《风赋》一篇，以"大王之雄风"与"庶人之雌风"作对比，写统治者与百姓间的差别，虽属游戏笔墨，但多少带有一点讽谏意味，在写法上对后代作家有一定的启发性。

宋玉的成就虽然难与屈原相比，但他是屈原诗歌艺术的直接继承者。在他的作品中，物象的描绘趋于细腻工致，抒情与写景结合得自然妥帖，语言更加散文化，句式多变，长短错落，节奏更加自由灵活，在楚辞与汉赋之间，起着承前启后的作用。宋玉以楚辞体的《九辩》作为先秦诗的光辉结束，又以大量的赋显示文学的转型。所以，宋玉的创作标志着先秦文学的终结与转型。宋玉的文学成就，使他成为屈原之后最杰出的楚辞作家，并与之并称"屈宋"，为后人所尊崇。杜甫诗云："摇落深知宋玉悲，风流儒雅亦吾师。"（《咏怀古迹五首》之二）鲁迅也指出，其《九辩》"虽驰神逞思，不如《离骚》，而凄怨之情，实为独绝。"（《汉文学史纲要》）他一面指出宋玉作品思想性的贫乏，同时对他的文采也作了相当的肯定。由此可见宋玉在文学史上的地位之高。

【毛泽东评说】

任何一种东西，必须能使人民群众得到真实的利益，才是好的东西。就算你的是"阳春白雪"吧，这暂时既然是少数人享用的东西，群众还是在那里唱"下里巴人"，那么，你不去提高它，只顾骂人，那就怎样骂也是空的。现在是"阳春白雪"和"下里巴人"统一的问题，是提高和普及统一的问题。

——毛泽东：《在延安文艺座谈会上的讲话》，《毛泽东选集》第三卷，第864—865页，人民出版社1991年版。

以后注意辨别风向。大风一来，十二级风，屋倒，人倒，这样好辨别，小风不易辨别。宋玉写的《风赋》，值得一看。他说风有两种，一种是贵族之风，一种是平民之风（所谓"大王之雄风"与"庶民之雌风"）。风有小风、中风、大风。宋玉说："夫风生于地，起于青苹之末。侵淫溪谷，盛怒于土囊之口。"风起于青苹之末，那时最不容易辨别。

——摘自1958年5月毛泽东在中共八大二次会议上第四次讲话，转引自毕桂发主编《毛泽东批阅古典诗词曲赋全编》，第1499页，中国工人出版社1997年版。

宋玉写一篇《风赋》，有阶级斗争的意义。说有两种风，一种是贵族之风，一种是贫民之风。"《风赋》何曾让景差"，宋玉、景差和屈原一样都是楚国人。宋玉的这篇《风赋》说："夫风生于地，起于青苹之末……"这篇《风赋》在《昭明文选》，我前天翻了一下，你们再看看。

——摘自毛泽东1958年5月23日在中共八大二次会议全体会议上的讲话，转引自陈晋主编《毛泽东读书笔记解析》，第1203页，广东人民出版社1996年版。

宋玉攻击登徒子的这段话（按：指"玉曰：天下之佳人莫若楚国……谁为好色者矣。"），完全属于颠倒是非的诡辩，是采用"攻其一点，不及其余，尽量夸大"的手法。从本质看，应当承认登徒子是好人。娶了这样丑的文人，还能和她相亲相爱，和睦相处。照我们的看法，登徒子是一个爱情专一的、遵守"婚姻法"的模范丈夫，怎能说他是"好色之徒"呢？登徒子是蒙受了不白之冤，应为他"正名平反"。

——摘自1958年毛泽东与部分史学家、科学家和著名新闻工作者的谈话，转引自张贻玖：《毛泽东读史》，第149—150页，中国友谊出版公司1992年版。

水调歌头·游泳

毛泽东

一九五六年六月

才饮长沙水，又食武昌鱼。万里长江横渡，极目楚天舒。不管风吹浪打，胜似闲庭信步，今日得宽余。子在川上曰：逝者如斯夫！

风樯动，龟蛇静，起宏图。一桥飞架南北，天堑变通途。更立西江石壁，截断巫山云雨，高峡出平湖。神女应无恙，当惊世界殊。

——中共中央文献研究室编：《毛泽东诗词集》，第95—96页，中央文献出版社1996年版。

【作者述评】

在古人的文章或诗词里，常是屈、宋并称。屈是屈原，宋是宋玉。在战国末年，宋玉、唐勒、景差同为屈派南方诗人。毛泽东好《楚辞》，重屈原，自然兼及宋玉。毛泽东对宋玉为数不多的代表作品或引用，或化用，或评说，或手书，几乎涉及宋玉的所有主要作品，这在毛泽东对古代作家的评论当中还是不多的。

《风赋》是一篇以风为描写、议论对象的咏物小赋。通过宋玉与楚王的对话形式，着意描写风的一般发生过程，其中把风分为"大王之雄风"和"庶人之雌风"，以大王奢侈豪华和庶人贫穷悲惨的生活对照，揭露社会生活中不平的现象，是对楚王的一种巧妙的讽喻。毛泽东从中看出"阶级斗争的意义"，提醒人们"注意辨别风尚"，指出"风起于青蘋之末，那时最不容易辨别"。毛泽东要人们注意一些小的事情，提高对阶级斗争的识别能力。宋玉在《风赋》中描写风起于青蘋之末并无深意，但经毛泽东点石成金之手一点，就大放异彩，赋予了新的含义。其实这是毛泽东一贯重视阶级斗争思想的引申。现在看来，这种引申并不正确。

《登徒子好色赋》写登徒子在楚王面前说宋玉好色，宋玉除了替自己辩解外，反说登徒子好色，说得楚王"称善"，这时秦华章大夫出来评论一番说："自以为守德，谓不知彼（宋玉）矣。"从而获得了信任，登徒子从此便背上了好色的"黑锅",落下了千古骂名。

然而毛泽东对《登徒子好色赋》的评价却是出于另外的角度。毛泽东1958年1月6日在杭州同周谷城、谈家桢、赵超构的谈话时说:"登徒子娶了一个丑媳妇,但是登徒子始终对她忠贞不二,他是模范地遵守'婚姻法'的,宋玉却说他好色,宋玉用的就是攻其一点不及其余的方法。"(赵超构:《殷切教诲从头习》,《毛泽东在上海》,第133页,中共党史出版社1993年版)他认为,宋玉笔下的登徒子不仅不是好色之徒,反而是遵守"婚姻法"的模范丈夫。从而证明宋玉攻击登徒子的方法是"攻其一点,不及其余",是一种诡辩,因而是不可取的。同年1月12日,在南宁的中央工作会议上,毛泽东又结合这篇赋的内容,来讲一个指头与十个指头的关系,并再次指出宋玉攻击登徒子的方法是"攻其一点,尽量夸大,不及其余",并为登徒子"正名平反"。他说:"不能使用宋玉攻击登徒子的方法,攻其一点,不及其余。宋玉打赢了这场官司,他采用的方法就是攻其一点,尽量夸大,不及其余的方法。从此登徒子成了好色的典型,至今不得翻身。"(吴冷西:《忆毛主席》,第52页,新华出版社1995年版)这就是告诉人们,要全面地看问题,避免片面性。一方面,不能抓住事情的某一方面的不足,采用宋玉"攻其一点,不及其余"的方法,否定整个事物;另一方面,不要像楚王那样被"攻其一点,不及其余"的诡辩之辞所蒙蔽,要学会全面地考察问题。这种思想对于加强干部的思想建设,解决现实工作中的实际问题是很有指导意义的。

宋玉从屈原所创造的骚体变化出赋的体裁,写出了几篇颇有名的赋,除了上面我们谈到的《风赋》《登徒子好色赋》外,对后世影响较大的还有《高唐赋》《神女赋》。这两篇赋根据民间流传的高唐神女故事,用婉转清丽的文字表达出来,宋玉的主观意图是借神女恋情来作政治上的委婉讽谏的,但由于这种出色描写的本身正好准确地揭示了全人类心灵所共有的隐秘和骚动,因而对后代作家的文学构思产生了重大影响,"云雨"也成了中国文学中频频出现的意象。毛泽东1956年6月写的〔水调歌头〕《游泳》云:"更立西江石壁,截断巫山云雨,高峡出平湖。神女应无恙,当惊世界殊。"这里毛泽东借用巫山神女的故事,说在长江三峡建筑一个大坝,可以截断巫山的云雨，使高峡中出现一个平湖。神女看到高峡出平湖，当惊叹世界变了。在毛泽东笔下，巫山神女成了社会主义建设的见证人，赋予全新的意义。毛泽东的这种设想，随着三峡大坝的建设，将很快变为辉煌的现实。据吴冷西回忆，1958 年 3 月 30 日，毛泽东乘"江峡"轮经过长江三峡的时候，还用望远镜从几个不同侧面观看了神女峰，并说："其实谁也没有见过神女，但宋玉的浪漫主义描绘，竟为后世骚人墨客（提供了）无限的题材。"（吴冷西：《忆毛主席》，第 159 页，新华出版社 1995 年版）

《对楚王问》记载一个故事，说有人在楚都唱歌，唱"阳春白雪"时，"国中属而和者（跟着唱的），不过数十人"；但唱"下里巴人"时，"国中属而和者数千人"。"阳春白雪"和"下里巴人"，都是公元前 3 世纪楚国的歌曲。"阳春白雪"是供少数人欣赏的较高级的歌曲；"下里巴人"是流传很广的民间通俗歌曲。毛泽东在 1942 年 5 月写的《在延安文艺座谈会上的讲话》中，曾用来论述文艺的普及和提高的关系问题，强调"现在是'阳春白雪'和'下里巴人'统一的问题，是提高和普及统一的问题"，从而阐明了文艺怎样为工农兵服务的问题。在这以前，1938 年 5 月 12 日，毛泽东到鲁艺讲话时，就强调指出："我看《下里巴人》也不错，全国人民都会唱。"（艾克思：《延安文艺纪实》，第 70 页，文化艺术出版社 1987 年版）他从人民群众的需要出发，强调普及第一，这是很有教育意义的。

另外，由中央档案馆编选、文物出版社和档案出版社 1984 年联合出版的《毛泽东手书古诗词选》，头两章便是收入宋章樵注解《古文苑》中《大言赋》里的句子："方地为舆，圆天为盖，长剑耿耿，倚天之外。"而且两幅字体差异十分明显，显然是不同时期的手笔。

综上所述，毛泽东肯定了宋玉作品中所反映的进步倾向，这也是对司马迁等用"莫敢直谏""没有讽喻之义"等话语来论定宋玉的政治态度和政治眼光，而无视他的作品中潜含的进步思想的一个反驳。

枚乘的『《七发》是一篇真正的妙文』

【传略】

枚乘（chéng）（？—前140），字叔，淮阴（今江苏淮阴西南）人，西汉著名辞赋家。

汉文帝时，枚乘曾在高祖刘邦侄儿吴王刘濞（bì 必）门下任郎中。当时，吴国据有三郡53城，又有冶铜和渔盐之利，掌握着长江中下游一带东南地区的政治、经济和军事大权，又加上吴国太子被太子（景帝）在围棋时打死的积怨，吴王总想进行叛乱。枚乘上书劝阻，指出吴王面临的形势十分严峻：要不要摆脱坠入深渊之灾，连容一丝头发的空隙也没有，时间紧迫，必须当机立断。如能听从他的劝谏，办任何事情都会顺利。如果一定要想干什么就干什么（指谋反），危险之大如摞起来的鸡蛋，困难之大难如上青天。改变要想干的事（指不谋反），像反手一样容易，而可使自己安于泰山。接着他又举种树畜养、积德累行、弃义背理三个例子，指出任何事情，经过一定的积累之后，才会显出好的或坏的效果，诚恳地要吴王深思熟虑，身体力行。

吴王没有采纳枚乘的意见。枚乘等人离开吴国到梁国，同梁王刘武交游。汉景帝即位后，御史大夫晁错为景帝设计削减诸侯王封地及权势的计划，并定律令30章。景帝三年（前154），吴王刘濞联合楚、赵、齐、胶东、胶西、菑川、济南等七国诸侯，以"请诛晁错以清君侧"为借口，发动武装叛乱。景帝一方面派周亚夫为太尉，率领36个将军督领大军讨伐；另一方面又根据袁盎等人的建议，腰斩晁错于长安东市，以缓和诸侯对中央政府的怨愤。吴楚七国并不因晁错被腰斩停止叛乱。吴楚七国反叛时，三淮南（淮南王刘安、衡山王刘勃、庐江王刘赐）坚守拒吴，不背诸侯守藩之约以拱卫京师。位于山东半岛的齐、胶东、胶西、菑川四国先后被汉朝大将栾布平定；应吴楚反汉的赵王被汉将郦寄围困在邯郸（今河北邯郸）；西进的吴楚联军被梁王刘武阻击在睢阳（今河南商丘睢阳区）坚城之下，处于进退维谷之境，汉将周亚夫已经完成了围歼吴楚叛军的部署。这时，枚乘再次上书吴王刘濞，向他指出，大王已经失去了吴国千里封地，而被围困在方圆十里的阵地之中，梁将张羽、韩安国率兵挡住吴王的北面，弓高侯韩颓当领兵深入吴后切断了吴军粮道。

吴楚叛军不能脱离战阵休息，全军被拖得疲惫不堪。他劝刘濞估量实力，认真思索，作出抉择。吴王又拒绝了枚乘的劝告。不久失败，刘濞逃到东越，为东越人所杀。

汉朝中央政府平定了吴楚七国之乱，枚乘预料吴王将反，上书劝谏；吴王既反，又知其必败，再上书谏，预事皆如操左券，因此名声远扬。景帝下令任命枚乘为弘农（今河南灵宝一带）都尉。由于他长期在诸侯大国（指梁、吴）为上宾，与英雄豪杰交游，满足了他的爱好，不愿意作郡吏，便以病为借口，辞掉官职。

枚乘再次投奔梁孝王刘武门下，梁国的客人都擅长写作辞赋，而枚乘便是其中最优秀的一个。景帝后元元年（前143），梁孝王死，枚乘失去依附，便回到故乡淮阴闲居。

汉武帝刘彻在做太子的时候，就十分仰慕枚乘的名声。等到武帝登上皇帝位时，枚乘年纪已经大了，他就派遣使者用安车蒲轮（以蒲草裹住车轮，行走平稳）迎接枚乘来京城长安。枚乘在应征赴京的途中逝世。

据东汉班固《汉书·艺文志》记载，枚乘有赋9篇，今仅存3篇，《七发》载于南朝梁萧统编《文选》，《柳赋》载于汉刘歆《西京杂记》，《梁王菟苑赋》见于《古文苑》。后两篇疑为伪作，公认可靠者只有《七发》1篇。枚乘另有散文2篇，《谏吴王书》《重谏吴王书》，载于《汉书》本传中。南朝陈徐陵《玉台新咏》载有《杂诗》9首，指名为枚乘作。《文选》列为无名氏作。后人多依《文选》，认为非枚乘所作。唐魏征等《隋书·经籍志》有《枚乘集》二卷，已散佚；近人辑有《枚叔集》。

枚乘的「《七发》是一篇真正的妙文」

骚体有民主色彩，属浪漫主义流派

（一九五九年八月十六日）

一

此篇早已印发，可以一读。这是骚体流裔，而又有所创发。骚体是有民主色彩的，属于浪漫主义流派，对腐败的统治者投以批判的匕首。屈原高居上游。宋玉、景差、贾谊、枚乘略逊一筹，然亦甚有可喜之处。你看，《七发》的气氛，不是有颇多的批判色彩吗？"楚太子有疾，而吴客往问之"，一开头就痛骂上层统治阶级的腐化。"且夫出舆入辇，命曰蹶痿之机。洞房清宫，命曰寒热之媒。皓齿娥眉，命曰伐性之斧。甘脆肥脓，命曰腐肠之药。"这些话一万年还将是真理。现在我国在共产党领导下，无论是知识分子，党、政、军工作人员，一定要做些劳动，走路、游水、爬山、广播体操，都是在劳动之列，如巴夫诺夫那样，不必说下放参加做工、种地那种更踏实的劳动了。

二

"客曰：今如太子之病，无可药石、针刺、灸疗而已，可以要言妙道说而去也，不欲闻之乎？"指出了要言妙道，这是本文的主题思想。此文首段是序言。下分七段，说些不务正业而又新奇可喜之事，是作者主题的反面。文好。广陵观潮一段，达到了高峰。第九段是结论，旧到要言妙道。于是太子高兴起来，"涩然汗出，霍然病已"。用说服而不用压服的方法，用摆事实，讲道理的方法，见效甚快。这个法子，有点像我们的"处理从宽"。首尾两段是主题，必读。如无兴趣，其余可以不读。

枚乘，苏北淮阴人，汉文帝时为吴王刘濞的文学侍从之臣。他写此文，是为了给吴国贵族们看的。后来"七"体繁兴，没有一篇好的。昭明文选所收曹植《七启》，张协《七命》，作招隐之词，跟屈、宋、贾、枚唱反调，索然无味了。

——中共中央文献研究室编《毛泽东文艺论集》，第201—203页，中央文献出版社 2002 年版。

给张闻天的信

（一九五九年八月二日）

闻天同志：

……你这个人很需要大病一场。昭明文选第三十四卷，枚乘《七发》，末云："此亦天下之要言妙道也。太子岂欲闻之乎？于是太子据几而起，曰：涣乎若一听圣人辩士之言，涊然汗出，霍然病已。"你害的病，与楚太子相似。如有兴趣，可以一读枚乘的《七发》，真是一篇妙文。

毛泽东

八月二日

——转引自董学文《毛泽东和中国文学》，第 258 页，吉林人民出版社 1994 年版。

【作者述评】

枚乘的《七发》是一篇讽喻性作品。赋中假设吴客与楚太子的问答，构成了八段文字。第一段铺陈致病之由：楚太子有疾，吴客前去探问。通过对吴太子病症的叙述和分析，吴客认为太子的病是由于贪欲过度，享乐无时，荒淫糜烂的宫廷生活造成的，一般的"药石"已无法治愈。必须靠

"博闻强识"的人，经常给太子启发和提醒，使太子改变原来的生活和欲念，才有希望把病治好。于是下文依次分别描述音乐、饮食、车马、游宴、田猎、观涛六件事的乐趣，一步步地诱导太子改变荒淫无度的生活方式。但太子并没有真正得到启发和震动。最后要向太子引见"方术之士"，"论天下之精微，理万物之是非"，这时太子才"据几而起""涩然汗出，霍然病已"。作品的主旨在于劝诫贵族子弟不要过分沉溺于安逸享乐，表达了作者对贵族集团腐朽纵欲的不满。尽管他所开的疗救的药方，包括最后的所谓"要言妙道"，也不过是从统治阶级可以接受的生活方式出发，要求扩大些生活面，以及关心一下治国统治之术罢了。但是，作为一个封建时代的文人，能够意识到安逸享乐的恶习，不是药石针灸所能治疗的，而必须转移志趣，从思想上化解，应该说是颇有见地的。

《七发》所写的内容，从多方面开拓了文学的题材，这些题材在后来的赋作中得到进一步发挥。司马相如的《子虚赋》《上林赋》中关于游猎和酒宴场面的描写，是对《七发》中宴游描写的发展；王褒专写乐器和音乐的《洞箫赋》，可以说是对《七发》中音乐描写的弘扬；《七发》中写海涛一节，则启迪了后来木华《海赋》、郭璞《江赋》等江河湖海题材的辞赋。

《七发》的艺术性也很高。它的突出特色是用虚构的手段，铺张、夸饰的手法来穷形尽相地描写事物，语汇丰富，辞藻华美，结构宏伟，气势磅礴。刘勰在《文心雕龙·杂文》中说："枚乘摛艳，首创《七发》，腴辞云构，夸丽风骇。"《七发》的体制和描写手法虽已具后来汉散体大赋的特点，但不像后来的一般大赋那样堆叠奇字俪句，而是善于运用形象的比喻做逼真的描摹。如赋中写海涛的一段，用许多形象生动的比喻，绘声绘色地描写海涛汹涌澎湃的情状。对海涛颜色、形状、声响、气势的描绘，繁音促节，气壮神旺，使人惊心动魄，如同身临其境一般。再如赋中用夸张、渲染的手法表现音乐的动听，用音节铿锵的语句描写威武雄壮的田猎场面，也都颇为出色。而《七发》的艺术结构，更是一种创造。它用层次分明的七个大段落各叙一事，移步换形，层层递进，最后揭出题旨，有中心，有层次，有变化，不像后来一般大赋那样流于平直呆板。

枚乘《七发》的出现，标志着汉代散体大赋的正式形成。从《楚辞》到司马相如、扬雄等人的赋，《七发》确是一篇承前启后的作品。枚乘《七发》发表之后，仿作的很多。西晋傅玄《七谟序》云："昔枚乘作《七发》，而属文之士若傅毅、刘广世、崔骃、李尤、桓麟、崔琦、刘梁之徒，承其流而作之者纷焉，《七激》《七兴》《七依》《七疑》《七说》《七觽》《七举》之篇，通儒大才马季常、张平子，亦引其流而广之。"（《艺文类聚》卷五十七）这样一来，在赋史上"七"便成为一种专体，可见《七发》影响之深远。

毛泽东对《七发》的了解应从他少年时代起，到1959年庐山会议期间"忽有所感，翻起来一看，如见故人。聊效野人献曝之诚，赠之以同志。"时隔四十多年后，他把《七发》印发并赠给与会诸同志，接着又在大会上讲解，然后又印发了《关于枚乘〈七发〉》这篇评论文章。他称《七发》是"一篇真正的妙文"，是"骚体流裔，而又有所创发。骚体是有民主色彩的，属于浪漫主义文学流派，对腐败的统治者投以批判的匕首"。文章结末又说："后来'七'体繁兴，没有一篇好的。昭明文选所收曹植《七启》，张协《七命》，作招隐之词，跟屈、宋、贾、枚唱反调，索然无味了。"由此可以看出，毛泽东所看中的，所感悟的，就在于《七发》的气氛，《七发》的批判精神。而在庐山会议期间，毛泽东的批判矛头指向谁呢？众所周知，是所谓"彭（德怀）、黄（克诚）、张（闻天）、周（小舟）反党集团"（这个大错案，中央早已平反）。毛泽东"古为今用"，通过对《七发》的宣讲，表明自己的观点，使庐山会议那种紧张的气氛，在历史文献的映照下，缓和下来，从而达到统一思想的目的。我们从毛泽东对《七发》的宣讲中，可以看到深刻的喻义：

第一，生活方式是行为方式的一种表现。毛泽东从楚太子有疾看出枚乘与太子分别代表着封建统治阶级的低级阶层、贵族阶层，从而引申出社会主义社会无产阶级与资产阶级的路线斗争，为彭、黄、张、周等同志戴上了右倾机会主义的帽子，认为他们像太子代表的贵族一样——患病了。

第二，如何对待政治上患病的人呢？毛泽东借枚乘的方法，摆事实，讲道理，以理服人，"发蒙启惑""批判从严""处理从宽"。这种论述如果仅从方法看，应该说是还是有可取之处的。

第三，此文中还含有反腐败的意义，这一点在今天则是很有政治意义的。高级干部患病多，与生活奢侈有关，解放后毛泽东即注意到这个问题。此外，1959 年 8 月 2 日毛泽东写信给张闻天，明确指出："你害的病，与楚太子相似。"劝他"一读枚乘的《七发》"，并说"真是一篇妙文"。8 月 1 日毛泽东还写信给周小舟，要他读丘迟的《与陈伯之书》，特别指出"迷途知返，往哲是与，不远而复，先典攸高"几句，劝周小舟"迷途知返"，改正错误，放下包袱，轻装前进。他并说："如克诚有兴趣，可以一阅。"毛泽东这里强调的与人为善，显然用错了对象。

毛泽东曾手书过《七发》自"楚太子有疾"至"楚太子曰：诺。病已，请事此言"一段文字。（中央档案馆整理：《毛泽东手书选集·古诗词》上，第 25—31 页，北京出版社 1996 年版）

司马迁是『史学之父』

『他是当之无愧的』

【传略】

司马迁（前145—前86），字子长，夏阳（今陕西韩城）人，西汉著名史学家、文学家和思想家。他所著的《史记》一书是开创我国纪传体通史的第一部历史文献。

司马迁的始祖是传说中远古的颛顼时代的重、黎氏，在周朝时程伯休甫是他们的后代。周宣王时被赐姓为司马氏，世代掌管周朝历史方面的事。司马迁的父亲司马谈是汉武帝时的太史令，他从唐都那里学习天文，从杨何那里接受《易经》的教育，习道论于黄子，精通天文星历、《易经》和黄老之学，掌管天文事务，是一位博学的历史学家。司马迁生于汉景帝刘启中元五年（前145）夏阳县（今陕西韩城）龙门寨。他从10岁起师从孔安国学习《古文尚书》。司马迁20岁时，在父亲的指点下开始到全国漫游，亲自访问了许多古事，探寻了许多名胜古迹：到过会稽探寻夏禹的遗迹；到姑苏游过范蠡泛舟的五湖；过淮阴寻访过韩信的故事；远望九嶷山，南游过沅水、湘水；北涉汶水和泗水，在齐、鲁的都市研讨学习，观察孔子的遗风，在邹县和峰山参加乡射之礼；到达蕃县薛城和彭城时司马迁因为旅费不足，就取道梁、楚，最后回到都城长安。他的足迹已踏遍大半个中国，使他对祖国的自然概况、社会生活有了更多的了解，对各地的风土人情、历史遗迹有了更多的感慨。青年时期的司马迁已经具备了深厚的学术功底和丰富的阅历知识，为他后来撰写《史记》打下了深厚的基础。

回到长安后，司马迁参加了博士弟子的考试，成绩优秀，被选为高第，在太常孔臧的奏请下，受封为郎中。身为郎中的司马迁几乎年年随汉武帝到辟雍祭祀"五畤"。公元前113年郊祀后，他到故乡夏阳建造挟荔宫，又随汉武帝东幸汾阴，立后土祠于汾阴脽上，礼毕取道荥阳回京。第二年，他又随武帝西巡至崆峒，祀泰畤于甘泉。公元前111年，司马迁升任中郎将，奉旨西征巴蜀以南，并亲临西南夷，对包括昆明、大理的风土人情了如指掌。后来，他将这里的情况写进了《史记·西南夷列传》。公元前110年，司马迁平定西南夷后回朔方报命，其父司马谈就病逝了。司马谈临终时对他说："我一生总想写一部完整的史书，现在已经来不及了。希望你能完成我的心愿。"之后，司马迁又随汉武帝临北河、桥山、甘泉

（今陕西延安市甘泉县）、缑氏（今河南洛阳偃师区缑氏镇）、海上、周南、泰山、碣石（今河北秦皇岛昌黎县北）、辽西、九原（今内蒙古包头市九原区等地。汉武帝元封三年（前108）六月，司马迁继任太史令。

太史令的工作除了负责整理编修国史之外，还要掌管天文历算。公元前104年，司马迁和公孙卿、壶遂一起接受了制定新历书的命令，着手编排《太初历》。他总理了具体的制定工作，不顾众议，打破陈规，采用了邓平的八十一分法，这是我国历法史上的一次伟大改革。《太初历》运算精密准确，与日月运行相合，有利于指导农业生产适应时节，具有较高的科学价值。

司马迁继任太史令后，就为写作《史记》做准备工作。他一方面在国家的藏书馆里阅读搜集整理资料，一方面继续利用出巡的机会搜集民间传说资料。汉武帝太初元年（前104），司马迁开始动手编撰《史记》。天汉二年（前99），大将军李陵兵败于匈奴，被俘投降。汉武帝照例要诛杀李陵的九族。为此，他询问司马迁的看法。司马迁十分坦诚地说："李陵在战场上被俘是因为寡不敌众，而救兵又不至，加上被投敌的管敢出卖，才导致了这样的结果。"他与李陵素来没有特别的交情，绝不是为了救李陵而游说，而是出于对朝廷的忠心，据实报告。然而他所说的"救兵不至"正切中了国舅贰师将军李广利的隐私，使李广利心生恨意，给他扣上"游说"的帽子。于是，汉武帝命人将他押进了大理狱中，最后以"诬上"的罪名判其死罪。

按当时的法律，死罪可以用钱赎免，可是司马迁没有足够的财产来抵罪，一些朋友怕受牵连也不肯帮忙。放下未完工的《史记》去赴死，司马迁觉得壮志未酬，心有不甘，于是，他只得选择另一条免死的路，去受了宫刑。这种辱没人格的刑罚，使他的精神受到很大的打击，但他并没有一直消沉下去，而是用古人的发愤图强来不断激励自己，用顽强的意志进行《史记》的著述。

后来，朝廷派往匈奴的使者带回了确凿的消息，汉武帝才知道公孙敖谎报军情，投降匈奴的是李绪而非李陵。太始元年（前96），汉武帝赦免司马迁出狱，命他为中书令并改善了他写书的条件。

汉武帝征和二年（前91），《史记》的编写接近尾声。司马迁的好友任安因太子事件被处腰斩，罪名是与太子通同谋反。司马迁想到任安在他落难时对自己的鼓励，又想到武帝的疑心重重错杀忠良，心情十分激动，给任安写了一封信，这就是著名的《报任安书》。他表示自己要忍辱负重，决心完成《史记》这部"究天人之际，通古今之变，成一家之言"的伟大著作。

公元前86年，《史记》编撰完成，此后不久，司马迁便去世了。

【毛泽东评说】

人总是要死的，但死的意义有不同。中国古时候有个文学家叫作司马迁的说过："人固有一死，或重于泰山，或轻于鸿毛。"

——毛泽东：《为人民服务》，《毛泽东选集》第三卷，第1004页，人民出版社1991年版。

降到下级机关去做工作，或者调到别的地方去做工作，那又有什么不可以呢？一个人为什么只能上升不能下降呢？为什么只能做这个地方的工作而不能调到别个地方去呢？我认为这种下降和调动，不论正确与否，都是有益处的，可以锻炼革命意志，可以调查和研究许多新鲜情况，增加有益的知识。我自己就有这一方面的经验，得到很大的益处。不信，你们不妨试试看。司马迁说过："文王拘而演周易，仲尼厄而作春秋。屈原放逐，乃赋离骚。左丘失明，厥有国语。孙子膑脚，兵法修列。不韦迁蜀，世传吕览。韩非囚秦，说难孤愤。诗三百篇，大抵圣贤发愤之所为作也。"这几句话当中，所谓文王演周易，孔子作春秋，究竟有无此事，近人已有怀疑，我们可以不去理它，让专家们去解决吧，但是司马迁是相信有其事的。文王拘，仲尼厄，则确有其事。司马迁讲的这些事情，除左丘失明一例以外，都是指当时上级领导者对他们作了错误处理的。我们过去也错误地处理过一些干部，对这些人不论是全部处理错了的，或者是部分处理错了的，都应当按照具体情况，加以甄别和平反。但是，一般地说，这种错误处理，让他们下降，或者调动工作，对他们的革命意志总是一种锻炼，而且可以从人民群众中吸取许多新知识。我在这里申明，我不是提倡对干部，对同志，对任何人，可以不分青红皂白，作出错误处理，像古代人拘文王，厄孔子，放逐屈原，去掉孙膑的膝盖骨那样。我不是提倡这样做，而是反对这样做的。我是说，人类社会的各个历史阶段，总是有这样处理错误的事实。在阶级社会，这样的事实多得很。在社会主义社会，也在所难免。不论在正确路线领导的时期，还是在错误路线领导的时期，都在所难免。不过有一个区别。在正确路线领导的时期，一经发现有错误处理的，就能甄别、平反，向他们赔礼道歉，使他们心情舒畅，重新抬起头来。

——毛泽东：1962年1月《在扩大的中央工作会议上的讲话》，《毛泽东文集》第八卷，第291—292页，人民出版社1999年版。

像《史记》这样的著作和后来人们对它的注释，都很严格、准确。

——摘自1959年毛泽东读苏联《政治经济学（教科书）》时的谈话，《党的文献》1994年第5期。

游之为益大矣哉！……马迁览潇湘，泛西湖，历昆仑，周览名山大川，而其襟怀乃益广。

——毛泽东：《讲堂录》，《毛泽东早期文稿》，第587页，湖南出版社1990年版。

马迁，龙门人。郡县有时不以山水为界。

——毛泽东：《讲堂录》，《毛泽东早期文稿》，第582页，湖南出版社1990年版。

【作者述评】

司马迁是西汉时期著名的文学家、史学家、思想家。他所著的《史记》是我国纪传体通史的第一部历史文献。他还因为主持制定《太初历》而被列入历数家的行列。

司马迁的《史记》在汉代称《太史公书》，或《太史公记》，约从隋朝起称《史记》。全书共52万6千5百字，上起传说中的黄帝下至汉武帝末年，包括12本纪、10表、8书、30世家、70列传，共130卷。《本纪》记载上起传说中的五帝下至汉武帝时期发生的重大事件和帝王的废立等；《表》分世表、年表、月表三种，按世代、年月提纲性地列举历史大事;《书》是先秦至两汉的典章制度的罗列和阐释;《世家》主要记叙秦以前割据称雄的大小侯王和汉代侯王的历史;《列传》主要写达官贵族、政治家、军事首领、隐士、游侠刺客、商人、卜者等重要人物的生平事迹,也包括记述少数民族和邻邦的历史。

《史记》作为一部历史著作,由于它能比较全面、客观地反映历史面貌,一直被誉为"实录",作者被称赞为"有良史之材,服其善序事理,辨而不华,质而不俚,其文直,其事核,不虚美,不隐恶"(班固:《汉书·司马迁传》)。《史记》的可贵之处还在于作者在历史的写作中寄托自己的理想,生动地再现众多的历史人物,使之成为科学的历史著作和优美传记文学的巧妙结合,鲁迅所说"史家之绝唱,无韵之《离骚》"(《汉文学史纲要》),恰当地指出《史记》的这一特点。

《史记》进步的思想内容,首先,表现在对封建统治者,特别是对汉代最高统治者的讽刺和揭露上。如刘邦"不事家人生产作业""好酒及色",武帝的迷信方士,企图求取长生不老之术,屡屡受骗,始终不悟等。其次,描写广大人民对封建暴政的反抗,如《陈涉世家》中写陈涉、吴广起义等。再次,对下层人物予以热情的肯定和赞扬。如《游侠列传》中写朱家、郭解等人。最后,写了不少爱国的英雄人物。如屈原、廉颇、蔺相如、李广等。

《史记》中的表和书,有着一定的科学性,是全书的有机组成部分,但本纪、世家和列传却是它的主要部分,司马迁是以人物为中心来创作《史记》这部伟大著作的,从而使之成为中国古代历史传记文学的典范。它的文学成就主要表现在:

首先,对历史材料的选择、剪裁和集中。这样使《史记》中的人物传记既正确地反映他们在历史上的活动和作用,又突出其思想和性格的主要特征,塑造出完整的鲜明的人物形象。

其次,抓住主要事件,描写紧张斗争的场面,让人物在具体的矛盾冲突中,显现他们的优点和弱点。如《项羽本纪》中,作者连续写项羽杀宋义救赵、鸿门宴、垓下之围等主要事件和斗争场面,使项羽的形象更加丰满。同时作者也注意对生活琐事的描写,对人物塑造起了很好的作用。

再次，作者善于运用符合人物身份的口语来表现人物的神态和性格。叙述语言也有口语化的特点，因而形成一种简洁精练、流畅生动的语言风格，表现力极强。

《史记》对中国文学发展的影响是多方面的。在小说方面，从唐代的传奇到明清的短篇小说甚至鸿篇巨制，它们在人物塑造、描写手法、情节安排和语言运用上，都有《史记》影响的痕迹，而像唐代传奇和清蒲松龄的《聊斋志异》，受它的影响更大。

在戏剧方面，《史记》的故事往往成为后代戏剧取材的宝库。据统计，仅现存的元杂剧中，就有 16 种是取材于《史记》的。

在散文方面，唐代韩、柳倡导的古文运动，北宋欧阳修等人倡导的文体革新运动，明代前后七子倡导的文学复古运动，都把《史记》推崇为与骈文相对的"古文"的典范。

在传记文学方面，由于《史记》的纪传体为后代史书所继承，由此产生了大量的历史人物传记。史传以外的别传、家传、墓志铭等各种形式的传记文学，也与《史记》所开创的传记文学传统有渊源关系。

毛泽东很早就读过司马迁的《报任安书》这篇文章。1944 年他在为纪念张思德而写的《为人民服务》一文中说过："人总是要死的，但死的意义有不同。中国古时候有个文学家叫作司马迁的说过：'人固有一死，或重于泰山，或轻于鸿毛。'"毛泽东用司马迁的话勉励大家克服自私自利思想，全心全意地为人民服务，实现更大的人生价值。

1962 年 1 月，毛泽东在扩大的中央工作会议上（也称"七千人大会"）再次引用《报任安书》这篇文章，借用司马迁所列举的周文王、孔子等人的事例，说明人的一生遇到挫折磨难是在所难免的，即使是受到错误的对待，也不应消沉埋怨，而应发愤图强。当时由于反"右派""大跃进"、庐山会议等事件，党中央的决策中出现一些错误，一些同志受到不公正的对待。毛泽东讲这番话并不是无的放矢，是有针对性的。逆境出人才，这是毛泽东一贯的观点。毛泽东引用《报任安书》这篇文章，其重要的目的就是鼓励同志们不要被困难所吓倒，要在逆境中使自己得到更多的锻炼并得到提高，要求受到过错误处理的同志正确对待逆境。

毛泽东对司马迁的为事业和理想与命运拼搏的精神十分赞赏，曾多次引用上述名言，教育全党同志要不怕困难，勇于在逆境中振作精神，奋发有为。1957 年，吴冷西从新华社调到《人民日报》社工作时，毛泽东找他谈话，说："你到《人民日报》工作，要有充分的思想准备，要准备遇到最坏情况，要有'五不怕'的精神准备。这'五不怕'就是：一不怕撤职，二不怕开除党籍，三不怕老婆离婚，四不怕坐牢，五不怕杀头。有了这'五不怕'的准备，就敢于实事求是，敢于坚持真理了。"接着他又说："一个共产党员要经得起错误的处分，可能这样对自己反而有益处。"他举例说，"屈原流放而后有《离骚》，司马迁受腐刑乃发愤著《史记》。他自己也有这个体会"。（吴冷西：《五不怕及其他》）（《忆毛主席》，第 157—158 页，新华出版社 1995 年版）毛泽东从司马迁所述古代名人的遭遇和作为引申到对共产党员提出的"五不怕"，这是对历史的继承和发展。

毛泽东对《史记》的评价，从文学评论角度看，就是他肯定司马迁提出的"发愤著书"说。司马迁上承屈原"发愤以抒情"的观点，根据"文王拘而演《周易》；仲尼厄而作《春秋》；屈原放逐，乃赋《离骚》"等事例，总结出古代作家都是"大抵圣贤发愤之所为作也，此人皆有所郁结，不得通其道，故述往事，思来者"。后来毛泽东又在 1958 年 10 月 15 日视察天津时的一次谈话说："司马迁的《史记》，李时珍的《本草纲目》，都不是因为稿费、版税才写的，《红楼梦》《水浒传》也不是因为稿费、版税才写的，这些人有一肚子火才写的。"（董学文等《毛泽东的文艺美学活动》，第 186 页，高等教育出版社 1995 年版）司马迁提出的"发愤著书"的创作动机论影响很大，唐代韩愈的"不平则鸣"、宋代欧阳修的"穷而后工"、明代李贽的"怨毒著书"等学说，都是"发愤著书"说的继承和发展。

毛泽东在年少时就赞扬司马迁游历各地，增长见识，为创作《史记》打下了基础。

毛泽东对《史记》的史学评价很高，认为它以及后人对它的注释，都很严格、准确，科学性很强。

王粲『这篇《登楼赋》好』

【传略】

王粲（177—217），字仲宣，山阳高平（今山东邹县西南）人，汉魏间文学家，"建安七子"之一。

王粲出身于名门世族之家。他的曾祖父王龚，东汉顺帝时官至太尉，祖父王畅灵帝时官至司空，是东汉名士，著名的"八俊"之一，两人在汉代都位列三公。父亲王谦没有上两辈显赫，在大将军（权在三公之上）何进府中担任长史（秘书长）。何进因为王谦是名人的嫡系子孙，想和王谦联姻，把自己的两个女儿叫出来让王谦看，任他挑选一个。王谦没有同意，以有病为借口免官，死在家中。

东汉后期，统治集团日趋腐朽，外戚和宦官争夺政权，斗争十分激烈。何进是汉室外戚，掌握兵权。汉灵帝刘宏中平六年（189），汉灵帝病死，刘辩（少帝）继立，何进杀掉统领西园八校尉军的宦官蹇硕，并密令董卓领凉州兵开进京都洛阳，企图剪除宦官集团。不料事泄，宦官先发制人，何进被杀。凉州军进驻洛阳后，董卓成了实际的掌权者。他废黜少帝，立陈留王刘协，这就是汉献帝。董卓的专横，造成京都洛阳一片混乱。汉献帝刘协初平元年（190），关东18路诸侯起兵讨伐董卓，董卓火烧洛阳，劫持献帝西迁长安（今陕西西安），并挟持百官和洛阳百姓一起西迁。王粲也随同来到长安。这一年，王粲才14岁。

王粲是一个聪慧的少年。抵达长安后，他的才华已经脱颖而出。左中郎将蔡邕见到王粲非常惊奇。当时蔡邕是名儒，才学卓著，贵重于朝廷，所住街巷常停满车辆马匹，家中经常宾客满堂。有一次，王粲登门拜谒蔡邕，年近60岁的蔡邕连忙去迎接，结果在忙乱中把鞋子都穿倒了。王粲进屋后，宾客见他年纪幼小，个子又矮又瘦，满座宾客为之震惊。蔡邕对大家说："这就是王畅大人的孙子啊，有奇才异能，是我所不及的。我家的书籍文章，都应当给他。"

王粲17岁那年，公府委用，接着皇帝下诏任为黄门侍郎（主管宫门的皇帝侍从官员），因当时西京形势混乱，他都不应征。其原因是，汉献帝刘协初平三年（192），司徒王允收买董卓部将，吕布杀死董卓。另外两个部将李傕、郭汜又杀死王允，长安一片混乱，朝臣人人自危，百姓陷入水深火热之中。于是王粲前往荆州依附刘表。刘表东汉末年割据荆州。刘表与王粲的祖父是齐名的名士，又同是山阳高平人，所以王粲去投奔他。刘表认为王粲容貌丑陋，身体瘦弱，行为简慢，因而不很看重他。刘表死后，刘表的二儿子刘琮，在汉献帝刘协建安十三年（208），继为荆州牧，王粲劝说他迎降曹操。曹操任命王粲担任丞相府的僚属，赐爵关内侯（秦汉二十级爵位之十九级爵，仅有封号，居京畿而无封邑）。曹操在汉水之滨大摆宴席，王粲举起酒杯祝贺说："当今袁绍在河北起兵，依仗兵强马壮，志在吞并天下，然而他空有爱好贤士之名而不会用贤士，所以有才能的士人都离开了他。刘表从容娴雅，占据荆州而坐观时局变化，自以为效法周文王逐步夺得天下。到荆州躲避战乱的知识分子，都是全国出类拔萃的人才；刘表不知道怎样任用他们，所以国家面临危亡而没有人辅佐。明公你平定河北袁氏集团之时，一下车就整顿军队，修理武器，收罗豪杰而加以任用，所以能横行天下；等到平定了荆州刘琮集团，论归附之功，引用荆州名士韩嵩、邓义等，封侯者十五人。全国人心归顺，遥望您的风采而期望天下大治，文武都为您效劳，英雄齐心协力，这是成就三王（夏禹、商汤、周武王）的大业啊！"王粲后来改任军谋祭酒，主持军中典礼制度。汉献帝刘协建安十八年（213），曹操封魏王，任命王粲为侍中，出入宫廷，侍从曹操。王粲博学多识，问他的问题没有回答不出来的。当时旧的朝仪废弛，创设法令制度，王粲经常主持创设的工作。

当初，王粲与人一道行走看到路边有块石碑，就停下读碑文，人们问他："您能背诵下来吗？"王粲回答说："能。"因而让他背过身去朗诵，没有漏掉一个字。有一次，王粲看别人下围棋，双方对抗的棋子被碰撞而混乱不堪，他重新摆出了棋子原先对抗的形势。下棋的人不信，用手帕把棋局盖住，更换一个棋盘让王粲摆出对抗的形势。两个棋局相比较，一个棋子也没有摆错。王粲的强记默识就是这样。他生来擅长计算，作算术时，推理演算得很周密。他又很会写文章，举笔成章，没有什么可以修改和订正的，当时的人常常认为他头一天就构思好了；然而真正再深思熟虑，也不能胜过他。王粲著诗、赋、论、议近60篇。汉献帝刘协建安二十一年（216）冬，他随曹操讨伐吴国。次年春，他在返回邺城途中病逝，时年

41岁。王粲有两个儿子。建安二十四年（219），曹操西征汉中，汉末名士魏讽谋袭许都，被曹丕所杀，株连死者数十人，王粲的两个儿子也在其中。于是王粲绝了后代。

【毛泽东评说】

这篇赋好，作者抒发了他拥护统一和愿为统一事业作贡献的思想，但也含有故土之思。人对自己的童年，自己的故乡，过去的朋侣，感情总是很深的，很难忘记的。到老年就更容易回忆、怀念这些。

　　　　——杨建业：《在毛主席身边读书——访北京大学中文系讲师芦荻》，1978年12月29日《光明日报》。

【作者述评】

王粲是建安文学的重要作家，在创作上，他的成就在邺下文人集团中是比较突出的。刘勰说："仲宣溢才，捷而能密，文多兼善，辞少瑕累，摘其诗、赋，则七子之冠冕乎！"（《文心雕龙·才略》）同他的生活道路相一致，王粲的文学活动，大体上也可以划分为前后两个时期，划分的界限就是汉献帝刘协建安十三年（208）的归附曹操。前期他主要在荆州过着流寓生活，亲历战乱灾祸，又长期得不到施展抱负的机会，忧国忧民之情与怀才不遇之愤纠结在一起，使他的文学作品笼罩着悲凄怨愤的情调，这可以他的《七哀诗》和《登楼赋》为代表。《七哀诗》第一首（西京乱无象）是诗人避乱荆州途中所作。它具体地描写了汉末战乱给国家、给广大人民造成的深重灾难，诗中"出门无所见，白骨蔽平原"等句，真实地概括了这场时代的惨剧；"路有饥妇人，抱子弃草间"等句，以具体而典型的细节，刻画出乱离的惨状，传达了当时社会的凄凉气氛。此诗的写作时间早于曹操的《蒿里行》五年，同曹操的名句"白骨露于野，千里无鸡鸣"有异曲同工之妙，都是反映汉末战乱的优秀诗篇。1957年11月，毛泽东访问苏联期间，有一次，他与郭沫若、胡乔木等纵谈三国历史时，曾援引王粲《七哀诗》中"出门无所见，白骨蔽平原"的警句，用以说明问题。后期王粲在曹操幕中，一方面受着广大地区已经走向统一形势的鼓舞，另一方面也因担任重要官职而激发起建功立业的信心，所以他的创作基调又变得激愤昂扬。《从军行》作于后期，其一写西征关右，二、三、四、五首皆写东征孙权，对曹军的征伐进行了热烈的歌颂，同时也表现了诗人的政治进取心。

王粲赋今存 20 多篇，篇幅短小，大多为骚体。最为传诵的是作于客居荆州时期的《登楼赋》。这篇赋先写登楼所见，次写思乡之情，再叙失意之感。作品开门见山，一开始就点明主题，登楼四望，借以解除忧愁。但随着他所见荆州美景的展现，反而激起了他的思乡之情，"虽信美而非吾土兮，曾何足以少留！"他乡的美景成了他思乡之情的反衬。接着就集中抒发对故乡的思念之情。原来登楼是为了"销忧"，却由在楼上四望变成了对故乡的遥望，也就使"销忧"变成"增忧"，最后这种思乡之忧就引起了他的身世之叹。他在这漫长的羁旅生涯中感到时光易逝、志向难酬，而自己盼望国家统一以施展才能的理想也恐怕难以实现了。全篇情景交融，把对故乡的思念之情及怀才不遇的郁阂之情抒发得淋漓尽致。"王粲登楼"也因而成为后世文人表达同样心情的典故。《登楼赋》摒弃了汉赋铺张扬厉的传统写法，以简洁明快的语句，忧悯时世，怀念故乡，热切期望太平盛世的到来；对自己的坎坷遭遇，也发出了强烈的感慨。赋中写景与抒情紧密结合，是其一大艺术特色。在抒情小赋的发展过程中，这篇作品占有重要地位。

王粲是"建安七子"中成就最高的作家。他以诗赋著称，前人对他的评价都很高。曹植在《王仲宣诔》中说他："文若春华，思若涌泉。发言可咏，下笔成篇。"南朝齐梁钟嵘在《诗品》中说："发愀怆之词，文秀而质羸，在曹、刘间，别构一体。方陈思不足，比魏文有余。"潘岳、张协、张华、刘琨等晋代作家，"其源出于仲宣"。王粲确实是中国文学史上占有一定位置且影响颇大的一位重要作家。

毛泽东从青年时代就熟读南朝梁萧统《昭明文选》，对书中收录的《登楼赋》当很熟悉。晚年因视力不好，调北京大学中文系讲师芦荻同志为他读书。那是 1975 年夏，毛泽东让芦荻为他读了王粲的《登楼赋》后，便讲了上面我们引录的那番话。这段话准确地指出了《登楼赋》的主题思想：

一是王粲登楼望见异乡风物之美而引起的思乡怀土之情；一是身处乱世而壮志未酬的感慨，并渴望河山统一的积极进取精神。

毛泽东点明了《登楼赋》的两个主题。关于第一个主题，毛泽东晚年曾说过，自己一生做了两件事，一件是把蒋介石赶到一群小岛上去了；另一件是发动和领导了"文化大革命"。国民党盘踞在台湾，祖国统一没有实现，作为一个伟大的有抱负的政治家，这是他心中难以消释的郁结，当大自然留给毛泽东的时间已经不多了的时候，期盼祖国早日统一，实现中华民族大团结的愿望会更加强烈，通过听《登楼赋》来寄托自己的忧思，是情理之中的事。据1975年在毛泽东身边工作的同志记叙，毛泽东时常神情严肃，拍桌击节地高声吟诵陈亮的〔念奴娇〕《登多景楼》、岳飞的〔满江红〕（怒发冲冠）、张元干的〔贺新郎〕《送胡邦制赴新州》等南宋爱国词人的作品。悲凉沉雄的南宋词伴随着他度过最后的岁月，他咀嚼南宋词所产生的共鸣心态，表现了他对晚年眼看台湾尚未回归，自己为之奋斗一生的祖国未能统一的忧患意识。

关于第二个主题，毛泽东在评述时作了更多的发挥，"人对自己的童年，自己的故乡，过去的朋侣，感情总是很深的，很难忘记的。"并强调说："到老年更容易回忆、怀念这些。"可是写《登楼赋》的时候，王粲还只有三十岁，根本谈不上"老年"，这不过是毛泽东借文章表达自己的心迹而已。在评述《登楼赋》之后，毛泽东接着说了这样一番话："我写《七律·到韶山》的时候，就深切地想起了三十二年前的许多往事，对故乡是十分怀念的。《七律·答友人》就是怀念杨开慧的，'斑竹一枝千滴泪，红霞万朵百重衣'，杨开慧就是霞姑嘛！可是现在有些解释不是这样，不符合我的意思。"如果说毛泽东是因读《登楼赋》引发了他的怀旧情绪，这只是问题的一个方面。另一方面，也与他晚年重病缠身有关。据毛泽东身边工作人员回忆，他曾让人读庾信的《枯树赋》，他先静静地听着，接着就低吟起来："此树婆娑，生意尽矣！……昔年种树，依依汉南；今看摇落，凄怆江潭。树犹如此，人何以堪！"庾信的《枯树赋》反映的英雄晚年的心境，抒发在自然规律面前无可奈何的失落情绪，与毛泽东晚年的情景作对照，极度清醒的头脑、异常活跃的思维、衰老多病的身体，产生出这些苍凉悲壮的情感就不难理解了。

1957年11月毛泽东访问苏联期间，有一次，毛泽东和胡乔木、郭沫若等一道用餐。毛泽东与郭沫若等人纵谈三国历史。官渡之战、赤壁之战、彝陵之战，讲了许多战例。……毛泽东接着引了建安七子王粲所作《七哀诗》，说："出门无所见，白骨蔽平原。……比比么，三国混战又死多少人？原子弹和关云长的大刀哪个死人多。"（李越然：《外交舞台上的新中国领袖》，第158页，解放军出版社1989年版）

『陆机的《文赋》是很有名的』

【传略】

陆机（261—303），字士衡，吴郡华亭（今上海松江）人，西晋文学家、文学理论家。曾任平原内史，世称"陆平原"。与其弟陆云合称"二陆"。陆机是世家大族出身。其祖父陆逊，是三国时期孙吴政权丞相。父亲陆抗，官至大司马。陆机身高七尺，声如洪钟。年轻时就有奇特才能，文章超人出众，天下一流，崇信儒家学说。陆抗去世时，陆机14岁，即与其弟分领父兵，为牙门将（立于军帐前的将官）。他20岁时，吴国灭亡，与其弟陆云退居故里，闭门读书，有10年之久。因为孙氏在吴国，其祖父、父亲两代为将相，对长江以南的吴国有大功，对孙皓公元280年举国投降晋武帝司马炎极为感慨，于是论说孙权之所以振兴吴国，孙皓之所以亡吴，又想称述其祖、父功业，就写了《辩亡论》二篇。

到了晋武帝太康10年（289），陆机与弟弟陆云一起来到京都洛阳（今河南洛阳），拜访太常（掌礼乐祭祀之官）张华。张华平时就爱重陆机的声名，待之如老朋友，说："伐吴之役，利获二俊。"广为称扬，使陆氏兄弟享誉京师，有"二陆入洛，三张（张协、张载、张亢）减价"之说。当时贾谧当权，开阁延宾，一时文士辐辏其门，其中著名的有石崇、欧阳建、刘琨、左思、潘岳等24人，号称"二十四友"，陆氏兄弟亦入其列。

陆机又曾去拜访侍中（皇帝近侍）王济，王济指着羊奶问陆机："你们吴地什么食品可以和羊奶相当？"陆机回答说："千里莼羹不加盐豉就可以敌得过羊奶。"当时的人称为名对。张华把陆氏兄弟引荐给众位大臣。后来太傅杨骏召为祭酒（主管国家教育的官员）。不久杨骏被杀。陆机历任太子洗马（职掌图籍）、著作郎（掌编纂国史）等职。范阳人卢志（官尚书郎）在大庭广众之中问陆机："陆逊、陆抗和你是什么关系？"陆机说："如同你和卢毓（卢志的祖父）、卢珽（卢志的父亲）关系一样。"卢志沉默不语。陆机站起来要走时，陆云对陆机说："地方不同，相隔遥远，可能不了解，为什么这样回答呢！"陆机说："我们的父亲、祖父声名传播天下，他怎能不知道呢！"评论的人以这件事评定陆机、陆云的优劣高下。

吴王司马晏出京镇守淮南（治所在今安徽当涂），任命陆机为郎中令（皇帝侍中官的通称），升任尚书中兵郎，改任殿中郎。晋惠帝司马衷永康元年（300），赵王司马伦专擅朝政，以陆机为相国参军。陆机因参与诛杀贾谧有功，赐爵关中侯。次年，赵王伦阴谋篡位，以陆机为中书郎。司马伦被杀，齐王司马冏因陆机在中书省（秉承皇帝旨意，拟定文告、发布政令的机关），怀疑给赵王伦加九锡（车马、衣服、乐器、朱户、纳陛、虎贲、弓矢、铁钺、秬鬯）的文告及皇帝让位的诏书陆机参与了撰写，于是拘捕陆机等9人交给廷尉（掌刑狱）处理，幸得成都王司马颖、吴王司马晏合力救之，得减死刑，徙边，遇赦而止。

当初，陆机养有一条良狗，名叫"黄耳"，他非常喜爱。他寄居京之后，久无家信，笑着对那条狗说："我家断绝了书信，你能携带书信通消息不能？"那狗摇尾叫了几声。陆机于是写好家信装在竹筒内盛好，系在狗的脖子上。那条狗沿着路往南走，就到了陆机的家，得到回信又回到洛阳。以后经常让它通信。

当时中原一带战乱不止，顾荣、戴若思等人都劝陆机回故乡。陆机凭着他的才干和名望，立志拯救社会于危难，所以没有听从。

齐王司马冏起兵杀赵王司马伦之后，又专擅朝政。天子拜他为大司马，加九锡。司马冏以有功自居，接受封爵而不辞让。陆机讨厌他，作《豪士赋》进行讽谏。司马冏不醒悟，成都王司马颖联合长沙王司马乂攻杀司马冏。

陆机又以德才超群达到至境的帝王治理国家，理应建立公侯伯子男五等爵位的封建等级，因而采择三皇五帝治国的史实，著《五等论》等。

当时成都王司马颖把功劳推让给别人，自己不处有功地位，勤劳谦让，敬贤礼士。陆机既感谢他全力救济之恩，又见朝廷屡有变难，认为司马颖必能使晋王朝恢复兴盛，于是就依附于成都王司马颖。司马颖让陆机参与大将军的军务，并上表推荐他担任平原内史（王国的行政长官）。

晋惠帝司马衷太安元年（302），司马颖与河间王司马颙起兵联合讨伐长沙王司马乂，暂时委任陆机为后将军、河北大都督，统领北中郎王粹、冠军将军牵秀等路人马20余万人。陆机因三代为大将，是道家所忌讳的，又是在外乡做官，忽然位居众官员之上，王粹、牵秀等人都有怨心，陆机坚决辞谢担任大都督，司马颖不许。陆机的同乡孙惠也劝把大都督让给王粹。陆机说："那样他们就认为我首鼠两端，犹疑不定，逃避敌人，招来祸患更快。"大军出发前，司马颖对陆机说："如果功成事定，应封为郡公，充当朝廷中央机构三省和御史台的长官，将军努力吧！"陆机回答说："以前齐桓公任用管仲九合诸侯成就霸业，燕惠王怀疑连下齐国 70 余城的大将乐毅谋反，而功业败于即将完成之时；今天事的成败，关键在您而不在我陆机。"司马颖左长史（三公府主管行政的官员）卢志妒忌陆机，对司马颖说："陆机自比管仲、乐毅，比拟主公愚昧，自古以来任命将军派遣军队，没有臣子欺凌君主而可以成就事业的。"司马颖沉默不语。

陆机临战而行军队伍前的大旗突然折断，心里非常讨厌这件事。陆机布置军队从朝歌（今河南淇县）直到黄河桥，战鼓声闻数百里，汉、魏以来，出师规模的盛大从未有过。长沙王司马父奉天子之命与陆机战于鹿苑，陆机率领的军队大败，逃往七里涧，而战死的人堆积在一起，水为之不流。将军贾稜战死。

当时，宦官孟玖及其弟孟超，都为司马颖所宠信。孟超率领一万多人为都督，没有打仗，放任士兵大肆抢掠。陆机拘留了带头抢劫的人。孟超带领百余名骑兵，一直冲入陆机的大军帐，抢夺被拘留的人，回过头来对陆机说："貉奴能作大都督不能！"陆机的司马孙拯劝他杀掉孟超，陆机没有采纳孙拯的建议。孟超对大家说："陆机即将谋反。"又给孟玖写信，说陆机犹疑不决，军队不能速战速决。到了交战，孟超不听陆机指挥，轻兵独进战死。孟玖怀疑是陆机故意杀害，就对司马颖说，陆机想谋反。将军王弼、郝昌、公师藩等人都是孟玖指使，与牵秀等共同作证。

司马颖大怒，命牵秀秘密地拘捕了陆机。那天晚上，陆机梦见黑色车幔绕车，用手就是解不开。天明而牵秀率兵到，陆机脱掉大都督帅服，改穿便衣，头戴白色帽与牵秀相见，神情面貌镇定如常，对牵秀说："自从吴国灭亡，我兄弟宗族，蒙国家大恩，在朝廷内参与机要事项，到战场上统率军队打仗。成都王任命我担任大都督，我一再辞谢而不获准；今日被杀，难道不是命定的啊！"因给司马颖写了封书信，词语十分凄恻。不久叹道："华亭的鹤鸣声，难道还可以再听到吗？"于是在军中被杀。时年 43 岁。两个儿子陆蔚、陆夏，也同时被杀。陆机被杀但不是他的罪过，士兵十分痛惜，没有不流泪的。这一天白天昏雾笼罩，大风折断树木，平地降了一尺多厚的雪，评论的人认为是陆机的冤枉造成的。

陆机文采秀丽奔放，辞藻宏伟壮丽，张华告诉他说："人们写文章，常恨才能不够，而你患才能太多。"弟弟陆云曾给他写信说："君苗见到哥哥的文章，就要烧掉他的笔砚。"后来葛洪著书称道陆机的文章："如同神仙居地堆积的美玉，没有不是黑色放光的宝珠。五条大河的汹涌流水，同出于一源（喻其才情深）。他的文章美丽而丰富，艳丽而飘逸，也是一个时代最高超的作品啊！"他的文章是这样令人推崇信服。然而陆机喜欢依附权势之门，与贾谧友好，因趋炎附势受人讥笑。他写的文章共有300多篇，今存诗107首，文127篇（包括残篇）。原有集，已散佚，后人辑有《陆士衡集》。明人张博所辑《汉魏六朝百三家集》有《陆平原集》。

【毛泽东评说】

陆机、陆云，都是晋代的文学家。陆机的《文赋》是很有名的，具有朴素的唯物观点，可惜太冗长了些。

——余湛邦：《鲜花一束》，《缅怀毛泽东》下册，第473页，中央文献出版社1993年版。

一切较长的文电，均应开门见山，首先提出要点，即于开端处，先用极简要文句说明全文的目的或结论（现在新闻学上称为"导语"，亦即中国古人所谓"立片言以居要，乃一篇之警策"），唤起阅者注意，使阅者脑子里先得一个总概念，不得不继续看下去。

——毛泽东：《纠正文字缺点》（1951年2月），《毛泽东新闻工作文选》，第167页，新华出版社1983年版。

【作者述评】

陆机是西晋太康、元康间最著声誉的文学家，被后人誉为"太康之英"。就其创作实践而言，他的诗歌"才高词赡，举体华美"（钟嵘《诗品》），注重艺术形式技巧，代表了太康文学的主要倾向；就其文学理论而言，他的《文赋》是中国文学理论批评史上第一篇系统的创作论，对后世的文学创作和理论，产生了重要影响。

「陆机的《文赋》是很有名的」

陆机流传下来的诗，近半数是乐府诗和拟古诗，这类作品中不少是敷衍旧题、模拟前人之作，其失在于缺乏个人情感的描写，所以被后人讥为"束身奉古，亦步亦趋"（清陈祚明《采古堂古诗选》）。不过，也不乏寄兴颇深的作品，如《君子行》《长安有狭斜行》等。除乐府外，陆机还有少数纪行诗和亲朋赠答诗，情感真挚，较少雕饰，艺术成就较高。如《赴洛道中》二首抒发去国离乡的悲苦心情，极为凄楚动人，是陆机五言诗的代表作。

在艺术风格上，陆机诗的主要特点是讲求形式的华丽整饰，以其深厚的学力，繁缛的辞藻，纯熟的技巧，表现一种雍容华贵之美。这种艺术追求，极大地影响了西晋诗坛的艺术倾向，形成"采缛于正始，力柔于建安"（南朝梁萧统《文心雕龙·明诗》）的局面。陆诗大量运用对偶句式，有的几乎通篇对偶，"开出排偶一家"（清沈德潜《古诗源》），虽然工整圆稳，却无空灵矫健之气，流于孱弱呆滞。另外，陆诗过于追求辞藻富赡，失于剪裁，导致繁芜之累。

陆机的文，思想内容比诗更为充实，时有峭健之笔。其中著名的《辩亡论》，论东吴兴亡之由，归于能否得人，议论滔滔，笔势流畅，可称为西晋论文中最为博大的篇什。他如《吊魏武帝文》《汉高祖功臣颂》也颇精警。陆机还有演连珠50首，每首8句，以自然界或人类社会某种现象为喻，经过推衍阐发，再关合到政治与人生中的某种道理，运思巧妙，说理精深，辞丽言约，气韵圆转，有流丸之妙。陆机是骈文的奠基者，他的一些优秀篇章，以理带情，是西晋骈体文的典型。

陆机的赋今存27篇，或感时节之代谢，或悲故旧之丧亡，或抒思乡之情愫，大多篇幅短小，文笔清灵。如《叹逝赋》，把故旧凋零的哀伤写得回环往复，曲折情深。陆机赋中有不少咏物之作，如《瓜赋》《漏刻赋》皆是名作。陆机赋中最有名的是《文赋》。它是文学史上最早用"赋"的体裁而写成的文学理论著作，既总结了以前作家的创作经验也融合了陆机本人创作的甘苦和体会，其中有不少见解颇有价值。

《文赋》细致地分析了文学创作的过程，提出了文学理论上的许多重要问题。《文赋》前有序，说："每自属文，尤见其情。"可见，《文赋》

中所说的，多是作者的深切体会，甘苦之言，表现了陆机作为一个作家，又是文论家的特色。谈到探讨作文的用心，称："恒患意不称物，文不逮意"。提出"物—意—文"的关系。"物"即作者感受到的外界事物；"意"即作者凭着感觉所形成的文思；"文"即作者用来表达文思的文辞。"意不称物"有两种情况：一种是外界事物复杂，作者把它看得简单，作者之意就不能恰好表达客观事物的复杂性；另一种是作者了解到外界事物非常复杂，但不能把它提升到理论高度来概括。而"文不逮意"，则是作者在用文辞表现外界事物时，不能把情与志相结合的情表达出来。

《文赋》又谈到"物—意—辞—体"的关系。"体有万殊，物无一量，纷纭挥霍，形难为状。辞程才以效伎，意司契而为匠。""体"指文体，也指风格，文体风格有多种多样的变化，所以说"万殊"；"物"指事物，"量"指分限，事物变化复杂，所以"无一量"；"辞"指文辞，运用文辞来表情达意要靠才能和技巧，有了才能和技巧，达意传情才能生动有力，这就是"辞程才以效伎"；"意"指文思，"契"指切合物象，"匠"指创作者，作者的文思，要靠意匠经营来创立，要切合反映的物象，这就是"意司契而为匠"。

《文赋》主要是讲创作，先讲创作前的准备。陆机认为，进行文学创作必须观察万物，钻研古籍和怀抱高洁的志趣。观察万物，可以熟悉表现对象，丰富知识；钻研古籍，可以吸收间接经验，学先士之盛藻，得才士之用心，以提高自己的写作技巧；至于怀抱高洁的志趣，即所谓怀霜之心，临云之志，在创作中也发挥着巨大的作用。有了这三方面的准备，在进入创作过程后，还必须到现实生活中去体验："遵四时以叹逝，瞻万物而思纷；悲落叶于劲秋，喜柔条于芳春。"文以情生，情以物感，才是创作过程的起点。

接着讲构思，构思就是要运用艺术想象："精骛八极，心游万仞"；"浮天渊以安流，濯下泉而潜浸"；"观古今于须臾，抚四海于一瞬"。艺术想象驰骋于穷高极远之空间，突破上下古今之界限，然后使得"情瞳昽而弥鲜，物昭晰而互进"，感情更加强烈，物象更加清晰。

进入写作过程后，要考虑命意谋篇。就命意说，"抱景者咸叩，怀响者毕弹"，外物具有光彩的，具有音韵的，一定加以叩击和弹奏，使它尽量发挥出光彩和音韵，使作者在辞意中表现出来，做到文和物的相称。再讲谋篇："理扶质以立干，文垂条而结繁。"即以意为主，以文达意。在谋篇时又有种种变化："或因枝以振叶，或沿波而讨源，或本隐以之显，或求易而得难"；"虽离方而遁圆，期穷形而尽相"。有的由枝到叶，即由大到小；有的顺流探源，即由末到本；有的由隐到显，即先难后易；有的求易得难，即先易后难。这些安排，要看具体情况。"或妥帖而易施，或岨峿而不安"，安排得当，在表情达意上显得妥帖而容易；安排不当的，就显得不安而不合。

之后，再讲"体—物—辞—意"，即回到"意不称物，文不逮意"上来。提到"体"，作者讲了四种风格和十种文体。四种风格是："故夫夸目者尚奢，惬心者贵当，言穷者无隘，论达者唯旷。"这里提出的"尚奢"，相当于带夸张性的壮丽；"贵当"，相当于切理厌言的严密；"无隘"即附隘，相当于简约；"唯旷"，相当于畅达。这比曹丕《典论·论文》中讲的风格又进了一步，分为了四种。接下来讲文体：诗缘情而绮靡，赋体物而浏亮。碑披文以相质，诔缠绵而凄怆。铭博约而温润，箴顿挫而清壮。颂优游以彬蔚，论精微而朗畅。奏平彻以娴雅，说炜晔而谲诳。

这里讲了十种文体的内容和特点，或称意与辞的特点。如诗的内容重在缘情（抒情），形式或文辞讲究文采和细密。赋的内容重在体物，形式或文辞要求清明。碑在内容上求有质，在文辞上求有文。诔以抒情写哀，凄怆表哀，缠绵兼指文情。铭要事博文约，文辞温婉润泽。箴用来讽刺得失，故抒情有抑扬顿挫，风格清爽。颂是歌颂，所以内容从容不迫，文辞富丽堂皇。论是议论，要求剖析精微，文辞明朗畅达。奏是奏章，要求说得平正通达，文辞安雅。说是劝说，要令人信服，文辞富有文采。这样讲文体，比《典论·论文》中"奏议宜雅，书论宜理，铭诔尚实，诗赋欲丽"，讲的"四科八体"，就细致多了。

接着，作者又讲作文的利害关键：（1）注意熔裁而使辞义双美："文繁理富"；（2）通过警句而突出主旨："立片言而居要，乃一篇之警策"；（3）避免雷同而力求独创；"或藻思绮合"，"乃暗合于曩篇"；（4）保留精美的词句，避免文章的平庸；"离众绝致"。此外，还要防止五种文病：（1）篇幅短小，不足成文；（2）美丑混合，文不协调；（3）重词轻情，流于空泛；（4）迎合时好，格调不高；（5）清空舒缓，缺少真味。

最后谈到感兴问题，即所谓"应感之会，通塞之纪"，用现代文艺理论术语来说，就是灵感问题，这是一段绝妙文字：

若夫应感之会，通塞之纪，来不可遏，去不可止。藏若景灭，行犹响起。方天机之骏利，夫何纷而不理？思风发于胸臆，言泉流于唇齿；纷葳蕤以馺遝，唯毫素之所拟；文徽徽以溢目，音泠泠而盈耳。及其六情底滞，志往神留，兀若枯木，豁若涸流；揽营魂以探赜，顿精爽而自求；魂理翳翳而愈伏，思轧轧其若抽。是以或竭情而多悔，或率意而寡尤。虽兹物之在我，非余力之所戮。故时抚空怀而自惋，吾未识夫开塞之所由也。

灵感之去来，非作者所能控制。来则文思泉涌，无往不得，去则笔底黏滞，苦索无获。作者将这种微妙现象描写得何等生动形象。他提出的这个创作中的灵感来不来的问题，有待于后人作深入的探讨。

总之，《文赋》是从东汉以来诗赋等文学创作的实践出发，继承了曹丕《典论·论文》的文学观，突破了儒家"诗言志"的理论。它对文学的抒情特征和艺术的美感，尤其对于文学创作作为一种感性活动而不同于一般的理性思维的特征，作者提出了深刻的认识，这使人们对文学的特质，有了新的认识。《文赋》的各种论述，给了后代文学批评家以重要的启发。如刘勰《文心雕龙》以"言为文之用心"为写作的宗旨，就是本于《文赋》。

《文赋》是毛泽东仔细读过并留下深刻印象的一篇文学理论文章。1958年9月，张治中将军陪同毛泽东到南方视察。当他们到安徽时，一天，毛泽东对张治中谈起了晋代文学家陆机、陆云兄弟，并对陆机的《文赋》作了精辟评价。《文赋》首段论述文学创作的动因时说：

伫中区以玄览，颐情志于典坟。遵四时以叹逝，瞻万物而思纷。悲落叶于劲秋，喜柔条于芳春。心懔懔以怀霜，志眇眇而临云。咏世德之骏烈，诵先人之清芬。游文章之林府，嘉丽藻之彬彬。慨投篇而援笔，聊宣之乎斯文。

这一节讲作文的动因，不外两途：一感于物，一本于学，"遵四时"四句就感于物言，"咏世德"四句，又从"颐情志于典坟"生发，二者皆能引起文思，故中间用"心懔懔以怀霜"二句贯穿之。陆机把玄览感物和学习古人著作，作为文学创作的重要出发点，与毛泽东的社会生活是"一切文学艺术的取之不尽、用之不竭的唯一的源泉"和"过去的文艺作品不是源而是流"的思想（《在延安文艺座谈会上的讲》）是吻合的，所以得到毛泽东的肯定，认为这种说法具有"朴素的唯物观点"。这种观点后来便形成了中国文学批评史上的"物感说"。毛泽东的评价是完全正确的。至于《文赋》的篇幅，"可惜太冗长了些"，这也是大家的共识。

还有一件事，与《文赋》有关，值得一提。1959年12月27日，《光明日报》的"文学遗产"专栏第293期发表了晏震亚的《如何评价〈文赋〉》一文，作者对陆机《文赋》的理论价值及其在中国文学批评史上的进步意义，作了较充分的肯定。该文是同《光明日报》的"文学遗产"专栏第278期上发表的题为《关于〈文赋〉一些问题的商榷》的争鸣文章。那篇文章说："《文赋》讲的主要是结构修辞的创作方法，甚至是汉赋的铺陈方法。"因此得出结论：陆机是"六朝形式主义文学的开先人"。而晏震亚的这篇文章则认为："这个结论仍然站不住脚"，《文赋》所涉及的内容范围中，"尤其包括了文学与现实的关系；文学的社会作用问题；作家的个性与作品的风格问题；继承与革新的问题；等等。"毛泽东读后，将此文批示给一些同志阅读，并说这是"一篇好文章"。[①]

此外，毛泽东在1951年2月在审定《中共中央关于纠正电报、报告、指示、决定等文字缺点的指示》增加的几段文字中，有一段就援引了《文赋》中"立片言以居要，乃一篇之警策"[②]的话，这便是用《文赋》的理论来解决实际工作中的问题了。

---

① 逢先知：《毛泽东读报章杂志》，《毛泽东的读书生活》，第244—245页，三联书店1989年版。

② 逢先知：《毛泽东读报章杂志》，《毛泽东的读书生活》，第244—245页，三联书店1989年版。

陶渊明『设想了一个名为桃花源的理想世界』

【传略】

陶渊明（365—427），一名潜，字元亮，私谥靖节，浔阳柴桑（今江西九江西南）人，晋宋时期诗人、辞赋家、散文家。陶渊明出生于一个没落的仕宦家庭。曾祖父陶侃是东晋开国元勋，官至大司马（兼掌政务和军事重权），都督八州军事，荆江二州刺史，封长沙郡公。祖父陶茂，做过武昌太守。父亲早逝，母亲是东晋名士孟嘉的女儿。

陶渊明一生，大致可以分为三个时期。

第一时期，截至晋孝武帝太元十七年（392），陶渊明28岁以前。陶渊明年轻时就有高尚的胸怀，学问渊博，善写文章，思想新颖超脱，不受世俗观念的约束，听任天性以求顺适，为乡邻所看重。他曾写《五柳先生传》来比喻自己说：先生不知是何处人，也不知道他姓甚名谁，住宅旁边植有五棵柳树，因此用来作为自己的名号。娴静少言，不羡慕功名利禄。喜爱读书，不求甚解；每有领会，便高兴得忘了吃饭。他特别好饮酒，而家里贫穷不是经常有酒喝。亲戚朋友知道这种情况，有的设宴招待他，他应召去喝酒，希望喝个大醉。喝醉后告别，没有吝惜的感情。家中房内空荡破坏，不能遮风蔽日，穿的粗麻布短衣常常需要缝补，饭篮水瓢常常是空的，却怡然自得。经常写文章自己欣赏，也很能表明自己的志趣，从不把得失放在心上，以这种方式过了一辈子。他自述平生阅历是这样，当时的人说这篇文章是他自己的真实记录。

第二时期，学仕时期。从太元十八年他29岁到晋安帝义熙元年（405）41岁。陶渊明因"亲老家贫"，起用为江州祭酒（主管州学的官员），"不堪吏职"，不久，便自行解除官职。江州官府又聘他任主簿（掌管文书簿籍，处理行政事务的官员），他不应召，亲自种地供给生活。于是身体得了病。在家闲居了五六年。晋安帝隆安四年（400）他到荆州，任刺史桓玄属吏。曾奉命到京都建康办事。此时桓玄正控制着长江中上游地区，窥测篡夺时机。隆安五年（401），他因母丧辞职归家。晋安帝元兴二年（403），桓玄率军东下，攻下建康，杀司马元显，自称太尉，总揽朝政，陶渊明在家乡浔阳开始躬耕。同年冬天，桓玄篡晋，改国号为楚，迁晋安帝于浔阳之时，他仍在家闭户高吟。元兴三年（404）建武将军、下邳太守刘裕联合刘毅、何无忌等文臣武将，自京口（今江苏镇江）起兵讨伐桓玄，桓玄兵败西走，又把囚禁在浔阳的晋安帝带到江陵。刘裕入建康后被推为镇军将军、都督八州军事、徐州刺史。陶渊明离家东下，入刘裕幕下，任镇军参军，参与谋议。这一年，桓玄被杀。晋安帝司马德宗义熙元年（405），他转任建威将军、江州刺史刘敬宣的参军，这年3月他奉刘敬宣使命赴京都。5月，桓玄余党平定。8月，他出任彭泽（今江西彭泽西南）县令。他下令县里的公田只让种可以酿酒的黏谷，说："让我常常醉酒就够了。"其妻坚决请求种粳米，于是让150亩种黏谷，50亩种粳米。陶渊明一向简慢自尊，从不私下巴结上级官吏。郡里太守派遣督邮到彭泽视察工作，其下级官吏告诉他应该穿上官服敬重地接待他，他叹道："我不能为五斗米的俸禄卑躬屈膝，低三下四，巴结逢迎乡里小人啊！"义熙二年（406），陶渊自己扔下县令印绶，仅在官80余日。辞官回家时，他写了著名的《归去来兮辞》。"归去来兮，田园将芜胡（怎么）不归？"开头两句当头棒喝的呼唤，接着责问自己。他把自己13年的仕途生活，看作失路人走过的一段"迷途"。接下来写辞官归隐的欢乐：

舟摇摇以轻飏，风飘飘而吹衣。问征夫（远行之人）以前路，恨晨光之熹微。

乃瞻衡宇（简陋的房屋，指故居），载（且）欣载奔。僮仆欢迎，稚子候门。三径就荒，松菊犹存。携幼入室，有酒盈樽。引壶觞以自酌，眄（斜视）庭柯以怡颜。倚南窗以寄傲，审容膝之易安。园日涉以成趣，门虽设而常关。策扶老以流憩，时矫首而遐观。云无心以出岫（山穴），鸟倦飞而知还。景翳翳以将入，抚孤松而盘桓。

这一段自喜还家的文字，写得真是眉飞色舞，笑逐颜开，恰切地表现了陶渊明辞官归隐的心情。最后，又写他初到家时对未来生活的愿望。他"息交绝游"，是想断绝与上层社会的联系，只和自己的亲戚、邻居过农民共乐田园的生活。"帝乡不可期"，他不愿追求那渺茫的神仙世界，把未来的生活乐趣寄托在出游、耕耘、长啸、赋诗之中。结尾点出他随顺自然、乐天知命的人生哲学。

第三时期，归田时期。从晋安帝义熙三年（407）至宋文帝元嘉四年（427）病故。陶渊明归田之初，家有僮仆，虽然他和妻子也参与耕作，但劳动余闲时间较多，温饱亦无忧虑。可是好景不长，义熙四年（408）六月，他家遭大火，林室尽焚，宅无遗存。此后，他生活日益贫困，躬耕未废，饥寒不免。义熙七年（411），他移居浔阳负郭之南村，结识了不少新的邻居，其中既有共话桑麻的农民，也有共赏奇文、共赋新诗的文人。如后来成为刘宋王朝权贵的殷景仁，当时即一度与他同游共话。又如当时有两个佛教信徒周续之和刘遗民与他经常往来，好事者曾把他们三人称为"浔阳三隐"。大概因为周、刘二人的介绍，陶渊明还和当时居住在庐山东林寺的佛教著名法师慧远和尚一度成为方外之交。但他和这几个佛教信徒、法师的思想并不投合。义熙十一年（415），当时著名的诗人颜延之，也作了江州刺史刘柳的功曹，来到浔阳（今江西九江），与陶渊明作邻居，两人同游共饮，感情很融洽。

义熙末年，朝廷又征召陶渊明为著作郎（秘书监属官，掌修国史），被他拒绝。他既拒绝州郡官吏拜见，有乡亲张野（曾被征散骑常侍）及其友人羊松龄（曾官左军长史，出使秦川）、庞遵（曾官司徒主簿）或个别请他吃酒，或共同设酒宴请他，他虽然不知道是谁做东，也高兴赴宴，从不违约，待喝得大醉便回家去。他不曾拜访过别人，只是到乡村及庐山游览罢了。

刺史王弘在东晋末主恭帝元熙年间到江州任职，很佩服陶渊明并切盼与他相会，后来亲自前往拜见，陶渊明推说有病而不见他，不久对人说："我的性格不适应社会，因病守闲，所幸者我并不追求高洁的意志和名声，哪里敢把王公屈驾登门当作光荣呢！以不贤冒充清高，刘公干（桢）曾因此遭到君子的毁谤，这是不小的错误。"王弘常常令人等候他，得知他前往庐山游玩，就让他的朋友庞遵送酒，先在半路请他喝。陶渊明一见到酒，便在山间亭子里喝了起来，高兴得忘记了上庐山。王弘才出来与他相见，于是高兴地喝了一整天。陶渊明没有登山的木屐，王弘命手下的人为他造木屐。手下的人请度量脚的尺寸，他便在座位伸脚让他们度量。王弘邀请他同回江州,问他骑马还是坐轿,他回答说:"我本来有脚病,一向只坐竹轿,足以自己回去了。"陶渊明命一个门生的两个儿子抬了一副竹轿送他到江州,而谈笑赏心适情,别人感觉不到他对这种富贵生活有钦羡之情。王弘以后想会见他,就在山上树林中等候。至于陶渊明家中缺酒少米,王弘也及时供给。

　　陶渊明的亲戚朋友热心助人,有的携带着酒菜前去,他也从不拒绝。每一次喝醉,则表现出一种精神十分舒适,非常和乐的样子。他又不善经营产业,家务全部交给儿子和仆人管理。从未见他有高兴或发怒的神色,只是见到酒就喝,有时家中无酒,也吟咏不绝。他曾说,夏天清闲,高卧北窗之下,清风徐来,飒飒作声,自己说他是一个纯任自然、非常纯朴的太古之人。本性不太懂得音乐,而储备有一张没有装饰的琴,琴弦和定音的琴徽也不完备,每逢朋友酒会,则抚摸而和之,说:"只要懂得琴中的趣味,怎么拉动琴弦发声!"晋恭帝元熙二年(420),刘裕废恭帝为零陵王,改国号为宋,东晋灭亡。宋文帝元嘉三年(426),檀道济任江州刺史,亲自到他家访问。这时他病饿卧床。檀道济劝他:"贤者处世,天下无道则隐,有道则至。今子(你)生文明之世,奈何自苦如此?"他回答说:"陶潜我怎敢和贤者相比,志气达不到。"檀道济赠给他粮食和肉,被他挥手又拿走了。元嘉四年冬天,陶渊明最终在贫病交加之下去世,享年62岁。唐房玄龄等《晋书》有传。有《陶渊明集》行世。

【毛泽东评说】

　　过去只有河南同 80% 的县委书记打了招呼,所以没有受冲击。在多数人身上复杂一点。桃花源中人,不知有汉,无论魏晋。要估计这种情况。……

——毛泽东:《关于打招呼问题的批语》(1975 年 11 月 13 日),
《建国以来毛泽东文稿》,第 19 册,第 495 页,中央文献出版
社 1998 年版。

七律·登庐山

一九五九年七月一日

一山飞峙大江边，跃上葱茏四百旋。

冷眼向洋看世界，热风吹雨洒江天。

云横九派浮黄鹤，浪下三吴起白烟。

陶令不知何处去，桃花源里可耕田？

——中共中央文献研究室编：《毛泽东诗词集》，第 113 页，中央文献出版社 1996 年版。

二十一、"陶令不知何处去，桃花源里可耕田？"陶渊明设想了一个名为桃花源的理想世界，没有租税，没有压迫。

——毛泽东：《对〈毛主席诗词〉若干词句的解释》，《毛泽东诗词集》，第 259 页，中央文献出版社 1996 年版。

然则不平等、不自由、大战争亦当与天地终古，永不能绝，世岂有纯粹之平等自由博爱者乎？有之，其惟仙境。然则唱大同之说者，岂非谬误之理想乎？

人现处于不大同时代，而想望大同，亦犹人处于困难之时，而想望平安。然长久之平安，毫无抵抗纯粹之平安，非人生之所堪，而不得不于平安之境又生出波澜来。然大同亦岂人生之所堪乎？吾知一入大同之境，亦必生出许出〈多〉竞争抵抗之波澜来，而不能安处于大同之境矣。是故老庄绝圣弃智，老死不相往来之社会，徒为理想之社会而已。陶渊明桃花源之境遇，徒为理想之境遇而已。即此又可证明人类理想之实在性少，而谬误性多也。是故治乱迭乘，平和与战伐相寻者，自然之例也。……

——毛泽东：《读泡尔生〈伦理学原理〉第四章"害及恶"批语》，《毛泽东早期文稿》，第 184—185 页，湖南出版社 1990 年版。

现在我们很多同志，还保存着一种粗枝大叶、不求甚解的作风，甚至全然不了解下情，却在那里担负指导工作，这是异常危险的现象。

——毛泽东：《〈农村调查〉的序言和跋》，《毛泽东选集》，第三卷，第 789 页，人民出版社 1991 年版。

【作者述评】

陶渊明是魏晋南北朝最杰出的文学家。现存文12篇，包括辞赋3篇，韵文5篇，散文4篇：今存诗歌共125首，包括四言诗9首，五言诗116首。

陶渊明的文学创作，在诗歌、散文、辞赋等方面都有卓越的成就，但对后代影响最大的是诗歌；在他的诗歌中，最有代表性的是田园诗。这种田园诗的魅力，不仅在于它是田园生活的真实写照，而且寄托着陶渊明的人生理想。田园被陶渊明诗化了，成了他痛苦世界中的一座精神避难所。

陶渊明的思想，是以老庄思想为核心，对儒、道两家取舍调和而形成的一种特殊的"自然"哲学。他心目中的理想社会，是一种自然的社会。他常常把儒家虚构的淳朴无华的上古之世与道家宣扬的小国寡民的社会模式结合成一体，作为理想世界来歌颂，这在《桃花源记》中得到充分的表现。此文短小，抄录如下：

> 晋太元中，武陵人捕鱼为业。缘溪行，忘路之远近。忽逢桃花林，夹岸数百步，中无杂树，芳草鲜美，落英缤纷。渔人甚异之；复前行，欲穷其林。
>
> 林尽水源，便得一山。山有小口，仿佛若有光。便舍船从口入。初极狭，才通人。复行数十步，豁然开朗。土地平旷，屋舍俨然，有良田美池桑竹之属。阡陌交通，鸡犬相闻。其中往来种作，男女衣着，悉如外人。黄发垂髫，并怡然自乐。
>
> 见渔人，乃大惊，问所从来。具答之。便要还家，设酒杀鸡作食。村中闻有此人，咸来问讯。自云先世避秦时乱，率妻子邑人来此绝境，不复出焉，遂与外人间隔。问今是何世，乃不知有汉，无论魏晋。此人一一为具言所闻，皆叹惋。余人各复延至其家，皆出酒食。停数日，辞去。此中人语云："不足为外人道也！"
>
> 既出，得其船，便扶向路，处处志之。及郡下，诣太守，说如此。太守即遣人随其往，寻向所志，遂迷，不复得路。
>
> 南阳刘子骥，高尚士也，闻之，欣然规往。未果，寻病终。后遂无问津者。

陶渊明「设想了一个名为桃花源的理想世界」

《桃花源记》和《桃花源诗》，是陶渊明长期农村生活的总结，都是描写同一个乌托邦的理想社会。这个桃花源社会，是建筑在大家参加劳动、没有剥削和压迫、没有君主、没有战乱的理想基础上的社会。这里的人们，在"春蚕收长丝，秋熟靡王税"的社会条件下进行着自由的个体劳动，儿童和老年人也得到很好的生活照顾。这里人与人的关系是融洽亲切的，甚至对一个素不相识的外来人也"便要还家，设酒杀鸡作食"进行招待。这里的人保持祖宗传下来的几百年的古老风习："俎豆犹古法，衣裳无新制。"这里人与人之间没有倾轧，没有竞争，看不出任何矛盾和进步，以致他们感到"怡然有余乐，于何劳智慧"。桃花源的历史，是没有朝代更换，没有战乱作标志的。他们"乃不知有汉，无论魏晋"。渔人所说的一切改朝换代的事，在他们听来只是值得叹惋而已。他们甚至连一本反映自然季节变化的历书也没有，"草荣识节和，木衰知风厉；虽无纪历志，四时自成岁。"

很显然，所谓桃花源社会，其主要的特点，就是人人劳动，自耕自食，没有剥削，没有压迫，没有税收，无君无臣，从而也就没有战乱。但这只是一种空想，是一个虚幻的乌托邦。在存在着阶级压迫和阶级剥削的封建社会里，这种"世外桃源"是不可能存在，也永远不可能实现的。正如列宁所指出的："乌托邦是一个没有的地方，是一种空想、虚构和童话。"（《两种乌托邦》）这篇作品，在批判当时黑暗政治方面具有一定的历史意义，然而也起着引导人们离开现实的消极作用。

陶渊明的大量田园诗，既有纪实的成分，反映了他在家生活的情况，但它是按照某种理念要求对现实素材加以处理的结果。例如他久享盛名的《归田园居》第一首（少无适俗韵），抒发回到田园生活的愉快心情。"方宅十余亩，草屋八九间。榆柳荫后檐，桃李罗堂前。"几句写景，以简淡的笔墨，勾画出自己居所的朴素美好；"暧暧远人村，依依墟里烟。狗吠深巷中，鸡鸣桑树颠"。四句景物描写，有远有近，有高有下，有深有浅，有形有声，使整个画面显出悠邈、虚淡、静穆、平和的韵味。作者正是以此作为污浊喧嚣的官场——所谓"樊笼"的对立面，表现自己的社会理想和人生观念。结尾"复得返自然"的"自然"，既是指自然的环境，也指自然的生活。

"自然"哲学，在田园诗中以美好的形象表现出来，如陶诗中最著名的《饮酒》之五就是：

> 结庐在人境，而无车马喧。
> 问君何能尔？心远地自偏。
> 采菊东篱下，悠然见南山。
> 山气日夕佳，飞鸟相与还。
> 此中有真意，欲辨已忘言。

开头四句，说只要心境旷远，就不会受世俗的干扰。下面说采菊东篱，抬起头来不经意地望见南山（庐山），在暮岚紫霭、归鸟返飞之中，感受到造物的奥秘，参透了人生的真谛。诗中通过一系列意象的描写隐约暗示人生真理。南山的永恒，山气的美好，飞鸟的自由，不正是体现自然的伟大、圆满与充实，尤其是自在自足无外求的本质吗？那么，人的短促的一生，除归依自然、顺应自然，在自然的永恒、美好、自由中感受到自己生命的意义外，还有什么可追求的呢？所以说，这首诗仍然是陶渊明的人生理想的寄托。当然，诗中的这种人生观说到底只是一种诗意的、哲理的向往。

总之，陶渊明的社会观和人生观，都是以"自然"为核心的。他向往的社会是和平安宁、自耕自食、无竞逐、无虚伪、没有相互压迫和残害的社会；他追求的人生是淳朴真诚、淡泊高远、任运变化、无身外之求的人生；他所喜爱的生活环境，也是恬静而充满自然意趣的乡村。由于这些追求，使他的大多数田园诗里呈现出冲淡平和、旷洁悠远的境界，这就是前人所说的"静穆"。陶渊明也写过一些直接涉及现实政治，或直接表现出内心强烈感情的诗篇。例如《读〈山海经〉》之十：

精卫衔微木，将以填沧海。刑天舞干戚，猛志固常在。同物既无虑，化去不复悔。徒设在昔心，良辰讵可待。

精卫微禽，而有填海之志，刑天断首，犹反抗不止，都表现出一种不为命运所屈服的斗争精神。从中可以看出，陶渊明在隐居中仍然渴望强烈的、有所作为的人生。鲁迅曾说："被论客赞赏着'采菊东篱下，悠然见南山'的陶潜先生，在后人的心目中，实在飘逸得太久了，……这'猛志固常在'和'悠然见南山'的是一个人，倘有取舍，即非全人，再加抑扬，更离真实。"（《〈题未定〉草》）又说："陶潜正因为并非浑身是'静穆'，所以他伟大。"（《〈题未定〉》）陶诗"金刚怒目"的一面，主要指这类诗。

除了诗歌之外，陶渊明也擅长散文与辞赋。他的散文也像诗一样，以朴素的语言抒写心中的感情，绝无当时一般作家的雕琢气息。前面谈过的《五柳先生传》《桃花源记》是其杰作。《与子俨等疏》则是作者的一篇遗嘱。在这篇文章中，吐露他"质性自然"和"与物多忤"的性格与志趣。《自祭文》历来被认为是他的绝笔。在生死面前，他认识到这是自然规律，显得很乐观、放达，绝无颓唐、伤感的情调。辞赋以《归去来兮辞》最为有名。《感士不遇赋》则吐露自己的政治抱负，抒发不得志的牢骚。著名的《闲情赋》用热烈、纯挚的笔调，抒写男女之爱，表现了诗人生活的另一个方面。

陶渊明对后代的影响是多方面的。从思想方面看，陶渊明对当时的政治现实有所不满，进行了一定的揭露和批判，不轻视体力劳动，还参加一些轻微的农业劳动，是积极的一面；宣扬避世的隐士精神，传播人生无常、及时行乐的思想，是其消极的一面。后代文人越是在社会的压迫而难以反抗时，就越容易想到陶渊明，用他的人生观来化解而不是冲破社会的压迫。这样既满足精神上、道德上的自我安慰，也避免在冲突中容易遭遇危险。

陶渊明朴素平淡的文风，是违反当时骈俪华美的文学潮流的。他的诗文在南北朝并不很受重视。刘勰的《文心雕龙》根本没有提到他，南朝梁钟嵘的《诗品》仅把他列入中品，萧统的《文选》也只选了他8首诗，1篇文。到唐代，他才开始受到广泛的重视。李白、高适、白居易等极力推崇其人品与气节；孟浩然、王维、韦应物、储光羲、柳宗元等人认真仿效其题材与风格，成为唐诗中一个重要派别。清人沈德潜的《说诗晬语》说："陶诗胸次浩然，其中有一段渊深朴茂不可到处。唐人祖述者，王右丞有其清腴，孟山人有其悠闲，储太祝有其朴实，韦左司有其冲和，柳仪曹有其峻洁，皆学焉而得其性之所近。"宋代以后，陶渊明的评价越来越高，北宋苏轼追和陶诗111首，大有将他置于曹、刘、李、杜之上之势。他说："其诗质而实绮，癯而实腴，自曹、刘、鲍、谢、李、杜诸人，皆莫及也。"（《与苏辙书》）南宋理学家朱熹、陆九渊也大力赞扬他的诗，不遗余力。至此完全确立了陶渊明作为我国诗史上第一流诗人的地位。

元明清三代，注陶、评陶风气大开。注本、评本之多，几与注杜、评杜相埒。

毛泽东非常喜读陶渊明的诗文，据不完全统计，他一共圈阅陶渊明25首诗，2篇散文。这些圈阅、引用、化用，从早年到晚年，贯穿其一生。当然，作为革命家、政治家，首先引起毛泽东注意的是那篇《桃花源记》。在这篇内容清新文字优美的散文中，作者借武陵渔人无意中发现世外桃源的故事，为我们描绘了一幅没有剥削，没有压迫，农民过着自给自足生活的美妙图景，表现了作者厌恶现实社会、渴望幸福生活的理想。因此，桃花源为后人所津津乐道。毛泽东在青年时期就对桃花源的乌托邦性质有清醒的认识，这从他读泡尔生《伦理学原理》所作的批注中看得很清楚。在1959年写的《七律·登庐山》一诗中"陶令不知何处去，桃花源里可耕田？"诗末毛泽东用了一个问号，显然对所谓的"桃花源"也是持否定态度的。在1964年1月27日所写的《对〈毛主席诗词〉若干词句的解释》中，毛泽东明确指出："陶渊明设想了一个名为桃花源的理想世界，没有租税，没有压迫。"其实在诗的结尾加以设问，乃是基于新时代新生活的现实而发出的带着微笑的想象啊！如今我们伟大的祖国已是现代化的桃花源，陶潜的桃花源当然也不例外，因此才问陶令是不是又到桃花里耕田去了呢？毛泽东始终对桃花源持否定态度并不难理解，因为他是革命家，革命家是实践家，当然不会对桃花源这种乌托邦式空想加以认同。此外，毛泽东在"文化大革命"中的一则批语中也指出《桃花源记》与"法国和英国的空想社会主义者的大批著作，都是这一路货色"。在1975年11月13日的《关于打招呼问题的批语》中，他援引了《桃花源记》中"不知有汉，无论魏晋"的话，说当时的一批"靠边站"的干部，长期不工作，是

"桃花源中人"，发出解放干部的指示。在《忆秦娥（娄山关）》作者自注中，毛泽东说"过了岷山，豁然开朗"以此形容长征后期的喜悦心情。"豁然开朗"一词源出《桃花源记》。

《五柳先生传》是陶渊明假托五柳先生而写的一篇自传。文中叙述陶渊明的娴静少言，不慕荣利，家境困窘，嗜酒好书的情况，反映了陶氏生活的一个重要方面。文中"好读书，不求甚解"常被人引用。"不求甚解"意谓读书只求领会要旨，不刻意在字句上下功夫。今多谓对待学习、工作不认真，不求深入理解。毛泽东在 1941 年写的《〈农村调查〉的序言和跋》中批评有些同志"'还保存着一种粗枝大叶、不求甚解'的作风"，就是这种用法。这种作风对担负领导工作的人来说，是非常危险的，极有教育意义。

毛泽东还把陶渊明的某些诗句用于交际。1945 年在国共重庆谈判期间，9 月 2 日上午，民主人士张澜以中国民主同盟的名义，在"民主之家"特园欢宴毛泽东、周恩来、王若飞……席间，张澜举杯向毛泽东敬酒说："会须一饮三百杯！"思路敏捷的毛泽东也征引陶渊明的《饮酒》一诗，举杯相邀道："且共欢此饮。""且共欢此饮"，见于《饮酒》第九首，是对主人殷勤劝酒的答词，表现了宾主和悦融洽的深情厚谊，毛泽东借以作为对张澜劝酒的答词，说明了中国共产党人与民主党派的人士的亲密交往。

谢灵运『此人一辈子矛盾着』

【传略】

谢灵运（385—433），祖籍陈郡阳夏（今河南太康），世居会稽（今浙江绍兴），南北朝时期晋宋间著名山水诗人。他是谢玄的孙子，袭爵封康乐公，后世因习惯称他为谢康乐。谢灵运出生于会稽始宁（今浙江上虞），出生后不久就寄养在钱塘（今浙江杭州）杜家，15 岁时回到建康（今江苏南京），所以小名客儿，后世又称之为谢客。

谢灵运出生在一个名门望族，他的祖父谢玄为车骑将军，是淝水之战的前敌指挥之一，曾和叔父谢石、族弟谢琰一起率领八万人击败了苻坚的百万之众，建立卓越功勋，被封为康乐县公。谢灵运的父亲谢瑍为秘书郎，去世很早。谢瑍是个被称为"生而不慧"的平庸人，但谢灵运却自幼聪明绝顶，深得祖父谢玄的喜爱。谢玄对亲友说："我生了瑍，瑍怎么能生灵运！"谢灵运的母亲刘氏，是王献之的外甥女。王姓在当时也是数一数二的高门望族，在那婚姻讲究门当户对的两晋南北朝时期，刘氏出身当然也是书香世宦人家，她也是一位颇有才学的女子，谢灵运的文学艺术修养与刘氏的启迪、熏陶不无关系。晋末宋初，正是门阀之风极盛、士庶之别极严的黑暗时代。王、谢二姓，同为东晋以来的高门领袖，谢灵运自幼就获得特殊的社会地位，少年得志，自然容易滋生那种高人一等、傲视万物的特权思想，并在他的待人处世和文学创作上经常表现出来，对他的一生产生深刻影响。

谢灵运的家庭，不仅具有很高的政治和经济地位，而且有着深厚的文学艺术的家学渊源。谢氏一门，文学上代有人出，谢鲲、谢万、谢道韫、谢混、谢惠连等，都曾留名诗史。尤其是谢灵运的族叔、晋孝武帝的女婿谢混，是当时政界和文坛的中心人物，其文采风华，江东没有哪一个人能赶上他。谢家还有好音乐、善舞蹈、长于绘画、工于书法的传统。所有这些，都为造就谢灵运的文学天才提供了良好的条件。

谢灵运自幼就被送到钱塘杜明师的道馆中寄养，接受严格的启蒙教育。幼年的谢灵运笃志好学，博览群书。年龄稍长，谢灵运工诗善文，与颜延之齐名，并称"江左第一"。

晋安帝司马德宗隆安三年（399），谢灵运从钱塘回到会稽老家。这一年，以孙恩为首的农民起义军攻克会稽，谢氏一门有多人被杀，谢灵运不得不离开会稽来到京师建康（今江苏南京）。这种遭遇，使日后谢灵运有些作品流露出对农民起义的强烈敌视情绪。在建康谢家府邸，谢灵运置身于一种文学氛围很浓的环境里，族叔谢混对他的才学十分赏识。他与谢瞻、谢晦等从兄弟齐足并驰，成为谢氏族中一时之秀。

就在这一段时间，谢灵运承袭了康乐公的封爵，食邑两千户，接着朝廷又按照惯例授其为员外散骑侍郎。当时的黄门侍郎、散骑侍郎，属于上品清官，由此迁转，往往坐至公卿，所以这些职务一般都由世家大族的成员担任。但是对这样一个好机会，谢灵运却拒而不就。晋安帝司马德宗义熙元年（405），琅珊王司马德文为大司马，谢灵运屈就其处为行参军。次年，豫州刺史刘毅移镇姑孰（今安徽当涂），以谢灵运为记室参军。刘毅和刘裕同属北府兵将领，刘毅名位略次于刘裕，后来势力扩大，渐次对峙抗衡。在二刘对抗的过程中，谢混支持刘毅。义熙八年（412），谢混为刘裕所杀。义熙九年，刘毅兵败自杀，刘裕入镇江陵。他对旧的士族采取软硬兼施的两手策略，一面将谢氏家族中党附刘毅、公开反对自己的谢混杀掉，以收杀一儆百之效；一面对谢灵运这个文坛领袖人物予以适当安排，以收买人心和扩大政治影响。很快谢灵运就被任命为太尉参军。

就世家大族来说，后世那种"不事二姓"的伦理观念是比较淡漠的。他们在政治上的着眼点往往是他们本家族、本阶层的利益。但是谢灵运不同，他和谢混的关系极为密切，而且追随刘毅达七年之久，再加上他那强烈的门第优越感及桀骜不驯的性格，自然得不到刘裕的真正信任。这就决定了谢灵运后半生的政治命运和悲剧性的下场，也直接影响了谢灵运作品的思想内容和基本格调。

义熙十二年（416），刘裕带兵北伐后秦，骠骑将军刘道怜留守建康，上表推荐谢灵运为谘议参军，转中书侍郎，又为世子中书谘议、黄门侍郎。谢灵运奉命到彭城（今江苏徐州）劳军。两年以后，他再次到彭城慰劳刘裕。义熙十四年（418）刘裕接受相国宋公九锡之命，谢灵运仍为宋国（东晋时刘裕的封国）黄门侍郎，继而转相国从事中郎。由于自身政治地位极不稳定，再加上社会混乱黑暗，朝政腐败不堪，谢灵运内心十分苦闷。于是他逐步转向游历和参禅，以求平息内心的矛盾。

元熙元年（419），谢灵运有一个佃客桂兴，和他的小妾通奸。事情被发觉，谢灵运一怒之下杀死了桂兴，把尸体扔到水里。一个世家大族的贵人杀掉一个地位卑微而且情不可宥的佃客，本来不值得大惊小怪，但却遭到刘裕的亲信、尚书仆射王弘的猛烈攻击，结果谢灵运被罢官去职。

晋恭帝司马德文元熙二年（420），刘裕通过禅让的形式正式做了皇帝，改国号为"宋"，改元"永初"。谢灵运被降为康乐县侯，食邑由 2000 户减至 500 户。他被任命为散骑常侍，转太子左卫率。谢灵运气量狭小，容易激动，不守礼仪，朝廷只以文士待之，不把实权交给他。他自恃门第高贵，兼富才华，自以为"宜参权要"，但刘宋王朝对他始终怀有疑忌，因而常愤愤不平。刘裕次子庐陵王刘义真喜好文籍，与谢灵运关系密切。刘裕病卒，其长子刘义符即位，是为宋少帝。少帝刘义符即位时，年仅 17 岁，朝政大权旁落徐羡之、傅亮之手中。为了剪除义真的羽翼，在徐、傅的策划下，依附义真的小集团被拆得七零八落，谢灵运也以"构扇异同，非毁执政"的罪名被贬为永嘉太守。公元 422 年的秋天，38 岁的谢灵运怀着沉郁的心情离开京师，径赴永嘉（今浙江温州）。

在担任永嘉太守期间，苦闷和忧虑一直缠绕着谢灵运。抵达永嘉不久，他就患病卧床，一直到第二年春天才算痊愈。当早春的阳光赶走了凛冽的寒风，他登楼眺望，感慨万千，写下了著名的诗章《登池上楼》。诗中以潜伏的虬龙和高飞的鸿雁起兴，进而描写离群索居的感伤："池塘生春草，园柳变鸣禽。"此诗句成为千古传诵的名句。

永嘉有名山胜水，是谢灵运平素所喜爱的，出守既不得志，他就四处邀游，而且一走就是十天半月，民间诉讼，不再关心。到他离开永嘉为止，登山临水一直是他生活中的主要内容，游踪所及，遍于永嘉全境。这一时期是他山水诗创作的高潮，留下大量记胜抒怀的诗篇，如《过白岸亭》《登上戍石鼓山》《登永嘉绿嶂山》等。

在永嘉整整一年，谢灵运的思想始终纠缠在矛盾之中，进既不能，退又不甘。在沉溺山水的同时，他的隐逸思想急遽发展。这年秋天，他"称病去职"，从弟谢晦、谢曜、谢弘微都写信阻止，他不听，毅然回到会稽始宁老宅，营造别墅，傍山带江，尽幽居之美，开始他那优哉游哉的逍遥生活。他与隐士王弘之、孔淳之及苦行僧昙隆等蔑视功名富贵的高蹈之士为伍，终日互相唱和，十分惬意痛快。这一时期，他继续登临游览，写下《石门新营所住四面高山，回溪石濑，修竹茂林》等名作。这时，他的诗名越来越高，"远近钦慕，名动京师"。他曾作《山居赋》并自注，以记其事。

这个时期，刘宋统治集团勾心斗角、争权夺利的斗争无比尖锐和错综复杂。掌握实权的徐羡之、傅亮和谢晦连废少帝义符、庐陵王义真，并把他们杀害，拥立义符的三弟义隆，是为宋文帝。宋文帝刘义隆元嘉三年（426）初，宋文帝的地位已经巩固，他就下手剪除了专政擅权的徐羡之和傅亮。谢晦时任荆州刺史，也被擒伏诛。谢灵运又有了东山再起、跻身朝廷的机会。宋文帝征召他为秘书监，任务是整理内府藏书，补足遗阙，以及撰写《晋书》，不久，又迁侍中，日夕引见，赏遇甚厚。谢灵运诗、书，皆兼独绝，每篇写就，亲自抄录，文帝称他的文章和书法为二宝。谢灵运以名流自居，又具有政治才能，理应参预朝廷大政，当初被召，便以此自许，到了之后，文帝只以文义见接，每待上宴只谈赏罢了。王昙首、王华、殷景仁等，名位平常都不超过他，却被委以重任，谢灵运内心不服，多称病不上朝值班。他穿池植树，种竹养花，驱使公役，没有止期。出城游览，有时一天走一百六七十里，十余天不归，既不请示报告又不因事请假，文帝不想伤大臣，暗示他自请去职。于是谢灵运"工表陈疾，上赐假东归。将行，上书劝伐河北"。（书略）

谢灵运以疾东归，而游娱宴集，夜以继日，又被御史中丞傅隆所奏，因而被免官。这是元嘉五年（428）的事。

谢灵运回到始宁，继续过那"以文章赏会，共为山泽之游"的浪漫生活。与他诗酒唱和、过从最密的为族弟惠连、东海何长瑜、颍川荀雍、泰山羊璇之，世人谓之"四友"。

谢灵运继承父祖产业，家业甚厚。奴童很多，故旧门生数百，凿山浚湖，功役无已。他寻山陟岭，必至幽峻，岩嶂千重，莫不备尽。谢灵运登山常着木屐，上山则去前齿，下山去其后齿。曾自始宁南山伐木开径，直至临海（今浙江临海），从者数百人。临海太守王琇大惊，以为出了山贼，后来知是谢灵运游玩才放心了。谢灵运在会稽也有很多徒众，惊动县邑。太守孟𫖮礼佛虔诚，而为谢灵运所轻，曾对孟𫖮说："得道应须慧业（自前生带来的智慧）文人，升天当在灵运前，成佛必在灵运后。"孟𫖮对谢灵运的话很恼火。

会稽东城外有回踵湖，谢灵运求决湖造田，太祖命州郡履行。此湖离城很近，物产丰富，百姓惋惜，孟𫖮坚持不给谢灵运。谢灵运既然得不到回踵湖，又请求给始宁岯崲湖为造田，孟𫖮又坚决不给。谢灵运说孟𫖮不是为了百姓利益，而是害怕决湖多伤人命，用言论毁谤他，与孟𫖮便构成仇怨。因谢灵运蛮横恣肆，百姓惊扰，孟凯以紧急公文上奏文帝，加之以蓄意谋反的重大罪名。在这剑拔弩张的危急关头，谢灵运只得星夜驰入建康，上表辩护。文帝也认为孟𫖮的罗织罪名不当，虽未曾治罪，但却把他留在建康，不让他回到会稽逍遥度日。在这段时间里，他的行动比较收敛，也比较认真地做了两件事，一是编定了有 64583 卷的"四部书"的目录，二是和名僧慧严、慧观对《大般涅槃经》作了文字上的润饰。元嘉八年（431）年底，宋文帝又把他发赴外任，委派他为川（今江西临川）内史，加秩中二千石。

谢灵运到临川后，仍旧游山玩水，不理政事，和在永嘉时毫无二致。元嘉九年（432），到达临川不到一年，他就被别人弹劾，朝廷派随州从事郑望生到临川逮捕他。可能是出于铤而走险、死中求活的唯一希冀，他反而把郑望生扣留，聚众抗命，赋诗曰："韩亡子房奋，秦帝鲁连耻。本自江海人，忠义感君子。"这样的挣扎无济于事，他很快被擒，解押到建康。司法官认为按律当处以死刑，文帝仍然认为谢玄"勋参微管"，"宜宥及后嗣"，把谢灵运徙付广州。

其后，秦郡府将宗齐受至涂口（今江苏南京六合瓜埠口），走到桃墟村，见有七人下路乱语，怀疑他们不是平常百姓，回告郡县，派兵随宗齐受抓捕，发生格斗，全被抓捕投入监狱。其中一人叫赵钦，是山阳县人，说："同村的薛道双从前与谢康乐共事，去年九月初，薛道双通过同村的成国转告赵钦：'先作临川郡、犯事徙送广州谢，给钱令买弓箭刀盾等物，使道双要合乡里健儿，于三江口篡取谢（图谋劫取囚犯谢灵运）。若得者，如意之后，功劳相同。'于是合部党要谢（途中劫夺谢灵运），不及。既还饥馑，缘路为盗贼。"主管部门又依法收治，文帝下令在广州行弃市刑。谢灵运临死作诗曰："龚胜无遗生，李业有终尽。嵇叟理既迫，霍子命亦殒。凄凄凌霜叶，网网冲风菌。邂逅况几何，修短非所愍。送心正觉前，斯痛久已忍。恨我君子志，不获岩上泯。"诗所称龚胜、李业，犹前诗子房、鲁连之意也。时元嘉十年（433），灵运年仅49岁。子凤早卒。所著文章行于世，明人辑有《谢康乐集》。

【毛泽东评说】

通篇矛盾。"进德智所拙，退耕力不任"，见矛盾所在。

此人一辈子矛盾着。想做大官而不能，"进德智所拙"也。做林下封君，又不愿意。一辈子生活在这个矛盾之中。晚节造反，矛盾达于极点。"韩亡子房奋，秦帝鲁连耻。本自江海人，忠义感君子。"是造反的檄文。

——毛泽东：《读沈德潜选〈古诗源〉·谢灵运〈登池上楼〉批语》，《毛泽东读文史古籍批语集》，第3—4页，中央文献出版社1993年版。

【作者述评】

谢灵运一生经历了三个朝代七个皇帝，但其主要创作活动在刘宋时期，主要成就在于山水诗。由他开始，山水诗派才成为中国文学史上一个重要流派。

魏晋时代崇尚清谈，这种风气侵袭到诗歌创作的领域里，造成了玄言诗的盛行。这些玄言诗淡乎寡味，平典似《道德论》，近似于老庄哲学的有韵注疏，既谈不上缘情言志，也谈不上风华辞采。东晋后期，描写山水的作品逐渐增多，诗风开始转变，有人把山水诗的开创之功归于殷仲文和谢混，固然不无道理，但真正以自己的艺术实践完成这一转变，使山水诗成为中国文学史上的重要流派的人，则是谢灵运。

在政治上不能得志，谢灵运便寄情于山水，加之他具有深厚的文学

谢灵运『此人一辈子矛盾着』

修养，登山临水，每每发为诗篇。谢灵运的山水诗，描写范围很广，浙东的永嘉、会稽和江西的庐山、鄱阳湖等著名风景区，都进入他的视野。他的山水诗中，表现出作者对自然景物之美的高度敏感和刻画，再造而使之成为精美的诗歌意象的能力。《登池上楼》中"池塘生春草，园柳变鸣禽"二句，历来脍炙人口，好处就在于能够抓住初春时节景物中细微而不易觉察的变化。当然，谢灵运笔下的山水又是人格化的，渗透着作者的人格精神。比如："白云抱幽石，绿筱媚清涟。"（《过始宁墅》）二句都用拟人手法，"抱""媚"二字在这里表现一种超拔俗流、孤芳自赏的情怀。谢诗的意境，大抵具有幽深、明丽、孤峭的特征；尤其是他笔下的山势，极少呈现平远悠渺之状，而多是峥嵘层叠、峻嶒锐利、很有力量的状态。这和他的个性和写作心境有关。谢灵运的山水诗，几乎全是在政治上失意的时候写作的。他企图通过对山水的欣赏来忘却现实的压迫，但出于高傲和褊急的个性，一种贤者不为世所用的孤独和苦闷，总是顽强地在诗歌中表现出来。

谢灵运在山水诗的艺术技巧和风格上取得了卓越的成就。由于山水诗是新的艺术形式，过去的作品中没有多少可资借鉴的技巧，所以作家必须自铸新辞，精心刻镂。谢灵运在山水诗的创作中，采用多方面的艺术手法，准确地捕捉大自然的各种形象，形成鲜丽清新的艺术风格。鲍照说："谢五言如初发芙蓉，自然可爱。"（唐李延寿《南史·颜延之传》）汤惠休说："谢诗如芙蓉出水"（南朝梁钟嵘《诗品》中）。同时，谢灵运的山水诗，在神理、气韵上亦往往高人一筹，如"池塘生春草，园柳变鸣禽""百川赴巨海，众星环北辰"等诗句，气韵充沛，具有强烈的艺术魅力。清方东树说："谢诗力厚思深，语足气完，字典句浑，法密机圆，气韵沈酣。"（清方东树《昭昧詹言》卷五）在其他诸如形象塑造、结构布局等方面，谢灵运皆多所建树，积累有宝贵的经验，给后人提供了有益的艺术借鉴。唐代的李白、杜甫、王维、孟浩然、韦应物、柳宗元诸大家都曾从谢诗中汲取过营养。

毛泽东对谢灵运这位山水诗人是十分重视的。

在一本 1957 年文学古籍刊行社出版的清沈德潜编选的《古诗源》中，

收有谢灵运的24首诗，毛泽东作了圈画的有22首。在编者注释中，评价谢灵运的诗"一归自然""匠心独运""在新在俊"等处，都有毛泽东画的曲线和圈。其他如南朝梁萧统《昭明文选》、明张溥集《汉魏六朝百三名家集》中所载谢灵运的诗，毛泽东也圈画了不少。比如《岁暮》一诗，毛泽东每句都画了圈，有的还画了三个圈。《斋中读书》一诗，毛泽东也是逐句画圈，在"怀抱观今古"二句旁，都加了密圈，在"既笑沮溺苦"等六句末，每句末都画了三个圈。在《邻里相送至方山》中"解缆及流湖"等四句旁和《过始宁墅》中"剖行守沧海"等六句旁，毛泽东都画着直线、曲线、曲线加直线；句子下面也都连画两个圈、三个圈。在《邻里相送至方山》的编者注释"别绪低徊""触景自得"两句旁画着曲线。在《述祖德诗二首》《九日从宋公戏马台集送孔令》《七里濑》等诗中，毛泽东除了圈点外，还在每首诗首画着一个圈、两个圈、三个圈，不少诗句旁画有重线、曲线。这些圈画情况，说明毛泽东对谢诗的重视和喜爱。

在一部清乾隆武英殿版的二十四史唐李延寿《南史·列传九》中，毛泽东仔细阅读圈点了有关谢灵运及其家族的历史资料。他对谢灵运的生平事迹十分了解，因而能够透过谢灵运创作时的最初情景去体味其内容，并从中揣摩他的创作心态，读出字里行间透露出的特殊信息。《登池上楼》是谢灵运任永嘉太守时所作。"池"，即后所称谢公池，俗称灵池，在永嘉郡治永宁县（今浙江台州黄岩区）西北。诗中描写诗人贬官永嘉，久病初起登楼所见所感，抒发了仕途失意的感伤情绪。全诗层次之间联系紧密，由托物兴词、感怀喻志、借景遣怀到决意隐居、清高自守，转换自然，浑然一体，并且沟通、融化了玄言诗和山水诗，寓理于情，寄情于景，"于汉、魏外别辟蹊径，舒情缀景，畅达理旨，三者兼长"（清黄子云：《野鸿诗稿》），尤其是对春色的描写，画面鲜丽清新，再加上"池塘生春草，园柳变鸣禽"两个警句为全诗增色，更加引人入胜。你看，春草是新生的，绿柳是新长的，鸣禽是新来的，这一切无不令人耳目一新，盎然春意，蓬勃生机，跃然纸上。"池塘春草谢家春，万古千秋五字新"（元好问《论诗绝句三十首》之二十四）。元好问认为："池塘生春草"五字清新自然，足以传诵千秋，流芳万古。

毛泽东对《登池上楼》也非常喜爱。他对这首诗，几乎每句旁都画着曲线，句末画着圈，在"飞鸿响远音"等三句旁和"祁祁伤豳歌"句旁画着密圈，并在天头地脚和两边写下上面我们引述的那段批语，不仅对这首诗，而且对谢灵运的品德和政治态度作了中肯的评论。毛泽东通过"进德智所拙，退耕力不任"这两句诗，结合诗人的身世经历，深刻地剖析他的政治态度和思想实质，指出他的矛盾是"想做大官而不能""做林下封君"（即做隐士），又不愿意，而且这一矛盾支配了诗人一生，最后导致诗人的自我毁灭。

然而，谢灵运的悲剧命运，既有个人因素，又是时代使然。因为谢灵运作为高门望族的旧士族子弟，他有着强烈的门第优越感。他本来就瞧不起武将，更何况刘裕所统率、赖以发迹的北府兵又为其祖父谢玄一手创建。要谢灵运向自家门下的一个"老兵"摧眉折腰而又心甘情愿，在事实上是办不到的。在晋宋这场易代之变中，谢灵运及其家族的同情倾向于司马氏晋室一面，但刘宋新贵集团的崛起，来势迅猛，无法抗拒，他们只好随波逐流，表面敷衍，以保全家业。谢灵运和刘宋王朝的关系就是建立在这种脆弱的基础上的，谢灵运被视为文学侍从之士，而不被授以权要，致使他"常怀愤愤"，流露出对刘宋王朝的极端不满。但作为一个封建文人，他对刘宋王朝的不满多表现为不理政事、放纵恣肆、寄情山水等消极对抗上，就这样也没有逃脱被杀的命运。

毛泽东在批注中称之为"造反的檄文"的"韩亡子房奋，秦帝鲁连耻。本自江海人，忠义感君子"一诗，是谢灵运聚众拒捕时愤而所写。他以韩国灭亡后毁家报秦的张良和义不帝秦的鲁仲连自喻，说他本来是个浪迹四方、放情江海的人，忠贞义烈一定会感动有才德的人来相助。确有点"造反"的意味，但这种"造反"，还是毛泽东批注中说的"想做大官而不能"，"做林下封君又不愿意"的"矛盾达到极点的"集中表现。这种"造反"充其量不过是聚众拒捕，与揭竿而起，推翻刘宋王朝相差甚远。但是后来他竟被构陷"给钱令买弓箭刀盾等物"，"于三江口"劫囚车，便是大逆不道，终于在"广州行弃市刑"。临死又作诗一首，诗中以宁死而不做王莽的官的东汉义士龚胜、宁饮毒酒死而不辅佐军阀公孙述的东汉义士李业和因不满司马氏而被杀的魏晋名士嵇康自喻，抒发自己无辜被杀的愤懑。

毛泽东很喜欢"韩亡子房奋"一诗，在1958年他在准备以国防部部长彭德怀名义发表的《再告台湾同胞书稿》一文中又援引了它，批评美国霸占台湾，就像战国时齐湣王一样，自己已摇摇欲倒，还到处伸手。告诫台湾当局，"不可以尊美国为帝"，要像我们的古人张良、鲁仲连那样，起来造反，因为，"现在是向帝国主义造反的时候了"。毛泽东还手书过这首诗（见《毛泽东手书选集·古诗词》上），第71页，北京出版社1996年版）。

贺知章『是一个襟怀洒脱的人』

【传略】

贺知章（659—744），字季真，越州永兴（今浙江萧山）人。他是盛唐时期的一位诗人和名士。

贺知章生在一个封建官僚家庭。他从小爱好文辞，性格开朗、豪放，谈笑风生，嗜酒，善草隶。

唐武后证圣元年（695），贺知章前往长安参加科举考试，擢进士超拔群类科，授国子四门博士。陆象先为中书令时，引贺知章为太常博士。陆象先是贺知章族姑的儿子，与贺知章系表兄弟，两人关系亲密。陆象先经常说："季真清高、淡泊、风流，有文采。我与别的兄弟阔别都不思念，唯'一日不见贺兄，则鄙吝生矣'！"当时的贤达之士，都很倾慕他。

唐中宗神龙中（706 年前后），贺知章与越州贺朝、万齐融，扬州张若虚、邢巨，湖州包融等人，都以吴、越文辞俊秀闻名京师。贺朝、万齐融等人都官职低微，唯独贺知章声名显赫。

唐玄宗开元十年（722），兵部尚书张说为丽正殿修书使，奏请贺知章及秘书员外监徐坚、监察御史赵冬曦皆入书院，同撰六典及文纂等，累年书不就，转为太常少卿。开元十三年（725），贺知章被提升为礼部侍郎，兼集贤院学士。后又被任命为太子右庶子充侍读，改徙工部。肃宗李亨为太子时，知章迁太子宾客，授秘书监。

贺知章在长安紫极宫道观第一次见到大诗人李白时，非常高兴，呼李白为"天上谪仙人"。于是便解金龟换酒为乐，两人交谊很深。贺知章后来便把李白推荐给唐玄宗，当时有贺知章、李白、李适之、王琎、崔宗之、苏晋、张旭、焦遂，皆嗜酒，时人呼为"饮中八仙"。杜甫曾作《饮中八仙歌》，头两句是："知章骑马似乘船，眼花落井水底眠。"相传"阮咸尝醉，骑马倾饮，人曰'个老子如乘船游波浪中'"，杜甫化用这一典故，用夸张手法描摹贺知章酒后骑马的醉态与醉意，其诗洋溢着一种谐谑与欢快的情调，惟妙惟肖地表现了贺知章豪放浪漫、旷达飘逸的精神风貌。

贺知章晚年，更加豪放纵诞，不拘礼度，自号"四明狂客"，又称"秘书外监"，平日常邀游里巷，酒后作诗属文，动成卷轴，文不加点，卓然可观。他又善草隶书法，每于醉后题词，笔耕不辍，一气呵成，每张不过数十个字，爱好书法者视为珍品。

　　唐玄宗李隆基天宝三年（744），贺知章得病恍惚，梦见自己游皇帝的居所。几天之后醒来，他上表请为道士，求还乡里，玄宗诏许。他舍弃自己的住宅作为庙宇，赐名"千秋观"。因他曾请求以周宫湖为放生池，所以，诏赐镜湖剡川一曲。临行时，诏令供帐东门，玄宗皇帝亲自作诗并序相赠，太子为之饯送，百官和之，历史上传为美谈。

　　贺知章还乡不久，因病辞世，享年86岁，赠礼部尚书。

　　《旧唐书·文苑传》《新唐书·隐逸传》均有传。《全唐诗》编存其诗1卷。

【毛泽东评说】

少奇同志：

　　前读笔记小说和别的诗话，有说贺知章事者。今日偶翻《全唐诗话》，说贺事较详，可供一阅。他从长安辞归会稽（绍兴），年已八十六岁，可能妻已早死。其子被命为会稽司马，也可能六七十了。"儿童相见不相识"，此儿童我认为不是他自己的儿女，而是他的孙儿女或曾孙儿文，或第四代儿女，也当有别户人家的小孩子。贺知章在长安做了数十年太子宾客等官，同明皇有君臣而兼友好之遇。他曾推荐李白于明皇，可见彼此惬志。在长安几十年，不会没有眷属。这是我的看法。他的夫人中年逝世，他就变成独处，也未可知。他是信道教的，也有可能摒弃眷属。但一个九十多岁像齐白石这样高年的人，没有亲属共处，是不可想象的。他是诗人，又是书家（他的草书《孝经》，至今犹存）。他是一个胸襟洒脱的人，不是一个清教徒式的人物。唐朝未闻官吏禁带眷属事，整个历史也未闻此事。所以不可以"少小离家"一诗便作为断定古代官吏禁带眷属的充分证明。自从听了那次你谈到此事以后，总觉不甚妥当。请你再考一考，可能你是对的，我的想法不对。睡不着觉，偶触及此事，故写了这些，以供参考。

毛泽东

一九五八年二月十日上午十时

复寻《唐书·文苑·贺知章传》(《旧唐书·列传一百四十》，页二十四)，亦无不带家属之记载。

近年文学选本注家，有说"儿童"是贺之儿女者，纯是臆测，毫无确据。

  ——毛泽东：《致刘少奇》(1958 年 2 月 10 日)，《毛泽东书信选集》，第 535—536 页，人民出版社 1983 年版。

【作者述评】

贺知章是唐代诗人、书法家。

贺知章的诗今存 20 首，除祭神乐章、应制诗外，其写景、抒怀之作，风格如同他的秉性，清新潇洒。七言绝句清新婉曲，颇饶韵致。如《咏柳》："碧玉妆成一树高，万条垂下绿丝绦。不知细叶谁裁出？二月春风似剪刀。"又如《采莲诗》："稽山罢雾郁嵯峨，镜水无风也自波。莫言春度芳菲尽，别有中流采芰荷。"流传最广的是他的《回乡偶书》二首：

> 少小离家老大回，乡音无改鬓毛衰。
> 儿童相见不相识，笑问客从何处来。
>
> 离别家乡岁月多，近来人事半消磨。
> 唯有门前镜湖水，春风不改旧时波。

第一首写于初来乍到之时，抒发诗人久客伤老之情；第二首写于诗人到家之后，通过与亲朋的交谈得知家乡人事的种种变化，发生人事无常的慨叹。诗的感情自然、逼真，语言声韵仿佛自肺腑中自然流出，朴实无华，毫无雕琢。这样源于生活、发自内心的好诗，历来受到人们的激赏。

贺知章死后，伟大诗人李白写了不少怀念他的诗章。如："四明有狂客，风流贺季真。长安一相见，呼我谪仙人。昔好杯中物，翻为松下尘。金龟换酒处，却忆泪沾巾。"(《对酒忆贺监》之一)当李白看到镜湖时，想的是："人亡馀故宅，空有荷花生。念此杳如梦，凄然伤我情。"当他想到江东去的时候，又感叹："欲向江东去，定将谁举杯。稽山无贺老，却掉酒船回。"可见他对贺知章的怀念之深。

1957 年刘少奇到南方视察工作，发现有许多干部职工夫妇两地分居，生活存在困难，但国家一时又难以解决这些问题，于是刘少奇就号召广大干部职工发扬艰苦奋斗精神，与国家一起分担困难。在一次讲话中，他引用了贺知章的《回乡偶书》，用来说明自古以来就有官吏进京做官不带家属的事。回京后，刘少奇向毛泽东讲了这件事。

夫妇两地分居是"文化大革命"前长期存在的一个问题，关系到国家的干部政策，所以引起了毛泽东的注意。毛泽东认为由这首诗推断古代官吏禁带家属，证据似不大充分。于是就翻阅了有关贺知章的一些笔记小说和诗话，又翻阅了宋尤袤撰《全唐诗话》，以及《旧唐书·文苑·贺知章传》《新唐书·隐逸·贺知章传》等书，仔细查对，都无贺知章不带家属的记载。在 1958 年 2 月 10 日给刘少奇写了上面引述的那封信。

在这封信中，为了弄清贺知章诗中"儿童相见不相识"一句中"儿童"是否是贺的后代，贺知章在长安做官，中年丧妻后是否再娶，以及当时官吏可否带家属，毛泽东采用知人论世的方法，从多方面加以论证。首先，从贺知章辞京回故乡，"年已 86 岁"，所以，诗中"儿童相见不相识"，"此儿童我认为不是他自己的儿女，而是他的孙儿女或曾孙儿女，或第四代儿女，也当有别户人家的小孩子"。这种理解不仅比较符合情理，而且于诗意为好；其次，从贺知章的官职及其与君王的关系看，在长安做官数十年，不可能没有眷属。"贺知章在长安做了数十年太子宾客等官，同明皇有君臣而兼友好之遇。他曾推荐李白于明皇，可见彼此惬洽。"明皇就是唐玄宗李隆基，太子李亨就是后来的唐肃宗。贺知章与玄宗既是君臣，又是朋友，关系十分密切。毛泽东举了贺知章曾向玄宗推荐李白作为佐证。还可以从贺知章辞归时，"玄宗皇帝亲自作诗并序相赠，太子为之饯行，百官和之"的盛况得到证明。再次，再从贺知章的性格来看，他并不是一个"清教徒式的人物"。所谓"清教徒"，是 16、17 世纪英国基督教（新教）教徒（包括教士）中的一派。要求清洗教会中的烦琐仪式和天主教残余影响，反对奢侈，标榜"俭朴清洁"的生活，因而得名。这里用以比喻生活清苦严肃，严以律己的人。贺知章是一个"胸襟洒脱的人"，虽然"他是道教徒，也有可能摒弃眷属"。但像贺知章这样"一个九十多岁像齐白石这样高年的人，没有亲属共处，是不可想象的"。毛泽东以近乎一个文学史家的治学态度，经过层层分析、推论，有理有据，令人信服地申明了自己的观点。但毛泽东的这一正确主张并没有得到认真贯彻执行，我国广大干部职工夫妇两地分居的问题的真正解决，那是新时期以来的事。

王勃『是英俊天才』

【传略】

王勃（649或650—675或676），字子安，绛州龙门（今山西河津）人。唐代诗人。王勃和杨炯、卢照邻、骆宾王以诗文齐名，亦称"初唐四杰"。

王勃的祖父王通，是隋朝末年的大学者。他曾任四川成都一带司功书佐，掌户口籍账之事。隋炀帝大业末年（618），他弃官归里，以著书讲学为业。他依照《春秋》编年纪事体例，自"西狩获麟"这一年（前476）起，历经秦、汉至后魏，著按年月顺序叙事之书，叫作《元经》。又依照《孔子家语》、扬雄《法言》的体例，采用客问主答方式著书，叫作《中说》。这两部著作都很受学者称赞。隋恭帝义宁元年（617），王通去世，弟子薛收等人商量，私谥文中子。叔祖王绩在隋末唐初做过小官，自叹"才高位下"，后来隐居故乡，为诗多写田园情趣，爱慕陶潜。在王勃出生前，王通、王绩虽早已去世，但王勃的诗文仍然受到他们的影响。

王通有两个儿子：福畤、福郊。福畤就是王勃的父亲。王福畤，只做过一些文职小官，"历任太常博士，雍州司功，交趾、六合二县令，为齐州长史"（杨炯：《王子安集序》）。他在文艺和学术上没有什么建树，却像"司马谈之晚岁，思弘授史之功"，把成为学者的希望寄托在王勃身上。

王勃早慧，6岁能作文，构思畅通无阻，思路敏锐活跃，文情辞意，俊爽豪迈，和其兄王勔（miǎn 勉）、王勮（jù 巨）才情文采一样好，他父亲的朋友杜易简常常称赞他们弟兄说："这是王家的三株树啊！"其中尤以王勃最为突出。王勃从小就善于独立思考，9岁时读大学问家颜师古所注《汉书》，写了10卷《汉书注指瑕》，指出注中的错谬。10岁读了儒家经典。

唐高宗李治麟德初年（664），右相刘祥道巡行关内，王勃写了一篇《上刘右相书》，论议朝政，主张"崇文""使德""信赏必罚""重耕耘之务"，大抵是综合儒、法、农各家之说，既重德治，又强调法令，提倡耕耘力田，虽无新的创见，但出自一个未及弱冠的少年之笔，是不平凡的。因此，受到了刘祥道的重视，说："此神童也。"便上表加以推荐，参加幽素制科举，对策高第，拜为朝散郎。

唐高宗李治乾封元年（666），高宗封禅泰山，王勃奏《宸游东岳颂》

（已佚）。当时东都洛阳造乾元殿，他又奏《乾元殿颂》。沛王（李贤）听到他的名声，召请他任"侍读"兼修撰，为王府做文字工作。他奉命撰写《平台秘略论》10篇，很得沛王爱重，赐帛50匹。当时，诸王喜好斗鸡的赌博，互有胜负。有一次，王勃为沛王写了一篇游戏文字，叫《檄英王鸡文》，向英王的鸡戏行声讨，大概写得很好，风传一时。没料大祸临头，高宗看后，大发雷霆，说这样的文章是挑拨诸王矛盾的开端，当日就把王勃从沛王府驱逐出来，不许再入王府。此后，王勃"远游江汉，登降岷山"，客居剑南（今四川成都一带）。他曾登葛愦山远望，感怀诸葛武侯的功业，赋诗以抒怀。

唐高宗李治咸亨初（670），王勃参加当时的选拔，三个王府同时征召，他遇上生病，推辞未赴。后来，友人虢州司法陵季友说虢州（今河南灵宝）多药草，而王勃早在龙朔元年（661）曾从医师曹元学过医，后又"伏习"五年以上，于是，他就要求到盛产药材的虢州去，补上了一个"参军"的闲职。

在虢州作参军时，由于王勃自恃才高，傲气凌人，为同僚所嫉恨。当时，有个没人官府的奴仆曹达犯了罪，逃到王勃处隐藏起来。王勃担心有泄漏的危险，于是杀了曹达以灭口。这件事终于被发觉，应判死罪，幸逢大赦（上元元年八月改元大赦）减罪，开除官职。他父亲任雍州（今陕西西安附近）司户参军，因受牵连，贬谪为交趾令。

唐高宗李治上元三年（即仪凤元年，公元676年），王勃再次往交趾探望他父亲，路过南昌。原来在显庆年间（公元656—661年），滕王李元婴任洪州都督时，在赣江和广润门之间修建了一座宏伟的滕王阁。后阎伯玙继任洪州都督，上元三年九月九日重阳节要在滕王阁上举行一次盛大宴会，打算借机显示一下自己女婿的才华。事先，他就让女婿吴子章写好一篇宴滕王阁的文章。宴会刚一开始，他故意拿出纸笔，遍请宾客们写作，当然，大家都知情推辞了。王勃作为一个"童子"参加这次盛会。当都督请到他的时候，他一点也没有谦辞，打乱了阎都督原先的安排。都督非常生气，就借故更衣，退出了宴会。可他又不放心，就专门派人去探听王勃写了些什么。开初，探听的人报道："南昌故郡，洪都新府。"都督笑道："这不过

王勃［是英俊天才］

是老生常谈罢了。"接着报道："星分翼轸，地接衡庐……"，阎公听了便沉吟不语。当听到报"落霞与孤鹜齐飞，秋水共长天一色"两句时，这位都督"矍然而起曰：'此真天才，当垂不朽矣！'"他连忙赶回宴会，等王勃把文章写成，"极欢而罢"（见《唐摭言》卷五，《新唐书·文艺传》上）。王勃这次写成的便是有名的《滕王阁诗并序》。序中"落霞与孤鹜齐飞，秋水共长天一色"两句，虽然有所借鉴，但却写出了前人难以描绘的景物和寥廓的境界，成为千古名句。《滕王阁序》便成为文学史上的杰作①。

王勃离开南昌继续前进，往交趾县（在今越南北部与中国交界处）探视父亲。经过长江时，写了篇《采莲赋》，其中有"永洁己于邱壑，长寄心于国王"之句来表达心意，文辞十分优美。在渡南海（今广东、福建之南、越南之东的海域）时不幸遇险溺水，被人救起后心悸而死。年仅28岁。

相传，王勃写文章的时候，开始并不精思，先磨墨数升，然后引被覆面而卧，忽起而书，不易一字，时人谓之"腹稿"。他喜欢著书，年虽未满30，但著作不少。据闻一多先生《唐诗杂论》统计，有《舟中纂序》5卷，《周易发挥》5卷，《次论语》10卷，《汉书指瑕》10卷，《大唐千岁历》若干卷，《黄帝八十一难经注》若干卷，《合论》10卷，《读文中子书序诗序》若干篇，《玄经传》若干卷，《文集》30卷等。由此可见，王勃不但是一位诗文家，也是一位学者。他的著述涉及哲学、医学、历史、训诂、历法等方面。但是，其中以诗赋、文章成就最高。

王勃兄弟五人都以文名。两个哥哥王勔和王勮于万岁通天二年（697）因牵连朋友綦连耀的谋逆罪同时被诛。

王勃死后，杨炯收集他的诗文编为《王子安集》20卷，并作了序言，对诗人的命运表示深切同情。《全唐诗》录存其诗2卷。原有集，已散失，明人辑有《王子安集》。

---

① 关于《滕王阁诗并序》的写作年代，《唐才子传》以为是王勃最后一次去交趾省父途中之作。近人也有这种说法。但是，当时王勃已二十六七岁，而文中却自称"童子"，言"等终军之弱冠"，这是与前说不相符合的。《唐摭言》说："王勃著《滕王阁序》，时年十四。"则作于王勃任朝散郎之前。本书从前说。

【毛泽东评说】

是去交趾（安南）路上作的，地在淮南，或是寿州，或是江都。时在上元二年，勃年应有二十三四了。他到南昌作《滕王阁诗序》说，"等终军之弱冠"。弱冠，据《曲礼》，是二十岁①。勃死于去交趾路上的海中，《旧唐书》说年二十八，《新唐书》说二十九②，在淮南、南昌作序时，应是二十四、五、六。《王子安集》目分之九十的诗文，都是在北方——绛州、长安、四川之梓州一带、河南之虢州作的。在南方作的只有少数几首，淮南、南昌、广州三地而已。广州较多，亦只数首。交趾一首也无，可见他并未到达交趾就翻船死在海里了。有人根据《唐摭言》《太平广记》二书断定：在南昌作序时年十三岁，或十四岁。据他做过沛王李贤的幕僚，官"修撰"，被高宗李治勒令驱逐，因为他为诸王斗鸡写了一篇檄英王鸡的文章。在虢州时，因犯法，被判死，遇赦得免。这个人高才博学，为文光昌流丽，反映当时封建盛世的社会动态，很可以读。这个人一生倒霉，到处受惩，在虢州几乎死掉一条命。所以他的为文，光昌流丽之外，还有牢愁满腹一方。杜甫说："王杨卢骆当时体，……不废江河万古流"，是说得对的。为文尚骈，但是唐初王勃等人独创的新骈、活骈，同六朝的旧骈、死骈，相差十万八千里。他是七世纪的人物，千百年来，多数文人都是拥护初唐四杰的，反对的只有少数。以一个二十八岁的人，写了十六卷诗文作品，与王弼③的哲学（主观唯心主义），贾谊的历史学和政治学，可以媲美。都是少年英发，贾谊死时三十几，王弼④死时二十四。还有李贺死时二十七，夏完淳⑤死时十七。都是英俊天才，惜乎死得太早了。

青年人比老年人强，贫人、贱人、被人们看不起的人、地位低的人，

---

① 此处手稿为"二十四岁"。
② 王勃《〈春思赋〉序》说："咸亨二年，余春秋二十有二。"杨炯《〈王子安集〉序》说，王勃先谢，"春秋二十八，皇唐上元三年秋八月。"据此，王勃卒年为二十七岁（650—676）。
③ 此处手稿为"王逸"。
④ 此处手稿为"王逸"。
⑤ 此处手稿为"夏淳融"。

大部分发明创造，占百分之七十以上，都是他们干的。百分之三十的中老年而有干劲的，也有发明创造。这种三七开的比例，为什么如此，值得大家深深地想一想。结论就是因为他们贫贱低微，生力旺盛，迷信较少，顾虑少，天不怕，地不怕，敢想敢说敢干。如果党再对他们加以鼓励，不怕失败，不泼冷水，承认世界主要是他们的，那就会有很多的发明创造。我们近来全民性的四化运动（机械化、半机械化，自动化、半自动化），充分地证明我的这个论断。由王勃在南昌时年龄的争论，想及一大堆，实在是想把这一大堆吐出来。一九五八年党大会上我曾吐了一次，现在又想吐，将来还要吐。①

> ——毛泽东：《读〈初唐四杰集·王勃秋日楚州郝司户宅饯崔使君序〉批语》，《毛泽东读文史古籍批语集》，第7—13页，中央文献出版社1993年版。

海内存知己，天涯若比邻。

> ——毛泽东：《在一位捷共工人党员谈话情况报告上的批语》（1960年7月），《建国以来毛泽东文稿》第九册，第264页，中央文献出版社1996年版。

"海内存知己，天涯若比邻。"中阿两国远隔千山万水，我们的心是连在一起的。我们是你们真正的朋友和同志。你们也是我们真正的朋友和同志。我们和你们都不是那种口蜜腹剑的假朋友，不是那种两面派。我们之间的革命的战斗的友谊，经历过急风暴雨的考验。

> ——毛泽东：《致阿尔尼尔亚劳动党第五次代表大会的贺电》（1966年10月25日），1966年11月4日《人民日报》。

今乃有进者：古称三达德，智、仁与勇并举。今之教育学者以为可配德智体之三言。诚以德智所寄，不外于身；智仁体也，非勇无以为用。且观自来不永寿者，未必其数之本短也，或亦其身体之弱然尔。颜子则早天矣；贾主，王佐之才，死之年才三十三耳；王勃、卢照邻或早死，或坐

---

① 这篇批语末尾略有删节。

废。此皆有甚高之德与智，一旦身不存，德智则随之而隳矣！

——毛泽东：《致黎锦熙信》（1916年12月9日），《毛泽东早期文稿》，第59—60页，广东人民出版社1990年版。

【作者述评】

"四杰"是唐初文坛的佼佼者，他们以自己的创作，揭开了光辉灿烂的唐代文学的序幕。在"四杰"中，王勃当是首屈一指。他的《滕王阁序》虽用骈俪文体写成，文采华美，声调和谐。但是，意境开阔，情感深沉，不像一般的骈俪文那样空洞无物，所以，同骆宾王的《讨武曌檄》一样，是经过了一番改革的新体骈文。

王勃在诗文创作上，有自己的明确主张。他在形式主义文风笼罩着唐初文坛的时候，"思革其弊，用光志业"。经过他同一些进步作家的努力，"遂使繁综浅术，无藩篱之固；纷绘小才，失金汤之险。积年绮碎，一朝清廓。翰苑豁如，词林增峻"。由此可见，王勃在唐初反对宫体诗和革新浮艳文风中所作的贡献。

王勃现存诗作，以五言最多，其中多是五言近体。他的诗歌，以质朴清新的语言，抒发真挚动人的情感，从内容到形式都突破了齐梁香艳诗的框框，摆脱了六朝宫体诗的陈迹，对近体诗格律的成熟起了重要作用。如有名的《送杜少府之任蜀川》：

> 城阙辅三秦，风烟望五津。
> 与君离别意，同是宦游人。
> 海内存知己，天涯若比邻。
> 无为在歧路，儿女共沾巾。

既诉之以深厚缠绵的惜别情谊，又导之以开朗壮阔的心境，变悲凉为豪放，表现一种乐观旷达的胸怀。这首诗写得如此明白贴切，可说是完全成熟的五言律诗，千多年来脍炙人口。此外，如绝句《九日》："九日重阳节，开门有菊花。不知来送酒，若个是陶家。"又如绝句《山中》："长江

王勃『是英俊天才』

悲已滞，万里念将归。况属高风晚，山山黄叶飞。"也都是抒情真挚、爽朗的篇章。

毛泽东对王勃这位年轻诗人是很喜爱的，评价是很高的。宋欧阳修等《新唐书》第 210 卷的《王勃传》中写道："勃属文初不精思，先磨墨数升，则酣饮，引被覆面卧。及寤，援笔成篇，不易一字，时人谓勃为腹稿。"毛泽东读到这里，用红铅笔画着重线，流露出对王勃才华的赏识。在一本清人项家达编的《初唐四杰集》里，毛泽东在王勃的《秋日楚州郝司户宅饯崔使君序》一文的标题下画着大圈，以示重视，并写下了一个长达 1000 多字的批语。这个批语有考证、有评价、有议论。从批语的内容看，大约写于 1958 年至 1959 年间。

首先，毛泽东先考证了王勃写作《秋日楚州郝司户宅饯崔使君序》和《滕王阁诗序》的写作时间和年龄。毛泽东写这个批语时，对《旧唐书》《新唐书》、唐末五代王定保编纂《唐摭言》、宋李昉等《太平广记》等史书中关于王勃事迹的记载，进行了分析考证，认为这篇文章是王勃"去交趾（安南）路上作的，地在淮南，或是寿州，或是江都。时在上元二年，勃应有二十三四了。"作《滕王阁序》时，王勃"应是二十四、五、六"，而不是像有人根据《唐摭言》《太平广记》二书断定："在南昌作序时年十三岁，或十四岁。"这段考证是毛泽东读作品时兴之所至写成的，却是建立在对王勃经历和创作的考索上，精细严谨，一丝不苟，有一种近乎职业的研究精神。

其次，对王勃其人及其创作给予高度评价。毛泽东赞扬王勃"高才博学，为文光昌流丽，反映当时封建盛世的社会动态，很可以读"。这是说，王勃作品的内容，反映了盛唐时代的社会生活，是所谓"盛唐气象"，具有一定的社会意义。在艺术形式上，王勃虽然"为文尚骈"，但他的骈文是"新骈、活骈"，与六朝之"旧骈、死骈，相差十万八千里"。毛泽东还引用杜甫《戏为六绝句》中"王杨卢骆当时体，轻薄为文哂未休。尔曹身与名俱灭，不废江河万古流"的诗句，来肯定王勃等人致力于改变齐梁以来浮华绮丽的形式主义文风的贡献。

毛泽东很同情王勃的命运遭际，说他"一生倒霉，到处受惩"，于是，

"他的为文，光昌流丽之外，还有牢愁满腹一方"。这种看法，确为知人之谈。

再次，毛泽东由感叹王勃等人年少有为而生的议论。毛泽东认为，"青年人比老年人强"，原因是"他们贫贱低微，生力旺盛，迷信较少，顾虑少，天不怕，地不怕，敢想敢说敢干"。这一番议论即是他一时即兴发挥，实际上，大胆地使用年轻人，相信年轻人，是毛泽东的一贯思想。毛泽东说这种想法在1958年党大会上曾经吐过一次，是指1958年5月8日在中共八大二次会议上的讲话。在这次会议上，他主要讲"破除迷信"的问题，他强调："从古以来，发明家创立新学派的，在开始时都是青年人，学问比较少的，被人看不起的，被压迫的人，这些发明家到后来才变成壮年、老年，变成有学问的人。"接着他列举大批"青年人打倒老年人，学问少的人打倒学问多的人"的例子有：甘罗、贾谊、项羽、韩信、孔子、颜渊、释迦牟尼、红娘、荀灌娘、李贺、李世民、罗士信、王勃、岳飞、马克思、列宁、周瑜、孔明、王弼、哪叱、兰陵王等三十余人。其中他评论王勃说："作《滕王阁序》的王勃，初唐四杰之一，也是一个青年人，死的时候才二十九岁。"

毛泽东从一篇文章评论到文章的作者，进而引出对青年人与老年人的议论，提出要放手任用青年人的主张，这种读批恐怕是政治家毛泽东所独有的。

《秋日登滕王阁饯别序》，通称《滕王阁序》，是毛泽东更加喜好的作品。这篇诗序的全文注意对偶，讲求声律，语言精练，有很高的艺术技巧。文章的内容既细腻地描绘了眼前湖光山色和楼台殿阁的壮丽美景，又委婉曲折地抒发了自己怀才不遇的感慨。毛泽东在"老当益壮，宁移白首之心？穷且益坚，不坠青云之志"等警策的句子后面画着圈，尤其对"落霞与孤鹜齐飞，秋水共长天一色"这一优美的句子由衷地喜爱。20世纪60年代初，他在和子女们的一次谈话中，一边背诵这篇诗序中的佳句，一边评论。谈兴正浓时，坐到桌前，悬肘挥毫，为他们书写下这一具有诗情画意的千古名句，留下了珍贵的墨迹。《毛泽东手书选集》中收录了两幅不同字迹的手迹；书中还收录有"老当益壮，宁移白首之心？穷且益坚，不坠青云之志"数句的墨迹一帧，还收录"勃三尺微命，一介书生。……杨意不逢，抚凌云……"数句墨迹一帧①。南昌新修的滕王阁上悬挂有毛泽东手书"落霞与孤鹜齐飞，秋水共长天一色"墨迹的复制品，让游人观览。②

毛泽东还圈阅批注过王勃的其他诗作。在一本清人蘅塘退士编的《注释唐诗三百首》中载有王勃的五言律诗《杜少府之任蜀川》："城阙辅三秦，风烟望五津。与君离别意，同是宦游人。海内存知己，天涯若比邻。无为在歧路，儿女共沾巾。"毛泽东在这首诗的题头上方连画了三个圈，并在正文上方天头空白处批了一个"好"字。这是一首送别诗。"同是宦游人"的赠别，心情本来是复杂的，但他却用"海内存知己，天涯若比邻"这样开朗壮阔的诗句把缠绵的儿女之情一笔撇开，变悲凉为豪放，表现他不平凡的胸怀抱负，所以历来受到人们激赏。1959 年 9 月，毛泽东在一次与子女的谈话中，说他喜欢王勃的《送杜少府之任蜀川》，对其中的"海内存知己，天涯若比邻"非常欣赏。1960 年 7 月，毛泽东在一位捷克工人党员谈话情况报告上，批注了"海内存知己，天涯若比邻"这两句诗，并批示此件印发给当时正在北戴河参加中共中央工作会议的同志阅读。1966 年 10 月 25 日，毛泽东在《致阿尔巴尼亚劳动党第五次代表大会的贺电》中也引用了"海内存知己，天涯若比邻"这两句诗，用来形容中阿两国"远隔千山万水"，而"心却是连在一起的"的革命友谊，洋溢着崇高的国际主义精神。此外，毛泽东还手书过这首诗，并题写："唐代少年诗人王勃。"③他还手书过"海内存知己，天涯若比邻"两句诗，并署上："毛泽东一九六一年十月十六日。"④

由此可看出，毛泽东对初唐青年诗人王勃十分喜爱，对他诗文创作的成就和造诣，给予热情赞扬和高度评价；对王勃短促一生的坎坷和不幸，给予由衷的同情和无限的惋惜。

---

① 以上四幅手迹分别见于《毛泽东手书选集·古诗词》上，第 183—187 页，北京出版社 1996 年版。

② 见中央档案馆整理：《毛泽东评点诗词曲精选》上册，第 72 页，中国档案出版社 1998 年版。

③ 见《毛泽东手书选集·古诗词》上，第 81 页，北京出版社 1996 年版。

④ 见《毛泽东手书选集·古诗词》上，第 82 页，北京出版社 1996 年版。

李白的诗，『文采奇异，气势磅礴，有脱俗之气』

【传略】

李白（701—762），字太白。祖籍陇西成纪（今甘肃天水附近），先世在隋末因罪徙居中亚。武后长安元年（701），李白生于中亚碎叶（今吉尔吉斯斯坦托克马克城附近）。他是唐代与杜甫齐名的伟大诗人，我国古代诗史上继屈原之后的伟大浪漫主义大师。

李白自称是东晋时西凉国创建人武昭王李暠的九世孙，与唐王朝同宗，但未得到王朝掌管谱牒世系的宗正寺的承认。唐中宗神龙元年（705），李白随父亲李客迁居西蜀绵州昌隆（今四川江油）清廉（一作青莲）乡。李客大约原是商人，颇富豪，又有文化教养，迁居内地之后，依然以行商为业，没有做过官。李白排行第十二，同辈兄弟及姐妹甚多，但今仅知晚年时尚有一弟留居蜀中，另有一妹名月圆，嫁在本县。这样家世奇异的家庭，对李白的成长关系极大，李白对此也颇感自豪。他在诗文中每称"本家陇西""陇西布衣""青莲居士"；因唐朝皇帝同出于李暠，还常在社交中和唐室子弟联宗，以从兄弟、叔侄及祖孙相称谓。

李白的童年是在西域度过的。李客迁家入蜀时，他已5岁。这年正是中宗复位，八年之后便是玄宗即位，唐王朝进入开元全盛时期。这是一个经济繁荣，文化昌盛，思想活跃，人们蓬勃向上的时代，也是一个社会矛盾急剧发展变化的时代。李白生活在这一时期，时代对他的影响是巨大的。

李白一生，可分为五个时期。

一、蜀中时期。

中宗李显神龙元年至玄宗李隆基开元四年（716），李白5岁至15岁，这是他读书习作的时期。有文化教养且生活富裕的家庭，为他提供了良好的学习条件。李白从小习读范围广泛，态度刻苦，他自己说"五岁诵六甲，十岁观百家，轩辕以来，颇得闻矣。常横经籍书，制作不倦"（《上安州裴长史书》）；"十五观奇书，作赋凌相如"（《赠张相镐》其二）。杂史也记载他曾"三拟《文选》，不如意则焚之"（《酉阳杂俎》）；至今流传的"只要功夫深，铁杵磨成针"两句谚语，说的就是李白从小顽强读书的故事。据宋人祝穆《方舆胜览》记载：相传李白少年时在眉州象耳山读书，有次逃学下山，经过一条小溪，见一位姓武的老大娘在溪旁磨铁杵（舂米的工具）。李白觉得很奇怪，就问老大娘磨铁杵干什么。老大娘回答说："磨成针。"李白听了大受感动，他从老大娘磨杵做针省悟出一个道理，就是无论做什么事，都要下苦功，要有坚持不懈的精神。于是他打消了逃学的念头，回到山中继续读书，这便成为勤学的千古佳话。由于刻苦攻读，涉猎深广，李白少年时就才华显露，思想活跃，有建功立业的宏伟理想，立志要做管仲、鲁仲连、诸葛亮式的人物，济世安民；同时"开口成文、挥翰霞散^①"，他早年就具备较好的艺术修养和杰出的文学才能，为后来的诗歌创作打下了坚实的基础。在这个时候，他已创作出一批有相当质量的诗歌，初步显示了一个伟大诗人的资质。

十五岁以后，李白开始从事一些读习以外的活动，思想比一般封建家长开放的商人父亲和阔绰的家庭，又为他创造了从事各项活动的条件。他"十五好剑术"，对剑有特殊爱好，舞剑技能非常精熟。20岁以前，他曾和隐士东严子同隐岷山之阳；在读习之余，还与一些道教徒交往。20岁以后，他开始在蜀中游历，曾到过峨眉山、戴天山等地，参观过成都司马相如的琴台、扬雄的故宅，结识了以喜谈纵横术著称的赵蕤等人。这些活动以及和家中许多与世通融的商人宾客的接触，开阔了李白的视野，使他获得许多在书本上得不到的社会知识，培养了他热爱祖国的思想和酷爱自由、豪放爽朗的性格，但也给他带来一些消极的影响。这些因素和文化遗产中消极成分的不良影响结合起来，使李白在向往功名事业、立志奋发有为的同时，也企望求仙学道，隐遁出世，形成极其复杂的思想。因此，他决心走一条平交王侯、直取卿相，安社稷、济苍生，然后泛舟五湖、寄身尘外的传奇式的道路。

二、以安陆为中心的第一次大漫游时期。

唐玄宗李隆基开元十四年（726），李白26岁，他怀抱着对自己才能和政治前途的高度自信，"仗剑去国，辞亲远游"（《上安州裴长史书》），开始了生平第一次大漫游。他进行的社会活动主要是求仙访道和结交英豪，

---

① 见李白《冬日于龙门送从弟京兆参军令之淮南省觐序》。

李白的诗，『文采奇异，气势磅礴，有脱俗之气』

其目的是给自己建立社会声誉，为实现他的政治抱负创造条件。他于当年秋天出峡。由于长期生活所建立起来的感情，路经长江三峡时，他对蜀中的山山水水，很有些依依不舍，写下一些开始显示自己艺术风格的诗篇。出峡后，他先用三年时间"南穷苍梧，东涉溟海"。三年之后（开元十六年），在湖北安陆同高宗时宰相许圉师的孙女结婚定居，开始"酒隐安陆，蹉跎十年"的生活，其时曾间或到过河南洛阳、山西太原等地。十年之后（开元25年），移家任城（今山东济宁），继续南来北往，直至天宝初年被召入京的前夕。

李白这次漫游是比较顺利的。当时正是"稻米流脂粟米白，公私仓廪俱丰实。九州道路无豺虎，远行不劳吉日出"（杜甫：《忆昔》）的繁荣升平年代，唐王朝的鼎盛时期。李白初出茅庐，人地两生，虽有过"风尘萧瑟多苦颜"，"南徙莫从，北游失路"的窘迫，但总的来说是很惬意的。16年中，他到过现在的湖北、湖南、江苏、浙江、河南、山西等省的许多地方。半个中国的奇山异水，古今名胜，和多种多样的社会生活，高昂强烈的时代精神，极大地开阔了他的胸怀，增长了他的社会知识。他在尽情观赏祖国大好河山的同时，进行广泛的社交活动。在早期，他常把自己打扮成侠客，高冠长剑，骏马长风，昂昂然出于入通都大邑，到处存交结义，轻财好施。南泛洞庭时，同行友人吴指南病卒，"白襢服恸哭，若丧天伦，炎月伏尸。泣尽而继之以血"（《上安州裴长史书》）。东游江浙时，不到一年，便散金30余万，"有落魄公子，悉皆济之"（同上文）。后来，他认识到这些做法无补于世，自己在经济上也难以为继，便改弦易辙。但他的这种精神和建功立业的愿望结合起来，却对他后来的成就发挥了积极的作用。

在刚出三峡到达湖北江陵（今湖北江陵）时，李白会晤了著名道士司马承祯。司马承祯多次受到武后、睿宗、玄宗的召见，在道教界极负盛名。他当时已年逾八旬，一见器宇轩昂的青年李白，便惊叹不已，称李白有"仙风道骨"，可与他神游八极之表。李白大受鼓舞，即作《大鹏遇希有鸟赋》（后改名为《大鹏赋》）以记之。后来，在江浙又结识另一著名道士吴筠。他还曾多次隐居学道。在安陆，先后隐居于寿山和桃花岩。开元二十二年（734），和道友元丹丘同隐嵩山。到山东后，和鲁中名士孔巢父、韩准、裴政、张叔明、陶沔同隐泰山东面的祖徕山竹溪，时号"竹溪六逸"。他与著名诗人孟浩然也是因隐逸相交的。由于唐王朝重视道教，这些活动，对他后来踏上仕途起了很大作用。

同时，李白还渴望参加政治活动，以便施展自己的才能。他的政治理想是："申管晏之谈，谋帝王之术，奋其智能，愿为辅弼，使寰区大定，海县清一。"（《代寿山答孟少府移文书》）他抱着"不屈己、不干人"的态度，去"平交诸侯"，拜谒一些州郡官僚。他求见得最多的是荆州长史韩朝宗。韩朝宗身为江南显贵，但能识拔后进，颇具贤名，所以李白几次上门请见。今存《与韩荆州书》一文，就是李白初次拜谒时的自荐文字。在这篇文章中，李白激昂慷慨，既大力赞美韩氏的慧眼和伯乐精神，恳切地请求援引，但又不贬低自己，不失卑下和谄媚。然而韩朝宗却并没有因此而马上荐举提拔他。

三、长安时期。

经过长期漫游之后，李白终于名动于时，蜚声天下。唐玄宗李隆基天宝元年（742），他离山东南下，同著名道士吴筠隐居郯中（今浙江嵊县）。这年春，吴筠奉召入京，向玄宗推荐李白。玄宗素闻李白的名声，这次又有吴筠的推荐，于是连下三诏，征李白入京。李白当时已移居南陵（今安徽南陵），闻讯后，非常高兴，安置好妻儿子女，即著鞭跨马，取道河南南阳，于这年秋天来到长安。到长安之后，他先会见道教界人士太子宾客贺知章和玄宗的妹妹玉真公主，又得到二人的进一步称誉。贺知章一见李白神清气朗，风度翩翩的样子，惊叹说："此天上谪仙人也"，忙解金龟换酒接风。由于有这许多荐举在前，李白受到玄宗非常优异的礼遇。据说接见之日，玄宗亲自"降辇步迎，如见绮皓，以七宝床赐食，御手调羹以饭之。谓曰：'卿是布衣，名为朕知，非素蓄道义，何以至此！'"（李阳冰：《草堂集序》）即置李白于翰林院，草拟文诰诏令之类文件，并赐以天马驹，宫中的宴会，銮驾的巡游，都让他陪侍左右。于是，李白顿时成为长安的大名人，王公贵戚，达官显宦争相过从。他"扬眉吐气，激昂青云"，狂放不羁的性格和浪漫放荡的生活作风得到了最充分的表现。力士脱靴，贵妃捧砚，醉写答蛮书，醉进行乐词等神奇的故事，被人们争相传说。据唐段成式《酉阳杂俎》记载："李白名播海内，玄宗于便殿召见，神气高朗，轩轩若霞举。上（玄宗）不觉忘万乘之尊，因命纳履。白遂展足与高力士，曰：'去靴！'力士失势，遽为脱之。"高力士是一个炙手可热、权倾内外的宦官。据史书记载，当时四方进奏的文表，都要先经他过目，然后才进呈玄宗，一般的事务就由他径自处理。他在宫中的地位仅次于玄宗。肃宗（李亨）当太子时，呼他为"二兄"，诸王及公主呼他为"阿翁"，驸马辈呼他为"爷"。对于"脱靴"之耻，高力士耿耿于怀，伺机报复。唐韦睿《松窗录》记述了这个故事的后半回：某次玄宗与太真妃（即杨贵妃）在兴庆宫沉香亭观赏牡丹，把李白叫到宫中即席赋《清平调》词三首，由当时著名歌手李龟年当场配乐演唱。杨贵妃听了非常高兴，玄宗也因此更加爱重李白。一次，杨贵妃又吟唱这三首词时，高力士乘机摘取其中"借问汉宫谁得似？可怜飞燕倚新妆"二句挑拨说："比以妃子怨李白深入骨髓，何反眷眷如是？"杨贵妃吃惊地问："何翰林学士能辱人如斯？"高力士说："以飞燕指妃子，是贱之甚矣！"杨贵妃由此深恨李白。据说玄宗曾三次打算任命李白以官职，都因杨贵妃的阻挠而作罢。

于是，情况很快就发生了根本的变化。原来，这时的唐玄宗满足于以往的政绩，迷惑于表面的繁华，将"朝事付之宰相，边事付之诸将"，终日与杨贵妃在宫中饮酒游玩，过着骄奢淫逸的生活。他之所以征召李白，不过是觉得这个人有名望，希望他做一个点缀"太平盛世"的工具和歌功颂德的御用文人，而不是做一个"辅弼"之臣。后来他才发现李白喜进谏言，要求干预国政，又狂放难羁，不是驯服的御用工具。加之高力士、张垍一班权贵常进毁语谗言，玄宗便对李白日益疏远，最后完全失去对他的信任。而李白则发现玄宗也并非理想中的开明君主，翰林供奉只是"但假其名，而无实职"，不过是做做宫廷诗人而已。朝政由权奸李林甫之流把持，自己建功立业毫无希望。而且，由于他不肯附和权贵，同流合污，还要遭谗被谤，见欺受辱。因此，他对朝廷日益厌倦，生活上更加放纵，最后不得不在失望、危殆中请求离开朝廷。这样，天宝三年（744）春，经玄宗"优诏罢遣"，李白便带着沉痛的心情离开长安，结束了不到两年的帝京生活。

四、以东鲁、梁园为中心的第二次大漫游时期。

离开长安之后，李白又走上漫游的道路。这是他生平第二次大漫游。从这时起直到天宝十四年（755）"安史之乱"爆发的12年中，他到过现在的河南、山东、江苏、浙江、安徽、江西、湖北、山西、河北诸省，其中许多地方为第一次漫游所未及。因家寓东鲁（今山东济南），常过梁园（今河南开封），这一带便成为他这次漫游的中心。在这期间，虽然诗人豪迈自信的精神没有大的改变，但由于从政的失败，年龄的增长和生活的漂泊，其思想感情终究比上一次游历时深沉落寞多了，生活内容和诗风也发生明显的变化。

唐玄宗李隆基天宝三年（744）四月，李白到达东都洛阳。在这里，他会见正结束齐赵之游寓居于此的伟大诗人杜甫。两人一见如故，饮酒论诗，同出同归，建立了深厚的情谊，成为古代文学史上的一段佳话。后来，二人还曾两次会面，在梁园的一次，还遇见另一诗人高适。天宝三年冬，李白从梁园到陈留（今河南开封祥符区陈留镇），拜见从祖河南采访使李彦允，并通过他请著名道士高如贵天师授道箓于齐州（今山东济南历城）紫极宫，继又访道河北安陵，请道士盖寰造真箓，正式加入道士籍，炼丹学道。从此，他常常到道隐神仙中寻找精神寄托。天宝五年（746），李白南下吴越，准备畅游会稽、永嘉、天台等山水名胜。南下前，他写下《梦游天姥吟留别》一诗，诗中极力描写神仙世界的自由美好，而结合以反抗权贵的主旨，充分表现了诗人政治上失意后精神空虚，强烈追求个人解脱的苦闷愤懑心情，是诗人的另一首浪漫主义杰作。需要特别说明的是，李白这时虽然过着游山玩水、炼丹学道的隐遁生活，但并没有放弃建功立业的希望。"狂风吹我心，西挂咸阳树"（《金乡送韦八之西京》），正是他心情的真实写照。因此，他在这时仍然密切关注着国家的命运，并且写作许多怀念长安生活的诗歌，希望东山再起。天宝六年，权奸李林甫杖杀正直贤能的北海太守李邕、淄川太守裴敦复等人；天宝八年，陇右节度使哥舒翰穷兵黩武，攻破吐蕃石堡城，士卒伤亡惨重。李白当时身在吴越，得知事之详情之后，愤而作《答王十二寒夜独酌有怀》一诗，猛烈地抨击这帮祸国殃民的"鸡狗"之徒。

李白的诗，"文采奇异，气势磅礴，有脱俗之气"

天宝十一年（752），李白从吴越回到山东，北游邺中（今河北临漳）、幽州（今北京），亲眼看到安禄山骄横跋扈，练兵备战，对国家前途非常忧虑。当年，他从幽州回到梁园，又得知玄宗更加荒淫昏聩，杨氏兄妹固宠专权，反常现象到处出现，更加陷入深深的忧愁之中。这时，他思想上消极的东西更为发展，沉湎于酒，企图麻醉自己，忘掉现实，超脱尘寰。天宝十二年（753），他带着这种心情来到金陵（今江苏南京）、宣城（今安徽宣城）间，随兴浪游，流连于六朝诗人们曾经活动吟咏过的地方，寄情山水之中，尤其仰慕谢朓的遗风，到了谢朓住过的当涂谢家青山，遂有"终焉（在此终生）之志"。天宝十三年（754），李白到达广陵（今江苏扬州），会见青年诗人魏万。魏万非常崇拜李白，为见李白"自嵩历兖，游梁入吴，计程三千里"（《送王屋山人魏万归王屋序》）。两人见面以后，结为忘年之交，一起生活了好几个月。临别时，李白拿出全部诗稿，请魏万代为编集，并以爱子相嘱托。他似乎准备"从此谢人间"，"散发弄扁舟"了。自然，"抽刀断水水更流"，他没有也不可能真正进到仙山琼阁中去。他之所以放歌纵酒、求隐寻仙，是出于对当时社会现实的忧愤。他的心中还燃烧着济世安民、建功立业的火焰。

五、安史之乱时期。

唐玄宗李隆基天宝十四年（755），正当李白消极遁世、极端沉沦的时候，"安史之乱"爆发了。罪恶的战争又使诗人迅速回到现实，他的爱祖国、爱人民的思想又有新的发展。战乱爆发时，他正在宣城一带，一听到消息，就愤怒谴责安禄山、史思明之流背叛朝廷、残害人民的罪行，对不义战争表示最强烈的反对。当叛军长驱直入洛阳、长安，中原地区相继沦陷时，他用愤怒的诗笔，及时录下"旌旗缤纷两河道，战鼓惊山欲倾倒"（《猛虎行》）、"俯视洛阳川，茫茫走胡兵。流血涂野草，豺狼尽冠缨"（《古风》第十九）的时代惨象，写下一系列具有重大现实意义的诗篇。在这时候，他真切地希望出现一代救国救民的英才。他建功立业的壮志又勃发起来了，但一时没有找到机会，且鉴于以往的教训，只好"窜身南国避胡尘"（《猛虎行》），于天宝十五年（756）初离宣城去剡中避难，又于这年秋天从剡中来到庐山屏风叠隐居，等待时机。

唐肃宗李亨至德元年（即天宝十五年）十二月，肃宗李亨的弟弟永王李璘，以平乱为号召，自江陵引舟师东下，翌年正月经浔阳，三次下书召李白做幕僚。因召募来得突然，李白始有疑忌，但想到为平乱出力，最后还是应允了。李白到幕府后，亲眼见到官兵同心协力，纪律严明，救国杀贼气氛浓烈，疑忌全消，精神焕发，工作非常卖力。且在极短的时间里作诗11首，总题为《永王东巡歌》，热情颂扬永王，并表达"所冀灭旄头"和"誓欲清幽燕"的心愿。然而他根本没有想到，他全部的热情和希望很快就在一场急骤的内战中彻底幻灭。原来，李璘是大乱初起时，奉玄宗之命，到江陵募集军队，以保卫东南一带的。李璘得兵数万之后，即想东取金陵。而这一切，引起了其兄肃宗的密切注意和不安。于是肃宗命令李璘入蜀觐见玄宗，意图调虎离山，同时调高适、来瑱、韦陟率部队待命安陆。当李璘拒不赴蜀、反而擅自引舟师东下时，至德二年（757）二月，肃宗便以"图谋割据、反叛朝廷"之罪将李璘消灭了。这样一来，李白三个月幕府，不但无抗战之功，反而有从逆之罪。当他从丹阳（在安徽当涂县境）战场南逃至彭泽（今江西彭泽）时，便被逮捕起来，关进浔阳监狱，而且"罪在当诛"。这时，李白悲愤极了。在狱中，他写了许多诗投寄亲友，强烈控诉统治者不察详情，囚禁无辜的行为，发出求救的呼号。后经亲理案件的宣慰大使崔涣和御史中丞宋若思推复清雪，郭子仪力救，才得免于死刑。据说宋若思还曾保释并向朝廷推荐李白，然而肃宗等人不肯宽免。乾元元年（758），58岁的老诗人终竟被判处长期流放夜郎（今贵州桐梓一带）。

唐肃宗李亨乾元元年，李白泛洞庭，上三峡，抛妻别子，经水路踏上流放的长途。风烛残年遭此不幸，诗人的心情十分沉重。途中的一草一木，随时都使他联系生平遭遇，引起无限的伤感，老泪纵横。15个月后，乾元二年春，诗人到达重庆巫山时，传来了意外的消息：因关中大旱，朝廷宣布大赦。诗人得释了。他非常高兴，很快经江夏、岳阳回到浔阳，并一度恢复了诗酒放诞的豪情逸致。上元元年（760），李白回到豫章（今江西南昌），与家人团聚。不久后离家出游，辗转于宣城、金陵一带。这时，他仍旧关心着国家的命运。上元二年（761），史思明猖獗，东南吃紧，太尉李光弼率师出镇临淮（今安徽泗县），他以 61 岁高龄，决定去参加李光弼的队伍，因年迈体弱，中途病还。当年秋天，他离开金陵，投靠族叔当涂（今安徽当涂）县令李阳冰。宝应元年（762），因病势加重，他把全部著作交付李阳冰，嘱请编纂，后来李阳冰遵嘱编成李白最早的诗集《草堂集》（今佚）。这一年的 11 月，伟大的诗人竟未能亲眼看到"安史之乱"的最后平定，就与世长辞了。他死后，遗体殡葬在当涂县龙山东麓。不久，肃宗去世，代宗即位，不知诗人已逝，诏授左拾遗，征召入京。55 年之后，诗人的朋友范文的孙子范传正任宣、歙、池等州观察使，遵照诗人遗愿，迁诗人的坟墓于当涂谢家青山（即谢公山）之阳，并作《唐左拾遗翰林学士李公新墓碑并序》一文，以作永久的纪念。

【毛泽东评说】

李白的诗，文采奇异，气势磅礴，有脱俗之气。

—— 毛岸青、邵华：《回忆爸爸勤奋读书和练书法》，《瞭望》1983 年第 12 期。

我喜欢李白。但李白有道士气，杜甫是站在小地主的立场。

—— 摘自 1957 年 1 月 14 日毛泽东和臧克家、袁水拍的谈话，转引自何其芳《毛泽东之歌》，《时代的报告》1978 年第 2 期。

李的《蜀道难》写得很好。有人从思想方面作各种猜测，以便提高评价，其实不必。不要管那些纷纭聚讼。这首诗主要是艺术性很高，谁能写得有他那样淋漓尽致呀，它把人带进祖国壮丽险峻的山川之中，把人带进神奇优美的神话世界，让人仿佛也到了"难于上青天"的蜀道上面了。

—— 杨建业：《在毛主席身边读书——访北京大学中文系讲师芦荻》，1978 年 12 月 29 日《光明日报》。

早几十年中国的国文教科书就说秦始皇不错了，车同轨，书同文，统一度量衡。就是李白讲秦始皇，开头一大段也是讲他了不起，"秦王扫六合，虎视何雄哉！挥剑决浮云，诸侯尽西来"一大篇，只是末尾搞了两句："但见三泉下，金棺葬寒灰。"就是说他还是死了。你李白呢？尽想做官！结果充军贵州，走到白帝城，普赦令下来了。于是乎，"朝辞白帝彩云间"。其实，他尽想做官。《梁甫吟》说现在不行，将来有希望。"君不见高阳酒徒起草中"，"指挥楚汉如旋蓬"。那时是神气十足。我加上几句，比较完全："不料韩信不听话，十万大军下历城。齐王火冒三千丈，抓了酒徒付鼎烹"，把他下了油锅了。

　　——毛泽东1973年7月4日同王洪文、张春桥的谈话，转引自邓振宁主编《毛泽东评点二十四史》，第1291页，时事出版社1997年版。

给刘思齐的信

（一九五九年八月六日）

娃：

　　你身体是不是好些了？妹妹考了学校没有？我还算好，比在北京时好些。登高壮观天地间，大江茫茫去不还。黄云万里动风色，白波九道流雪山。这是李白的几句诗。你愁闷时可以看点古典文学，可起消愁破闷的作用。久不见甚念。

爸爸

八月六日

　　——谢柳青编：《毛泽东家书》，第346页，中原农民出版社1994年版。

在庐山书赠庐山党委的诗句

（一九六一年九月十六日）

　　登高壮观天地间，大江茫茫去不还。黄云万里动风色，白波九道流雪山。

李白的诗，"文采奇异，气势磅礴，有脱俗之气"

李白庐山谣一诗中的几句。

登庐山，望长江，书此以赠庐山党委诸同志。

毛泽东

一九六一年九月十六日

——中央档案馆整理：《毛泽东手书选集·古诗词》上，第
123—126 页，北京出版社 1996 年版。

好诗。

——毛泽东读《注释唐诗三百首·李白〈将进酒〉批语》，《毛泽东
读文史古籍批语集》，第 22 页，中央文献出版社 1993 年版。

光搞现实主义一面也不好，杜甫、白居易哭哭啼啼，我不愿看，李
白、李贺、李商隐，搞点幻想。

——摘自毛泽东 1958 年 1 月 16 日在南宁会议上的讲话，转引
自董学文等《毛泽东的文艺美学活动》，第 177 页，高等教育
出版社 1995 年版。

【作者述评】

李白继承初唐诗人陈子昂诗歌要有"兴致"的主张，回顾诗歌发展的
历史，指出"自从建安来，绮丽不足珍"（《古风·大雅久不作》），把恢复
《诗经》以来的进步传统作为自己的责任。他的杰出的创作才能和毕生的
艺术实践，为完成诗歌革新的历史使命，把唐代诗歌引向健康的道路作出
了巨大的贡献。

李白的诗歌，今存 900 多首，内容丰富多彩。最重要的有以下五个方面：

一、抒写自己的政治抱负，关心国事，迫切要求建功立业。李白在政
治上执着乐观的进取精神，始终如一，至老不衰。我们不仅在《五月东鲁
行答汶上翁》中看到李白青壮年时代为实现政治抱负而积极奔走和他的执
着自信；而且在《梁园吟》等诗中还看到中年以后尽管遭到长安失意的挫

折，而他的"欲济苍生"的愿望和"天生我材必有用"①的乐观精神仍然那么炽热和坚定；在《临终歌》中，他把自己比作"中天摧折"的大鹏，对政治抱负不能实现感到非常遗憾。

二、不满黑暗腐朽的现实，进行无情的揭露和批判。在李白笔下，皇帝的荒淫腐朽，奸臣的弄权祸国，宦官外戚和宫廷供奉人员的嚣张气焰，"梧桐巢燕雀，积棘栖凤凰"的不合理的用人现象，以及统治集团的穷兵黩武，等等，都得到了生动反映。这种强烈的批判精神，在《古风五十九首》《远别离》《答王十二寒夜烛酌有怀》等诗中有突出表现。

三、蔑视封建权贵和富贵利禄，向往自由进取。这种思想广泛地表现在许多乐府诗和七言歌行中。"严陵高揖汉天子，何必长剑拄颐事玉阶"！（《答王十二寒夜独酌有怀》）"安能摧眉折腰事权贵，使我不得开心颜"！（《梦游天姥吟留别》）"钟鼓馔玉不足贵，但愿长醉不复醒。"（《将进酒》）"黄金白璧买歌笑，一醉累月轻王侯"。（《忆旧游寄谯郡元参军》）"功名富贵若长在，汉水亦应西北流"。（《江上吟》）这些都是脍炙人口的名句。

四、对劳动人民的关心和同情。这种内容常常结合着对统治阶级的批判。他希望社会安定，人民能够过上和平宁静的生活。因此他对破坏人民和平生活的不义战争给予大力鞭挞。在《古风》"羽檄如流星"中，他谴责杨国忠对南诏发动的战争，造成大量伤亡。安史乱起，他怒斥残杀人民的安史叛军将领都是戴着冠缨的豺狼（《古风》"西上莲花山"），并责问："白骨成丘山，苍生竟何罪？"（《经乱离后天恩流放夜郎忆旧游书怀赠江夏韦太守良宰》）他的一部分乐府诗，注意反映妇女的生活极其痛苦，着重写了思妇、商妇、弃妇、宫女的怨情。他的《宿五松山下荀媪家》《丁都护歌》《秋浦歌》等，分别描绘了农民、船夫、矿工的生活，表现了对劳动人民的关怀。

五、描绘祖国大好河山。李白自称："一生好入名山游"②，写下不少描绘自然风景的诗篇。他喜欢、歌颂高山大川。在他笔下，咆哮万里的黄

---

① 见《将进酒》。
② 《庐山谣寄卢侍御虚舟》。

李白的诗，"文采奇异，气势磅礴，有脱俗之气"

河，白波如山的长江，"百步九折萦岩峦"的蜀道，"回崖沓嶂凌苍苍"的庐山，无不形象雄伟，气势磅礴。他的"蜀道之难，难于上青天"（《蜀道难》），"君不见黄河之水天上来，奔流到海不复回"（《将进酒》）、"飞流直下三千尺，疑是银河落九天"（《望庐山瀑布》）等，都是传颂千古的名句。这类诗篇，表现了他的豪情壮志和开阔胸襟，从侧面反映了他追求不平凡事物的渴望。另有一些写景小诗，刻画幽静的景色，清新隽永。

此外，李白还有不少歌唱爱情和友谊的诗篇，有的写得真挚动人，令人喜读。

从创作方法来说，李白诗歌的最大特色是浪漫主义。李白继承并发展屈原和庄子的浪漫主义传统，创造了典型的浪漫主义诗风，把积极浪漫主义推进到一个新的高度。其诗歌的主要艺术特征，是善于运用夸张的手法、生动的比喻、丰富的想象、自由解放的体裁和朴素优美的语言来表现他热情奔放的思想感情。

李白诗歌大量采用夸张手法和生动的比喻。他的"抽刀断水水更流，举杯消愁愁更愁："（《宣州谢朓楼饯别校书叔云》），"白发三千丈，缘愁似个长"（《秋浦歌》其十五），刻画他长安政治活动失败后深刻的忧思；"吟诗作赋北窗里，万言不值一杯水"（《答王十二寒夜独酌有怀》），写自己的怀才不遇；"欲渡黄河冰塞川，将登太行雪满山"（《行路难》），写仕途艰难；"桃花潭水深千尺，不及汪伦送我情"（《赠汪伦》），写朋友间的深情厚谊等，都以鲜明生动的形象打动读者。

李白的想象是很丰富惊人的。他的"狂风吹我心，西挂咸阳树"（《金乡送韦八之西京》），"我寄愁心与明月，随君直到夜郎西"（《闻王昌龄左迁龙标遥有此寄》），都以奇特的想象表现了对长安诗友的怀念。《梁甫吟》、《古风》"西上莲花山"分别通过幻想方式表现自己在长安受到谗毁和安史叛军对中原地区的蹂躏；《远别离》更通过迷离惝恍的传说来表现对唐玄宗后期政治的隐忧，它们都显得形象鲜明，寓意深刻。《蜀道难》《梦游天姥吟留别》则借助神话传说，构造出色彩缤纷、惊心动魄的境界。

在体裁方面，李白擅长形式比较自由的古诗和绝句，不爱写格律严整的格律诗。《古风》59首是他五言古诗的代表作。他的五绝、七绝也有杰出的成就，创作了不少脍炙人口的佳作。他的五绝和王维的五绝，他的七绝和王昌龄的七绝，被后人誉为唐人绝句的典范。

李白反对"雕虫丧天真"（《古风》之三十五）的诗风，主张"清水出芙蓉，天然去雕饰"。其诗语言直率自然，音节和谐流畅，浑然天成，不假雕饰，散发着民歌的气息。

李白的《菩萨蛮》和《忆秦娥》两首词被认为是文人词中最早的作品。宋黄昇《花庵词选》推崇这两首词为"百代词曲之祖"。

李白的诗歌在思想和艺术上取得的杰出成就，使他成为我国文学史上一位伟大的浪漫主义诗人。"李杜文章在，光焰万丈长。"自从唐代韩愈在《调张籍》诗中给予高度赞扬之后，千百年来，他和杜甫的诗歌一向被人们看作古典诗歌的最高典范。历代重要诗人，特别是唐代的韩愈、李贺，宋代的苏轼、陆游、辛弃疾，明代的高启，以及清代的黄景仁、龚自珍，近人郭沫若等，都不同程度地受过李白的影响从他的诗歌中吸取丰富的营养。

毛泽东非常喜读李白的诗，据不完全统计，毛泽东引用、化用、手书、圈阅的诗词有 80 余首①。1942 年的一天，毛泽东在延安约见何其芳、严文井、周立波等交换文艺工作的意见时，有人问他是喜欢李白，还是杜甫？毛泽东回答说："我喜欢李白。但李白有道士气"。他还赞扬李白的诗"文采奇异，气势磅礴，有脱俗之气"。这是毛泽东对李白其人其诗的总看法、总评价。这个评价，可谓褒中有贬，以褒为主。它生动地道出了毛泽东喜好李白诗的原因。

"诗言志"。李白洒脱豪放的艺术气质及其背后传达出的追求个性解放、反抗世俗规范的人生价值观，是毛泽东喜爱李白的主要原因。毛泽东说李白有道士气。李白早年就相信当时流行的道教，喜欢求仙访道，隐居山林，因此他的思想受道家思想影响很大。道家思想对他的影响，好的一面是使他充满笑傲王侯、讽刺权贵、超世拔俗、不满现实、指斥人生的浓

---

① 见毕桂发主编：《毛泽东评阅古代诗词曲赋全编》，目录第 6—7 页，中国工人出版社 1997 年版。

李白的诗，『文采奇异，气势磅礴，有脱俗之气』

烈感情与精神状态；消极的一面，是使他有人生若梦、及时行乐、纵酒狂欢的消极虚无主义思想和求仙访道、炼丹服药的宗教迷信活动。清人龚自珍说："庄屈不二，不可以并，并之以为心，自白始。"（《最录李白集》）李白的诗歌艺术，融合了道家的洒脱飘逸与屈骚的奇逸瑰丽，超越有限的现实人生，以无穷无尽的宇宙自然为人生精神的栖息地，向传统的儒家社会理想发起了坚决的挑战，表现出一种脱俗之气，因而赢得了毛泽东的好评。

毛泽东对李白的代表作都很欣赏，给予颇高的评价。在北京中南海毛泽东故居菊香书屋里，有一份李白《梁甫吟》的手抄本。它是用一寸大小楷体的毛笔字，抄录在16开毛边纸上的，共7页。右上角，有毛泽东用铅笔画着读过两遍的圈记。了解情况的人说：这是毛泽东晚年，由于眼疾视力减退，为了读这首诗，特意让人用大字抄写的。在一本20世纪70年代出版的大字本《唐诗别裁集》收入的这首诗里，他在"君不见高阳酒徒起草中"，"指挥楚汉如旋蓬"两句旁，用红铅笔画着直线，在函套上也画着读过两遍的大圈。《梁甫吟》大量引用历史故事、神话传说中有为之士遭受的挫折，比拟自己的怀才不遇，控诉奸臣当道的黑暗政治，气势磅礴，色彩缤纷，极富浪漫主义特色。毛泽东喜爱这首诗，早在20世纪60年代，他就曾在5页红格信纸上，凭记忆手书这首诗。毛泽东晚年对李白这首政治上失意后的悲愤之作，从思想和艺术性方面有着更深刻的理解，表露出特殊的倾心。

《将进酒》一诗，是李白于天宝十一年（752）在嵩山友人元丹丘处所写。诗人自长安放还以后，天涯漂泊，南北漫游，年过半百，功业无成，精神上十分痛苦。因此，诗人在这首诗中，以豪迈的笔力，傲岸不羁的情怀，狂歌高唱，抒发内心的抑郁和苦闷，表现了一种忧患意识。诗人将这一忧患意识表述为"万古愁"，即古往今来无人能回避的永恒的悲剧：宇宙的无限与个体生命的有涯。毛泽东在一本《注释唐诗三百首》中读到这首诗时，批曰："好诗。"毛泽东之所以称这首诗为好诗，主要在于这首诗气势豪迈，感情奔放，艺术性很高。诗中"天生我材必有用"是李白对自我的绝对相信。对李白那些强烈追求个性解放，不畏权贵，不崇拜偶像的诗，毛泽东都十分欣赏。如《庐山谣寄卢侍御虚舟》中"我本楚狂人，凤歌笑孔丘"对封建社会的"圣人"孔夫子，诗人敢于直呼其名。《梦游天姥吟留别》中"安能摧眉折腰事权贵，使我不得开心颜"，表现了诗人蔑视权贵的一身傲骨。《宣州谢朓楼饯别校书叔云》中的"弃我去者，昨日之日不可留。乱我心者，今日之日多烦忧。长风万里送秋雁，对此可以酣高楼"，"抽刀断水水更流，举杯消愁愁更愁"，反映诗人怀才不遇，极端沉重的心情。这些精彩字句，毛泽东都在旁边画了着重线。好几本诗集中，这些诗的标题前都画着两个、三个圈；有的书中，正文上方连画三个小圈。

《蜀道难》是李白的代表作之一，毛泽东认为"此篇有些意思"。唐孟棨《本事诗·高逸第三》说："李白……至京师，舍于逆旅。贺监知章闻其名，首访之。既奇其姿，复请所为文。出《蜀道难》以示之。读未竟，称叹者数四，号为谪仙，解金龟（一种饰物）换酒，与倾尽醉。期不间日，由是称誉光赫。"

《蜀道难》这首名篇，过去由于它的写作年代不能确定，所以对诗的意义有过种种解释，其中影响较大的说法是元代萧士赟（yūn 晕）的说法。萧氏在《分类补注李太白集》中说："尝以全篇诗意与唐史参考之，盖太白初闻禄山乱华，天子幸蜀时作也。……太白深知幸蜀之非计，欲言则不在其位，不言则爱君忧国之情不能自已，故作诗以达意也。"这个说法得到后来不少人的肯定，但实际并不可信。因为这首诗已编入唐殷璠的《河岳英灵集》，而此书成书于天宝十二载（753）。这就是说，早在安史之乱（天宝十四载）爆发的前两年，这首诗已在社会上流传。根据《本事诗》的记载，和这首诗同时写作、内容基本相同的还有《剑阁赋》《送友人入蜀》。《剑阁赋》题下作者自注："送友人王炎入蜀"。所以，很可能这三篇作品都是李白送王炎入蜀之作，写作的目的是劝导友人不要久留蜀地，不一定有特定的政治含义①。初版于1363年，由朱东润主编的《中国历代文学作品选》中编第一册，在该诗前面的"题解"中说："唐时，蜀中商业

---

① 参见詹锳《李白蜀道难本事说》，载《李白诗论丛》。

经济极为发达，入蜀的人们乐不思返，而没有意识到这一地区形势险要，自古为封建割据之地，随时有发生变乱的可能。诗中强调'所守或匪亲，化为狼与豺'就是指此而言的。"其实诗中写到剑阁形势的险要，容易造成割据叛乱的祸患，说："剑阁峥嵘而崔嵬，一夫当关，万夫莫开。所守或匪亲，化为狼与豺"则早在李白之前，已有许多人说过类似的话。如西晋左思《蜀都赋》说："一夫守隘，万夫莫向。"西晋张载《剑阁铭》说："一人荷戟，万夫趑趄。形胜之地，匪亲勿居。"还有"自为蜀咏"，"即事成篇，别无寓意"说，等等。毛泽东不同意这些内容分析，1975年，他与芦荻谈话时，指出"不要管那些聚讼纷纭"，"这首诗主要是艺术性很高"。毛泽东不主张从思想内容上任意拔高这首诗，而看重它高超的艺术性，这是很有见地的。在这首诗中，作者描绘了由秦入蜀途中奇险雄伟的山川，一开头就以"噫吁兮，危乎高哉！蜀道之难，难于上青天！"这种充满嗟叹的情调抓住读者的心灵。五丁力士的传说，给全诗抹上了一层神话色彩。中间以"黄鹤之飞尚不得过，猿猱欲度愁攀援"，"扪参历井仰胁息，以手抚膺坐长叹"等，竭力形容入蜀途中山川的高危险峻，再衬以"悲鸟号古木"，"子规啼夜月，愁空山"的凄厉氛围，以及诗人的反复嗟叹"蜀道之难，难于上青天"，把蜀道的高危险峻写得惊心动魄。诗人的一些突出的艺术手法，如夸张的手法，丰富的想象，以及雄健奔放的语言风格，在这首诗里得到了充分的表现。这首诗的出现，表明李白诗歌的艺术技巧已达到纯熟的地步，他所特有的风格已经形成，从而奠定了李白在中国诗歌史上的不朽地位。

毛泽东热爱李白的诗，并把它作为鼓舞、振奋精神的思想武器。1935年1月遵义会议后，在贵州土城，毛泽东送朱德总司令上前线打仗，引用《赠汪伦》中"桃花潭水深千尺"的诗句，并说"不及你我手足情嘛"，鼓舞斗志。20世纪50年代在中南海怀仁堂，毛泽东见到作家杜鹏程时，得知他正在宝成铁路工地体验生活，和他谈起了《蜀道难》，鼓励他深入生活，写出好作品。1959年毛泽东的长媳（毛岸英妻子）刘松林（刘思齐）生了一场大病，8月6日，正在庐山开会的毛泽东在百忙中给她写信，信中引用李白《庐山谣寄卢侍御虚舟》诗中"登高壮观天地间，大江茫茫去不还。黄云万里动风色，白波九道流雪山"四句诗，希望"可以起到消愁解闷的作用"，鼓舞她战胜疾疾，振作精神。1961 年 9 月 16 日，毛泽东又书写这四句诗，赠给庐山党委的同志。1970 年 8 月 31 日，面对九届二中全会期间陈伯达搜集整理"称天才"的语录所造成的混乱局面，毛泽东在《我的一点建议》中援引李白的"杞国无事忧天倾"的诗句，教育全党全国人民正确看待形势，同陈伯达反党集团进行斗争。此外，毛泽东还用李白《远别离》诗中"尧幽囚，舜野死"的诗句批注《三国志集解·魏书·文帝纪》[①]，意谓曹丕说的禅让，同于篡夺。

当然，毛泽东对李白其人其诗也有一些微词。李白有"申管晏之谈，谋帝王之术，奋其智能，愿为辅弼，使寰区大定，四海清一"的志向，故他在《古风》第三首前六句中赞美秦始皇统一中国的功业。但结尾二句又说秦始皇还是死了。毛泽东不满李白对秦始皇的评价，进而批评："你李白呢？尽想做官！结果充军贵州。"接着又批评他在《梁甫吟》中以高阳酒徒郦食其（yì jī 异基）自喻，但郦下场不妙，言外之意，何况你李白并没有郦食其那样的本领！在这段富有情趣的调侃议论中，毛泽东不无挑剔地指出李白在自己诗歌中抒发的傲视一切的勃勃雄心，与他在现实生活中想当官而不得的尴尬处境之间的深刻矛盾。这是毛泽东的独特发现。

此外，毛泽东还圈阅李白不少诗词，在一本《注释唐诗三百首》中，李白的七言古诗《庐山谣寄卢侍御虚舟》《梦游天姥吟留别》《宣州谢朓楼饯别校书叔云》三首诗和《渡荆门送别》《送友人》《听蜀僧濬弹琴》《夜泊牛诸怀古》等题头上方毛泽东各画了一个大圈，在正文上方天头空白处各画了三个圈，在七言绝句《送孟浩然之广陵》《下江陵》二首题头上方各画了三个小圈，在正文上方各画了一个大圈，在《清平调》词三首词牌上方毛泽东画了一个大圈，每首正文上方各画了一个小圈，在五言古诗《月下独酌》题头上方毛泽东画了一个大圈，在五言绝句《夜思》的正文上方毛泽东画了一个圈，在七言古诗《行路难》诗题头上方空白处毛泽

① 见《毛泽东读文史古籍批语集》，第 140 页，中央文献出版社 1993 年版。

李白的诗，"文采奇异，气势磅礴，有脱俗之气"

东连画了三个圈。（以下各诗圈点情况均见中央档案馆整理：《毛泽东评点诗词曲精选》上册，中央档案出版社 1998 年版）

毛泽东还手书过《古风第十五首（秦王扫六合四句）》《望鹦鹉洲怀祢衡（魏帝营八极四句）》《庐山谣寄卢侍御虚舟》《梦游天姥吟留别》《下江陵》《送孟浩然之广陵》（二幅）《赠汪伦》（二幅）《宣州谢朓楼饯别校书叔云》（三幅）《将进酒》（三幅）《送储邕之武昌》（前四句）《登金陵凤凰台》《越中怀古》《夜泊牛渚怀古》《黄鹤楼闻笛》（两幅）《忆秦娥》《清平调三首》（两幅）等诗词。（以上诗词均见中央档案馆整理：《毛泽东手书选集·古诗词》上册，第 112—176 页，北京出版社 1996 年版）他还手书过《梁甫吟》。（见中央档案馆编：《毛泽东手书古诗词选》，第 34—38 页，文物出版社，中央档案出版社 1984 年版）

杜甫『是中国古代最伟大的人民诗人』

【传略】

杜甫（712—770），字子美，原籍襄阳（今湖北襄阳）。曾祖父杜依艺为河南巩县令，举家迁居巩县（今河南巩义）。杜甫生在巩县东二里的瑶湾。他是我国历史上伟大的现实主义诗人，与年岁略长于他的李白并称"李、杜"。由于他在长安时一度住在城南少陵附近，自称少陵野老，在成都时被荐为节度使参谋、检校工部员外郎，后世又称他为杜少陵、杜工部。

杜甫的13世祖杜预，是西晋名将，封当阳侯。子孙相传，有任太守的，有做刺史的，也有当县令的，到杜甫的祖父杜审言，又以写诗出名，武则天时为膳部员外郎。父亲杜闲，为兖州司马，终于奉天（今陕西乾县）县令。杜预又是《春秋左氏经传集解》的作者，所以尊奉儒学，也是杜氏的家风。"奉儒守官，未坠素业"（《进雕赋表》）、"诗是吾家事"（《宗武生日》），杜甫就生长在"奉儒守官"并有文字传统的家庭中。

杜甫降生的这一年，唐玄宗李隆基即位。此后，唐王朝进入全盛时期。社会安定，经济繁荣，诗、画、书法、舞蹈、音乐等文化艺术也非常发达。尽管杜甫的生母去世早，本人又"少小多病"，但良好的社会条件，促使他从小就很好学。"七龄思即壮，开口咏凤凰。九龄书大字，有作成一囊"（《壮游》）。十四五岁的杜甫，便在文坛上崭露头角，被人誉为班固、扬雄一类的人物，与一些年长的文学艺术家有了来往。"饮酣视八极，俗物都茫茫"（《壮游》），这时的杜甫，是颇为自负的。他的生活从20岁开始可分为四个时期。

一、漫游时期。从唐玄宗李隆基开元十九年（731）至天宝四年（745）。杜甫进行两次长期的漫游。第一次是在江南一带。唐玄宗开元十九年（731），杜甫20岁，为了开阔视野、增长见识，他离开书斋，到吴、越一带漫游。这时，"九州道路无豺虎，远行不劳吉日出"（《忆昔》）。他在三四年时间里，到过金陵、苏州、杭州、山阴、钱塘江、镜湖、剡溪、天姥山等地。这一带，是古代吴越争雄之地，秦始皇巡幸的足迹，以及谢灵运、谢朓以下许多诗人歌咏过的名山秀水，像一部生动的历史教科书，又像是一幅宏丽的山水画，启迪着这位年轻的诗人，开阔他的胸怀，增长他的艺术鉴赏力。唐玄宗李隆基开元二十三年（735），杜甫从天姥山回到洛阳参加进士考试。这一年总共只录取了 27 人，杜甫落第了。但他并不在乎，"忤下考功第，独辞京尹堂"（《壮游》）。次年，开始他的第二次漫游，目标是齐、赵（今山东、河北南部）。当时他父亲正在任兖州司马，所以还兼有省亲的目的。唐玄宗李隆基开元二十九年（741），杜甫从山东回到家乡，在首阳山下修建了"陆浑庄"几间窑洞作为住所，大概就在这个时候与司农少卿杨怡的女儿结婚。首阳山下有杜预和杜审言的坟，闲居时不免使他想到祖先的功业。于是，写了《祭远祖当阳君文》，颂扬杜预的武功和智慧，借以激励自己。他常往来于洛阳。唐玄宗天宝三年（744），大诗人李白被"赐金放还"，途经洛阳，杜甫会见了他，并与他结下深厚的友谊。这两位大诗人的会面，成为中国文学史上的佳话。不久，二人又同游梁（今河南开封），又与高适相遇。他们意气相投，同游梁园，一起登高怀古、赋诗论文、议论时事，有时，也打猎或寻仙访道。后高适南游楚地，李、杜二人则到齐州（今山东济南），杜甫在这里会见当时的文豪和书法家李邕。唐玄宗李隆基天宝五年（746）秋，杜甫在兖州城东的石门辞别李白，转身向长安进发。此后二人再没有会面。这以前是他读书和壮游的时期，是杜甫成为一个伟大诗人的准备阶段。在这个时期，他写作了数百首诗（今存者不到 30 首），其中如《望岳》《画鹰》《房兵曹胡马》等，已开始显示出这位伟大诗人的才华、自负和他早年的雄放诗风。

二、长安时期。唐玄宗李隆基从天宝五年（746）至天宝十四年（755），杜甫在长安居住 10 年，他的生活、思想和创作发生巨大变化。

天宝五年，杜甫 35 岁。他从兖州来到长安，目的是为谋求官职，以便实现"致君尧舜上，再使风俗淳"的政治思想。这年除夕，他已住在长安客舍里。天宝六年（747），玄宗下诏："有一艺，诣毂下。"（有一技之长的都去应试）杜甫满怀希望参加了这一次考试。但是，"口蜜腹剑"的李林甫害怕人们趁考试的机会批评当时朝政，唯恐真正的贤才上来危及他的地位。于是精心策划，造成无一人及第的局面，反而上表称贺说："野无遗贤"。这是黑暗的封建制度给杜甫的第一个沉重打击。大约在同时，他父亲在奉天任上去世，中断了经济来源，使他陷入非常贫困的境地："朝扣富儿门，暮随肥马尘。残杯与冷炙，到处潜悲辛！"（《奉赠韦左丞丈二十二韵》）为寻找政治上的出路，甚至为了日常生活，他违心地向达官们投递诗篇，以求引进。他有时甚至发出"有儒愁饿死"的哀号，希望得到他们的同情和援引。但是，他的希望完全落空了，生活却更加艰难困苦。天宝十年（751）正月，玄宗接连举行祀玄元皇帝（李耳）、祀太庙、祀天地三大盛典，杜甫趁机进献"三大礼赋"，虽然"词感帝王尊"，命宰相考试他的文章，等待任用，又没有下文。天宝十三年，他又献《封西岳赋》和《雕赋》，并投赠韦见素等。直到天宝十四年（755）十月，才被任为河西尉。这是一个"拜迎长官""鞭挞黎庶"，一般人都不乐意担任的职务。杜甫拒绝了这一任命，改就右卫率府胄曹参军，任务是看守兵甲器仗，管理门禁钥匙，官阶正八品下。困守长安10年，杜甫得到的却是这么一个小官。

但是，也许正是这种仕途的蹭蹬、理想的破灭和生活、地位的穷困屈辱，使杜甫看到了统治阶级的荒淫腐朽、政治的黑暗和人民的痛苦，他的思想深沉起来，思想感情逐渐接近人民群众。他的诗的思想性和艺术性都升华到一个空前的高度。这个时期，他存诗一百来首，相当部分是200字以上的长篇，正表明诗人生活的丰富和艺术的驾驭能力。其中，天宝十年的《兵车行》，十二年的《丽人行》，都是至今传诵的名作，显示了诗人现实主义的创作风格，标志着他创作道路上的一个新的起点。《自京赴奉先县咏怀五百字》，在杜甫的创作上尤其具有划时代的意义。天宝十四年冬十一月，诗人刚就任右卫率府胄曹参军，离京到奉先县探视家小。他通过对途中的经历、感想和到家的情况的叙述，总结了困守长安10年的生活，深刻地反映了当时尖锐的阶级对立和政治危机，并预示着一场社会大动乱即将到来。

三、任职左拾遗及流亡时期。从肃宗李亨至德元年（756）至乾元二年（759）。天宝十四年十一月中旬，"安史之乱"爆发，人民更加陷入灾难的深渊。唐肃宗李亨至德元年（756）六月，潼关失守，玄宗仓皇逃往四川，肃宗在灵武（今宁夏灵武西南）即位。人们携老扶幼，四处逃亡。杜甫也卷入逃难的人流。七月，他携家流亡到鄜州（今陕西富县），把家安置在羌村后，即只身去灵武投奔肃宗。中途被叛军所俘，解到长安。他亲眼看到叛军的烧杀淫掠，亲身感受到动乱给人民带来的苦难。时代锻炼了伟大的诗人，也使他的现实主义的诗歌创作得到迅速的发展。他身处危难，心忧家国，写下了《春望》《月夜》《哀江头》《悲陈陶》、《悲青坂》等优秀诗篇。至德二年（757）四月间，杜甫冒着生命危险，逃到了当时朝廷所在地的凤翔。五月十六日，拜为左拾遗——官虽只是"从八品上"，却据说是可以直接向皇帝提出不同意见的人物。但是，就在这一个月，为上疏营救房琯，得罪肃宗，诏三司审问杜甫。由于宰相张镐和御史大夫韦陟的营救，才得免受处分。闰八月，因为肃宗不喜欢杜甫在他身旁，特优诏他回鄜州探视家小。自然，诗人心里是有许多感慨的，于是，结合途中艰险经历，写下长达700字的五言古诗《北征》。他是一个谏官，写诗也似乎是在写奏议，忧国忧民之情，横溢于字里行间。九月，长安克复。十一月，杜甫携家至长安。此后半年间，他认真履行谏官的职责，也与贾至、王维、岑参、严武等诗人唱和往还。肃宗乾元元年（758）六月，因为贺兰进明的谗言，房琯被贬为邠州刺史。杜甫大概也被视为同党，贬为华州司功参军，负责该地的祭祀、学校、贡举、考课等文教事务。这给诗人热切的仕进心理，又浇了一瓢冷水。他怀着一种被遗弃的屈辱心情来到华州（今陕西华县），正值酷热的七月。他大约有四个月，无法维持生计。听说同谷（今甘肃成县）好住，又到同谷县，谁知情形更糟。十二月一日，他启程入蜀，在荒山寒峡间经过千辛万苦的跋涉，年底到达成都。从至德元年（756）杜甫45岁到这时（48岁）止，四年时间，诗人饱尝了逃难、陷贼、贬逐与弃官流徙的苦难生活，存诗240余首，佳作每每可见。他把现实主义的诗歌创作发展到了最高峰。由秦入蜀的纪行之作，如《铁堂峡》《乾元中寓居同谷县作歌七首》《剑门》等。

四、漂泊西南时期。从肃宗上元元年（760）至代宗大历五年（770），杜甫在蜀中8年，在荆、湘3年。

肃宗李亨上元元年（760）杜甫49岁，开始他晚年漂泊西南的生活。这年春，他依靠他的表弟王十五的帮助，在成都西郊浣花溪畔建了一所草堂，连年饱经战乱、播迁的诗人总算得到个暂时安身的地方。他认真地养鸡养鸭养鹅，也认真地种药种菜种树。当然，他更认真地写诗，《蜀相》《茅屋为秋风所破歌》等，都是他这时候的传诵之作。此外，他还写一些动人的别致的田园诗，花鸟草木虫鱼也常常出现在他的笔下："杨柳枝枝弱，枇杷对对香"（《田舍》）；"细雨鱼儿出，微风燕子斜"（《水槛遣心》之一），这些都可看出诗人对事物的细心观察，也可见这一时期诗作的某些闲适情调。同时，杜甫还开展文艺批评，《戏为六绝句》开创以诗论诗的先河。上元二年十二月，杜甫的好朋友严武任成都尹，给浣花溪畔的草堂增添了许多欢乐。严武也曾写诗劝杜甫出来做官，但是他没有答应。代宗宝应元年（762）七月，严武奉命入朝。杜甫送他到绵州，临别赠诗："公若登台辅，临危莫爱身。"（《奉送严公入朝十韵》）说明他这时仍然关心着国家的前途和人民的利益。

严武一走，原成都少尹徐知道叛乱，杜甫不能回成都，流亡到梓州（今四川三台）。代宗广德元年（763）春，杜甫在梓州听到史朝义缢死，安、史乱平的消息，写下著名的《闻官军收河南河北》，这是杜甫平生第一首快诗。可是，由于吐蕃的威胁以及经济上的原因，他终于只是空做了"即从巴峡穿巫峡，便下襄阳向洛阳"的"回乡"梦。广德二年春，他正携家至阆州，准备乘舟东下，严武又被任命为成都尹兼剑南节度使。"殊方又喜故人来"，杜甫立即中止离蜀东下的行程，三月，他一家又回到成都浣花溪畔。六月，严武荐他为节度使署中的参谋、检校工部员外郎，赐绯鱼袋（后人因称"杜工部"）。但是，他实在不愿过这种呆板的幕府生活。代宗永泰元年（765）正月，他终于辞去这一职务。同月，高适死在长安。他是杜甫的老朋友，几年来先后在彭州、蜀州、成都一带任职，给过杜甫很多帮助。噩耗传来，不能不令人悲伤："独步诗名在，只令故旧伤"（《闻高常侍亡》）。四月，严武又暴卒，对杜甫更是莫大的打击，从此他便失去依托。五月，他率家室离开草堂，放舟东下，临行时写了《去蜀》一诗。

杜甫一家从成都出发，经过嘉州（乐山）、戎州（宜宾）、渝州（重庆）、忠州（忠县）、云安（云阳），永泰二年（765）四月，到达夔州（今重庆奉节），在这里一直住到代宗大历三年（768）正月。虽然，他这时已是多种疾病缠身，但更加发奋写作。夔地的山川，夔人的生活，都是诗人的好题材。他写下许多描绘当地山川景物和人民生活的诗篇。他还写了长篇自传诗《壮游》，从七岁学诗一直写到眼前的留滞巴蜀；此外如《昔游》

《遣怀》《往在》等，都是诗人留下的关于他早年生活的宝贵材料。杜甫这时作诗的态度也与壮年时期有所不同，"晚节渐于诗律细"（《遣闷戏呈路十九曹长》），"颇学阴（铿）何（逊）苦用心"（《解闷十二首》）。他晚年的代表作如《秋兴八首》，诗人面对秋景，反复抒发他身遭离乱、客居他乡的凄清哀怨之情，是杜甫近体诗的优秀篇章。此外，《咏怀古迹五首》《登高》《观公孙大娘弟子舞剑器行》《又呈吴郎》《同元使君春陵行》等，也是杜甫在夔州时的佳作。

唐代宗李豫大历三年（768）三月，杜甫一家到了荆州。他大概本想回老家，但刚好遇上商州兵马使刘洽叛乱，道途阻塞。晚秋时节，他南移公安县。不久，公安也发生变乱。这年冬，他经洞庭湖到岳阳，写《岁晏行》诗，每四句叙说人民的一种痛苦，最后两句总结："万国城头吹画角，此曲哀怨何时终？"这也是杜甫晚年的重要作品。又有《登岳阳楼》诗："亲朋无一字，老病有孤舟。"他的处境极端困难。他从岳阳继续向南漂泊，大历四年（769）夏末，杜甫常常在潭州（长沙）的渔市上设药摊，靠出卖药物以维持生活，并曾结识过颇有点游侠习气的诗人苏涣。大历五年"落花时节"，开元、天宝时代的著名音乐家李龟年也流亡到潭州，杜甫写下他最后一首七言绝句《江南逢李龟年》。这年四月，湖南兵马使臧玠在潭州作乱。杜甫一家乘船到衡州，计划去投奔郴州录事参军、舅父崔伟。船抵耒阳县境，遇大水，泊方田驿，五天没有吃的。县令聂某送来一些酒肉，幸免于饿死。既水阻不能南下，便"回棹"北归。大历五年（770）冬天，在湘江中飘荡着的一条小船上，杜甫去世了。"战血流依旧，军声动至今"（《风疾舟中伏枕书怀三十六韵奉呈湖南亲友》），这就是诗人对他那个时代最后的描写。

杜甫的儿子宗武，流落在湖、湘一带一直到死。杜甫逝世后，家人暂厝（cuò，错）灵柩于岳州。43年后，即唐宪宗李纯元和八年（813），其孙杜嗣业始从岳州启其灵榇归到偃师祔葬于首阳山下先人杜审言之墓侧。

杜甫在《旧唐书》《新唐书》均有传。其作品有《杜工部集》，后世注本多达百种以上，清仇兆鳌《杜少陵集详注》、浦起龙《读杜心解》，流传较广。

【毛泽东评说】

我喜欢李白，但李白有道士气。杜甫是站在小地主的立场。

> ——摘自 1957 年 1 月 14 日毛泽东和臧克家、袁水拍等人的谈
> 话，转引自何其芳《毛泽东之歌》，见《时代的报告》1978 年
> 第 2 期。

他（毛泽东）对苏联汉学家费德林介绍杜甫时说过："他是中国古代最伟大的人民诗人。他的作品是中国后代人艺术欣赏的不朽文献。杜甫的诗，代表中国人民天才的独特风格，也是给全人类留下的优秀文学遗产。"

> ——张贻玖：《毛泽东和诗》，第 34 页，中央文献出版社 1998 年版。

又诗要用形象思维，不能如散文那样直说，所以比、兴两法是不能不用的。赋也可以用，如杜甫之《北征》，可谓"敷陈其事而直言之也"，然其中亦有比、兴。

> ——摘自毛泽东 1965 年 7 月 21 日致陈毅信，《毛泽东诗词集》，
> 第 266 页，中央文献出版社 1996 年版。

光搞现实主义一面也不好，杜甫、白居易哭哭啼啼，我不愿看。李白、李贺、李商隐，搞点幻想。

> ——摘自 1958 年 1 月 16 日毛泽东在南宁会议上的讲话，转引
> 自董学文等《毛泽东的文艺美学活动》，第 177 页，高等教育
> 出版社 1995 年版。

杜甫《观公孙大娘弟子舞剑器行并序》云："吴人张旭，善草书书帖，数常于邺县见公孙大娘舞西河剑器，自此草书长进，豪荡感激……不是至理名言吗？"

> ——摘自 1938 年毛泽东在延安与舒群、朱光的谈话，见毕桂发
> 主编《毛泽东批阅古典诗词曲赋全编》，第 462—463 页，中国
> 工人出版社 1997 年版。

（《赠卫八处士》）全诗以口语写心中之事，毫无雕琢之工。

> ——转引自江东然编《博览群书的毛泽东》，第 196 页，吉林
> 人民出版社 1993 年版。

……杜甫说，"王杨卢骆当时体，……不废江河万古流"，是说得对的。为文尚骈，但是唐初王勃等人独创的新骈、活骈，同六朝的旧骈、死骈，相差十万八千里。他是七世纪的人物，千余年来，多数文人都是拥护初唐四杰的，反对的只有少数。……

> ——毛泽东：《读〈初唐四杰集·王勃秋日楚州郝司户宅饯崔使君序〉批语》，《毛泽东读文史古籍批语集》，第 10 页，中央文献出版社 1993 年版。

【作者述评】

杜甫是唐代伟大的现实主义诗人，是我国唐以前诗歌的集大成者，同时又是革新者，他所取得的重大成就，对以后的诗歌创作有着极为深远的影响。因此，杜甫被誉为"诗圣"，他的诗被称为"诗史"，毛泽东则称之为"政治诗"。在马克思主义者看来，政治就是阶级对阶级的斗争。在阶级社会里，一些阶级胜利了，一些阶级消灭了，这就是历史，这就是几千年来的文明史。所以，从这个意义上来讲，过去称杜甫的诗为"诗史"（唐朝孟棨《本事诗·高逸》第三），即以诗反映了历史，和毛泽东说的"政治诗"，其基本含义是一致的。杜甫的诗有较强的现实性，涉及玄宗、肃宗、代宗三朝有关政治、经济、军事以及人民生活的重大问题，对唐朝的政治、社会有较广泛和较深刻的反映。前人曾说："以时事入诗，自杜少陵始。"（胡震亨《唐音癸签》）此语虽未必尽当，但反映时事的诗，确以杜甫写得最多最好，不愧为一个时代的歌手。"忆昔开元全盛日，小邑犹藏万家室。稻米流脂粟米白，公私仓廪俱丰实"。（《忆昔》二首之二）这是诗人对开元盛世的写照。在诗人的作品中，一贯地表现着对政治的深刻关怀，还在安史之乱前夕，当诗人看到以唐玄宗为首的统治集团日益走向腐化时，就为国家的命运担忧了："回首叫虞舜，苍梧云正愁。惜哉瑶池饮，日晏昆仑丘。"（《同诸公登慈恩寺塔》）像这类感时忧国的诗篇，在诗人的作品中占了很大比重。这在中国古代诗人中是非常突出的。

因此，杜甫是我国文学史上最伟大的政治诗人。关心时事，关心国家大计，在诗人说来是一种不可阻止的、自觉的要求。天宝后期以来，杜甫写了大量的时事政治诗，不管是陈述政见，如《洗兵马》，在梓州写的《有感》；或是揭发统治者的荒淫残暴，如《丽人行》《忆昔二首》之一、在云安写的《三绝句》；或是寓言讽兴，如《凤凰台》《病桔》《枯棕》；或是对穷苦人民的同情关怀，如《茅屋为秋风所破歌》《又呈吴郎》，都是个人的情感与事实相结合的。还有不少长篇，有的记载国家十几年来的大事，如《夔府书怀》《往在》；有的叙述地方变乱，如《草堂》《入衡州》；有的回忆往事，如《壮游》《遣怀》，都是慨世而又有浓厚的抒情成分。特别是安史之乱中，诗在杜甫手里，简直成了干预时事、指责国政乃至评论军事策略的手段。如在《塞芦子》中，他为芦子关的疏于防守深感焦虑，指出它在军事上的利害得失；在《悲青坂》中，他殷切地希望唐军不要仓卒出战，要等待时机举行反攻；在《留花门》中，他对当时借兵回纥造成后患，感到不安；在《警急》《郡事》中，他对唐肃宗的屈辱的和亲政策进行嘲讽。战乱给人民带来的灾难和痛苦，在著名的组诗"三吏""三别"中得到了生动的表现。他个人国破家亡的离乱之苦，也反映在《自京赴奉先县咏怀五百字》和《北征》两首长诗中。在这两首杰作中，有抒情，有议论，有纪行，有说理，有对于自然的观察，有对社会矛盾的揭露，有内心的冲突，有政治的指责和主张，有个人的遭遇和家庭的不幸，有国家与人民的灾难和对于未来的希望。这样的诗是诗人生活的内心的自述，也是时代和社会的写真，个人命运和国家人民的命运息息相关。这就是作为时代歌手的杜甫的伟大之处。特别可贵的是，诗人在作品中，不止一次地揭露出封建社会尖锐的阶级对立。在《岁晏行》中，他这样写道："高马达官厌酒肉，此辈（指人民）抒抽茅茨空"，在《自京赴奉先县咏怀五百字》中又写道："彤庭所分帛，本自寒女出；鞭挞其夫家，聚敛贡城阙。"诗人又更进一步地把阶级对立的本质现象，用鲜明而凝练的语言凸显在人们的面前："朱门酒肉臭，路有冻死骨。"杜甫当然没有阶级观念，但他的杰作却揭示了阶级矛盾的本质规律，这便是现实主义的一个伟大胜利吧！

杜甫写过许多歌咏自然的诗。但他歌颂的对象，往往是既联系自己，又联系时事。如困居长安时期写的《春望》，入蜀时写的《剑门》，是最有代表性的。

杜甫也写一些歌咏绘画、音乐、建筑、舞蹈、用具和农业生产的诗，同样贯注作者的感情，具有时代的氛围，可以看作有声有色的文化史。如《韦讽录事宅观曹将军画马图》《丹青引赠曹将军霸》《观公孙大娘弟子舞剑器行并序》《江南逢李龟年》等都是名篇。

杜甫还写过一些怀念亲属、朋友的诗，大都缠绵悱恻，一往情深。怀念妻子的有陷贼时写的《月夜》，怀念弟弟有在秦州写的《月夜忆舍弟》，怀念朋友的，以怀念李白的最多，有十多首。

当然，杜甫也写一些时代气氛不浓，个人感情也比较淡泊的诗，这主要是流寓成都草堂时期写的一部分诗。这些诗描绘花草树木、鸟兽虫鱼，经过细心的观察，具有深刻的体会，基于对微小生物的爱好，表现了杜甫为人的另一面。他"幽居近物情"（《屏迹》），喜看"细雨鱼儿出，微风燕子斜"（《水槛遣心》），感到"花柳更无私"（《后游》）。

杜甫的诗具有高度的艺术性，是内容与形式高度统一的典范。从创作方法上来看，杜甫的最大成就和特色，是现实主义。杜甫有他独特的丰富的生活经验，他的诗多取材于人民生活，和社会现实密切结合，为了真实地形象地反映现实生活，他需要采用现实主义的创作方法。杜甫诗的现实主义特色，主要表现在以下几点：

第一，善于对现实生活作典型的艺术概括。在杜甫的许多著名的叙事诗中，他很善于选择和概括有典型意义的人物，通过个别，反映一般。比如《兵车行》中那个"行人"的谈话，便说出了千万个征夫戍卒的相同或相似的遭遇。"朱门酒肉臭，路有冻死骨"，概括了社会现实中的尖锐的矛盾。

第二，寓主观于客观。也就是将自己的主观意识、思想感情融在客观的具体描写中，而不明白说出。例如《石壕吏》一诗，除了"吏呼一何怒"二句微微透露了他的爱憎之外，便都是对客观事物的描写。《丽人行》中对杨国忠兄妹的荒淫，只是从他们的服饰、饮馔和行动上作具体的刻画，不显加谴责，而讽意自见。

第三，对话的运用和人物语言个性化。为了把人物写得生动，杜甫常常运用对话或人物独白，并做到了人物语言个性化。如《新婚别》中写的是一位新娘子的独白。新婚竟成生离死别，痛不欲生，但一想到自己还是刚过门的新娘子，所以态度不免矜持，语带羞涩，备极吞吐，这是完全符合人物的特定身份和精神面貌的。

第四，采用俗语。采用俗语，能增加诗的真实性和亲切感，有助于突出人物性格和语言个性化。如《兵车行》中"爷娘妻子走相送"，"牵衣顿足拦道哭"，《新婚别》中"生女有所归，鸡狗亦得将"，都是生动的例子。

第五，细节描写。杜甫善于捕捉富有表现力的、能够显示事物本质和人物精神面貌的细节。如《石壕吏》用"夜久语声绝，如闻泣幽咽"这一细节暗示老妇竟被拉走的惨剧，《丽人行》用"犀箸厌饫久未下"这一小动作来刻画那班贵妇人的娇气，都是很好的例证。

杜诗的风格，多种多样。但最具特征性、为杜甫所称道且为历来所公认的风格，是"沉郁顿挫"。时代环境的急遽变化，个人生活的穷愁困苦，思想感情的博大深厚，以及表现手法的沉着蕴藉，是形成"沉郁"的主要因素。"顿挫"则表现在他常根据诗的内容和情绪，采用与之相适应的韵律，"正中有变，大而能化"，更大地发挥出诗的表现力和感染力。

此外，杜诗的体裁也是多种多样，无体不善。

由于杜甫诗在思想和艺术方面的卓越成就，使他攀上了现实主义的顶峰，成为伟大的现实主义大师。他的诗对后代产生了重大的影响。在唐代，白居易、元稹的新乐府运动，是杜甫的"即事名篇，无复依傍"的新题乐府的继承与发展。李商隐近体诗中讽喻时事的名篇，深得杜诗的精髓。宋代著名诗人如王安石、苏轼、黄庭坚、陆游等，对杜甫都推崇备至，他们的诗都从不同方面继承了杜诗的传统。宋末民族英雄文天祥被元人俘虏，囚居狱中，用杜甫五言诗句集诗200首，在《集杜甫·自序》中说："凡吾意欲所言者，子美先代言之。"可见杜诗中爱国爱人民的精神感召着千百年来的广大读者。

刘勰说："知多偏好，人莫圆该。"（《文心雕龙·知音》）意谓人的爱好多有所偏，不能全面看待问题。如同常人一样，毛泽东对诗人及其作品也有个人的偏爱，对其评价则是客观公正的。

毛泽东曾表示过对杜诗"不甚喜爱"。1942年4月，在延安约见何其芳、严文井等作家时，他说："杜甫站在小地主的立场。"1957年1月在同袁水拍、臧克家等谈话时，毛泽东毫不掩饰地说："杜甫的诗有好的，大多数并不怎么样。"1958年3月7日，毛泽东游览杜甫草堂时，望着陈列在橱内的诗集说："是政治诗！"表示自己对杜甫的诗"不甚喜爱"。可见他对杜诗评价不高。但这并不表示他对杜甫不重视。事实上，他对杜甫的诗是常读常用的。

据不完全统计，毛泽东圈阅、手书、引用、化用过的杜诗有近80首之多[1]，圈画三四遍的有《梦李白二首》《咏怀古迹五首》《蜀相》《闻官军收河南河北》《登高》《登楼》《阁夜》《春望》《佳人》等。在一本《注释唐诗三百首》中，有些诗标题前，都画着大圈，正文上方天头空白处还画有三个小圈，有的标题上方画着三个小圈，正文上方天头空白处画着三个小圈，圈阅的诗就有：《月下独酌》《望岳》《佳人》《梦李白二首》《韦讽录事宅观曹将军画马图》《丹青引赠曹将军霸》《观公孙大娘弟子舞剑器行并序》《兵车行》《丽人行》《哀江头》《哀王孙》《春望》、月夜忆舍弟》《天末怀李白》《别房太尉》《旅夜书怀》《登岳阳楼》《蜀相》《野望》《闻官军收河南河北》《登高》《登楼》《宿府》《阁夜》《咏怀古迹五首》之二、《八阵图》等诗[2]。毛泽东手书的杜诗有：《曲江二首》《春望》《蜀相》《水槛遣心》《登高》《秋兴八首》《江南逢李龟年》《登岳阳楼》《绝句》、《丹青引赠曹将军霸》《韦讽录事宅观曹将军画马图》等共18首的全诗或部分字句[3]。在1958年中共中央成都会议期间毛泽东编辑的《唐宋人写的有关四川的一些诗和词》中收入了杜甫如下诗作：《剑门》《蜀相》《水槛遣心二首》（选一首）、《赠花卿》《野望》《狂夫》《客至》《登楼》、《绝句四首》（选一首）、《咏怀古迹五首》《秋兴八首》《登高》《白

---

① 见毕桂发主编：《毛泽东批阅古典诗词曲赋全编》，目录第7—8页，中国工人出版社1997年版。

② 中央档案馆整理：《毛泽东评点诗词典精选》上，第6—9、33—38、66—70、77—80、104—107、121页，中央档案出版社1998年版。

③ 见《毛泽东手书选集·古诗词》上，第180—198页，北京出版社1996年版。

杜甫『是中国古代最伟大的人民诗人』

帝最高楼》《观公孙大娘弟子舞剑器行并序》①。1964 年，毛泽东南巡回京，专列暂停岳阳。毛泽东与湖南省委书记谈工作时，问及岳阳楼情况，忽生灵感，挥笔写下了《登岳阳楼》诗。诗后有"杜甫登岳阳楼诗一首"等字。毛泽东手书制作的雕屏现在挂在岳阳楼的三楼上。

我们不厌其烦地援引这些材料，目的是说明毛泽东虽"不甚喜爱"杜诗，但还是十分重视的。他还经常引用杜甫的好诗，用以解决工作中的问题。在 1965 年写给陈毅的信中，谈到诗歌创作要用形象思维，所以赋、比、兴手法不能不用，他说："杜甫之《北征》，可谓'敷陈其事而直言之也'，然其中亦有比、兴。"《北征》写于安史之乱时，杜甫从唐肃宗所在地凤翔，到鄜州探亲时的见闻及感受。全诗以赋的手法写成，"敷陈其事"地叙述了旅途所见的战争的创伤、家人的惨境及诗人忧国忧民的情怀，但在形容旅途中见到的"山果""或红如丹砂"，"或黑如点漆"，即用比喻；"阴风西北来，惨淡随回纥"，用即兴的手法。所以毛泽东说："其中亦有比、兴。"1964 年他还将《北征》推荐给侄孙女王海容"读熟"。

毛泽东对杜甫的《前出塞》非常熟悉。1964 年 12 月 20 日，在中共中央政治局扩大会议上，他曾引用杜甫的"挽弓当挽强，用箭当用长。射人先射马，擒贼先擒王"，来说明社会主义教育运动就是要搞大的贪污腐败分子。根据吴旭君回忆，60 年代末，毛泽东曾借此诗来表达他的外交策略。当时美国总统换届，毛泽东预测尼克松可能当选，并说准备请他到北京来。接下来的谈话中，毛泽东引用了《前出塞》中"射人先射马，擒贼先擒王"两句，说这是一种辩证法的战术。要打开中美关系僵局，就选择决策人中真正的对手。可见这是对这首诗的政治化运用。

周世钊日记记载，1971 年"9·13 事件"之后，毛泽东改过明人李攀龙的一首七绝："豫章西望彩云间，九派长江九叠山。高卧不须窥石镜，秋风怒在侍臣颜。"有人曾问周世钊，"侍臣"指的是谁？周世钊说，毛主席把这两个字改成了"叛徒"。这自然是指林彪。周世钊还说，毛主席在

---

① 见刘开扬注释：《诗词若干首》（唐宋明朝诗人咏四川），第 20—73 页，四川人民出版社 1979 年版。

吟咏这首诗时，还戏改了《咏怀古迹五首》之三中"生长明妃尚有村"，"明妃"二字改为"林彪"。由此该诗的前四句则为："群山万壑赴荆门，生长林彪尚有村。一去紫台连朔漠，独留青冢向黄昏。"变成了对林彪的嘲讽之诗。

杜甫的《戏为六绝句》之一，毛泽东很爱读，并多次运用解决工作中的实际问题。1956年4月5日，在中共中央讨论即将在《人民日报》上发表的《关于无产阶级专政的历史经验》时，毛泽东给大家念了一首诗；"王杨卢骆当时体，轻薄为文哂未休。尔曹身与名俱灭，不废江河万古流。"用以批判当时赫鲁晓夫对斯大林的全面否定。毛泽东还在《读〈初唐四杰集·王勃楚州郝司户宅饯崔使君序〉批语》中引用了这首绝句，认为杜甫"是说得对的"，高度评价初唐四杰在文学史的地位和作用。

杜甫的《赠卫八处士》，是杜甫于乾元二年（759）春由洛阳返华州途中所作。诗中描写了诗人和知交卫八处士在春夜久别重逢，畅饮话别的生动形象和感人情谊，抒发了人生无常、世事无常的感叹。这首诗，毛泽东晚年，护士孟锦云曾给他读过数次，他曾评价说"全诗以口语写心中之事，毫无雕琢之工"。另外，诗中展露的质朴无华与深情而苍老的境界恐怕与毛泽东晚年的心境与思绪有某种对应。这可能是毛泽东喜欢此诗的又一原因。

毛泽东还对杜甫《观公孙大娘弟子舞剑器行》序文中所说"吴人张旭，善草书书帖，数常于邺县见公孙大娘舞西河剑器，自此草书长进，浩荡感激"表示欣赏，认为是"至理名言"。杜甫认为舞蹈艺术与书法艺术是相通的，毛泽东表示认同。

此外，毛泽东在自己的诗词中，多次化用杜甫诗句，留有受杜诗影响的痕迹。如［沁园春］《长沙》"恰同学少年"，出自杜甫《秋兴八首》之三："同学少年皆不贱，五陵衣马正轻肥。"［蝶恋花］《从汀州向长沙》中的"国际悲歌歌一曲，狂飙为我从天落"，出自杜甫《乾元中寓居同谷县作歌七首》之一："呜呼一歌兮歌已哀，狂飙为我从天来。"《七律·和柳亚子先生》中"落花时节读华章"，出自杜甫《江南逢李龟年》："正是江南好风景，落花时节又逢君。"等。

毛泽东虽不喜爱杜诗，但他对杜甫的评价是客观公正的。毛泽东在向苏联汉学家费德林介绍杜甫称："他是中国古代最伟大的人民诗人"，他的作品是"给全人类留下的优秀文学遗产"。这个评价是公允的、科学的。

对韩愈『一分为二为宜』

【传略】

韩愈（768—824），字退之，河内河阳（今河南孟州）人，唐代文学家、哲学家。他每自称"昌黎韩愈"，他的弟子李翱给他作《行状》，也说他是"昌黎人"。这大概是因为昌黎韩氏是当时的望族，而唐人重门第，所以南阳韩氏也就自附于昌黎，故世称韩昌黎。晚年任吏部侍郎，又称韩吏部。谥号"文"，又称韩文公。

韩愈一生经历，大致分为四个阶段：

第一阶段，24 岁（792）以前。

韩愈的父亲韩仲卿，以文章著名，曾得《曹子建集》，分为 10 卷，而为之序。他自潞州铜鞮（今山西沁县）县尉，安史乱时调任武昌县令。他是一个能干贤明的官吏，在地方上很有政绩，当他调任鄱阳（今江西鄱阳）县令时，武昌当地父老为他"刻石颂德"。他死于代宗李豫大历五年（770），最后的官职是秘书郎，管理宫廷的图书。

韩仲卿有三个儿子：长子韩会，次子韩介，韩愈最小。韩愈 3 岁就成了孤儿，由长兄韩会抚养。李豫大历十二年（777），韩愈 10 岁时，韩会受到政治斗争的牵累，远贬韶州（今广东韶关西）。两年多之后，韩会病故，幸得长嫂郑夫人带领孤儿，跋山涉水，护送灵柩，回归故乡。唐德宗李适建中二年（781），因中原地区骚乱，韩愈又避居宣城（今安徽宣城）。家中的不幸，时世的变乱，磨砺了韩愈的心志，鞭策他刻苦用功。韩愈 7 岁就好学，每天能记诵数千百言；长大以后，精通六经百家之学。当时独孤及、梁肃等提倡古文，韩愈与他的门人交游，"锐意钻研，欲自振于一代"（《旧唐书·韩愈传》），很为梁肃所知赏。到了参加科举考试，他向公卿大臣投献文章，离职的宰相郑余庆为他延揽声誉，因此在当时非常著名。

第二阶段，25 岁至 35 岁（793—803）。

德宗李适贞元八年（792），正直贤明的礼部侍郎陆贽主持进士考试，梁肃、王础协助，韩愈在这年擢进士第，就是由于梁肃或梁、王二人的推荐（见韩愈《与祠部陆员外书》）。但韩愈此后三次参加博学宏词科考试，都未被录取，因而久未得官。这期间，他曾三次上书宰相赵憬、贾耽和卢迈，希望援引，也没有得到答复。直至贞元十二年（796），韩愈才被宣武节度使董晋署为观察推官，即观察使的军事参谋，同时掌管幕府的书记事务。但韩愈在大梁（今河南开封）的幕府生活并不愉快。贞元十五年董晋死，韩愈往徐州投靠宁武节度使张建封，被任为节度判官。韩愈说话诚恳坦率，无所畏避，品德行为坚毅端正，不懂世俗逢迎。第二年，他离徐州赴长安等候调选，至贞元十八年（802），才被朝廷任命为四门博士。次年，升任监察御史。这时，刘禹锡也任监察御史，柳宗元任监察御史里行，韩愈同他们交往颇密。这一阶段的重要诗文有：《原道》《原性》《答李翊书》《师说》《送李愿归盘谷序》《送孟东野序》《山石》等。

第三阶段，36岁至49岁（804—817）。

德宗晚年，宰臣权轻，政令出于多种渠道，各行其是，机要政务并不专为宰相控制。当时，德宗于宫内设立市肆，由宦官主持。宦官到市上任意以贱价索取财物，对人民群众形成剥削骚扰，负责对君主进行规劝的官员进行规劝而不被采纳。韩愈任监察御史，于是便上数千言的奏章彻底论述宫市弊端，德宗非但不听，反而十分恼火，便下诏把韩愈贬为连州阳山（今广东阳山）县令。

韩愈贬到阳山后的第三年（贞元二十一年）春，唐德宗死，顺宗李诵即位（永贞元年，公元805年），韩愈被调到离京城较近的江陵府做法曹参军。当年冬，顺宗因支持王叔文、柳宗元、刘禹锡等所倡导的政治革新，为宦官、藩镇和一些朝官所反对，被迫退位，由太子李纯（宪宗）继皇帝位。韩愈对这一政局的变化是高兴的，他的政治地位也逐渐有所改善。唐宪宗李纯元和元年（806），他被召回朝廷，任权知国子博士，后改真博士，升都官员外郎、判祠部，均分司东都（洛阳）。元和五年（810），他任河南令。由于有显著的政绩，次年他又被提升为职方员外郎，召回长安。但以论事不实，元和七年（812）他又被降为国子博士。这时，韩愈已经四十多岁了，自以为才高而官不显，又一再被黜，于是仿东方朔《答客难》、扬雄《解嘲》，作《进学解》，以抒发心中抑郁。他这篇文章传出后，引起宰相武元衡、李吉甫、李绛等的同情。他们认为韩愈有史才，就任命他为比部郎中，兼史馆修撰。第二年，转任考功郎中、知制诰，仍兼修撰。他的《顺宗实录》即作于这一时期。这一阶段的重要诗文有：《张中丞传后叙》《毛颖传》《送穷文》《进学解》《八月十五夜赠张功曹》《谒衡岳庙遂宿岳寺题门楼》《南山诗》《秋怀诗》《陆浑山火和皇甫提用其韵》《石鼓歌》等。

第四阶段，50岁至57岁病故（817—824）。

唐宪宗李纯元和十二年（817）八月，唐宪宗决定发动讨伐淮西叛镇吴元济的战争。淮西本是当时一个势孤力弱的藩镇，并不难蕲除。正如韩愈所说，吴元济以"三小州残敝困剧之余，而当天下之全力，其破败可立而待也"（《论淮西事宜状》），然而腐败的唐朝廷却弥漫着妥协的气氛，以宰相李逢吉、韦贯之为首都反对用兵。赞成讨伐的朝臣中有宰相武元衡和御史中丞裴度等人，而裴度主战尤力。韩愈也是坚决的主战派，曾于朝议纷纭，主和派气焰嚣张的时候上书宪宗，分条陈述用兵的利害关系，并指出关键在于宪宗的"断与不断"（同上引），以坚定宪宗的决心。元和十年（815），战争正式开始，与吴元济勾结的淄青节度使李师道为了打击主战派，使人于这年六月一个早晨趁武元衡、裴度上朝之际，当街刺死武元衡，刺伤裴度。幸好宪宗这次还比较坚决，随即任命裴度为宰相，主持战事，才使讨伐得以继续下去。但和战的斗争仍很尖锐。大概是因为主战的缘故，韩愈在元和十一年被提升为中书舍人。这是一种可以预闻机要的职务，对主和派不利，于是他们就借口韩愈与一个品行"凡鄙"的人交接，对韩愈进行攻击，并将他降职为太子右庶子。元和十二年（817），裴度因前线指挥不力，自请前往督师。宪宗批准了裴度的请求。韩愈被委任为行军司马，随裴度出征。他先期驰赴前线，劝说都统韩弘协力，又曾建议乘虚袭击蔡州。唐王朝这次平叛战争终于取得胜利，裴度和李愬的功劳居多，韩愈作为裴度的一名助手也起了一定作用。淮西战争胜利后，韩愈被提升为刑部侍郎，并奉命撰写《平淮西碑》。他这篇文章虽然因为过分推崇裴度的功绩，贬低了李愬的贡献，对韩弘也表扬不当，因而引起了一些人的非议。李愬的妻子出入皇宫，因诉说碑辞不实，宪宗下令磨去韩愈撰写的碑文，令翰林学士段文昌重新撰写碑文刻石立碑。

淮西之役，对于被藩镇叛乱所困扰的唐王朝来说，本是一个良好的转机，它使朝廷在处理藩镇割据问题上一度处于主动地位，并继续取得一些小的胜利。但宪宗却因此骄傲起来，朝政日益腐败，生活更加淫靡，迷信活动也更加频繁。元和十四年（819），宪宗遣使者往凤翔法门寺迎佛骨入禁中（皇宫内院），韩愈上疏劝谏，其中说到东汉以来一些帝王奉佛，寿命不长；有的帝王奉佛，国家大乱。宪宗看了大怒，韩愈几乎被杀，赖裴度、崔群解救，才得贬谪到潮州（今广东潮州）做刺史。韩愈到达潮州任上，开始办理公事，访问官吏和百姓疾苦，都说："城市积水潭中有鳄鱼，繁衍生息，长数丈，快把老百姓的牲畜吃光了，所以老百姓很贫穷。"过了几天，韩愈亲自前去察看，令判官秦济炮制了一头小猪和一只羊，投入潭内，韩愈作《祭鳄鱼文》诅咒说："……今与鳄鱼约：尽三日，其率丑类南徙于海，以避天子之命吏；三日不能，至五日；五日不能，至七日；七日不能，是终不肯徙也。……不徙以避之，与冥顽不灵而为民无害者，皆可杀。刺史则选材伎壮夫，操劲弓毒矢，以与鳄鱼从事（较量）。咒之夕，有暴风雪起于湫中。数日，湫水尽涸，徙于旧湫西六十里。自是潮人无鳄患。"韩愈的这种举动虽然近于迷信，但他关心民众疾苦的精神是可贵的。

不久逢大赦，韩愈改任袁州（今江西宜春）。韩愈到袁州，也做了一件对人民有利的事。袁州有这样的风俗：穷人家由于天灾、负债，把儿女押给富人做奴隶，过期不赎，便被终身没人为奴。韩愈查明此事，了解到他们"鞭挞役使，至死乃休"的惨状，把已没的七百多奴隶，赎还各家父母。从此禁绝袁州押卖儿女的风俗。韩愈从潮州启程前往袁州途中，还接到刘禹锡派专人送来的信，信上说柳宗元在十月五日去世。原来刘禹锡把亡友柳宗元的文集和身后的传文，都托付给了韩愈。到袁州后，韩愈接连写了三篇文章来表达对亡友的怀念：他用祭文来赞美柳宗元的文才，悼惜他的遭遇；用《柳子厚墓志铭》来记叙他的品德和才能；又写了《柳州罗池庙碑铭》来叙述他的政绩和人民对他的怀念。

元和十五年（820），宪宗死，穆宗继位，韩愈第四次被任命为国子祭酒。国子监祭酒，这是相当于国立大学校长的职位。当时的国立大学仅此一座，所以祭酒的地位是相当高的。

此后韩愈的政治地位日渐上升，不久升任兵部侍郎（兵部副长官，掌兵马甲械）。这时恰巧镇州（今河北正定）杀死中央政府派去的节度使田弘正，回纥人王廷凑自称留后（代理长官）。穆宗遣使讨伐他，不能取胜，便赦免王廷凑的罪过，任命他为成德军节度使，派韩愈到镇州宣布这项任命。韩愈到达镇州后，集合军民，明白告诉他们背叛或归顺的后果，辞情恳切，军民信服，王廷凑畏敬韩愈，立即答应解除深州之围。这次出使，韩愈在充满敌意的骄兵悍将面前，在森严的兵甲环绕之中，镇静应对，以理服人。苏东坡称赞他"勇夺三军之帅"（《潮州韩文公庙碑》），指的就是这件事。

不久，韩愈改任吏部侍郎，升任京兆尹（京都地方长官），兼御史大夫，主弹劾。因为他不定期参见御史中丞，被御史中丞李绅弹劾。韩愈不服，说是奉皇帝的旨意才不举行台参之礼。李绅、韩愈二人性格都狭隘倔强，官私文书往来抗辩，纷然不止，朝廷乃命李绅出京任浙西观察使，韩愈也被罢掉京兆尹之职，仍任兵部侍郎。到李绅面辞皇上赴浙西上任时，流着眼泪诉说，德宗怜悯他，于是收回成命，任命李绅为兵部侍郎，韩愈又被任命为吏部侍郎，掌百官进退。

穆宗李恒长庆四年（824）夏天，57 岁的韩愈被突发的病痛摧毁了健康。他告病假，住在他在长安城南的别墅里养病。亲密的朋友和学生张籍、贾岛陪伴着他。乡村的安静生活，使他度过了一个愉快的夏天。进入冬季后，他的病状恶化起来，由乡间迁入城内。这年十二月初二日，也就是公元 825 年 1 月 25 日，韩愈病逝，享年 57 岁，赠礼部侍郎，谥曰"文"。

有文集 40 卷，李汉为作序，韩愈的儿子韩昶，也登进士及第。

【毛泽东评说】

又诗要用形象思维，不能如散文那样直说，所以比、兴两法是不能不用的。赋也可以用，如杜甫之《北征》，可谓"敷陈其事而直言之也"，然其中亦有比、兴。"比者，以彼物比此物也"，"兴者，先言他物以引起所咏之词也"。韩愈以文为诗，有些人说他完全不知诗，则未免太过，如《山石》《衡岳》《八月十五酬张功曹》之类，还是可以的。据此可以知为诗之不易。……

——毛泽东：《致陈毅》（1965 年 7 月 21 日），《毛泽东书信选集》，第 608 页，人民出版社 1983 年版。

唐朝的韩愈写过《伯夷颂》，颂的是一个对自己国家的人民不负责任、开小差逃跑，又反对武王领导的当时的人民解放战争、颇有些"民主个人主义"思想的伯夷，那是颂错了。我们应当写闻一多颂，写朱自清颂，他们表现了我们民族的英雄气概。

——毛泽东：《别了，司徒雷登》，《毛泽东选集》，第四卷，第 1495—1496 页，人民出版社 1991 年版。

韩愈的文章还可以，但是缺乏思想性。那篇东西（按：指《论佛骨表》）价值并不高，那些话大多是前人说过的，他只是从破除迷信来批评佛教而没有从生产力方面来分析佛教的坏处。《原道》也是如此。但是韩愈的文章有点奇。唐朝人也说"学奇于韩愈，学涩于樊宗师。"韩愈的古文对后世很有影响，写文学史不可轻视他。

——刘大杰：《不平常的会见》，《毛泽东在上海》，第 143 页，中共党史出版社 1993 年版。

韩愈的《师说》是有真知灼见的。"生乎吾前，其在道也，固先乎吾，吾从而师之；生乎吾后，其闻道也，亦先乎吾，吾从而师之。"一路上你们给我介绍了很好的情况，真是"亦先乎吾，吾从而师之"，谢谢你们！

——韩世福：《毛主席到马列学院作报告》，《难忘的回忆——怀念毛泽东同志》，第 149 页，中国青年出版社 1985 年版。

孔夫子提倡"再思"，韩愈也说"行成于思"，那是古代的事情。现在的事情，问题很复杂，有些事情甚至想三四回还不够。

——毛泽东：《反对党八股》，《毛泽东选集》，第三卷，第 844 页，人民出版社 1991 年版。

"头痛医头，脚疼医脚"，所谓补苴罅漏的办法，结局将使大局溃败。

——毛泽东：读西洛可夫等著《辩证法唯物论教程》批注，《毛泽东哲学批注集》，第 106 页，中央文献出版社 1988 年版。

就劳动者言，自古贤者多，不肖者少。

——毛泽东：《读〈古文辞类纂·韩愈与崔群书〉批语》，《毛泽东读文史古籍批语集》，第 109 页，中央文献出版社 1993 年版。

对韩愈「一分为二为宜」

韩愈《论佛骨表》祖此。

——毛泽东：《读〈新唐书·姚崇传〉批语》，《毛泽东读文史古籍批语集》，第 239 页，中央文献出版社 1993 年版。

韩愈是提倡古文的，其实他那个古文是新古文，道理是没有什么的，只要文章是新的。人家说好的，他说坏，人家说坏的，他说好。

——毛泽东：《同文艺界代表的谈话》（1957 年 3 月 8 日），《毛泽东文集》第七卷，第 256 页，人民出版社 1999 年版。

韩愈有一篇文章叫《送穷文》，我们也要写"送穷文"。中国要几十年才能将穷鬼送走。

——毛泽东：《同民建和工商联负责人的谈话》（1956 年 12 月 7 日），《毛泽东文集》第七卷，第 171—172 页，人民出版社 1999 年版。

在中国，本来读书就叫攻书，读马克思主义就是攻马克思的道理，你要读通马克思的道理，就非攻不可，读不懂的东西要当仇人一样地攻它。……过去韩文公《祭鳄鱼文》里，有一段是说限它三天走去，三天不走，五天，七天再不走，那就不客气，一刀杀掉。我们要像韩文公祭鳄鱼一样，十天不通，二十天，三十天，九十天……，非把这东西搞通不止，这样下去，一定可以把看不懂的东西变成看得懂的。

——毛泽东：《在延安在职干部教育动员大会上的讲话》，《毛泽东文集》第二卷，第 181 页，人民出版社 1993 年版。

……古人讲过："不通古今，马牛而襟裾"，就是说，人不知道古今，等于牛马穿了衣裳一样。

——毛泽东：《在延安在职干部教育动员大会上的讲话》（1939 年 5 月 20 日），《毛泽东文集》第二卷，第 177 页，人民出版社 1993 年版。

我同意你对韩愈的意见，一分为二为宜。

——摘自毛泽东 1976 年 2 月 12 日致刘大杰信，《毛泽东文艺评论集》，第 338 页，中央文献出版社 2002 年版。

我不得不改变我的文风,去钻研韩愈的文章,学会了古文的措辞。……
今天如果需要的话,仍然能够写得出过得去的古文。

——摘自 1936 年在保安毛泽东接见美国记者埃德加·斯诺的谈
话,转引自陈晋主编《毛泽东读书笔记解析》,第 90 页,广东
人民出版社 1996 年版。

韩愈文集,为李汉编辑得全,欧阳修得之于随县,因以流传,厥功伟哉。

——毛泽东:《读〈新唐书·李汉传〉批语》,《毛泽东读文史古籍
批语集》,第 233 页,中央文献出版社 1993 年版。

《闵己赋》

昔颜氏之庶几兮,在隐约而平宽。

恶饮食乎陋巷兮,亦足以颐神而保年。

古之观人也,必于其小焉观之,其大者容有伪焉。人能碎千金之璧,
不能无失声于破釜;能搏猛虎,不能无变色于蜂虿,孰知箪食瓢饮之为哲
人大事乎。苏子瞻……

光谓韩子以三书抵宰相求官,《与于襄阳书》,求朝夕刍水仆赁之资,
又好悦人以志诏而受其金,其戚戚于贫贱如此,乌知颜子之所为乎?

司马君实……

司马苏氏之论当矣。虽然,退之常(尝)答李习之书曰:孔子称颜子
一箪食一瓢饮,人不堪其忧,回也不改其乐。彼人者,有圣者为之依归,
而又有箪食瓢饮足以不死,其不忧而乐也,岂不易哉。若仆,无所依归;
无箪食瓢饮,无所取资,则饿而死,不亦难乎。

楚囚,君子也。语出《春秋》。

——摘自毛泽东 1913 年研读《闵己赋》所做的笔记,《毛泽东
早期文稿·讲堂录》,第 612 页,湖南出版社 1990 年版。

【作者述评】

韩愈与同时代的古文家、思想家柳宗元齐名，并称"韩、柳"。柳宗元的思想比较进步一些，但是，韩愈在我国文化史上也有其独特的贡献。

韩愈在文学上的突出成就，是大力推进和领导了当时的古文运动。这一以复古为革新的文体改革运动，在唐玄宗时期就开始酝酿了。但韩愈、柳宗元以前的古文家，在理论上的建树和创作上的成绩，都还不能压倒骈四俪六的时文。韩愈则除了揭橥"文道统一"这一理论纲领外，还在散文的气势、语言、声调等方面提出了一套较完整的理论：第一，文道合一，以道为主。第二，古道载于古人之文，尊崇古道，就是提倡古文。"学古道则欲兼通其辞，通其辞者，本志乎古道者也。"（《题欧阳生哀辞后》）他提出"非三代两汉之书不敢观，非圣人之志不敢存"（《答李翊书》）的学习标准。第三，学古的用意是在继承传统的基础上创新。他坚持"惟陈言之务去"（《答李翊书》），"惟古于词必己出"（《南阳樊绍述墓志铭》）的写作原则。第四，提出"气盛言宜"说，强调作家要有高尚的道德修养。他认为"气盛，则言之短长与声之高下者皆宜"（《答李翊书》）。第五，提出"不平则鸣"说，强调作家要有深厚的生活基础。"大凡物不得其平则鸣"（《送孟东野序》），"和平之音淡薄，而愁思之声要妙；欢愉之辞难工，而穷苦之言易好"（《荆潭唱和集序》），继承了司马迁的"发愤著书"说，并对宋代欧阳修的"穷而后工"说发生重要影响。韩愈写的散文，虽在内容上较少新思想，但大气磅礴，纵横开阖，奇偶交错，巧妙设喻，或诡谲，或严正，艺术性是很高的。我们完全可以说，他是我国古代少数几位散文大师之一。特别是他敢于"收召后学""抗颜而为师"（柳宗元：《答韦中立论师道书》），而他的入门弟子如李翱、皇甫湜等又都有一定的成就，这对当时的古文运动起了重要的推动作用，对后世也有深远的影响。

韩愈还是一位诗人。他的诗奇特雄伟，光怪陆离，虽有过分散文化、议论化的缺点，对后代有不好的影响，但他的有些诗还是写得很生动形象的。毛泽东同志所称赏的《山石》《谒衡岳庙遂宿岳寺题门楼》《八月十五夜赠张功曹》，便是最好的例子。而且，他的诗一般都有骨力，有气派，在中唐的诗坛上别具一格，显示了作者在艺术上的独创性。从古代诗歌风格、流派的发展来看，是不容忽视的。

韩愈的思想，就整体来说，是保守的。他鼓吹孔孟的道统，鼓吹封建专制主义，又迷信天命、鬼神，其影响有消极的一面。但他的道统说，确是开了宋、明理学的先河。特别是他毕生用力反对佛教、批评道教，提倡积极用世，这对当时和后世都有好的影响。

与思想相联系，韩愈的政治观点也是比较保守的。他宣扬制度、政令"利于其旧"（《省试学生代斋郎议》），反对王叔文、柳宗元等的政治改革。但他反对卑视"胥商之族"的门第观念（《行难》），主张重视舆论（《子产不毁乡校颂》），积极鼓吹并参与反藩镇的斗争，都表现了一定的进步倾向，而且，他在任职期间，也替人民做过一些好事。

毛泽东对韩愈十分熟悉，从1913年在国文教师袁仲谦的督促下，"不得不改变我的文风，去钻研韩愈的文章，学会了古文的措辞，"直到今天（1936年），"仍然能够写出一篇过得去的古文"，到1976年写信给刘大杰，同意对韩愈"一分为二"，对韩愈始终是重视的。他既指出："唐朝韩愈文章还可以，但是缺乏思想性"，又说："韩愈的古文对后世很有影响，写文学史不可轻视他。"态度是客观公正的。

韩愈在思想上的总体特点是保守的。他打着复古的旗帜，主张恢复孔孟儒家思想的正统地位，反对盛、中唐逐渐兴起的佛、道二教，以整饬社会风气。毛泽东是持否定态度的。

对韩愈所倡导的古文运动，毛泽东十分赞成，尤其赞成他反对骈文、革新文体、文从字顺、务去陈言等方面的思路。他指出韩愈提倡的古文，是"新古文"。道理虽然没有什么新意，但"文章是新的"。但对韩愈搞形式革新是为了"载道""传道"及"通其辞者，本志乎古道者也"（《题欧阳生哀辞后》）的思想，毛泽东则持否定态度。

韩愈的诗歌，别具特色，向称大家。其最显著的特点是"以文为诗"。这是他提倡古文、反对骈文的主张在诗歌领域里的贯彻。主要表现为：

（1）把散文的篇章结构、句式、虚词等运用于诗歌创作，使诗的形式散文化。

（2）把大量的议论成分引进诗中，以议论为诗，有时甚至通篇是议论。

（3）用辞赋家铺张雕绘的手法为诗。这既加强了诗歌的表现能力，也扩大了诗歌领域，但有时削弱了诗的形象化，对后代的影响非常大。宋诗以才学为诗，以议论为诗，有时理胜于情，缺少唐诗的含蓄蕴藉的韵味，是深受韩诗影响的。这种"以文为诗"的特点，往往使韩愈的诗如散文那样直说，甚至成为押韵的散文。这种文风一直为历代诗评家所诟病。如《冷斋夜话》说："退之诗押韵之文耳，虽健美富赡，然终不是诗。"只有陈三立在《题程学恂〈韩诗臆说〉》中所说："不能病其以文为诗，而损偏胜独至之先价"，才是对韩诗的艺术成就的公允评价。

毛泽东对韩愈"以文为诗"很不欣赏。1959年4月5日，在中共八届七中全会上，毛泽东谈到做工作要留有余地时，指出"不要把话说尽了"，认为："统统讲完，像韩愈作诗"，并指明"特别是他的那首《南山诗》"。这首《南山诗》采用"敷陈其事而直言之"的赋的手法，铺写山势景物，列写四时变幻，连用带"或"字的诗句51个，叠字诗句14个，可以说是一种雕绘满眼的散文文字，显然削弱了诗歌的含蓄精练，比兴象征。但毛泽东也反对说韩愈完全不知诗的观点。他在1965年7月21日致陈毅信中强调写诗要用形象思维，赋、比、兴的方法，是不能不用的。他用以论证的例证便是韩愈的《山石》《谒衡岳庙遂宿山寺题门楼》《八月十五夜赠张功曹》等，认为"还是可以的"。以《山石》而言，它汲取散文中游记的写法，按照行程的顺序，叙写从"黄昏到寺""夜深静卧"到"天明独去"的所见、所闻和所感，是一篇诗体的游记。开头四句："山石荦确行径微，黄昏到寺蝙蝠飞。升堂坐阶新雨足，芭蕉叶大栀子肥。"未用比、兴，全系白描，语言平易，形象鲜明，颇为耐谈。

毛泽东对韩愈的一些代表作都很熟悉，有独到恰切的评价。他赞扬"韩愈的《师说》是有真知灼见的"，十分欣赏其中"圣人无常师"的观点。他借用《送穷文》，表达中国人民要求摆脱贫穷落后的意志和愿望。

他号召像《祭鳄鱼文》中韩愈限令鳄鱼迁徙一样去攻读马克思主义。他用《符读书城南》中"人不通古今，马牛而襟裾"，说明了解古今历史的重要意义。他批评《伯夷颂》"颂的是一个对自己国家的人民不负责任、开小差逃跑，又反对武王领导的当时的人民解放战争"，"那是颂错了"。

提倡我们"写闻一多颂，写朱自清颂"，因为"他们表现了我们民族的英雄气概"。对于《论佛骨表》，毛泽东指出韩愈只是"从破除迷信来批评佛教"，"那些大多是前人说过的"，并指出其出于《新唐书·姚崇传》，而"没有从生产力方面来分析佛教的坏处"，确是别具只眼。

毛泽东的文章议论纵横，气势磅礴，看来也颇有得自韩文之处。在毛泽东的文章里，不但常可遇到韩文的词句，就是句法和结构等，也往往看到韩愈的影响。例如《新民主主义论》中"不塞不流，不止不行"两句，就出自韩愈的《原道》。《反对党八股》中"语言无味，面目可憎"两句，而出自韩愈的《送穷文》，还从韩愈的《进学解》引了"行成于思"一语。韩愈的《送李愿归盘谷序》中的"足将进而趑趄，口将言而嗫嚅"，以之形容优柔寡断，摇摆不定，不敢前进，不敢直言，毛泽东在《对一封信的评论》一文中曾加以引用，批评有些干部不敢直言。

柳宗元是『文学家，也是唯物论者』

【传略】

柳宗元（773—819），字子厚，祖籍河东（今山西永济），唐代文学家、哲学家。世称柳河东，他自己有时也自称晋人，其实都不过是沿用他祖籍的习惯说法罢了。晚年贬为柳州刺史，又卒于柳州，又称柳柳州。他与韩愈同为唐代古文运动的倡导者，并称"韩柳"。他是杰出的散文家和诗人，也是一位朴素唯物主义思想家和地主阶级的政治改革家。

柳宗元生于唐代宗李豫大历八年，卒于唐宪宗李纯元和十四年，经历了代宗、德宗、顺宗、宪宗四朝。但他一生的主要活动，是在贞元、元和时期。这时，唐代社会经"安史之乱"10年兵革的摧残，为旧家所称道的所谓"唐代盛世"，已经完全衰落。战乱、灾荒、统治阶级的更加残酷的剥削与掠夺，使阶级矛盾显得异常尖锐。在统治阶级内部，藩镇割据、宦官专权，直接威胁着国家的统一，于是一些有识见的中小地主阶级政治家，企图进行政治改革。

柳宗元的一生经历大致有三个阶段。

第一阶段，青少年时期。

柳宗元出生在一个世代官僚地主家庭。在北朝时期，柳氏是著名的门阀士族，当时柳、薛、裴被并称为"河东三著姓"。柳宗元的七世族柳庆，官至后魏侍中。高伯祖柳奭唐太宗贞观中为中书舍人，唐高宗时进位中书令（宰相）。柳宗元的父亲柳镇，历任录事参军、长安主簿及殿中御史等官职。他为人刚正，富有学识，所交多"天下善士"。由于他屡次向专横强暴的军阀和陷害贤良的权贵抗之以理，因此，在德宗李适贞元五年（789），遭到宰相窦参等人迫害，一度被贬官为夔州司马。柳宗元的母亲卢氏，是一位"柔明勤俭"、严守封建规范，而又具有相当文化素养的妇女。有一次，柳镇在吴地为官，她带着孩子留在长安，家中缺少书籍，于是，她凭着记忆，给刚满4岁的柳宗元传授了十几篇深奥的辞赋。家庭的教养，父母的为人，对柳宗元的性格的形成以及他的学习造就，都具有一定影响。

12岁时，生于长安长于长安的柳宗元第一次远离家门，跟随调往南方担任团练使判官的父亲游历了湖南、湖北和江西一带，初步接触社会，会见不少知名人士，开阔了视野，扩大了知识面。13 岁那年（785），朔方节度使李怀光叛乱未遂，在河中（今山西永济西）被官军围困而死，有个姓崔的中丞，请他作过一篇向德宗道贺的奏表。可见，年少才茂、天资聪颖的柳宗元，这时已在中唐文坛上初露头角。但他早年为文，主要是为考进士作准备，故"以辞为工"，以"务采色，夸声音"为能（《答韦中立论师道书》）。又曾自称："始仆之志学也，甚自尊大，颇慕古之大有为者。"（《答贡士元公瑾论仕进书》）可见他是胸怀大志的。

第二阶段，在朝做官阶段。

贞元九年（793）二月，年仅 21 岁的柳宗元考取进士，并结识了同时及第的刘禹锡。二人志趣相投，结下非同寻常的友谊。这年五月，柳宗元的父亲因病去世。第 2 年，柳宗元专程到当时的军事要地邠州（今陕西彬州）去探望在军队任职的叔叔。在那里，他游历和考察了大约两年。"尝出入岐、周、邠、鄠间"，"窃好问老校退卒"（《段太尉逸事状》）。了解当地骄兵悍将怎样残害人民，正直之士是如何见义勇为的情形，为他后来的传记文《段太尉逸事状》积累了大量的素材。贞元十二年（796）正月，柳宗元的叔父又去世，于是他从邠州扶丧归长安。不久，柳宗元被吏部分配担任秘书省的校书郎，管理国家的经典图书。同年，他与兵部郎中弘农（今河南灵宝）人杨凭的女儿结婚。婚后他们相处了四年，杨氏因"孕而不育"离开人间。

贞元十四年（798），柳宗元考取博学宏词科，授集贤殿正字，从事校雠书籍、刊正文字的工作，从此他算步入了官场。以后，一度调任蓝田县尉，但不久又被朝廷召回，担任监察御史里行（见习御史），与韩愈同曹共事，并结识了政治改革家王叔文。年轻气盛的柳宗元，一踏上政治舞台，立即显示出他横溢的才华。韩愈在《柳子厚墓志铭》中指出："子厚少精敏，无不通达……能取进士第，崭然见头角……其后以博学宏词授集贤殿正字。俊杰廉悍，议论证据今古，出入经史百子，踔厉奋发，率常屈其座人，名声大振……"他那卓越的思想和才华，慷慨的意气，敏锐而深邃的目光，精辟独到的见解，以及他雄辩的天才，很快引起了人们的瞩目。前来求教的文人络绎不绝，一般朝臣贵要也竟请柳宗元代作状表。他经常

柳宗元是「文学家，也是唯物论者」

与吕温、刘禹锡等人意气风发、旁征博引地讨论政治和学术上的问题。他的批判唯心主义"天人感应论"、宣传朴素唯物主义哲学思想的论文《蜡说》《天说》，便是在这一时期写成的。

但是，这时柳宗元的主要精力还是放在政治活动上。唐王朝自"安史之乱"以后，从极盛的顶峰急剧衰落。到了中唐，"安史之乱"虽得以勉强平定，但是国势从此一蹶不振，社会经济遭到严重破坏，并出现了藩镇割据的局面。许多军阀各霸一方，抗拒朝廷，挑起内战；朝政大权也日益落入宦官手中，他们勾结地方军阀和官僚贵族，争权夺利，鱼肉人民，打击进步正直的官吏。柳宗元对这种现实极为不满，决心改变这一现状。他与改革派领袖王叔文，由于共同的出身地位，共同的政治主张，结下深厚的友谊，于是他参加了革新派集团。参加这个集团的还有刘禹锡、王伾等一些出身较低、学有专长、品质优秀的知识分子。

唐德宗李适贞元二十一年（805）正月，德宗死，顺宗（李诵）即位，以王叔文为首的政治集团，在顺宗支持下，开始实施一系列革新措施。他们惩办贪官暴吏，废止"宫市"和"五坊小儿"等直接掠夺人民的弊政，取消过去巧立名目的额外赋税，起用被奸臣陷害的老臣，拒绝了地方军阀扩张地盘的要求，并准备夺取宦官兵权。当这年五月王叔文等任命有名的老将范希朝为右神策统军，充左右神策、京西诸城镇行营兵马节度使，接着又任命他们的亲信韩泰为神策行营行军司马来接管中央禁军时，大宦官俱文珍"乃大怒曰：从其谋，吾属必死其手。"他们立刻紧急行动起来，"密令其使归告诸将曰：'无以兵属人。'"（《顺宗实录》卷五）后来范希朝和韩泰到奉天（今陕西乾县），诸将果然不听他们的调遣，接管禁军兵权的计划遭到失败。此后，革新派准备任用房启做荆南节度使，以抑制藩镇，也未得逞（《新唐书》卷130房启传》）。

以上这些革新的活动，都是王叔文、柳宗元等从贞元二十一年（805）二月执政，到同年八月初被罢官，这180多天内进行的。就内容看，虽不过是对当时封建政治中许多黑暗腐败的现象，作了某些个别的改革，目的在于维护李唐王朝的封建统治，但这些措施，打击了当时专横跋扈的宦官和藩镇割据势力，顺应历史的发展，对整个社会来说还是有益的。这一期间，柳宗元只是任礼部员外郎，官位不高，却与刘禹锡等主"谋议唱和"（韩愈:《顺宗实录》)，并"专百官章奏"（《与杨京兆凭书》)，成为革新派的中坚人物。

革新派的一系列措施，引起宦官和大官僚贵族的极大恐慌，遭到他们的疯狂反扑。当顺宗李诵刚做皇帝的第三个月，宦官俱文珍、薛盈珍等就以顺宗有病为借口，立他的儿子广陵郡王李淳（后改名李纯）为皇太子。六月，剑南节度使韦皋、荆南节度使裴均、河东节度使严绶，又相继给太子上表，攻击革新派"倾太宗盛业，危殿下家邦"（《资治通鉴》卷236唐纪》)，迫不及待地鼓动李纯夺取帝位。七月，宦官、豪族大官僚联合奏请太子"监国"。八月，做了六个多月皇帝的李诵被赶下皇位，让位给太子李纯（宪宗）。顺宗的下台，使革新派失去了唯一的支持者，政治迫害便接踵而来。

宪宗八月五日即位，六日，就贬王叔文为渝州（今重庆巴南区）司户，第二年被杀，王伾为开州（今重庆开州区）司马，到开州后不久病死。九月，柳宗元便被贬为邵州（今湖南邵阳）刺史，行未半路，十一月，又被加贬为永州（今湖南零陵）司马。其余参加王叔文集团的人，除了已在九月去世的陆质，因母死回家守丧的李景俭，以及出使吐蕃的吕温外，也都被贬为远州司马：刘禹锡贬朗州（今湖南常德）、韩泰贬虔州（今江西赣州）、韩晔贬饶州（今江西鄱阳），陈谏贬台州（今浙江临海），凌准贬连州（今广东连州），程异贬郴州（今湖南郴州），韦执谊贬崖州（今海南三亚崖州区）。因为这次被贬的除王叔文、王伾外，其余八人都同时被贬为司马，所以历史上称这一事件为"二王、八司马事件"。

第三阶段，贬谪远州时期。

永贞元年冬天，柳宗元带着年迈的母亲跋山涉水来到了湖南、广东、广西交界的永州。同去的还有同宗弟宗直、舅父的儿子卢遵。他们路经潭州（今湖南长沙）时，曾去探望在那里做官的岳父杨凭。当时，永州还十分荒凉偏僻，生活极为贫困。柳宗元一家来到后，连住房都无法找到，在和尚重巽的帮助下，才在龙兴寺住了下来。但是，统治阶级的迫害并未就此停止。宪宗改元大赦，但柳宗元等人"纵逢恩赦，不在量移之限"（《旧唐书》卷十四）。柳宗元更是他们迫害的主要对象。他们对他进行种种无中生有的人身攻击，往日的朋友也与他渐渐疏远。第二年五月，柳宗元的母亲在永州佛寺含恨去世。反动势力的无情迫害，永州的艰苦生活，精神上的长期悲愤和抑郁，致使柳宗元的身体急剧衰弱。然而，这种谪居生活，却使他获得了长安为官时期所不能获得的东西，这就是对于封建统治阶级反动本质的更清醒的认识，对下层人民的痛苦和感情更深刻的了解；使他有充足的时间对古今典籍作系统的研究，提高思想认识水平和艺术修养，促成他思想上和文学上的新飞跃，使他成为我国历史上著名的朴素唯物主义思想家和文学家。他把自己对于这个罪恶社会的认识，以天才的笔触，满蘸着血和泪，写下一篇篇具有强烈现实主义精神的作品。他写散文，也写诗赋，特别是散文（包括寓言、传记、游记）更是硕果累累。

柳宗元的寓言，对当时政府腐败的现象进行尖锐的抨击，表现出对贵族官僚的鄙视和痛恨，具有强烈的战斗性；这些寓言一般短小精悍，抓住许多物类的特征加以描写、夸张，塑造成丰富而生动的形象；语言简练明确，风格沉郁幽默。它是对先秦诸子寓言的继承和发展，对后代的散文、杂文和小品文有一定影响。《三戒》《蝜蝂传》《鞭贾》《罴说》《捕蛇者说》是其主要代表作品。柳宗元的传记文学的与众不同之处，是他为那些被压在社会底层的劳动人民作传。《种树郭橐驼传》中的园艺老人；《宋清传》和《梓人传》中的长安市民；《童区寄传》中勇敢、机智、纯朴的牧童；《河间传》中被侮辱与被损害的善良、贤能、正派的女子。这一个个栩栩如生的艺术形象，无不充满着作者的同情和赞扬。他除用散文揭露现实外，还采用诗歌的形式，一方面揭露批判社会的黑暗，另一方面抒发自己怀才不遇的愤懑。他的诗歌在艺术风格上具有一种清朗疏淡的风格，在中唐诗坛上独树一帜。

然而，最为人们称道的，在中国文学史上具有特殊地位的，则是柳宗元的山水游记。当时的永州虽然土瘠民贫，但天然的山水风景却十分引人入胜。柳宗元在极度烦闷时，经常徜徉于山水之间，排遣胸中的郁悒。

元和四年（809）九月，柳宗元来到永州法华寺游览，无意中发现西山胜景，于是他披荆斩棘，开路登山，饱览这里的山峦秀色。在这里，他终于找到了暂时的精神寄托之所。他在西山先后发现钴鉧潭、小丘和小石潭，写下《始得西山宴游记》《钴鉧潭记》《钴鉧潭西小丘记》《至小丘西小石潭记》四篇游记。3 年后（812），柳宗元又游览了袁家渴一带，写下《袁家渴记》《石渠记》《石涧记》《小石城山记》四篇。以上八篇游记，就是后来文学史上交口称誉的"永州八记"。在这些游记里，作者抓住山水的形象特征，通过清新秀丽的文笔，创造出生动的艺术形象，开拓出深邃广袤的艺术境界，表现出自然景物内在的生命力。柳宗元继承郦道元《水经注》的优良传统，并进行大胆的突破与创新，为山水游记的发展，奠定了坚实的基础；对后代散文的发展，也产生了深刻的影响。

在努力从事创作实践的同时，柳宗元还积极参加韩愈所倡导的古文运动，并成为这一运动的主要领导者之一。早在长安为官时期，他就经常接待前来求教的文人，给予他们热情的帮助和指导。到永州后，他认真总结前人的经验，并在创作中不断探索，逐步形成自己的文学观点，提出比较系统的文艺理论。他提倡"文者以明道"，反对那种"炳炳烺烺、务色彩、夸声音"（《答韦中立论师道书》）的六朝恶习，强调内容重于形式。他强调作家创作的严肃性和作家的人格修养，反对"轻心""怠心""昏气""矜气"草率浮夸的文风。在写作技巧上，要求作品具有丰富多彩的表现手法，并且提倡广泛地学习古代文化遗产。总之，柳宗元无论在创作上还是在理论上，都为唐代散文开辟了新的境地，为我国散文的发展作出了重要的贡献。

永州十年中，他还对我国古代典籍进行认真的研究。公元 809 年左右，写成批判迷信思想，宣扬朴素唯物主义和无神论的重要著作《非国语》和《贞符》，接着又完成一篇探讨历史发展和社会制度演变的杰出论文《封建论》。文章以周、秦、汉、唐四代史实作依据，论证封建制的缺失，猛烈地抨击把土地、人民当作私产的贵族世袭制，严厉批判封建割据造成国家分裂和人民痛苦的种种罪恶，强烈要求国家统一，政治民主，任用贤能，使人民过上安定的生活。并且强调指出封建制的形成是由于"势"，不是出于圣人之意，表现出作者进步的政治观点和朴素唯物主义哲学观点。文章论点集中，结构宏阔，笔力雄俊深切，富有说服力，是柳宗元政论散文的典范之作。此外，他还写了《天对》《六逆论》等一些重要著作，在我国思想史上增添了光辉的一页。

宪宗李纯元和十年（815）正月，柳宗元突然接到从长安发出的敕令。于是，他怀着忐忑不安的心情回到阔别 10 年的长安，见到难友刘禹锡等人。由于宰相武元衡等人的极力反对，宗宪自己也不愿意让柳宗元等人留在长安。因此，柳宗元二月进京，三月又被贬到更远的柳州去做刺史。刘禹锡到播州（今贵州遵义）做刺史。皇帝的诏书下，柳宗元对他知友说："禹锡有位母亲年纪高迈，现在到蛮方当刺史，去西南边远地区，往来万里，怎么携带老母前去。如果母子分离两地，便是永诀。我和禹锡是志同道合的朋友，怎么忍心看到他这样的处境？"于是就写下奏章，请求把柳州授给刘禹锡，自己去播州。恰遇裴度也奏这件事。刘禹锡最后改任连州刺史。

六月，柳宗元到达柳州（今广西柳州）任上。当他看到柳州的迷信活动、贫困落后和不开化等现象时，就决心改变这种现状，为柳州人民办一点好事。于是，他设法了解当地的民情风俗，据此制定政策法令，引导人民发展生产，改善生活，并且兴办学校，使当地青年获得学习文化的机会。而他在柳州最卓著的政绩，则是对于奴婢的解放。柳宗元下令废除当地的人身抵押制度，订出一项可以赎身的办法。这一政令的实施，解放了大量的奴婢，"比一岁，免而归者且千人"（《柳子厚墓志铭》）。

由于柳宗元坚持"以民为本"的政治思想，提出一些比较开明的政治措施，因而受到老百姓的欢迎和支持。经过 3 年的努力，柳州"于是民业有经，公无负租，流通四归，乐生兴事。宅有新屋，步有新船，池园洁修，猪牛鸭鸡，肥大蕃息。子严父诏，妇顺夫指，嫁娶葬送，各有条法，出相弟长，入相慈孝……城郭巷道，皆治使端正，树以名木……"（韩愈：《柳州罗池庙碑》）面貌改变了，老百姓很感激他。

将近 14 年的边州谪居生活，严重地摧残了柳宗元的身体和精神。他在永州时已是病魔缠身，到柳州后，公务辛劳，病情恶化。元和十四年（819）十一月八日，柳宗元怀着他未能实现的理想，含恨去世。终年 47 岁。柳宗元为官廉洁清正，没有什么积蓄。他在临死之前，写了一封信给刘禹锡，请他整理保存自己的全部文稿，后来刘禹锡替他编为《柳河东集》，并为之作序。这就是他唯一的遗产。他的四个遗孤也是刘禹锡代为抚养的。

对于柳宗元的死，柳州人民是很悲痛的。他死后3年，当地民众为他兴建了庙宇。现在柳州市人民公园内还完好地保存着柳侯祠和他的衣冠墓，表达对他的永远怀念。

柳宗元贬谪永谪、柳二州期间，虽然在政治上失意，却使他在文学上获得了巨大成就。南方人士多有向他求学问业者，扩大了他在文坛上的影响。

【毛泽东评说】

语文课可选《水浒》《三国演义》、唐宋八大家的作品。

——毛泽东：《在普通教育工作座谈会上的讲话》（1957年3月7日），《毛泽东文集》第七卷，第248页，人民出版社1999年版。

柳宗元是一位唯物主义哲学家，见之于他的《天论》。这篇哲学论著提出了"天与人交相胜"的论点，反对天命论。

——林克：《在毛泽东身边的岁月片断》，《缅怀毛泽东》下册，第566页，中央文献出版社1993年版。

柳宗元曾经描写过的"黔驴之技"，也是一个很好的教训。一个庞然大物的驴子跑进贵州去了，贵州的小老虎见了很有些害怕。但到后来，大驴子还是被小老虎吃掉了。我们八路军新四军是孙行者和小老虎，是很有办法对付这个日本妖精或日本驴子的。目前我们需得变一变，把我们的身体变得小些，但是变得更加扎实些，我们就会变成无敌的了。

——毛泽东：《一个极其重要的政策》，《毛泽东选》第三卷，第883页，人民出版社1991年版。

柳子厚，出入佛老，唯物主义。但他的《天对》，太短，就那么一点。他的《天对》，从屈原的《天问》产生以来，几千年来只有这一个人做了这么一篇。到现在《天问》没有解释清楚，《天对》讲什么也没说清楚，

柳宗元是『文学家，也是唯物论者』

只知其大意。《天问》了不起，几千年以前，提出各种问题，关于宇宙，关于自然，关于历史。

——摘自 1964 年 8 月 18 日毛泽东同哲学工作者的谈话，见毕桂发主编《毛泽东批阅古典诗词曲赋全编》，第 574 页，中国工人出版社 1997 年版。

我国历史上的哲学家如柳宗元，他是文学家，也是唯物论者。他的哲学观点是在现实生活中同不同观点进行辩论和斗争中形成的。他在永州司马的十年间，接触贫苦人民并为他们办了许多好事。正是在此期间，他写了山水游记等许多文学作品，同时又写了《天说》《天对》等哲学著作，这是针对韩愈的唯心观点而写的。

——摘自毛泽东 1963 年在杭州一次会议上的讲话，见陶鲁笳著《毛主席教导我们当省委书记》，第 124 页，山西人民出版社 1993 年版。

各信及指要（按：指章士钊著《柳文指要》）下部，都已收到，已经读过一遍，还想读一遍。上部出还想再读一遍。另有友人也想读。大问题是唯物史观问题，即主要是阶级斗争问题。但此事不能求之于世界观已经固定之老先生们，故不必改动。嗣后历史学者可能批评你这一点，请你要有思想准备，不怕人家批评。……

——毛泽东：《致章士钊》(1965 年 7 月 18 日)，《毛泽东书信选集》，第 602 页，人民出版社 1983 年版。

大言小言，各适其域。工也，农也，商也，学也，兵也，其中多数人，皆能参与文事行列。经济有变化，反映经济之政教亦将有变化，文事亦将有变化。一成不变之事将不可能。

——毛泽东 1965 年 8 月读章士钊《柳文指要·跋》手稿的批改，见乔东先《毛泽东与〈逻辑指要〉、〈柳文指要〉》，《瞭望》1985 年第 52 期。

【作者述评】

　　柳宗元是我国唐代著名文学家、哲学家。毛泽东对他比较欣赏，指出他既是"文学家"，"也是唯物论者"。他认为柳宗元的思想"带有朴素唯物主义思想成分"，"是一位唯物主义哲学家"，这见于之他的《天论》。这里需要说明的是，毛泽东身边工作人员在回忆中说成是柳宗元的《天论》，但柳氏只有《天说》《天对》，而无《天论》，这里所说应为《天说》。另外提出"天与人相交胜"的观点，是刘禹锡，而不是柳宗元，这或许是工作人员不熟悉我国典籍所致，也许是毛泽东误记。毛泽东谈起这个问题的起因是，1959 年《光明日报》"文学遗产"专栏中，刊登了一位文学史家写的《柳宗元的诗》一文，毛泽东读后，对这篇文章的某些观点是有不同看法，谈了自己的意见。并告诉人们柳宗元的哲学观点是在现实生活中同不同观点进行辩论和斗争中形成的。这是指柳宗元 30 岁至 40 岁在永州时，与韩愈论辩中形成的。所谓与韩愈论辩的文章，在哲学上就是这篇《天说》，在史学上有《与韩愈论史官书》，在文学上则有《读韩愈所著毛颖传后题》等。《天说》是一篇与韩愈论辩的哲学短文。韩愈认为天有意志，能赏功罚祸。他把人类开发自然、发展生产的行为，统统看成破坏天地元气的罪恶。因此，他认为把人类消灭掉就是对天有功；如果把人类繁殖起来就是对天有罪。有功的，天会赏他；有罪的，天会罚他。从而断定，"残民者昌，佑民者殃"。柳宗元对韩愈的唯心主义天命观，从哲学的根本问题上进行了有力的驳斥。柳宗元认为天地、元气、阴阳等都是自然现象，是没有意志的，根本不能赏功罚过，人对自然没有什么功与祸的关系。人类"功者自功，祸者自祸"，与天无关，希望天能赏罚的人是荒谬的。柳宗元的这种看法是符合唯物主义的，但是程度不高，不是辩证的，所以毛泽东认为"顶多说有唯物主义思想成分"。刘禹锡补充和发展了柳宗元的观点，在《天论》中提出了"天与人交相胜"的论点。对柳宗元的哲学名著《天对》，毛泽东更是欣赏。1965 年 6 月 20 日，毛泽东在上海与古典文学史家刘大杰谈话时说："屈原写过《天问》，过了一千年才有柳宗元写《天对》，胆子很大。"当刘大杰问能否说柳宗元是唯物主义者，他回答说："顶多说有朴素唯物主义思想的成分。"1964 年 8 月，毛泽东在北戴河同哲学工作者谈话时也说过："他的《天对》，从屈原的《天问》产生以来，几千年只有这一个人做了这么一篇。"

对于柳宗元的政治思想，毛泽东也表示认同。柳宗元是"永贞革新"的重要人物，革新失败后，革新派的主要人物王叔文、王伾、刘禹锡、韩泰、韩晔、陈谏、凌准、程异、韦执谊、柳宗元等都被贬官远州，这便是历史上有名的"二王、八司马事件"。著名学者章士钊晚年撰写《柳文指要》一开始就得到毛泽东的热情支持。毛泽东和他有过多次切磋，并亲自审读其稿，提出若干处修改意见。书出版后，毛泽东很快地读了一遍，说还想再读，并致信章士钊，热情鼓励。他在康生的一封信中认为该书"颇有新义"，"大抵扬柳抑韩，翻二王、八司马之冤案，这是不错的。又辟桐城而颂阳湖，讥帖括而尊古义，亦有可取之处。惟作者不懂唯物史观，于文史哲诸方面仍止于以作者观点解柳（此书可谓解柳全书），他日可能引起历史学家用唯物史观对此书作批判"。（毛泽东：《致章士钊》（1965 年 7 月 18 日）注②，《毛泽东书信选集》，第 603 页，人民出版社 1983 年版）柳宗元是八司马之一，毛泽东肯定章士钊为二王、八司马翻案，就是肯定了柳宗元的政治作为。

对于柳宗元的重要政论文章《封建论》，毛泽东更是赞扬备至。所谓"封建"，指的是殷周"封国土，建诸侯"的世袭分封制度。在《封建论》中，柳宗元认为郡县制胜于封建诸侯制，是因为它符合历史发展的必然趋势。他肯定郡县制，主要是为了反对世袭特权，反对藩镇割据，维护封建国家的统一。毛泽东在 1973 年 8 月 5 日写的《读〈封建论〉，呈郭老》一诗中，对柳宗元在这篇文章中提出的政治主张，给予了高度的评价。劝导推崇儒家学派的著名历史学家郭沫若，要"熟读唐人《封建论》"，告诫他"莫从子厚返文王"。不仅是对郭沫若一人而讲的，也是针对那时全党全国的形势有感而发。当时"史无前例的文化大革命"已进行 7 年，生产停滞，社会混乱，中央政权削弱，地方势力加强。熟知历史的毛泽东，想起了柳宗元的这篇《封建论》，并把自己的读后感写成诗，传示出来，希望能教育全党全国人民，要吸取历史教训，警惕山头林立可能造成新的藩镇割据，削弱中央政府的权力，就可能出现历史的大倒退。当然批判郭沫若本身就是错误的，是为他所提倡的政治斗争服务的。

对于柳宗元的文学成就，毛泽东评价甚高。据逢先知在《古籍新解，古为今用——记毛泽东读中国文史书》一文中说："在唐宋八大家中，毛泽东最喜欢柳宗元的散文，柳文同他的诗一样，清新，精细，寓意含蓄，富有哲理。柳宗元是一个革新派，具有进步的政治主张，又有朴素的唯物主义思想，这些进步的思想反映在他的作品里，更增添了柳文的光辉。"毛泽东还将柳宗元与韩愈相比，认为柳宗元的文章"思想性比韩愈高"。1963年5月，毛泽东在杭州中央工作会议期间一次谈话中说："柳宗元30岁到40岁有10年都在永州，他的山水散文，与韩愈论辩的文章，就是在永州写的"。1957年3月7日，毛泽东在《在普通教育工作座谈会上的讲话》中，还建议"语文课可选……唐宋八大家的作品"。毛泽东不但欣赏柳宗元的山水游记，对他的寓言也颇感兴趣。他巧妙地运用《黔之驴》的寓言故事说明工作中的实际问题是大家熟知的。在抗日战争时期，他曾从不同角度运用这篇寓言。在1942年9月7日写的《一个极其重要的政策》一文中，他把驴子比作貌似强大但是最后必将失败的日本帝国主义，把小老虎比作八路军新四军等革命力量，鼓舞抗日军民英勇抗战，夺取抗日战争的最后胜利。而在1942年5月30日，毛泽东在延安鲁迅艺术学院作报告时，他则把鲁艺的毕业生这些受过专门训练的"洋包子"比作驴驹子，而把当地干部这些"土包子"比作小老虎，风趣地告诫鲁艺的毕业生，要和本地干部加强团结，和群众打成一片。为此，他妙趣横生地讲了柳宗元这则寓言：贵州没有驴驹子，有人运了一匹驴驹子到那里去，它到那里就是外来的"洋包子"。贵州的老虎个子不大，是本地的"土包子"。小老虎看见驴驹子那样庞然大物的样子，很害怕。驴驹子叫了一声，小老虎吓坏了，就逃得远远的。后来，时间久了，小老虎觉得驴驹子也没有什么了不起，就走近它，碰碰它。驴驹子大怒，用脚踢了小老虎一下。小老虎就看出它到底有什么本事了，说："原来它不过有这点本事！"结果小老虎就吃掉了这匹驴驹子。毛泽东讲这个故事时，一边讲，一边装着老虎观察驴驹子的样子，走向旁边正在作记录的同志，大家都笑了。他讲述的道理也因此深刻地印在听众的脑子里。（何其芳：《毛主席在鲁艺的谈话》，《怀念毛泽东同志》，第67页，人民文学出版社1980年版）

刘禹锡『可以算作是唐朝的一个朴素的唯物论者』

【传略】

刘禹锡（772—842），字梦得，洛阳（河南洛阳）人，祖籍中山（今河北定州）。他的诞生地实是嘉兴。他是中唐时期杰出的诗人和朴素唯物主义哲学家。

刘禹锡出身于一个官僚家庭。他是匈奴族后裔，七世祖刘亮随魏孝文帝迁洛阳，始改姓刘。曾祖刘凯做过博州（今山东聊城）刺史。祖父刘云做过洛阳主簿（掌管典领文书、办理事务的官员）和殿中侍御史（管京城的纠察事务）。父亲刘溆，是天宝末年进士，时逢"安史之乱"，全家南迁，在浙江西道公署任从事（节度使下面的办事官员），同时兼任管理盐铁的副使。不久，以殿中侍御史的官衔，在安徽宿县诵桥地方主管盐铁事务，后来免职回浙江西道，到达扬州时因病去世。

刘禹锡的一生，大致可分为四个阶段：

第一阶段，唐德宗李适贞元六年（790）以前。

刘禹锡于唐代宗李豫大历七年（772）生于嘉兴，属于苏州府管辖，是江南的富庶地区。中唐时期，江南的人口增长很快，经济比较发达，在全国占有重要地位。江南的庶族地主经济力量增强，迫切要求登上政治舞台。后来的永贞革新中的核心人物王叔文、王伾、凌准都是江南地区人。当时江南地区的文化也比较发达，柳宗元的老师、经学家陆质是苏州人，小说家沈亚之是吴兴（今浙江吴兴）人，诗人孟郊是湖州武康（今浙江武康）人。"安史之乱"爆发以后，北方大部分地区沦为战场，大量的文人墨客迁往江南，促进了南北文化的交流和融合。江南地区相当发达的经济和文化，为作家的成长提供了良好的条件。

刘禹锡自幼好学，熟读儒家经典，浏览诸子百家，并且学做诗赋。童年时代曾经到吴兴（今浙江吴兴）陪侍著名诗僧皎然，当时会稽（今浙江绍兴）诗僧灵澈也在吴兴，两人经常讨论诗歌创作问题。刘禹锡居住的嘉兴离吴兴只有百十里路，交通方便，所以他经常到吴兴向他们请教。每当皎然和灵澈写诗的时候，他就捧着笔砚，很恭敬地陪侍在旁边一起吟咏。由于他聪敏好学，所以年纪虽小，而诗歌已经写得很可观了。皎然和灵澈风趣地学着秦末张良的老师圯（yí 移）上老人的口吻说："孺子可教。"①
刘禹锡同两位诗僧的这一段师生关系，对他的诗歌创作和思想都有一定影响。刘禹锡的勤奋好学和早熟，还曾为前辈权德舆所器重。在权德舆等人的大力延誉下，刘禹锡已经有些名气，所以地方官选送他到长安去参加科举考试。他后来一直对江南保持着良好的印象，自称"江南客"。

第二阶段，从德宗李适贞元七年到顺宗李诵永贞元年（805）。

刘禹锡 19 岁左右游学长安。德宗贞元九年（793），户部侍郎顾少连代行礼部侍郎的职权，主持进士考试，录取了 32 名。刘禹锡和柳宗元同榜登第。第二年，他又以才学兼优考取了吏部取士科，任命为太子校书，开始踏上仕途。太子校书是东宫属官，负责校理崇文馆的书籍。刘禹锡利用这个机会接触到大量图书，大大丰富了知识。刘禹锡在太子校书任上工作了一年多时间，贞元十三年（797），他 25 岁时，父亲去世。贞元十六年（800），守父丧期满，在宰相、扬州节度使杜佑那里掌书记，参加讨伐徐州叛军。两年后，他调任京兆府（今陕西西安市）渭南县主簿。贞元十九年（803）冬天，调升为监察御史。

贞元二十一年（公元 805 年，当年八月改元永贞）一月，顺宗（李诵）即位，重用王叔文、王还、刘禹锡、柳宗元为代表的革新派人士。刘禹锡擢升为屯田员外郎，判度支、盐铁案。王叔文执政时，推广了一些革新措施，例如下令免除诸色杂税和本年以前百姓所欠租税、废止宫市等扰民弊政；罢免大贪官李实，起用陆贽、阳城等被贬谪的正派官吏；由王叔文亲任度支盐铁转运副使，掌握中央财政大权；派老将范希朝为京西诸镇行营兵马节度使；用革新派中坚人物韩泰为行军司马，从宦官手中夺取掌管中央卫戍部队的权力；拒绝藩镇韦皋、刘辟妄图割据三川的无礼要求。这就是历史上有名的"永贞革新"。这次革新运动只进行了 180 多天，在大宦官俱文珍联合守旧势力的反扑下，顺宗被迫让位，太子李纯（宪宗）继位，贬王叔文为渝州司马，后被杀害；王坯为开州司马，后被逼死；刘禹锡、柳宗元等

---

① 《澈上人文集序》。

刘禹锡『可以算作是唐朝的一个朴素的唯物论者』

八人被贬到边远州府作司马，因此，历史上又称"二王、八司马"事件。

第三阶段，从宪宗李纯元和元年（806）至敬宗李湛宝历二年（826）。

刘禹锡先贬为连州刺史，后贬为朗州（今湖南常德）司马。

刘禹锡到朗州后，住在城东的"招屈"亭旁（今常德市东门口）。他曾感叹地说："屈平祠下沉江水，月照寒波白烟起。一曲南音此地闻，长安北望三千里。"（《采菱行》）第二年，朝廷大赦，但明文规定刘禹锡等人"纵逢恩赦，亦不在量移之限"（《旧唐书·宪宗纪上》）。他闻讯后曾自豪地宣称："世道剧颓波，我心如砥柱。"（《咏史二首》之一）表现了诗人的战斗精神。

刘禹锡在朗州有机会广泛接触社会实际，对于人民的疾苦、贫富的对立以及当地的风俗习惯等，有较多的了解，并先后游览了朗州的名胜古迹，写了将近200篇诗文，其中不少诗篇具有强烈的政治倾向。如《百舌吟》谴责阿谀逢迎之徒的无耻；《聚蚊谣》用寓言形式讽刺宦官、藩镇、大官僚互相勾结、为害人民的罪行；《采菱行》反映妇女们紧张而又愉快的劳动生活；《登司马错故城》借游览名胜古迹，抚今思昔，感慨万端；《贾客词》揭示中唐时期"贾雄农伤"的社会现实；《壮士行》歌颂壮士不畏强暴、为民除害的英雄业绩。

值得特别一提的是，刘禹锡在朗州10年，曾多次游览武陵胜境桃花源。他的《游桃源一百韵》《桃源行》等诗和他亲笔题的"桃源佳致"，在当地几乎家喻户晓。现在游桃花源的人，还能看到"桃源佳致"的石碑和《桃源行》诗的石刻。在《桃源行》中，他巧妙地借用古代这一有趣的传说，生动地描述了渔人"误入桃源"所看到的一切情景；渔人"一息不肯桃源住"的急切心理，反衬了诗人毫不留恋"世外桃源"和积极投身到现实斗争中去的思想感情。

他的有名的哲学著作《天论》也是在朗州写的。《天论》是对柳宗元《天说》的补充和发挥，进一步阐明了他的无神论思想。他认为："人能胜乎天者，法也。法大行，则是为公是，非为公非，天下之人蹈道必赏，违之必罚。"（《天论》上）这种赏罚分明的"法治"思想是和封建特权观念相对立的。

宪宗元和九年（814）十二月，刘禹锡从朗州被召回长安，诗人目睹执政者横行霸道，权倾京师，内心无比愤慨，次年三月，便借看花为题，写了《元和十年自朗州召至京，戏赠看花诸君子》一诗："紫陌红尘拂面来，无人不道看花回。玄都观里桃千树，尽是刘郎去后栽。"这首诗确有诗人的深刻寓意，因此引起京城权贵的不满。他们群起而攻之，胡说什么"语涉讥刺"。诗人到京只有一个月，又被贬到更边远的连州（今广东连州）去了。

刘禹锡在连州刺史任内，写了有名的《插田歌》，诗人用白描的手法，描绘了农村中一派春忙景象，表现了农民插田时唱歌取笑的热烈劳动场面，赞美了他们的勤劳品质和乐观精神。元和十四年（819），刘禹锡的母亲病逝，他送枢回洛阳。这年十一月，柳宗元病逝柳州。刘禹锡把他的作品编为 45 卷，名曰《柳河东集》。

元和十五年，宪宗被宦官陈弘志所杀，穆宗（李恒）即位，改元长庆。长庆元年（821）冬天，刘禹锡改任夔州（今重庆奉节）刺史。第二年正月到任。在夔州任内，他写了《浪淘沙词》九首，其中第七首尤为后人所称赞："八月涛声吼地来，头高数丈触山回。须臾却入海门去，卷起沙堆似雪堆。"刘禹锡在夔州三年，又改任和州（今安徽和县）刺史。唐敬宗宝历二年（826）冬，罢和州刺史，准备回洛阳；恰巧白居易因病免苏州刺史，也准备回洛阳。两位诗人在扬州相遇。白居易在酒席上写了《醉赠刘二十八使君》一诗，对刘禹锡先后贬官 23 年的痛苦遭遇，表示深切的同情："亦知合被才名折，二十三年折太多。"刘禹锡看后抑制不住内心的激动，马上写了《酬乐天扬州初逢席上见赠》这首名作：

巴山楚水凄凉地，二十三年弃置身。怀旧空吟闻笛赋，到乡翻似烂柯人。沉舟侧畔千帆过，病树前头万木春。今日听君歌一曲，暂凭杯酒长精神。

诗中"沉舟侧畔千帆过，病树前头万木春"两句，意义深长，最为白居易所赞赏，也常被后人所称道。

诗人此次奉召回洛阳，结束了长达 23 年的贬谪生活。由于长期遭受斥逐，所到之处，访贫问苦，写了不少关心民瘼的诗篇；为了排解苦闷，

刘禹锡『可以算作是唐朝的一个朴素的唯物论者』

早在朗州时期就以佛教作安慰，到连州后，与佛教徒往来密切，也写了一些酬僧诗。

第四阶段，从文宗李昂太和元年（827）至武宗李炎会昌二年（842）病故于洛阳。

文宗大和元年（827），刘禹锡被任为主客郎中，分司东都。大和二年，回到长安。从元和十年召回京师，旋又外迁，至此14年，他以胜利者的姿态，重游玄都观，以更加锋利的笔调，写下了《再游玄都观》："百亩中庭半是苔，桃花净尽菜花开。种桃道士归何处？前度刘郎今又来。"这首绝句反映了元和十五年（820）以来宪宗、穆宗、敬宗先后为宦官谋害，朝政变幻的情况，讥笑了当年的权贵一个个销声匿迹的可耻下场，表现了诗人不怕打击、继续斗争的倔强精神。

大和三年（829），经裴度推荐，刘禹锡改任礼部郎中，集贤殿学士。大和五年，裴度罢相，刘禹锡出任扬州刺史。他与白居易、韦应物三人先后在扬州做过刺史，都有政绩，人称"三贤"。刘禹锡在扬州两年多，他写的《杨柳枝词》和以前写的《竹枝词》《浪淘沙词》，吸取民歌特点，富有浓郁的生活气息。

大和八年（834）七月，刘禹锡迁汝州（今河南汝州）刺史。次年十月，改任同州（今陕西大荔）刺史。开成元年（836），刘禹锡因患足疾，迁太子宾客，分司东都。武宗会昌元年（841），加检校礼部尚书，仍兼太子宾客。刘禹锡回到洛阳，裴度和白居易都非常高兴。裴、白两人经常举行"文酒之会"，以写诗联句为乐。特别是和白居易经常唱和。白居易晚年曾尝试词的创作，写了著名的［忆江南］三首。刘禹锡对此很支持，写了《和乐天春词，依［忆江南］曲拍为句》二首，就是按照［忆江南］的曲词来填词，这是我国文学史上开始出现依曲填词的记录。刘、白的这五首词，在词的发展史上，占有一定的地位。

刘禹锡在地方任上多有政绩，但总觉得自己的政治才能没有得到充分发挥，长抱"天与所长不使施"（《子刘子自传》）之恨。晚年寄希望于宰相裴度，想协助裴度刷新政治。但裴度在"牛李党争"中受到排挤，无所施为，也未能实现这一愿望。刘禹锡在黑暗现实下没有出路，便借佛、老旷达思想排遣苦闷，而内心不甘沉沦，写下"莫道桑榆晚，为霞尚满天"
（《酬乐天咏老见示》）一类诗句以自勉，可见他虽然体弱多病，精神状态还
是积极向上的。他在洛阳是身闲志不闲，仍然关心着政治和国家的命运。
会昌二年（842），病情加剧。刘禹锡自知不久于人世，抱病写了《子刘子
自传》，公开为他早年参加的永贞革新运动进行辩护："叔文实工言治道，
能以口辩移人。既得用，自春至秋，其所施为，人不以为当非。"他终于
把积压了32年的心里话说了出来，为王叔文，也为自己恢复名誉，表明
他至死不渝的志节。刘禹锡于会昌二年七月逝世。赠户部尚书。享年71
岁，有《刘宾客集》，又称《刘中山集》《刘梦得集》。

【毛泽东评说】

柳宗元是一位唯物主义哲学家，见之于他的《天论》。这篇哲学论著
提出了"天与人交相胜"的论点，反对天命论。刘禹锡发展了这种唯物主
义，而这篇文章无一语谈到这一个大问题，是个缺点。

　　——林克：《在毛泽东身边的岁月片断》，《缅怀毛泽东》下册，
第 566 页，中共文献出版社 1993 年版。

唐人诗云：沉舟侧畔千帆过，病树前头万木春。再接再厉，视死如
归，在同地球开战中要有此种气概。

　　——毛泽东 1959 年 4 月 24 日在一个报告上的批语，见陈晋主编《毛
泽东读书笔记解析》，第 1288 页，广东人民出版社 1996 年版。

刘禹锡可否算作唐朝的一个唯物主义者？主席说："可取。"

　　——《毛泽东在上海》，中共党史出版社 1993 年版，第 143 页。

【作者述评】

刘禹锡是中唐时期唯物主义思想家和著名文学家。

在政治上，刘禹锡反对宦官专权、藩镇割据；主张法治，限制豪强地
主的权力，坚持中央集权，维护国家统一。

在哲学上，刘禹锡的《天论》发展了柳宗元的唯物主义思想。《天论》

刘禹锡『可以算作是唐朝的一个朴素的唯物论者』

是刘禹锡哲学思想的代表作，主要论述了天的物质性、天与人的关系、产生天命论的根源三大问题，提出了"天与人交相胜"的观点，指出"天非务胜乎人"，而"人诚胜乎天"，继承和发展了荀子"人定胜天"的唯物主义思想，比柳宗元在《天说》中只阐明天人相异的观点又进了一步，所以毛泽东说"刘禹锡发展了这种唯物主义"。后来，1965 年 6 月 20 日，毛泽东在上海与刘大杰谈话时，当刘大杰谈了《天论》中提出的"天与人交相胜"的观点，毛泽东给以较高的评价。当刘大杰问毛泽东，刘禹锡可否算作唐朝的一个朴素唯物主义者？毛泽东回答说："可以。"(《毛泽东 1965 年 6 月 20 日在上海同刘大杰的谈话》，《毛泽东在上海》，第 143 页，中共党史出版社 1993 年版)可见毛泽东对刘禹锡的哲学思想十分推崇。

作为一个文学家，刘禹锡可以说诗文兼善。他的诗既不像韩愈那样奇崛，又不像白居易那样浅显，而具有意境优美、精练含蓄、韵律自然的特色，在中唐诗坛自成一派。

由于他长期被贬在外，能接近下层人民群众，喜欢民间歌谣，从中汲取营养，创作了许多具有独特风格的优秀诗篇。他的政治讽刺诗，观点鲜明，刚健爽朗，讽刺辛辣有力。如《聚蚊谣》《百舌吟》《武夫词》等都是名作。他还写了一些抒情咏史的小诗，例如《酬乐天扬州初逢席上见赠》《西塞山怀古》《学阮公体三首》《咏史二首》《金陵五题》《金陵怀古》等，不论是评论历史人物、事件，还是感慨身世，写景抒情，融为一体，往往寓有深意，并具有自己的特色。

毛泽东对刘禹锡的诗歌比较欣赏，据不完全统计，他引用、手书、批阅的诗就有《松滋渡望峡中》《西塞山怀古》《始闻秋风》《再授连州至衡阳酬柳柳州赠别》《酬乐天扬州初逢席上见赠》《石头城》《乌衣巷》《玄都观桃花》《再游玄都观》《听旧宫人穆氏唱歌》《赠李司空妓》《与歌者何戡》《杨柳枝词》(隋炀宫殿汴水滨)、《和令狐相公别牡丹》《蜀先主庙》《刑部白侍郎谢病长告改宾客分司以诗赠别》等共 16 首[1]。

---

[1] 参见毕桂发主编《毛泽东阅古典诗词的赋全编》，第 528—537 页，中国工人出版社 1997 年版。

《酬乐天扬州初逢席上见赠》是刘禹锡在唐敬宗宝历二年，从和州被召还京途中，与白居易在扬州相会，席上酬答白居易赠诗时所写。当时白居易赋诗言怀，情绪比较低沉，刘禹锡即席唱和作答。其中"沉舟侧畔千帆过，病树前头万木春"一联极富哲理意味。意谓尽管政治上长期遭遇不幸，但他并不认为整个世界都是黑暗的，相反，他认为即使自己已成了"沉舟"和"病树"，但社会照样前进，前途仍然光明，并为这种"千帆过""万木春"的蓬勃景象感到欣慰。从中可以看出刘禹锡积极进取的人生态度。也许正因如此，毛泽东对这首诗极为赞赏。在一本《唐诗别裁集》中，他在刘禹锡的名字上面用红笔画了一个大圈，此诗的标题前画着红圈，用黑铅笔在第一句前画着红色的着重线。《唐诗别裁集》中编者对此诗加了一段注解："沉舟二语，见人事不齐，造化亦无如之何。悟得此旨，终身无不平之心矣。"毛泽东在"造化亦无如之何"下画有着重线，批注说："此种解释是错误的。"显然，编者把诗人的积极进取精神理解为在命运面前无能为力的消极态度，毛泽东认为是错误的。1959 年 4 月 24 日，毛泽东在对一个报告的批语中援引"沉舟"二语，指出："再接再厉，视死如归，在同地球开战中要有此种气概。"这说明毛泽东所看重的正是诗人的这种积极进取、一往无前的英雄"气概"。随后，毛泽东在 1958 年 12 月 9 日在中共八届六中全会的讲话中讲到"两种可能性"时，讲到人民公社的"巩固和垮台"，"党的巩固和分裂"，"人民共和国，或者胜利，或者灭亡"，都存在两种可能性，所以"个人要准备随时有灭亡的可能"，之后，他又援引了"沉舟侧畔千帆过，病树前头万木春"二语，显示出一如既往、勇往直前的大无畏气概。

　　对刘禹锡的《赠李司空妓》，毛泽东也非常欣赏。1958 年 11 月 10 日，新华社编印的《参考资料》第 2504 期上以《美官员竭力诬蔑我人民公社运动，但承认其意义重大影响深远，并说南（斯拉夫）十分注意这一发展》为题，刊载了合众国际社的电讯。其中说："毛泽东已经使他的国家野心勃勃地执行过去从来未有执行过的共产主义原则。这比苏联曾试验过的任何办法要厉害得多，而中国的统治者们的成败取决于这个办法是否成功。""毛泽东正在孤注一掷，看这个制度是否能养活这个国家。鉴于

刘禹锡「可以算作是唐朝的一个朴素的唯物论者」

一再发生的旱灾和水灾——这些灾害已经使中国的饥荒，几乎成为司空见惯的事——这是一种冒险的计划。"这位共产党中国领袖正在把社会组织成最有效的生产单位——在纸面上。但是他也是把潜在的反革命基础聚集起来，在事情不顺利时推翻他。这个制度的成功或失败所产生的影响，远远地超过中国的疆界。南斯拉夫的'民族主义的'共产党人，正如从英斯科获得较多的自由的东欧卫星国家的共产党人一样，关切地注意着这一发展。"合众国际社这则电讯的意思是，中国的安危存亡，系于大跃进和人民公社化运动的成败。但它的结论是明确的，这是"冒险的计划"，而且使"反革命基础聚集起来"了，很有点幸灾乐祸的味道。毛泽东在上述几段话下面画了横线，有的还作有着重号，并在这则电讯的开头和旁边，写下了刘禹锡的这首《赠李司空妓》，对合众国际社的攻击，举重若轻地作了回答：我们搞的旨在推进经济发展的大跃进和人民公社化运动，本是"司空见惯"的平常事，却让别有用心的人痛断肝肠。（陈晋：《毛泽东之魂》，第 196—197 页，吉林人民出版社 1993 年版）

对刘禹锡的咏史诗毛泽东也非常喜爱。他在一本清蘅塘退士编著《注释唐诗三百首》所载刘禹锡《蜀先主庙》一诗的标题上边天头空白处连画三个小圈，并在正文上方天头空白处批道："略好。"并多次圈画此诗。《乌衣巷》通过写晋代显赫一时的王、谢世族没落后的衰败景象，借古讽今，暗示时下的权贵不会有比王、谢更好的命运。毛泽东至少圈画过六次。

《西塞山怀古》一诗，当时誉为骊珠，白居易为之搁笔罢唱（南宋计有功编《唐诗纪事》）。毛泽东至少也圈画过六次。在一本《注释唐诗三百首》所载这首诗的标题上方天头空白处毛泽东连画三个小圈，在诗正文上方天头空白处画了一个大圈。在一本清沈德潜编选《唐诗别裁集》上这首诗的标题前，毛泽东用红铅笔画了一个大圈。对诗后注释引《唐诗纪事》："时梦得与元微之、韦楚客、白乐天各赋金陵怀古。梦得诗成，乐天览之曰：'四人探骊珠，子已获珠，余皆鳞爪矣。'遂罢唱。"这段文字，毛泽东逐字逐句进行了圈点。1975 年 5 月 29 日，时任北京大学中文系讲师的芦荻调到毛泽东身边，为他读书。初次见面，毛泽东说："你大概很喜欢秋天吧？"芦荻一时不知所措。毛泽东爽朗地笑了。又问："你为什么叫芦获？会背刘禹锡的《西塞山怀古》这首诗吗？"芦荻背诵后，他自己也铿锵有力地吟诵了全诗。原来诗的最后一句"今逢四海为家日，故垒萧萧芦荻秋"中正含有芦荻的名字。（杨建业：《在毛主席身边读书——访北京大学中文系讲师芦荻》，1978年12月29日《光明日报》）当时已82岁高龄的毛泽东，能根据芦荻的名字，很快地联想起含有这两个字的这首诗，可见他对该诗的喜爱与熟悉。

刘禹锡是唐代古文运动的积极参加者。他提出"文非空言"，"文之细大视道之行止"（《唐故相国李公集纪》），并强调"文章之用"（《唐故相国赠司空令狐公集纪》）。这些观点，与韩愈、柳宗元的古文理论是一致的。李翱曾说："翱昔与韩吏部退之为文章盟主，同时伦辈，惟柳仪曹宗元、刘宾客梦得耳。"刘禹锡把这句话援引入自己的文章，表明他同意这一观点。

刘禹锡的文章以论说文成就最大。一是专题性论文，论述范围包括哲学、政治、医学、书法、书仪等方面。哲学论文《天论》三篇备受毛泽东称赞，已于前述。他如《答饶州元使君书》《论书》等。二是杂文小品。一般因事立题，有感而发，如《因论》七篇、《华佗论》等。这些作品，短小精悍，隐微深刻。《陋室铭》更是脍炙人口的佳作。"山不在高，有仙则名。水不在深，有龙则灵。斯是陋室，惟吾德馨。苔痕上阶绿，草色入帘青。谈笑有鸿儒，往来无白丁。可以调素琴，阅金经。无丝竹之乱耳，无案牍之劳形。南阳诸葛庐，西蜀子云亭。孔子云：何陋之有？"全文仅81个字，说明陋室之所以值得铭颂，是因为居于陋室的主人品德高尚。文章短小精练，清新别致，极富艺术色彩。

1945年重庆谈判期间，毛泽东拜访民主人士张澜先生时，张澜自谦自己简朴的住室是"陋室"，毛泽东随口答曰："惟吾德馨，何陋之有！"（林洪：《老成谋国，乘虚御风——毛泽东三访张澜》，《毛泽东和党外朋友们》，第79页，团结出版社1996年版）两人交谈时运用《陋室铭》中句子，表现了毛泽东对民主人士的高度评价和完全信赖，达到了沟通思想的目的。

白居易是『唐朝大诗人』

【传略】

白居易（772—846），字乐天，号香山居士、醉吟先生。祖籍太原，后迁居下邽（今陕西渭南），诞生地实是新郑（今河南新郑东郭宅）。他是我国唐代继李白、杜甫之后，又一位享有盛名的伟大诗人。

唐朝自"安史之乱"以后，中央政权日渐削弱，藩镇（节度使）拥兵割据，世袭爵位，截留赋税，和中央对抗。宦官掌握禁军（神策军）大权，专横贪暴，无恶不作。统治阶级过着荒淫无耻的生活，更加对人民残酷剥削，土地日益集中，生产遭到大大破坏，阶级矛盾更加尖锐。

白居易就生活在这样一个时代。他的生平，大致可以分为四个时期。

一、入仕以前，自代宗李豫大历七年（772）至德宗李适贞元十五年（799）。

白居易的家庭出身，据他自称是秦代著名军事家白起的后裔。白起封武安君，其后世子孙世居太原。其曾祖父白温，官居朝散大夫检校都官郎中，始移家下邽。祖父白锽，17岁时"明经及第"，做过鹿邑（今河南鹿邑）县尉、洛阳主簿，后又被选为河南府巩县（今河南巩义）县令。父亲白季庚做过彭城（今江苏徐州）令，后因劝说徐州刺史李洧摆脱叛将李正己父子控制、服从唐中央政府领导有功，升任徐州别驾（州刺史的辅助官吏）。

白居易有兄弟四人，他是老二。其兄白幼文，做过饶州浮梁主簿。最小的弟弟金刚奴，9岁时也早死。只有三弟白行简，能诗能文，考取进士，做过左拾遗、主客员外郎等官。他比白居易早死12年。兄弟感情十分友好。白居易在江州时，行简曾由巴蜀来和他共居过一段时间。白居易写有《对酒示行简》诗。

白居易自幼"敏悟过人"。据他的好友元稹说，他生下来只有六七个月，乳母抱他到书屏下，指着"之""无"两字，口虽不能讲话，但心已默识，即使再试百数次也不差。五六岁开始学诗，9岁便懂得辨别音韵。11岁时，他先到徐州，后到越中（今浙江），投奔在杭州做县尉的堂兄。因为当时"安史之乱"虽已平定，但国家内部分裂局面还相当严重。唐德宗建中三年（782），发生朱滔、李希烈、王武俊的兵乱；第二年，朱泚又反。他父亲为了儿子的安全，便把他送到南方寄养。由于战乱，白居易从此离开了故乡，浪游外地，因而有机会接触当时动荡不安的社会现实，了解封建社会的腐朽没落，并受到当时任苏州、杭州刺史的诗人韦应物、房孺复的影响，这对他以后的诗歌创作，起了良好的作用。15岁的白居易就写了许多有名的诗，例如《江南送别北客因凭寄徐州兄弟书》《江楼望归》《乱后过流沟寺》等。唐德宗贞元三年（787）16岁（一说17岁）的白居易从江南到首都长安，写了《赋得古原草送别》一诗，送给当时的名士顾况去看。起初，顾况不理睬他，当看到"居易"二字，便用他的名字开玩笑说："长安的米价正贵，'居'亦不容'易'的呀！"当他读到"野火烧不尽，春风吹又生"二句时，又为之叹服，立刻改口说："能做这样的好诗，'居'亦'易'了。"于是顾况到处赞扬他的诗，白居易因此名声远播。后来，这两句诗一直被人们所传诵。十五六岁时，白居易决心应进士第，学习更加刻苦，经常日夜不停地读诗写诗，他说："二十已来，昼课赋，夜课书，间又课诗，不遑寝息矣。以至于口舌成疮，手肘成胝，既壮而肤革不丰盈，……"（《与元九书》）可见他学习是多么的刻苦。

白居易在长安待了3年，找不到什么出路，在上元节观灯的时候，发出了"明月春风三五夜，万人行乐一人愁"的感叹。他20岁时重返徐州符离，之后又到了安徽宣城（今安徽宣城）。

二、初仕至遭贬。自德宗李适贞元十六年（800）至宪宗李纯元和十五年（820）。

由于白居易的大哥白幼文在饶州浮梁做主簿，他的叔父季康在宣州溧水做县令，得到他们的介绍，德宗贞元十五年（799），白居易得到宣城观察使崔衍的推荐，参加乡试（地方选拔人才的考试），录取后被保送到长安参加进士考试。贞元十六年（800），28岁的白居易考中了进士。他内心非常高兴，写了《及第后归觐留别诸同年》一诗，以表荣幸。与此同时，他还写了《礼部试策五道》《为人上宰相书》等，表达自己的抱负和政治见解。贞元十八年（802）冬天，他和元稹一块参加吏部的考试，白居易中"拔萃"甲科，元稹也同时登科。十九年春，两人同授秘书省校书郎，从此，两人成为亲密的朋友。后在诗坛齐名，并称"元、白"。这年白居易便由徐州迁家到长安常乐里。

永贞时（805），王叔文、韦执谊实行政治革新，白居易曾经上书，建议广开言路，选拔人才，惩恶赏善，举贤任能，不失时机地迅速改革。但不久，改革失败，王、韦等被贬。他的建议未被采纳，写有《寓意》等诗表示惋惜。

宪宗元和元年（806），白居易罢校书郎。

这年四月，白居易和元稹应"才识兼茂明于体用"科的考试，元稹名列第三，白居易名列第四。白居易因对策用语激烈，被指控"不得为谏官"，后被调任盩厔（今陕西周至）县尉。在此期间，他结识了陈鸿、王质夫，他们三人同游仙游寺。他那最早反映人民疾苦的《观刈麦》和脍炙人口的《长恨歌》就作于这个时候。《长恨歌》对唐玄宗的荒淫和杨贵妃的恃宠骄奢有所批评和讽刺，揭露了当时社会复杂而尖锐的阶级矛盾；但也充满着对李、杨爱情悲剧的怜恤。

元和二年（807），白居易担任集贤院校理，十一月被召为翰林学士。在他三十六七岁时，和杨颖士的从祖小妹结婚，感情一直很好。

元和三年（808）五月，白居易任左拾遗。从他《初授拾遗献书》来看，颇能直言敢谏，具有刚正不阿的操行。

元和四年（809），白居易曾向皇帝奏陈五事：降系囚、蠲租税、出宫人、绝进举、禁掠卖等。宪宗对这些建议，多数都采纳了。但当白居易直陈利弊，不应委任宦官吐突承璀为神策都统时，宪宗不仅不听，还对宰相李绛说："是子我自拔擢，乃敢尔，我叵堪此，必斥之。"恰好元稹任监察御史，因弹劾贪官，触犯权贵，被贬为江陵士曹参军。白居易见义勇为，上疏援救。宪宗有意疏远，"以资浅、家贫"为借口，"听自择官"。

在这一时期内，白居易写的《秦中吟》10首、《新乐府》50首，是他一生中最光辉的代表作品。正如他自己所说："闻《秦中吟》，则权豪贵近者相目而变色矣。"作者"一吟悲一事"，反映了当时人民的疾苦，刺痛了权贵们的心窝。在《新乐府序》中他又说："……其辞质而径，欲见之者易谕也；其言直而切，欲闻之者深诫也；其事核而实，使采之者传信也；其体顺而律，可以播于乐章歌曲也。总而言之，为君、为臣、为民、为物、为事而作，不为文而作也。"这是他写作目的的最好说明。例如《卖炭翁》，诗人用白描的手法，描绘了一个烧木炭的老人谋生的艰难，揭发了唐代"宫市"制度的流弊，反映了当时劳动人民的痛苦，至今仍是一篇闪烁时代光辉的杰作。

元和五年（810），白居易改任京兆府户曹参军，均依旧充翰林学士，草拟诏书，参与国家机密。

元和六年（811），白居易的母亲在长安病逝，他亲自把母亲灵柩送回下邽安葬，并在渭河北岸紫蓝村住下来，学习陶渊明躬耕。因此，有机会了解农村劳动人民的疾苦，写了一些反映农民悲惨生活的诗，如《归田三首》《夏旱》《村居二首》等。

元和八年（813），白居易守丧服满，再度入朝，任太子左赞善大夫。这是五品小官，按例不得参与朝政；此时他慨叹自己因官小不能施展抱负而苦恼，曾把自己比作无人欣赏的白牡丹。

元和十年（815），两河藩镇割据势力联合叛唐，李师道暗中派人刺杀宰相武元衡、御史中丞裴度，武元衡当场身亡，裴度受重伤。白居易激于义愤，上疏"请亟捕贼，刷朝廷耻"。又写了《与杨虞卿书》，认为"国辱臣死"，不能保持缄默，因此触犯了权贵，诬蔑他"越职言事"。后又放出谣言，说白居易的母亲因看花坠井而死，他不该写《赏花》和《新井篇》，有伤名教。而中书舍人王涯又补奏一本，说白居易无资格治郡，便把他贬为江州（今江西九江）司马（郡的助理官员）。

三、贬江州以后的内迁外调。自宪宗李纯元和十一年（816）至文宗李昂太和二年（828）。

白居易在被贬江州途中，写有《舟中雨夜》，表达了"左降到江州"的苦闷心情。此外，他还写有《望江州》《初到江州》等诗。这年十二月，白居易写了一封长信给他的老朋友元稹，即有名的《与元九书》。当时元稹在通州（今四川达县），两人互寄诗篇，各抒所感。在《与元九书》中，白居易比较完整地提出了自己的文学主张，总结了自《诗经》以来现实主义的文学创作经验。他认为文学必须"补察时政""泄导人情"，使之成为一种改造社会的工具和武器。他对诗歌的战斗作用、内容和形式的统一，诗歌和社会现实的关系等一系列问题，提出了自己的新鲜见解。这封书信在中国文学批评史上和中国诗歌史上，占有很重要的地位。

白居易在江州任司马，虽然名义上是刺史的副手，实际上是没有权力的。在无事可做的 4 年中，他写了许多好诗。到江州的第 2 年他写下著名的《琵琶行》。诗人借一个沦落天涯的弹琵琶的长安名歌妓一生的悲惨遭遇，抒发自己宦途失意的愤懑："同是天涯沦落人，相逢何必曾相识。"说出了诗人和歌妓的共同不幸的命运，成为脍炙人口的千古名句。在这之前，白居易已经看到朝廷的种种黑暗，萌生过及早抽身的念头。经过这次打击，思想更从"兼济"转向"独善"，决心要做"宦途自此心长别，世事从今口不言"（《重题》）；"面上减除忧喜色，胸中消灭是非心"（《咏怀》）。但他并没有辞官归隐，而是选择了一条"吏隐"的道路，一边挂着闲职，一边在庐山盖起草堂，与僧朋道侣交游，以求知足保和，与世无争。与之相适应，描写恬淡娴静境界、抒发个人情感的闲适诗和感伤诗，便开始多起来，而前期那种战斗性强烈的讽喻诗则比较少见了。

元和十三年（818），白居易得到宰相崔群的援助，升任忠州（今重庆忠县）刺史。弟弟白行简随行，第二年四月到达任所。元和十四年（819）三月十一日的晚上，他意外地和老友元稹在峡州（今湖北宜昌西）船上不期而遇，共宿三晚，各赋诗抒怀。白居易写了《三游洞序》。"三游"是说三人同游，即白居易、元稹和白行简。他写的《赠微之七言十七韵长诗》中说："夷陵峡口明月夜，此处逢君是偶然。一别五年方见面，相携三宿未回船。坐从日暮唯长叹，语到天明竟未眠。"阔别话旧，倾诉友情，回忆往事，感慨万端。

到忠州后，白居易做的第一件事，是简政爱民，"劝农均赋租"和"省事宽刑书"是其主旨。第二件事，在公事之余，种树栽花。从他写的《征秋税毕题郡南亭》《种桃杏》《东坡种花二首》来看，"养树和养民"的思想是互为一体、相辅相成的。第三件事，是发展荔枝和木莲树的生产。忠州是山区，地瘠民穷，他带头栽种荔枝和木莲树，并为荔枝绘画，又叫人把木莲树也绘成图，并亲自写了有名的《荔枝图序》和《木莲树图》诗三首并序。所有这些，其目的无非"赖此丰登年"，从中可以看出作者的实践精神。他原来准备在忠州工作 3 年，后奉调提前回京，实际不到两年就离开了。

元和十五年（820），唐宪宗暴卒，穆宗即位。白居易的好友元稹、李绛、崔群、张籍、韩愈等先后得到不同程度的重用，白居易也被任为尚书司门员外郎。不久，改任主客郎中、知制诰。他们经常同游共赏，诗歌酬唱，生活并不寂寞。但是，白居易回京后住了两年，眼看亲朋故交，为了权利，明争暗斗，像自己的挚友元稹也和宦官魏简弘等人勾结，身居显要。而统治阶级内部尔虞我诈，互相倾轧，政治非常黑暗，河北又动乱起来了。诗人感到失望，再也不愿卷入政治斗争的漩涡；同时他论河北三镇的奏疏不被采纳，自觉住京城于国事无补，便请求外放。穆宗答应了他的要求，长庆二年（822），任命他为杭州刺史。由于当时运河被动乱所阻塞，他由襄阳、汉水辗转赴任，十月才到杭州。

他在杭州做了 3 年刺史，替人民办了一些好事，例如动员人民兴修水利，又在西湖上筑堤，泄引湖水，灌溉田亩千顷，这就是有名的"白堤"。他作的《钱塘湖石记》一文，详细记述了这件事。在杭州期间，他写了大量的诗篇，如《余杭形势》《杭州春望》《春题湖上》《西湖晚归回望孤山寺赠诸客》《西湖留别》等，都是有名的诗作。

穆宗长庆四年（824），白居易在杭州任满，被召回京，任太子左庶子，分司东都。元稹为他编成《白氏长庆集》，并写了序。

敬宗宝历元年（825），53 岁的白居易调任苏州刺史。此时，他仍念念不忘人民的痛苦，但又感到"公私颇多事，衰惫殊少欢"。一次，他因公外出，不慎从马背上跌落下来，腰足受伤，"引退"的思想便更加迫切了。他说："辞官归去缘衰病，莫作陶潜范蠡看。"这时期，他写了《自咏五首》《酬别周从事二首》等诗，可以窥见诗人的心情。

当白居易因病辞退的消息传开后，苏州人民依依不舍，用船送他十多里。对此，他感慨万端，随即写成《别苏州》一诗："一时临水拜，十里随舟行。还乡信有兴，去郡能无情！"在封建社会里，一个地方官能取得人民这样的好感，实在是不多的。

文宗即位之后，在政治上仍是宦官专政，天下太平的希望是渺茫的。

白居易在大和元年（827），担任过一个短时期的秘书监。十月，他写了《三教论衡》。大和二年（828），授刑部侍郎。从此退隐于朝，不再多言直谏了。

四、退居洛阳的晚年生活。自文宗李昂大和三年（829）至武宗李炎会昌六年（846）。

大和三年（829），李宗闵做宰相。第二年，牛僧孺又做宰相。白居易和李、牛的关系都密切，尤其和牛僧孺有师生关系，他本来可以高攀，但他对当时的政治感到厌倦，称病回洛阳，以太子宾客分司东都。这实际上是唐王朝安置闲散官员的一种政治手段。当时，白居易 58 岁。

大和四年（830），白居易意外地被任为河南尹，辖区就是洛阳城。第二年夏天，白居易唯一的儿子阿崔死了，他万分痛心，作了《哭崔儿》一诗；七月二十二日，老友元稹又在武昌暴卒。

白居易闲居洛阳，过着饮酒、弹琴、赋诗、游山、玩水和"栖身释氏"的生活，只与当时"留守东都"的裴度来往。不久，裴度又逝世，他感到非常寂寞，这时，朋友中只有刘禹锡还健在。白居易和刘禹锡在长安相交以来，两人唱和的诗，有 138 首之多，题为《刘白唱和集》。后来增加送刘禹锡到苏州任刺史这段时间的唱和诗，共三卷，改名《刘白吴洛寄和集》，共有数百首之多，这在中国诗歌史上也是罕见的。对此，白居易甚为自得。他说："四海齐名白与刘。"可见他们交游之深，成就之大了。大和七年（833）四月，白居易河南尹任期已满，再授太子宾客分司东都。白居易从 68 岁起，就患了风痹症。唐武宗会昌二年（842）春，以刑部尚书退休，结束了宦途生活，并与香山和尚结香火社，自称"香山居士"，与胡杲、吉皎、郑据、刘真、卢贞、张浑、如满、李文爽饮酒聚会，都是年高不做官的人，每日互相招致，当时的人羡慕他们，绘《九老图》。他在舒适的晚年仍然时常想到人民。83 岁时，还出资募人凿开龙门八节石滩，以利行船。会昌六年（846）八月，诗人逝世，终年 75 岁。葬于龙门香山琵琶峰，诗人李商隐为撰墓志。今已辟为游览胜地。著有《白氏长庆集》71 卷。

江州司马，青衫泪湿，同在天涯。作者与琵琶演奏者有平等心情。白诗高处在此，不在他处。其然岂其然乎？

——毛泽东：《读〈释唐诗三百首·白居易琵琶行〉批语》，《毛泽东读文史古籍批语集》，第21页，中央文献出版社1993年版。

要奋斗到死，没有死就还没有达到永久奋斗的目标。从前有一首诗说："周公恐惧流言日，王莽谦恭未篡时，向使当年身便死，一生真伪复谁知？"这在我们的历史学家那里叫作"盖棺论定"，就是说，人到死的时候，才能断定他是好是坏。假使周公在那个谣言流传的时候就死了，人家一定会加他一个"奸臣"的头衔；又若王莽在那个谦让卑恭的时候死了，那后世人一定会赞扬他的。不过我们现在不是讲历史，那两个人究竟孰好孰坏，我们不论，然而它说明了人只有到死，才可以论定他的功罪是非。我们说：永久奋斗，就是要奋斗到底。

——毛泽东：《永久奋斗》，《毛泽东文集》第二卷，第191页，人民出版社1993年版。

光搞现实主义一面也不好，杜甫、白居易哭哭啼啼，我不愿看。李白、李贺、李商隐，搞点幻想。

——摘自1958年1月16日毛泽东在南宁会议上的讲话，见董学文等《毛泽东的文艺美学活动》，第177页，高等教育出版社1995年版。

【作者述评】

白居易是一位伟大诗人。他的思想，综合儒、道、释三家。立身行事，则以儒家"穷则独善其身，达则兼济天下"为指导思想。他的"兼济"之志，主要是靠实行儒家的仁政，但也包括黄老之说、管萧之术和申韩之法；他的"独善"之心，汲取了老庄的知足、齐物、逍遥观念和佛家的"解脱"思想。

白居易为人善良、正直、刚正不阿。在政治上，他曾大胆地和各种不合理的现象作斗争，做过一些有益于人民的事情。在文学创作方面，他是一个多产的作家，写了大量的散文和诗歌，仅诗歌就写了 3600 多首。他是中唐时期"新乐府"诗歌运动的提倡者之一。在江州时，他曾整理、编辑自己的诗歌作品，分为"讽喻、闲适、感伤、杂律"四类。在这四类诗中，白居易自己比较重视讽喻诗和闲适诗。他认为，讽喻诗反映了"兼济之志"，闲适诗显示出"独善之义"，都是他人生目标的直接体现。感伤诗是"或退公独处，或移病闲居，知足保和，吟玩情性"的，而杂律诗则"或诱于一时一物，发于一笑一吟，率然成章，非平生所尚"（《与元九书》）。其中，最有价值的是讽喻诗《秦中吟》10 首和《新乐府》50 首。这些诗主要揭露封建统治者的横征暴敛，抨击豪门贵族的奢侈浪费和揭发宦官的贪污强暴，具有深刻的现实意义和历史意义。白居易明确宣称写这些诗的目的是："惟歌生民病，愿得天子知""上可裨教化，舒之济万民"。这就是他写诗的立场和出发点。

白居易的诗歌理论，具有进步意义。他把诗歌比作果树，提出了"根情，苗言，华声，实义"（《与元九书》）的著名观点，主张"文章合为时而著，歌诗合为事而作"，即文学作品应当反映时代，表现人民的疾苦，不应当为文章而文章。他领导的新乐府运动，继承了汉乐府"感于哀乐，缘事而发"的现实主义优良传统，并起了推陈出新、继往开来的作用。

白居易的诗歌艺术，也是具有独特风格的。他反对诗歌只写风花雪月、一味追求六朝以来的形式主义的文风。他能从复杂的现实生活中选择具有典型性的人和事，塑造出栩栩如生的形象；作品主题集中、明确、有针对性，不是空发议论；叙事和抒情能有机结合；善于用比兴手法，使形象更加鲜明突出。语言通俗易懂，明白如话，准确生动，音调优美，具有平易浅切、清新明快的艺术特色。这是与他虚心向人民群众学习分不开的。据说他把诗写好后，常念给不识字的老妇人听，如果听不懂，就再行修改。这种严肃认真的写作态度是值得肯定的。所以，宋代大政治家、大文学家王安石称赞说："天下俚语被白乐天道尽。"这个评价是有依据的。

白居易的诗歌，在人民群众中得到广泛的流传。元稹《白氏长庆集序》说："……然而二十年间，禁省、观寺、邮候墙壁之上无不书，王公、姜妇、牛童、马走之口无不道；至于缮写模勒、衒卖于市井，或持之以交酒茗者，处处皆是。其甚者有至于盗窃名姓，苟求自售，杂乱间厕，无可奈何。"从这段话，可以证实在当时上自达官贵人，下至普通百姓，没有不喜欢阅读他的诗歌的。他的名篇丽句，还远传邻国，像新罗（今朝鲜境内）、日本的人民，都十分爱好他的诗。据新罗商人说，他们国家的宰相，曾用一百金换白居易的诗一篇：如有假冒的很快就能辨认出来。日本僧人惠萼也在苏州南禅寺抄得一部白集，后陆续有人抄回，至今日本保存有相当于宋、元时的抄本各一卷，视为国宝。

白居易的诗歌，影响巨大。从晚唐起，许多诗人，例如皮日休、聂夷中、杜荀鹤等人，都对他表示敬慕；至宋代，学习白居易的为人及其诗歌创作的就越来越多了，例如王禹偁、张耒、苏轼、陆游等；到了元、明、清，如吴伟业、黄遵宪等受白居易诗歌影响的人，不胜枚举。连他的《长恨歌》《琵琶行》都为后代戏曲家改为戏曲，如《长恨歌》演变为白朴的《梧桐雨》、洪昇的《长生殿》，《琵琶行》演变为马致远的《情衫泪》、蒋士铨的《四弦秋》。元稹说："自篇章以来，未有流传如是之广者。"目前，许多国家的专家学者，有不少人都在从事白居易的研究，足见他不仅是中国的著名诗人，也是在世界上享有盛名的诗人。

毛泽东虽然说白居易"光搞现实主义"，"哭哭啼啼，我不愿看"，但对白居易的优秀诗篇还是评价很高的。他对一本清蘅塘退士编《注释唐诗三百首》所载白居易《琵琶行》一诗作了详细批注：在标题上方连画三个大圈，对正文大部分作了断句，在"同是天涯沦落人，相逢何必曾相识"二句旁加了密圈，在正文天头上方批注道："江州司马，青衫泪湿，同在天涯。作者与琵琶演奏者有平等心情。白诗高处在此，不在他处。其然岂其然乎？"《琵琶行》是白居易的代表作，诗中借一个沦落天涯弹奏琵琶的京城名妓的不幸，抒发了诗人自己在政治上的坎坷遭遇，以及与之共鸣的思想感情。"同是天涯沦落人，相逢何必曾相识"，表现了白居易对弹琵琶女子的深刻理解与同情。毛泽东认为"白诗高处"在于作者与琵琶演奏者"有平等心情"，就是肯定了作者反映下层人民生活，关心人民疾苦的人民性，可谓一语点破这首诗的精髓！诗人白居易是弹琵琶女子的知音，毛泽东更是白居易的知音。附带说明一下，毛泽东这条批语中"江州司马，青衫泪湿，同是天涯”三句，系用金代词人吴激［人月圆］（南朝千古伤心事）一词末三句成句。

在一本平装《白香山集》的《放言五首并序》之三的诗中："赠君一法决狐疑，不用钻龟与祝蓍。试玉要烧三日满，辨材须待七年期。周公恐惧流言日，王莽谦恭未篡时。向使当初身便死，一生真伪复谁知？"毛泽东读时用铅笔画满了着重线。这首诗阐明了这样一条真理：识人论事需长久而全面的考察方能判断正确。毛泽东在1939年延安庆贺模范青年大会上作题《永久奋斗》的演讲中，引用了这首诗的后四句，把它讲的道理概括为"盖棺论定"，并鼓励人们要永久奋斗，奋斗到死，"因为没有死就没有达到永久奋斗的目标"。毛泽东喜欢这首诗，是因为它道出了识别一个人真伪的道理。1971年，林彪事件后，毛泽东在批判林彪阳奉阴违，最终还是原形毕露时又引用这首诗的后四句，说明一个人错误的发展是有过程的，认识一个人是真革命还是假革命也要有一个过程。

1957年3月19日，毛泽东乘机从徐州赴南京途中，在他的秘书林克正在读的一本书的扉页上写下了元人萨都剌的［木兰花慢］《彭城怀古》。讲解词中"燕子楼空"一句时说："'燕子楼'为唐朝驻徐州节度使张愔所建。张愔接父职驻节徐州，结识彭城名姬关盼盼，收娶为妾。她歌舞双绝，尤工诗文。张死后归葬洛阳，盼盼恋张旧情，独守空楼十余年。小楼多燕子，故名'燕子楼'。诗人白居易过徐州，因此故事写了一首七绝：'满窗明月满帘霜，被冷灯残拂卧床。燕子楼中霜月夜，秋来只为一人长。'"（李林达：《情满西湖》，第236—238页，中央文献出版社1993年版）他生动地讲解了唐人张愔与关盼盼的爱情故事，并连带讲到白居易的《燕子楼》诗。白诗共三首，毛泽东讲的是第一首。这首诗通过张愔死后，关盼盼空楼独守的描写，表现了他对爱情追求的真挚与执着。

此外，毛泽东还圈阅了白居易不少诗，据不完全统计，有近30首之多[1]。在《注释唐诗三百首》中《长恨歌》标题上方画了一个大圈，此诗

① 见毕桂发主编《毛泽东批阅古典诗词曲赋全编》，第540—565、1117—1120页，中国工人出版社1997年版。

毛泽东至少圈画过五遍。此书中《问刘十九》一首诗标题上方天头空白处毛泽东连画了三个小圈。《赋得古原草送别》这首诗，毛泽东也在四五本诗集中都作了圈画。

毛泽东曾手书过白居易《琵琶行》《长恨歌》（"汉皇重色思倾国"至"惊破霓裳羽衣曲"）、《杨柳枝》（"一树春风千万枝"）和《赋得古原草送别》（前四句）等诗。（中央档案馆整理：《毛泽东手书选集·古诗词》上，第 225—246 页，北京人民出版社 1996 年版）

『李贺的诗很值得一读』

【传略】

李贺（790—816），字长吉，福昌昌谷（今河南宜阳）人，唐代诗人。祖籍陇西，自称"陇西长吉"。家住福昌昌谷，后世因此称他为李昌谷。

李贺经历了德宗、顺宗、宪宗三朝，他的创作活动，主要在宪宗执政的元和时代。当时，统一强大的唐王朝，经过"安史之乱"，已由盛转衰，阶级矛盾尖锐，社会危机加深，促使人民奋起反抗统治阶级的政治压迫和经济剥削，也促使统治阶级内部分化成革新和保守两派，一批清醒的政治家提出了改革政治的主张，于是爆发了王叔文为首的"永贞革新"。"永贞革新"失败后，唐王朝社会黑暗的现实，始终没有得到多大改变。李贺就生长在这样一个时代。

李贺出身于破落的皇族家庭。他是唐高祖李渊的叔叔李亮（封郑王）的后代①。他虽属皇族，与唐朝皇帝同宗室，但不是嫡系。李贺出生时，离唐王朝开国已 170 多年，家境已经衰落。他的父亲李晋肃，是一个职位低微的小官吏。唐代宗大历三年（768），杜甫在湖北公安曾写了一首诗送给李晋肃，诗题是《公安送李二十九弟晋肃人蜀，余下沔鄂》。后来，李晋肃早死，家境更为清寒。李贺自述家庭情况说："我在山上舍，一亩蒿硗田。夜雨叫租吏，春声暗交关。"（《送韦仁实兄弟入关》）这诗当然有些夸张，但可看出他家田产不多，而且也受官府催租逼税的干扰。"欲将千里别，持此易斗粟。"（《勉爱行二首送小季之庐山》）为了解决吃饭问题，他的小弟不得不远行千里去谋生。由此可知，李贺出身于一个破落的地主家庭。母亲郑氏，是一个贤惠聪敏的妇女。李贺还有一姐一弟。姐姐嫁给一个姓王的人。弟名李犹。

李贺小时候很聪明，7 岁就会写诗。当时著名的文学家韩愈和皇甫湜听说了，开始不相信，说："若是古人，我们可能不知道；若是今人，我们岂有不知道之理。"于是，他们二人骑着马一同来到李贺家。李贺童装出来迎接。韩愈、皇甫湜要李贺当面作诗，他马上拿笔写了一首题为《高轩过》

---

① 一说系指李元懿，唐高祖李渊第十三子，亦封郑王。

的诗。韩愈和皇甫湜看后大惊，亲自替李贺整理头发，表示爱护和赞赏。

李贺的身材富有特征，身体瘦弱，两眉相通，长指甲，写字很快。李贺作诗的构思过程更为特别。每天早晨，他骑一匹瘦马走出家门，一个小仆人背着一只古香古色的旧锦囊跟在背后。他一路上构思吟哦，想到好诗句，就记在纸条上，投入锦囊中。傍晚回家，在灯下将这些诗条子从旧锦囊中拿出来，再磨墨拿笔，加以补充整理，便成了一首又一首的诗歌。他从不先立题目然后去做诗。他的母亲一见到他的旧锦囊中诗条子多，就怒道："是儿要当呕出心乃已耳！"

唐宪宗元和二年（807），18 岁的李贺离开家乡到洛阳参加府试。因为按照唐代科举制度的规定，凡是考进士的举子，先要经过就近各府的考试，成绩优异者才能被送到长安去参加进士考试。李贺凭着出众的才华，很顺利地通过府试，取得了"乡贡进士"的资格。

唐朝的进士主要考诗赋，李贺的诗歌在当时已非常有名，考取进士的可能性是很大的。但是，李贺的父亲名字叫"晋肃"，"晋"与"进"同音，那些妒忌李贺才华的人，利用"避家讳"这种旧习惯来刁难他，说他不能考进士。当时，韩愈为此写了一篇题为《讳辩》的文章，替他辩护。他讽刺说："父名晋肃，子不得举进士；若父名仁，子不得为人乎？"回击了那些诽谤者。李贺在这种氛围中来到长安参加礼部考试。只因礼部官员听信谗言，选拔人才草率从事，致使他名落孙山。元和三年（808）春，李贺带着沮丧的心情回到家乡闲居，直到这一年的秋天。

元和三年（808），李贺离别新婚不久的妻子进京求仕。李贺以"宗孙"、荫子、仪装端正等条件，由宗人引荐，经过考试，在元和四年春天，被任命为奉礼郎。奉礼郎是一个从九品上的小京官，属太常寺，在朝会、祭祀的时候，负责招呼排座次，安排祭品，赞礼跪拜；在公卿巡行诸陵的时候，领着仪仗队，专司仪礼。李贺之所以就任这样的小官，一方面是由于家庭的督促，生活的逼迫，"家门厚重意，望我饱饥腹"（《题归梦》）；另一方面是希望借此际遇皇帝，"吾将噪礼乐，声调摩清新。欲使十千岁，帝道如飞神"（《出城别张又新酬李汉》）。但是，后面这一希望一直落空。他在当了三年"奉礼郎"后，不愿继续担任这种"臣妾"的差事，借病辞职

「李贺的诗很值得一读」

回家了。

在长安期间，李贺居崇义里，他结交了几个志同道合的朋友，如陈商、沈亚之、杨敬之、王参元、权璩、崔植、李汉、张又新等。他们年龄相仿，同游共处，酬诗唱和。他还有一位密友，名叫沈子明。李贺临死时，把自己诗作的全部手稿托付给他，可见他们情谊的深厚。

任职长安期间，最使诗人伤心的事，是爱妻的亡故。

元和七年（812）春，李贺离开长安，返回家乡闲居。诗人久居繁华的都市，一旦回到故乡的怀抱，自然觉得心旷神怡，为自然的美丽所陶醉。他这一时期写的《南园十三首》和《昌谷北园新笋四首》，生动地记录了李贺当时的生活和思想。他身在家园，心存天下，情不自禁地抒发出为国效力的豪情来："男儿何不带吴钩？收取关山五十州。"（《南园十三首》之五）"见买若耶溪水剑，明朝归去事猿公。"（同上之七）诗人渴望投笔从戎，驰骋疆场，为统一祖国贡献身量。

为了寻找施展政治抱负的机会，也为了谋求生计，元和八年（813）六月下旬，李贺出发到潞州（今山西长治上党区）去投奔张彻。张彻是韩愈的学生，李贺在洛阳、长安时，与张彻结下了很深的友谊。这一年，张彻应潞州长史、昭义军节度使郗士美的邀请，在幕府里担任草拟文书的工作。李贺希望得到张彻的引荐，谋求政治上的出路，但并没有达到目的。

李贺在潞州过了3年寄人篱下的生活，终于在元和十年（815）春，毅然告别张彻，南下探视他的正在和州任职的"十四兄"。他先后到过金陵、嘉兴、吴兴、甫东（今浙江定海）等地。这期间，他写了一些怀念前期往事和记述诗友交会的诗篇，如《苏小小墓》《追和柳恽》等。《追和柳恽》是借梁朝吴兴太守柳恽，代指"吴兴才子"沈亚之。诗人登门拜访，沈亚之喜出望外，用吴兴名酒招待他。李贺这时还有许多描写江南风物的诗作，如《大堤曲》《湘妃》《黄头郎》《莫愁曲》《江南弄》等。不久，李贺从江南北归家园。他的归家路线，大体是溯江西上，转入汉水，经襄阳回昌谷。

南北游历，并不能消除诗人胸中郁结的愁闷。再加上长期体弱多病，经济拮据，回家后不久，这位年轻的天才诗人终因精神上和肉体上的双重折磨，过早地离开了人世，年仅 27 岁。人们出于对李贺的怀念和痛惜，传说李贺临死时，见天帝派绯衣使者相召到天上白玉楼；（李商隐：《李长吉小传》）又传其母一夕梦见李贺，说他正在为天帝作白瑶宫记文。（张读《宣室志》）唐昭宗时，韦庄上表请追赐李贺进士及第，赠补阙、拾遗官职。但因宫廷发生事变，所奏被搁置。

李贺有一姊出嫁王家。后来这位姐姐将李贺的生平事迹告诉李商隐，李商隐写了《李长吉小传》。这是最早的李贺传。

李贺临终时，将平生所著诗歌 223 首，分为 4 编，交给了他的好友沈子明。李贺死后 15 年，沈子明与杜牧同在宣歙观察使沈传师处任幕僚，他将李贺遗稿给杜牧过目，并请杜牧写了一篇《李贺集序》。

【毛泽东评说】

李贺除有很少几首五言律外，七言律他一首也不写。李贺诗很值得一读，不知你有兴趣否？

  ——毛泽东：《致陈毅信》（1965 年 7 月 21 日）《毛泽东书信选集》，第 608 页，人民出版社 1983 年版。

光搞现实主义一面也不好，杜甫、日居易哭哭啼啼，我不愿看。李白、李贺、李商隐，搞点幻想。

  ——摘自毛泽东 1958 年 1 月 16 日在南宁会议上的讲话，董学文等《毛泽东的文艺美学活动》，第 177 页，高等教育出版社 1995 年版。

还有李贺死时二十七，夏完淳死时十七[①]。都是英俊天才，惜乎死得太早了。

  ——毛泽东：《读〈初唐四杰集·王勃秋日楚州郝同户宅饯崔使君序〉批语》，中共中央文献研究室编：《毛泽东读文史古籍批语集》，第 11 页，中央文献出版社 1993 年版。

---

  ① 此处手稿为"夏淳融"。

中国的儒学家，对孔子就是迷信，不敢称孔丘。唐朝李贺就不是这样，对汉武帝直写其名，曰刘彻、刘郎，称魏夫人为魏（卫）娘。一有迷信就把我们的脑子镇压住了，不敢跳出圈子想问题。

> ——摘自毛泽东1958年3月22日在成都会议上的讲话，转引自陈晋主编《毛泽东读书笔记解析》，第1301页，广东人民出版社1996年版。

唐朝诗人李贺，河南宜阳人，死的时候只有二十七岁。

> ——摘自毛泽东1958年5月8日在中共八大二次会讲上第一次讲话，转引自王子今《毛泽东与中国史学》，第199页，中共中央党校出版社1993年版。

【作者述评】

李贺是继屈原、李白之后中国文学史上又一位积极的浪漫主义诗人。"李长吉诗，每近《天问》《招魂》，楚骚之苗裔也。"（沈德潜：《说诗晬语》）李贺的诗歌，对唐王朝统治的昏庸腐朽、宦官专权、藩镇割据的黑暗现实，多加以揭露、讽刺，同时也表现了个人不得志的悲愤，也有咏物和写神仙鬼魅题材的。想象力丰富奇特，惨淡经营，句锻字炼，色彩瑰丽，使李贺的诗在艺术方面，更有其独特的风格。《新唐书·李贺传》说他"辞尚奇诡"。他的诗歌风格可用一个"奇"字概括。所谓"奇"，指他有奇特的想象、奇特的语言。如他写的《梦天》诗：

老兔寒蟾泣天色，云楼半开壁斜白。
玉轮轧露湿团光，鸾珮相逢桂香陌。
黄尘清水三山下，更变千年如走马。
遥望齐州九点烟，一泓海水杯中泻。

这首诗前四句写月宫之景，已经奇特；后四句写从天上看大海九州，更为奇特。诗人想象从天上望大地，中国的九州不过九点烟，大海不过一杯水，"梦中之游真豪矣"（王琦：《李长吉歌诗汇解》）。

李贺诗歌中类似的奇特名句还不少。如"衰兰送客咸阳道，天若有情天亦老。"（《金铜仙人辞汉歌》）"昆山玉碎凤凰叫，芙蓉泣露香兰笑。"（《李凭箜篌引》）"我有迷魂招不得，雄鸡一声天下白。"（《致酒行》）"洞庭雨脚来吹笙，酒酣喝月使倒行。"（《秦王饮酒》）这些诗句既表现了奇诡的幻想，又具有秾丽的色彩。李贺的奇丽的诗歌，为唐诗开辟了一个新的流派。"长吉之瑰诡，天地间自欠此体不得。"（严羽：《沧浪诗话》）它是唐诗百花丛中一朵奇葩。李贺较多地写古诗与乐府，很少写当时流行的近体诗，七律诗一首也不写，表现了他不满于当时诗风的态度。另一方面他又受齐梁宫体诗的影响，过分注意雕琢，有的作品也有词意晦涩和堆砌辞藻的毛病。在唐代，李商隐、温庭筠的古诗，就是走李贺所开辟的道路，宋人刘克庄、谢翱，元人萨都剌、杨维桢，清人黎简、姚燮，都受到李贺的影响。

如同喜读浪漫主义诗人李白的诗一样，毛泽东也同样喜读李贺的诗。1965 年 7 月，毛泽东在写给陈毅的一封谈诗的信中，向他推荐说："李贺的诗很值得一读，不知你有兴趣否？"在对王勃一篇文章的批注和多次讲话中，毛泽东都称赞李贺是"英俊天才"，惋惜他的英年早逝。在一本《新唐书·李贺传》中，他在天头上标写着"李贺"两个醒目的大字，在记载李贺写诗"未始先立题，然后为诗，如他人牵合程课者"等处，逐句加了旁圈。在一本刘大杰编写的《中国文学发展史》的目录上，在"第十章，李贺、李商隐及晚唐诗人"中李贺的名字下，他用红笔画有着重线，在"第十章"前用红笔画着大圈。在一本《李长吉歌诗集》杜牧写的序言中，毛泽东多处画着曲线和圈。在中南海毛泽东故居书屋里藏有多种版本的李贺诗集，如《李长吉歌诗集》《李长吉集》《李昌谷诗集》《李昌谷诗注》等。这些诗集中，每本都有毛泽东的圈画。李贺流传于世的诗约 223 首，毛泽东圈画过的有 83 首之多，有些诗还圈画过四五次。这说明毛泽东对李贺的个人经历和诗歌创作的研究是颇下了一番功夫的。

毛泽东对李贺诗歌的偏爱和熟悉，还可以从这样一个例子作为佐证。1959 年 3 月，文物出版社刻印了一册线装本的《鲁迅诗集》。其中的《湘灵歌》，是鲁迅于 1931 年 3 月 5 日写赠给日本友人松元三郎的。"湘灵"

『李贺的诗很值得一读』

是古代楚人神话里的湘水女神，鲁迅借用这个古代神话来表达对被国民党反动派杀害共产党人和革命群众的强烈憎恨，以及对死难者的哀思。全诗为："昔闻湘水碧如染，今闻湘水胭脂痕。湘灵妆成照湘水，皎如皓月窥彤云。高丘寂寞竦中夜，芳荃零落无余春。鼓完瑶琴人不闻，太平成象盈秋门。"毛泽东在该诗末句旁边批注："从李长吉来。"李贺在《自昌谷到洛后门》一诗中有"九月大野白，苍岑竦秋门"之句。明代曾益注："《洛阳故宫纪》云：洛阳有宜秋门、千秋门。"洛阳是唐朝的东都，鲁迅借指国民党政府首都南京。

李贺的诗富于想象，这与毛泽东浪漫主义气质正相吻合。这大概是毛泽东喜欢李贺诗的重要原因。浪漫主义的本质是理想主义精神，它往往运用奇特的想象、大胆的夸张等手法塑造奇特的艺术形象。李贺的诗大体上有讽喻、抒情、神怪、咏物等种类。这四类诗，毛泽东都有不少圈画。在讽喻类中，《秦王饮酒》讽刺唐朝宫廷酣歌宴舞，夜以继日的快乐生活；《昆仑使者》批判唐宪宗求仙；《雁门太守行》歌颂削平藩镇叛乱；《老夫采玉歌》揭露封建统治阶级对人民的剥削迫害；《黄家洞》反映对少数民族的军事镇压；《送沈亚之歌》抨击科举制度不能选拔真正有用的人才；等等。这些诗从不同方面揭露批判黑暗政治和不良社会现象。毛泽东都圈阅过。

在抒情类作品中，毛泽东圈画得较多的是李贺的《南园十三首》和《马诗二十三首》。这两组诗是诗人托物言志、借景抒情手法，抒发自己对政治、对人生的抱负和感慨。毛泽东除了在几部李贺的专集中圈画了这些诗外，在《唐诗别裁集》中也作了圈画。而以《南园》之五："男儿何不带吴钩？收取关山五十州。请君暂上凌烟阁，若个书生万户侯？"和《南园》之六："寻章摘句老雕虫，晓月当帘挂玉弓。不见年年辽海上，文章何处哭秋风？"这两首诗是抒发诗人要求参加削藩平叛的战斗豪情，嘲讽那些死读经书，无所作为的腐儒的。这两首诗毛泽东圈画最多。这类诗还有《浩歌》："南风吹山作平地，帝遣天吴移海水。王母桃花千遍红，彭祖巫咸几回死？"诗人用神话传说，描绘自然界的变化，感叹人生易老，因而怀念历史上知人善任的平原君赵胜："买丝绣作平原君，有酒惟浇赵州土！"这首发愤抒情之作，表达了诗人渴望在少壮时期奋发图进的强烈愿望。这首诗毛泽东也多次圈画过。《马诗二十三首》，借咏马以反映现实政治，抒发作者的愤激心情，毛泽东也多有圈画。

李贺是一个青年诗人，但在他的作品中出现的"死"字却达20多个，"老"字多达50多个，反映了他对好景不长、时光易逝的感伤情绪。"况是青春日将暮，桃花乱落如红雨"（《将进酒》），就表达了他对现实人生无可奈何的心情。于是他探索死亡的途径，便产生了对神仙境界的奇妙幻想。王母、嫦娥等神话人物，银浦、月宫等天国风光，出现在《天上谣》《梦天》等名作中，极奇丽谲幻之观。而在《古悠悠行》《官街鼓》、神弦《神弦曲》等作品中则写到神仙的虚诞和沧桑的变化。既然死亡无法逃避，于是又出现了对另一种鬼魅世界的描写："秋坟鬼唱鲍家诗，恨血千年土中碧"（《秋来》）、"百年老鸮成木魅，笑声碧火巢中起"（《神弦曲》）。这些诗毛泽东都加以圈画。幽灵出没，阴森可怖。李贺写的这种神怪诗并不多，总数不过十余首，却占其名作的一半以上，因此宋人钱易、宋祁等称李贺为诗鬼。于是，如同李白被称为"诗仙"，杜甫被称为"诗圣"一样，李贺便得到了"诗鬼"的雅号。

毛泽东很喜爱李贺的神怪诗。黄陶庵评本《李长吉集》中《梦天》一首，对"遥望齐州九点烟，一泓海水杯中泻"两句末画着圈，天头上的编者评语说："论长吉每道是鬼才，而其为仙语，乃李白所不及，九州二句，妙有千古。"毛泽东读至此，每句都圈点断句，很重视这一评论。

1960年5月初，毛泽东在山东视察工作，当他听到省委负责同志汇报到拥有渤、黄二海的山东缺水时，便自然地联想起李贺的《梦天》一诗，便随口念了诗的前四句："黄尘清水三山下，更变千年如走马。遥望齐州九点烟，一泓海水杯中泻。"毛泽东解释了诗中"三山""齐州""九点烟"的意思后，接着说："能把海水变淡水，水就多了"，"要想法研究"，利用海水。当有人提出李贺诗不好懂时，毛泽东说，他专门作古怪的诗，人们说他写的是鬼诗，不是人诗，但"有些还是容易懂"。（董学文等：《毛泽东的文艺美学活动》，第205页，高等教育出版社1995年版）

在咏物诗中，如《李凭箜篌引》《申胡子觱篥歌》《听颖师弹琴歌》

『李贺的诗很值得一读』

等，通过"石破天惊"的奇特想象和比喻等手法，描绘音乐家的高超技艺和动人的音乐美，并抒发诗人的怀抱，是文学史上描写音乐的名篇，毛泽东十分喜爱，前者曾多次圈阅过。《杨生青花紫石砚歌》，赞颂劳动人民巧夺天工的手艺，《罗浮山人与葛篇》，描写织布老人织雨剪湘的绝技。这些直接反映劳动人民生活的作品，毛泽东自然也加以圈画。

毛泽东不仅熟知李贺的诗，还将李贺诗中的佳句引用、化用在自己的诗词创作中。毛泽东 1950 年写〔浣溪沙〕《和柳亚子先生》一词中"一唱雄鸡天下白"，点化李贺《致酒行》中"雄鸡一声天下白"入词，形容全国解放后，由黑暗走向光明。《七律·人民解放军占领南京》引用李贺《金铜仙人辞汉歌》中"天若有情天亦老"成句入诗，是说苍天亦为国民党反动统治的被推翻而动情，再续以"人间正道是沧桑"，阐明了翻天覆地的沧桑巨变是人类历史的发展规律。这后一句的生发，使李贺原诗的前一句变得更加积极而诗意更浓。1958 年毛泽东写的《送瘟神二首》中"万户萧疏鬼唱歌"的诗句，显然是从李贺《秋来》诗中"秋坟鬼唱鲍家诗"化出。此诗中的"红雨随心翻作浪"一语，系从李贺《将进酒》中"桃花乱落如红雨"点化而来，极写风光烂漫，春光随人意，改变了李诗原有的伤春之意。

李商隐『无题诗现在难下断语，暂时存疑可也』

【传略】

李商隐（813—858），字义山，号玉谿生，又号樊南生，原籍怀州河内（今河南沁阳），后迁至郑州荥阳（今河南荥阳）。晚唐著名诗人，与杜牧齐名，人称"小李杜"。

李商隐出身于小官吏家庭，从他的高祖到他的父亲，都只担任过县令、县尉和州郡僚佐一类的低级地方官吏。他在叙述自己的远祖时说："先君姑臧公以让弟手封，故子孙代继德礼，蝉联之盛，著于史牒。"① "姑臧公"是东晋时西凉武昭王李暠的曾孙李承。李商隐称他为"先君"，也就自认和唐朝皇帝同族，所以他把陇西成纪（今甘肃天水）当作自己的郡望。尽管他在诗中常以唐王朝宗室自居，可"王孙"的美名并没有给他带来荣华富贵，他的家世很早就衰败了，祖辈的名字在唐宗室的族谱中无案可查，现存史料提到的几代前辈也都没什么名望。他的高祖李涉只做过美原（今陕西富平北美原镇）县令；祖父李叔卿，曾任邢州（今河北邢台）录事参军；父亲李嗣，曾任获嘉（今河南获嘉）县令。李商隐就诞生在获嘉。他两岁时，父亲被罢去获嘉县令一职，到浙江东道、浙江西道观察使幕中任职，直到李商隐9岁，他都是随父亲在浙江度过的。李商隐的家庭并不富裕，他的曾祖父、祖父都死得早，"百岁本无业""家惟屡空"。9岁时，他的父亲不幸病逝，李商隐陪侍母亲护送灵柩回到故乡郑州荥阳市，为父亲料理丧事并守丧3年。父丧期满，全家迁居洛阳。当时，由于家中的经济景况很不好，13岁的李商隐不得不经常帮人抄抄写写，做些杂工零活。后来，他在《祭裴氏姊文》中回忆当时贫困的情景说家中已经达到了"四海无可归之地，九族无可倚之亲"。李商隐这种阶级地位和艰辛遭遇，促使他对社会生活较早地有所体察，又促使他从幼年起便刻苦学习，企图从科举上找到出路。他的一位堂叔对古文很有研究，这位堂叔对他"亲授经典，教为文章"。他在这位堂叔的教育下，少年时便会古典散文。16岁著《才论》《圣论》，以古文为士大夫所知。

---

① 李商隐：《请卢尚书撰李氏仲姊河东裴氏夫人志文状》。

唐文宗李昂大和三年（829），很有名望的朝廷元老令狐楚到洛阳任东都留守。17岁的李商隐带着自己的文章和诗赋去拜见令狐楚。令狐楚这位历仕六朝的朝廷重臣一见李商隐的文章大为赞叹，立刻对这位素昧平生的少年刮目相看，"致之华馆，待以嘉宾"。[①] 同年11月，令狐楚出任郓州刺史、天平军节度使（郓州治所须昌在今山东东平西北），便聘请李商隐入幕府为巡官。令狐楚很爱惜李商隐的才能，让他与自己的儿子令狐绹一起学习，并亲自讲授骈文的做法。这种情况在等级森严的官场是极为少见的，他们之间的情谊远远地超过了上下级关系。李商隐后来成为晚唐首屈一指的四六文大家，他的格律诗中的对偶也极见功力，这是他把古文和骈文的优点融为一体的结果，当然与令狐楚的指导帮助也是分不开的。

21岁时，李商隐由令狐楚资助去长安参加进士考试，未中；23岁时，他再次参加进士考试，也未中；25岁时，李商隐第三次进京应试，终于获得成功。这不仅是他的文才发挥得好，更遇上了好机缘：由于恩师令狐楚之子令狐绹当时在朝中为左拾遗，和这年的主考官高锴交情颇深，经他极力推荐，李商隐10年来的鸿鹄之志才得如愿以偿。25岁以前，李商隐与令狐楚父子关系密切，令狐楚临死时写给皇帝的遗书也是李商隐执笔的。

令狐楚死后，李商隐失去幕职，只好另寻出路。开成三年（838），李商隐应泾原（今甘肃泾川北）节度使王茂元的聘请，参加了泾原幕府。王茂元很爱惜他的才能，把他的一个女儿嫁给他。

当时，朝臣中分为牛、李两党，互相倾轧。令狐楚父子属于牛党，而王茂元属于李党。李商隐成了李党王茂元的女婿后，牛党的令狐绹等人对他很恼怒，认为他"背恩""无行"。[②] 开成三年（838），李商隐参加博学宏词科考试成绩优秀，主考官周墀、李回都很赏识他的文才，已经予以录取。可当吏部铨叙上报中书省时，中书省以"此人不堪"的理由将他的名字抹掉了。开成四年（839），他经过吏部考试任秘书省校书郎，不久又被

---

① 《上令狐相公状四》。

② 时裁汝州县冗官，着手经营恢复被吐蕃侵占的河湟地区。李商隐①《旧唐书·李商隐传》。

排挤出京，外任弘农（今河南灵宝北）县尉。这些挫折，都是朋党之争给他带来的打击。李商隐对于牛、李两党之争感到厌烦和畏惧，他发出"莫近弹棋局，中心最不平"的感叹。

唐敬宗李湛开成五年（840），朝廷发生了重大的变化：文宗病死，武宗即位。武宗是一位较有理想和作为的君主，他用李德裕为相，力图重整朝纲。会昌三年（843），李德裕派军队击溃了回鹘的侵略。会昌四年（844），又平定了藩镇刘稹的叛乱，同对于李德裕为加强国家安定统一所采取的军事政治措施是赞成的。会昌二年（842），李商隐再次赴京应试，以书判拔萃授秘书省正字。再入秘书省，本可成为李商隐政治生涯中的一个良好开端，不幸的是，他的母亲于这年冬天病逝。按照当时的惯例，在职的官员父母亡故，必须离职守丧。李商隐不得不又一次离开秘书省，当他返回岗位时，已是会昌五年冬天。第二年，武宗就病死了。

唐宣宗李忱大中元年（847），唐宣宗即位后，任用牛党人物白敏中、令狐绹等做宰相，李德裕和李党人物遭到贬斥。这一阶段，李商隐大部分时间是随郑亚、卢弘正、柳仲郢在桂州、徐州、梓州等地作幕僚。具体情况如下：

大中元年，桂管观察使（治所在今广西桂林）郑亚请李商隐做幕僚，任掌书记。五月，李商隐抵桂林。这年冬天，他奉郑亚之命到南郡（今湖北荆州），舟行途中编完了他的骈文文集《樊南甲集》，并作序。大中二年（848）三四月间，他离开桂林北归。五月至潭州（今湖南长沙），并在湖南观察使李回处作短期停留。

大中三年（849），武宁军节度使（治所在今江苏徐州）卢弘正请李商隐任判官，并带侍御史的官衔。这年十二月，李商隐到徐州。大中五年（851），卢弘正死，李商隐由徐州回到长安，任太常博士。这年夏天，妻王氏病死。

大中五年（851）七月，东川节度使（治所在今四川三台）柳仲郢请李商隐任掌书记；十月，充任判官，并得检校工部郎中衔。此后几年，李商隐一直在四川。大中七年，他编完《樊南乙集》，自序说："三年已来，丧失家道，平居忽忽不乐，始克意事佛。"大中九年，李商隐随柳仲郢调回长安。柳仲郢任盐铁转运使,推荐李商隐任盐铁推官。大中十二年(858),柳仲郢罢盐铁转运使,李商隐也罢盐铁推官,还郑州闲居。这年病死,年46岁。

【毛泽东评说】

我同意你对韩愈的意见,一分为二为宜。李义山无题诗现在难下断语,暂时存疑可也。奉复久羁,深以为歉,诗词与论,拜读欣然,不胜感谢。

毛泽东

二月十二日

——毛泽东:《致刘大杰》(1976年2月12日),《毛泽东文艺评论集》,第338页,中央文献出版社2002年版。

不愿看杜甫、白居易那种哭哭啼啼的作品,光是现实主义一面不好,李白、李贺、李商隐,要搞点幻想。太现实就不能写诗了。

——陈晋:《毛泽东的文化性格》,第268页,中国青年出版社1991年版。

田家英同志:

苏雪林著《李义山恋爱事迹考》,请去坊间找一下,看是否可以买到,或者商务图书馆有此书?

毛泽东

七月二十七日

——董边等:《毛泽东和他的秘书田家英》,第115页,中央文献出版社1989年版。

【作者述评】

李商隐是晚唐著名的文学家。他的文学成就主要表现在骈文和诗歌两个方面。李商隐是晚唐骈文的主要代表作家。他与温庭筠、段成式三人写的骈文,号称"三十六体",因为他们三个人的排行都是第十六。骈文又名四六文，"四六"文的名称，首见于李商隐的《樊南甲集·自序》。他的骈文有独特的风格。《四库全书简明目录》说："李商隐之文，婉约雅饬，于唐人为别格。"

李商隐的诗现存 600 多首，收集在清冯浩著《玉溪生诗笺注》里。李商隐的诗在后世影响很大，千百年来一直为人们所珍视和喜爱。唐朝末年曾流传着这样一个故事：一群文人学士在湖中泛舟游览，岸上木兰花正盛开，有人提议以木兰为题赋诗。正在酣饮唱酬之际，来了个衣衫褴褛的读书人，他一上船就琅琅念了一首诗："洞庭波冷晓侵云，日日征帆送远人。几度木兰船上望，不知元是此花身。"吟罢即隐身而去。大家都非常惊奇。后来获悉，原来这是李商隐的魂魄出现了。这个故事当然不可信，但是说明了后世文人对李商隐的崇敬和怀念。与李商隐同时的诗人喻凫曾称赞他的诗歌是"羽翼恣抟扶，山河使笔驱"。温庭筠则把他比作汉代的才子司马相如："子虚何处堪清渴，试向文园问长卿。"北宋以来许多著名的学者也给予高度的评价，如叶燮《原诗》说："李商隐七绝，寄托深而措辞婉，可空百代，无其匹也。"唐宋以来的唐诗选本都大量选入李商隐的诗篇，他的许多诗篇千百年来一直脍炙人口传诵不绝。

李商隐的诗歌按题材内容大致可分为政治诗、爱情诗、咏怀诗三大类。他的政治诗虽然没有像杜甫、白居易那样深刻地揭露阶级矛盾，却比较深刻而又全面地反映了晚唐时期的重大事件和社会面貌，无论是质还是量都是当时其他诗人远远不及的，因而奠定了他在晚唐诗坛上独占鳌头的地位。他的爱情诗虽是描写个人生活，但表现了他的深挚感情，反映了宫女渴求自由的爱情生活，在一定程度上抨击了封建礼教。他的咏怀诗有的抒发政治抱负，表现积极用世精神；有的感慨凄凉身世，对寄人篱下、报国无门的遭遇表示怨恨。虽然写的是个人的遭遇，却反映了那个时代黑暗势力对人才的压抑和摧残，有着深刻的社会意义。

李商隐既是一个集大成者，也是一个杰出的创新者。所以他的许多律诗和绝句能使人百读不厌，具有强烈的艺术魅力，归纳起来主要有如下几个特点：

一、构思奇妙，意境深远。李商隐的诗很注重艺术构思，往往能别出心裁，出奇制胜。他的诗歌许多虽然取材一般化，但由于诗人善于从不同的角度去处理，能给人一种异峰突起的感觉。如《嫦娥》取材神话传说，诗人着力刻画了嫦娥孤寂悔恨的心情，用移情的方法把"嫦娥对面写来，十分蕴藉"，富有新意。不过，这种"奇"不等于怪，而是偏重"妙"，有意到笔不到的功力。

二、善用象征手法，发扬比兴传统。李商隐继承离骚"连类相从""环譬以托讽"的传统，并不断地加以革新，形成自己的风格。他的咏史诗几乎全用比兴，大部分咏物诗都是拟喻之作，如《初食笋呈座中》《流莺》《蝉》等，有的托物喻志，有的以人拟物。这些诗中的比兴，大都结合在一起，相互渗透，运用十分灵活。

李商隐诗中比喻和象征的事物不胜枚举，生活中极常见的极普通的事都能信手拈来，有时他在一首诗中运用一连串的比喻和象征手法，如《锦瑟》诗中以"庄生晓梦""望帝春心""明珠有泪""暖玉生烟"等一组事物象征理想的破灭，但却写得浑然一体，没有斧凿的痕迹。

三、用典工切，使事灵活。李商隐诗中用典特别多，还善于死典活用，他能把本无社会意义的事或想象之辞和现实、史实结合起来，尖刻地进行嘲讽、挖苦："休夸此地分天下，只得徐妃半面妆"（《南朝》）："地下若逢陈后主，岂宜重问《后庭花》"（《隋宫》）。毫无疑问，这些典故镶嵌在诗中，要比白描更为深刻，感情更加浓郁。

四、语言沉博绝丽，造句演绎平畅。李商隐的诗歌，词采华丽，意境遥深，对仗精工，音韵和谐，具有绮丽精工的独特风格。李商隐注意诗脉舒畅，"包蕴密致，演绎平畅"。尽管他遣词艳丽，却能给人潇洒、超脱的感觉。如《无题二首》："曾是寂寥金烬暗，断无消息石榴红"，用"曾是""断无"来强调时间之久：《隋宫》"玉玺不缘归日角，锦帆应是到天涯"，用"不缘""应是"点明因果关系。这些虚字的运用使诗歌句意畅适，诗境流走，一气呵成。所以，鲁迅曾称赞他的诗为"清词丽句"，是说得很正确的。

但是，李商隐爱用冷僻的典故，有些诗不免晦涩难懂。后来的北宋"西昆诗派"片面发展李商隐的爱用冷僻典故的缺点，对后代诗歌的发展产生了不好的影响。

李商隐是毛泽东非常偏爱的唐朝"三李"之一。1958 年 1 月 16 日，毛泽东在南宁会议上讲话时曾说："不愿看杜甫、白居易那种哭哭啼啼的作品，光搞现实主义一面不好，李白、李贺、李商隐，要搞点幻想，太现实就不能写诗了。"20 世纪六七十年代，毛泽东同上海复旦大学中文系教授刘大杰两次谈到对李商隐和韩愈的评价。

1965 年 12 月的一天，周谷城一次在上海见到了毛泽东。两人的谈话范围非常广泛，谈到了哲学史。周谷城回忆说："我们的谈话涉及古今中外文学、史学、哲学。关于旧体诗，我们谈到了李商隐，我一时高兴，随便把李商隐的一首七言律诗用湖南腔调哼起来，曰：'海外徒闻更九州，他生未卜此生休。空闻党旅鸣宵析，无复鸡人报晓筹。北日六军同驻马，当时七夕笑牵牛。'把五六句哼了几遍，七八两句居然哼不出来。毛泽东知道我忘了，便笑着代我念出：'如何四纪为天子，不及卢家有莫愁。'"（周谷城：《回忆毛主席的教导》，《毛泽东同志八十五诞辰纪念文选》，第 193 页，人民出版社 1979 年版）由此可见，毛泽东对李商隐的作品是多么的熟悉和喜爱。

对李商隐的"无题诗"，毛泽东也非常熟悉，并有自己的见解和评价。这些"无题诗"因大部分无所确指，成为后世文人评论的一个热点。毛泽东对此也特别留意，对古人关于一些难懂作品的解释他都很细心研究。所以在 1965 年 6 月 20 日在上海接见刘大杰时，谈到李商隐的"无题诗"，毛泽东就说："无题诗要一分为二，不要一概而论。"1976 年 2 月 12 日致刘大杰信又说："李义山无题诗现在难下断语，暂时存疑可也。"这是实事求是的科学态度。

毛泽东非常爱读李商隐的诗，从他中南海故居藏书看，他圈阅的李商隐的诗就有 30 余首。李商隐的几类诗，毛泽东都有圈阅，但圈阅较多的是他的咏史诗和无题诗。在政治诗中，毛泽东圈阅过《有感二首》和《重有感》。这两首诗都是写大和末年轰动朝野的"甘露事变"的。大和九年，唐文宗与宰相李训和凤翔节度使郑注等策划，假托官中石榴树夜降甘露，引诱专权宦官仇士良等往观，乘机诛杀，因所伏甲兵暴露而失败。仇士良追杀李训、郑注等人，株连 1000 多人。文宗被宦官挟持，下诏杀死他明知无罪的大臣王涯，史称"甘露之变"。当时宦官气焰嚣张，朝中人人自危，李商隐却敢在诗中痛斥宦官为"凶徒"，为无辜者鸣冤叫屈："谁瞑衔冤目，宁吞欲绝声？"王涯曾受命定《云韶乐》，诗中"近闻开寿宴，不废用《咸》《英》"。《咸》《英》为古代名曲，这里隐指王涯的《云韶乐》。意思是说文宗杀了无辜的王涯之后，在寿宴上仍然演奏他定的乐曲而无动于衷。这两句诗，把这位无权、无能而又贪于享乐的文宗皇帝刻画得入木三分。毛泽东很爱读。

李商隐的咏史诗，毛泽东圈画较多。前面他和周谷城一道背出的《马嵬》，便是首有名的咏史诗。他写安史之乱，唐玄宗迫于兵变赐死宠姬杨贵妃的。在中南海故居藏书中，这首诗毛泽东有三处圈画。又如《贾生》："宣室求贤访逐臣，贾生才调更无伦。可怜夜半虚前席，不问苍生问鬼神！"汉文帝召见贾谊这样有才能的人，不向他征询国计民生的大事，却问鬼神之道，足见其昏庸之极。笔触含蓄，讽刺辛辣。这首诗，毛泽东圈画了六处。1965 年 6 月 28 日在上海同刘大杰教授谈话时，毛泽东还特别问刘："《贾生》一诗能背得出来吗？"刘背完后，毛泽东喟然叹道："写得好哇！写得好！"（孙琴安：《毛泽东与刘大杰教授谈古典文学》，1991 年 12 月 28 日《文艺报》。）《北齐二首》写北周大军出征灭齐，齐后主高纬仍在醉生梦死地过着腐朽享乐的生活；《隋宫》写隋炀帝荒淫无度，不听谏言；等等。这些诗和《韩碑》，毛泽东都分别圈画三遍至五遍之多。在一本《注释唐诗三百首》，毛泽东在《隋宫（二首）》《嫦娥》《贾生》等诗题目上方各画一个大圈，在正文上方天头空白处各画了三个小圈，在《筹笔驿》标题上方天头空白处连画了三个小圈，在正文上方天头空白处画了一个大圈，在《韩碑》题目上方画了一个大圈，表示比较欣赏。

无题诗是李商隐的独特创造，大部分是写爱情的，有些诗则难以确指，众说纷纭，所以毛泽东认为"要一分为二，不能一概而论"，"现在难下断语，暂时存疑可也"。这是科学的态度。李商隐的爱情诗，情致缠绵而不庸俗，辞藻朴实而自然，毛泽东很爱读。在一本《注释唐诗三百首》中，毛泽东在《无题》（相见时难别亦难）标题上方天头空处连画了三个小圈，在正文上方天头空白处画了一个大圈，在《无题》（本是空言去绝踪、飒飒东风细雨来、昨夜星辰昨夜风）三诗标题上方天头空白处各连画了三个圈。这些诗在不同版本多次圈画。

在咏物诗中，毛泽东也有圈画。在《注释唐诗三百首》中，毛泽东在《春雨》标题上方天头空白处连画了三个小圈，在《锦瑟》标题上方天头空白处连画了三个小圈，在正文上方天头空白处又画了一个大圈，在《蝉》标题上方天头空白处画了一个大圈，表示对这些诗篇的喜爱。

此外，脍炙人口的名篇《夜雨寄北》《登乐游原》，毛泽东都多次圈画。

毛泽东不仅熟知李商隐的诗，还十分注意李诗的研究和作者的生平。《锦瑟》一诗中："锦瑟无端五十弦"。对这首诗和"五十弦"的解释，历来众说纷纭。《历代诗话》中的《锦瑟》一文，记述了苏轼的解释："此出《古今乐志》。锦瑟之为器也，其弦五十，其柱如之，其声也，适、怨、清、乐。按李诗：'庄生晓梦迷蝴蝶'，适也；'望帝春心托杜鹃'，怨也；'沧海月明珠有泪'，清也；'蓝田日暖玉生烟'，和也。"作者在按语中还辑录了另外几种不同的解释：有的认为上述四句诗，说的是锦瑟中的四种曲子；有的说锦瑟是令狐楚家婢女的名字；也有的认为对这首诗，"不解则涉无谓，既解则意味都尽"。作者还从《汉书》《史记》中考证了瑟弦的数目。毛泽东对这些解释和考证，一路密圈。这些功夫已不是一个读者应下的，而俨然是一位学者专家了。毛泽东还曾写信给秘书田家英，要他设法购买苏雪林著《李义山恋爱事迹考》一书，说明他还注意了解李商隐的生平事迹。

毛泽东在诗词创作中也借鉴李商隐的诗。毛泽东很喜欢西汉谋士贾谊，曾写七绝、七律各一首咏赞他。其中《七绝·贾谊》云："贾生才调更无伦，哭泣情怀吊屈文。梁王堕马寻常事，何用哀伤付一生。"这首诗中首句是由李商隐《贾生》中"贾生才调更无伦"化用入诗。毛泽东的《七律·答友人》中"长岛人歌动地诗"，也是由李商隐《瑶池》诗中"黄竹歌声动地哀"脱化而来，《七律二首·送瘟神》中"坐地日行八万里"，与《瑶池》中"八骏日行三万里"也有明显的继承关系。另外，毛泽东还写了一首七绝《刘蕡》："千载长天起大云，中唐俊伟有刘蕡。孤鸿铩羽悲鸣镝，万马齐喑叫一声。"这也与李商隐有关。刘蕡（？—842），字去华，幽州昌平（今北京昌平）人。中唐大和二年（828），举贤良方正，刘蕡对策称："宫闱将变，社稷将危"，"阉氏持废立之权"，"四凶在朝，虽强必诛"。痛论宦官专权，能废立君主，危害国家，劝皇帝诛灭他们。考官赞赏刘蕡的文章，但惧怕宦官的专横，不敢录取他。令狐楚、牛僧孺都征召他为幕府从事，后授秘书郎。终因宦官诬陷，贬为柳州司户参军，客死他乡。毛泽东在读《旧唐书·刘蕡传》时，对刘蕡的策论很欣赏，旁批："起独特。"这是说通过读史书，毛泽东对刘蕡有了解。但也不排除受李商隐诗的影响。李商隐与刘蕡有交往，唐武宗李炎会昌元年（841）春李商隐与贬柳州的刘蕡在黄陵（今湖南湘阴）晤别，有《赠刘蕡》一诗记其事。第二年，刘蕡去世。听到刘蕡的死讯后，李商隐接连写了《哭刘蕡》《哭刘司户二首》《哭刘司户蕡》等四首诗沉痛悼念。痛悼志在中兴，才堪重任而终身遭斥、冤死他乡的刘蕡，深为其惋惜不平。毛泽东的七绝《刘蕡》生动地刻画了刘蕡这位有才华而受压抑的士子形象，对他表示深刻的同情与赞扬，与李诗的精神是相通的。

范仲淹是『一个边塞诗人』

【传略】

范仲淹（989—1052），字希文，祖籍邠州（今陕西彬州），后迁居吴县（今江苏苏州），北宋著名的政治家、军事家。

范仲淹的父亲范墉，曾任武宁军节度掌书记，在范仲淹两岁的时候就死了。母亲贫苦无依，改嫁长山（今山东邹平东长山）朱氏。范仲淹随母到朱家，取名朱说。长大以后，他知道了自己的身世。21岁时，他就读于淄州（今山东淄博）长白山麓醴泉寺，每天只以粥和咸菜度日，不以为苦，全副精力扑在学习上。23岁时，他辞别母亲，离开朱家，到南都（今河南商丘南）依隐士戚同文求学，忍受着生活的艰难，刻苦攻读。多年的寒窗苦读，使他成为精通"六经"，善写诗文，学识渊博的人；长期的艰苦生活，磨砺了他的意志。

真宗赵桓大中祥符八年（1015），范仲淹一举考取进士，时年27岁，被任命为广德军（今安徽广德）司理参军。天禧元年（1017），改为集庆（今江苏南京）军节度推官，他把母亲接来赡养，这时才恢复范姓，改名仲淹。此后的十年，范仲淹在安徽、江苏一带做地方官。他先后任过谯郡（今安徽亳州）从事、监泰州（今江苏泰州）西溪镇盐仓、监楚州（今江苏淮安）粮料院、兴化（今江苏兴化）县令等职。

范仲淹是有理想有抱负的政治家，青年时期就慨然有志于天下，常用"士当先天下之忧而忧，后天下之乐而乐"的话勉励自己。做地方官以后，他不畏权势，表现了积极有为的精神。在广德，他经常为决狱的事同长官发生争执；在泰州，他积极建议并主持修复泰州海堰。同时，十多年的地方官经历，使他对当时的现实有了比较清醒的认识，他的以整顿吏治为中心的政治改良思想，这时就已经形成了。仁宗天圣元年（1023），范仲淹母亲去世，离职服丧。次年，应天府（今江苏南京）知事晏殊听说范仲淹很有才学，便请他到府学主持教务。天圣三年（1025），他向仁宗写了《奏上时务书》；天圣五年，又写了长达万字的《上执政书》，不仅对整顿北宋腐败的官僚制度提出了一系列建议，而且涉及当时的文风、武备等多方面的问题。"素闻前哲道，欲向圣朝行"（《赠张先生》），他36岁时写的这两句诗，表达了他渴望建功立业的心情。

宋仁宗赵祯天圣六年（1028）冬，由于晏殊的推荐，范仲淹入京做了秘阁校理。从这时到景祐三年（1036）的八年之间，范仲淹由于敢言而三上三下。首先因为发表意见不符合章献太后（仁宗母）的心意，被贬为河中府通判、陈州通判。僚友为他在都门钱行，说："此行极光。"宋仁宗明道二年（1033）太后死，范仲淹回朝做了右司谏，又因反对仁宗无故废掉郭皇后，被调出京城，任睦州知州，僚友再次钱行于长亭，说："此行愈光。"次年改任苏州知州。宋仁宗景祐二年（1035），范仲淹调回治理北宋首都所在地的开封府，又因为多次指陈朝政缺失，受到守旧的宰相吕夷简等大臣贵幸的排挤，贬为饶州知州，接着又改知润州和越州。亲朋好友为他钱行于郊，说："此行尤光。"

对于这种不断的贬谪迁徙，范仲淹不像一般封建文人那样积郁消沉，他很少哀叹个人的不幸。景祐元年（1034），他在出守睦州（今浙江建德）途中，写了《赴桐庐郡淮上遇风三首》，其第三首说："一棹危于叶，傍观亦损神。他时在平地，无忽险中人。"在自己遇到危难的时候，却想到将来应该更加注意处在危难中的人们。因此，他虽然每到一处时间都不长，还是能本着"尽心以求疾苦"（《与晏尚书书》）的精神，积极有所兴建。如在苏州他兴建水利，创立了郡学。而一旦回到朝廷，他依然无所避忌。明道二年（1033），他刚从陈州（河南淮阳）回京做右司谏，立即建议派人巡视江淮京东的灾荒。仁宗不作答复，他对仁宗说："假如宫廷里面的人半天不吃东西，会怎么样呢？"仁宗只好派他去巡视。他所到之处，及时采取了一些救灾的措施，并且把饥民们吃的乌昧草带回来给仁宗和贵戚们看，警戒他们不要过于奢侈。范仲淹这种态度，使他在比较正派的士大夫中获得了很高的声望。后来，以范仲淹为中心，一批具有革新倾向的人物逐渐集结起来。守旧派指责他们为"朋党"，形成了两派的对立，到仁宗景祐年间，两派的斗争更为激烈了。景祐三年（1036），当范仲淹贬知饶州（今江西鄱阳）时，孔靖、尹洙、欧阳修都起来替范仲淹鸣不平，也同时被贬，当时社会上称他们为"四贤"。

这时候，西夏赵元昊称帝，进攻延州（今陕西延安），宋王朝与西夏的战争又打响了。宋仁宗赵祯康定元年（1040）七月，范仲淹与他的朋友韩琦同时被任命为陕西经略安抚副使，与陕西经略安抚使夏竦一起主管陕西前线军事，范仲淹还兼延州主帅。

　　但如何对付西夏，范仲淹与韩琦、夏竦在战略方针上发生了分歧。范仲淹、夏竦都主张防守，待元昊众叛亲离，寻隙讨伐；韩琦主张进攻，速战速决，并得到了宰相吕夷简及仁宗的支持。于是韩琦在庆历元年（1041）二月派大将任福率军18000人绕到西夏军背后伏击。结果任福受元昊佯败引诱，深入敌后，行至门盘山下的好水川（今宁夏龙德东），遭到元昊的伏击，任福及许多将领阵亡，军士战死者10300人。好水川之败，证明当时对西夏采用进攻的战略是错误的。自此宋朝廷统一认识，开始实施范仲淹的防守之策。庆历二年（1042）二月，宋朝廷任命范仲淹以谏议大夫、枢密直学士的资格充当环庆路经略安抚招讨使、兵马都部署，与韩琦等分管陕甘军事，掌该路军事。以韩琦分掌秦凤路、泾原、鄜延路军事，并给予他们"便宜从事"的权力。范仲淹驻守陕甘一带将近4年，他积极加筑城池，修复废砦，训练士卒，实行屯田，安抚边境少数民族，对加强宋朝的防御力量作出了一定的贡献。西夏人不敢轻视他，说"小范老子胸中有数万甲兵"。西北边境流传着一首歌谣："军中有一韩，西贼闻之心胆寒。军中有一范，西贼闻之惊破胆。"范仲淹与韩琦名声大振，史称他们"名重一时，人心归之，朝廷倚以为重"。宋夏经过几年的对峙，元昊终于提出与宋议和，取消帝号。

　　宋仁宗赵祯庆历三年（1043）夏天，范仲淹与韩琦回朝做了枢密副使。八月，范仲淹又提升为参知政事，位居副相。这时晏殊、韩琦、富弼、杜衍等都担任了重要职务，欧阳修、余靖等人任谏官，支持范仲淹的人相当多。仁宗这时似乎也要励精图治，九月，他多次手诏敦促范仲淹提出营致太平的方案。一时间宋朝廷出现了兴旺气象。范仲淹向仁宗上《答手诏条陈十事》，提出了"明黜陟""抑侥幸""精贡举""择官长""均公田""厚农桑""修武备""推恩信""重命令""减徭役"十条措施。这十条建议，一部分在庆历三年、四年由仁宗下诏实行了，这就是所谓"庆历新政"。范仲淹的这些新政，其目的在于巩固宋王朝的统治，缓和阶级矛盾，但前几条都是针对北宋王朝臃肿庞杂和腐朽的官僚机构而发的，打击了那些庸碌无能的官吏，限制了一部分官僚贵族的特权，因而遭到他们的反对。开始实行就嚣声四起，大官僚夏竦让女仆假造拥护新政官员石介的笔记，写了一份废立皇帝诏书的草稿，诬称是石介代富弼起草的。他们采用卑劣的手段对范仲淹中伤陷害。不到一年，新政就失败了。庆历四年（1044），范仲淹离京出任陕西河东宣抚使。庆历五年，他与韩琦、富弼都被罢免，范仲淹出任邓州（今河南邓州）知州。

离开邓州以后，范仲淹还在杭州、青州（今山东青州）做过一个时期的官。仁宗赵祯皇祐四年（1052）正月，他接到调往颍州（今安徽阜阳）的诏令，五月赴颍州，途中在徐州病死，葬于洛阳的万安山下。死后谥为"文正"，有《范文正公集》传世。

【毛泽东评说】

词有婉约、豪放两派，各有兴会，应当兼读。读婉约派久了，厌倦了，要改读豪放派。豪放派读久了，又厌倦了，应该改读婉约派。我的兴趣偏于豪放，不废婉约。婉约派中有许多意境苍凉而又优美的词。范仲淹的上两首[①]，介于婉约与豪放两派之间，可算中间派吧；但基本上仍属婉约，既苍凉又优美，使人不厌读。婉约派中的一味儿女情长，豪放派中的一味铜琶铁板，读久了，都令人厌倦的。人的心情是复杂的，有所偏袒仍是复杂的。所谓复杂，就是对立统一。人的心情，经常有对立的成分，不是单一的，是可以分析的。词的婉约、豪放两派，在一个人读起来，有时喜欢前者，有时喜欢后者，就是一例。睡不着，哼范词，写了这些。江青看后，给李讷看一看。

一九五七年八月一日

——毛泽东：《读范仲淹词二首批语》，中共中央文献研究室编：《毛泽东读文史古籍批语集》，第27—29页，中央文献出版社1993年版。

---

① 指范仲淹〔苏幕遮〕（碧云天，黄叶地）、〔渔家傲〕（塞下秋来风景异）。

有办事之人，有传教之人。前如诸葛武侯范希文，后如孔孟朱陆王阳明等是也。

宋韩范并称，清曾左并称。然韩左办事之人也，范曾办事而兼传教之人也。

——摘自毛泽东1913年10月至12月《讲堂录》11月23日《修身课》笔记，中共中央文献研究室等编：《毛泽东早期文稿》，第591页，湖南出版社1990年版。

范文正世家子，父丧，幼随母适朱，故名朱悦。初不自知其为范氏子也，人告以故，乃感极而泣。励志苦学，三年衣不解带，尝见益不取，管宁之亚也。公盖苏州人。子尧夫，仁侠似之，尝遇故旧于途，见窘于资，指赠以麦云。

——摘自毛泽东1913年10月至12月《讲堂录》11月29日《修身课》笔记，中共中央文献研究室等编：《毛泽东早期文稿》，第593页，湖南出版社1990年版。

弟对于学校甚多不满之处，……弟久思组织私塾……所忧盖有三事：一月人，有师有友，万不孤陋寡闻；二月地，须交通而避烦嚣；三月财，家薄必不能任，既不教书，阙（缺）少一分收入，又须费用，增加一分支出，三者惟此为难。然拟学颜子之箪瓢与范公之画粥，冀可勉强支持也。

——摘自毛泽东1917年8月23日致黎锦熙信，中央文献研究室等编：《毛泽东早期文稿》，第89—90页，湖南出版社1990年版。

【作者述评】

范仲淹可谓毛泽东终生服膺之人。早在1913年毛泽东在湖南第一师范读书时的《讲堂录》中，就记载着范仲淹年轻时"励志苦学，三年衣不解带"的话，对他的苦学精神表示钦佩。1914年，比他高三年级的同学萧子升，曾把自己写有20多篇作文的两个大练习本借给毛泽东看，其中第一篇作文便是"评范仲淹的《严先生祠堂记》"。文中认为，光武帝仅仅请朋友帮忙处理繁难的政务，未必就是求贤若渴；严光也并不像人们所说得那样纯洁高尚，如果他早知道自己不会接受委任，那么他为什么还来拜访皇帝并与之同床共寝？这不也表明他同样爱慕虚荣吗？据萧子升在《我和毛泽东的一段曲折经历》（法文版原名《我和毛泽东曾是乞丐》）中记述："毛不同意我的一些见解。整个黄昏，我们都在争论。""毛泽东的看法却是这样的：他认为刘秀登基后，严光应该当宰相，就像比他早200年的前人张良辅佐汉高祖一样。"我反驳道："你显然没有理解严光的思想。"（陈晋主编：《毛泽东读书笔记解析》，第88—89页，广东人民出版社1996年版）在1917年8月23日致黎锦熙的信中说，自己要办一种中西合璧的学校，要"学颜子之箪瓢与范公之画粥"，来解决经费之不足。在《讲堂录》中，毛泽东把历史上有成就的人物分为三类："办事之人""传教之人"和"办事而兼传教之人"。他举例说，诸葛亮是办事之人，孔子、孟子、朱熹、陆九渊、王阳明这些哲学家、思想家，都是传教之人。在宋代，"韩范并称"，在清代，"曾左并称"，但韩琦、左宗棠是办事之人，而范仲淹、曾国藩是"办事而兼传教之人也"。他认为，范仲淹与曾国藩不仅能建立事功，而且能立言、立德，沾溉后人。由此可见，他对范仲淹的评价之高。范仲淹的事功，主要表现在他采取"屯田久戍"的方针，防御西夏入侵的成功，提出10项改革措施的"庆历新政"，以及任外任时的种种善举。范仲淹的立言、立德，主要表现在《岳阳楼记》中抒发的"不以物喜"，"不以己悲"，"先天下之忧而忧，后天下之乐而乐"的忧国忧民理想与抱负。毛泽东对范仲淹的这两个方面都加以肯定，给予很高评价。1959年毛泽东回故乡韶山看望父母的墓时对人说："前人辛苦，后人幸福。先天下之忧而忧，后天下之乐而乐。"回到绿树成荫的住所，当陪同来的罗瑞卿在午后去看望他时，主席还说："我们共产党人是彻底的唯物主义者，不迷信什么鬼神。但生我者父母，教我者党、同志、老师、朋友也，还得承认。"并说："我下次来，还要去看看他们两位。"他援引范仲淹的名言，用以说明中国革命胜利来之不易，勉励人们珍惜今天的幸福生活。

范仲淹是有远大抱负的政治家、军事家，不过是"余事作诗人"。但他也擅长辞赋，他流传下来的词不过五六首，而毛泽东所评及的〔渔家傲〕和〔苏幕遮〕两首，境界壮阔，风格苍凉，脍炙人口。

有将近4年的边塞生活使范仲淹体验到戍边战士的劳苦，他的反映边塞生活的名词〔渔家傲〕就是防守陕西时写作的：

> 塞下秋来风景异，衡阳雁去无留意。四面边声连角起。千嶂里，长烟落日孤城闭。
>
> 浊酒一杯家万里，燕然未勒归无计。羌管悠悠霜满地。人不寐，将军白发征夫泪。

这首词大笔振迅，写得沉郁苍凉。边声角声、长烟落日的景象，构成壮阔雄伟的背景，烘托出戍边将士们立功报国的壮志和离家万里的忧思。这与作者的思想境界和亲身体验的生活是分不开的。这时候，范仲淹已经50多岁了，词里的白发将军，也正是他自己的形象。

他的〔苏幕遮〕原文是：

> 碧云天，黄叶地，秋色连波，波上寒烟翠。山映斜阳天接水，芳草无情，更在斜阳外。
>
> 黯乡魂，追旅意，夜夜除非，好梦留人睡。明月楼高休独倚。酒入愁肠，化作相思泪。

这首词抒写羁旅相思之情，上片写景，下片抒情，这本是词中常见的结构和情景结合方式。它的特色在于阔远之境、秾丽之景与深挚之情的统一。写乡思离愁的词，往往借萧瑟的秋景来表达，这首词所描绘的景色却是阔远而秾丽。它一方面显示了词人胸襟的广阔和对生活对自然的热爱，反过来衬托了离情的可伤；另一方面又使下片所抒之情显得柔而有骨，深挚而不流于颓靡。整体来说，这首词的用语与手法虽与一般的词类似，意境情调却近于传统的诗。这说明，抒写离愁别恨的小词是可以写得境界阔远，不局限于闺阁庭院的。邹祇谟说："范希文〔苏幕遮〕一调，前段多入丽语，后段纯写柔情，遂成绝唱。"指出了范词的独创性。

毛泽东对范仲淹这两首词的评语是"既苍凉又优美"，属于"中间派"，并借此引出关于婉约与豪放两派的评论。"词为艳科"，词自晚唐产生以来，历经五代，至宋初词学大盛，逐渐分成两大派别。正如毛泽东所说："在同一朝代，如宋朝，有柳永、李清照一派，也有苏东坡、陆游一派。柳、李的作品只讲爱情。"[1] 两派在内容和形式上都有明显差异，但主要是从风格上区分的。婉约派风格绮靡婉约，情意绵绵，豪放派豪迈宏伟，气势奔放。南宋俞文豹《吹剑录》有一则故事很能说明这个问题。故事援引俞文豹的话说："东坡在玉堂日，有幕士善歌，因问：'我词何如者卿？'对曰：'郎中词，只好十七八女子，执红牙板，歌"杨柳岸晓风残月"；学士词，须关西大汉，绰铁板，唱"大江东去"，为之绝倒'。"从毛泽东的批评看，也是从风格上来区分婉约与豪放的。

毛泽东对两派不加轩轾，但他申明自己的兴趣是"偏于豪放，不废婉约"。从文学欣赏来看，毛泽东圈画苏轼、陆游、岳飞、张元干、张孝祥、刘过等不少豪放派词人的作品，而圈画最多的是辛弃疾的词，约98首；而婉约派的张先、秦观、李清照、朱素真等词人的也有圈画，圈画最多的是柳永，也有35首之多。从诗词创作来讲，毛泽东是豪放诗人，但也不乏婉约的情调。他的大部分诗词都是慷慨激昂、豪壮乐观的，但也有几首婉约情调的绝唱。如他1921年写的〔虞美人〕《枕上》和1923年写的〔贺新郎〕《别友》，都深切地表达了毛泽东和杨开慧之间缠绵缱绻的柔情蜜意，透露出毛泽东作为一代伟人不常显露的内在情思，无疑是道地的婉约风格。

值得注意的是，毛泽东在说明他读宋词时对作品风格的选择，有两个角度：一是从鉴赏的客体（作品）讲，不同风格的作品给予读者的审美享受不同，要不断转换作品类型，调剂阅读趣味；二是从欣赏主体（读者）的审美需求来讲，因时因地而异，需要不断转换作品风格。这样就从文艺鉴赏心理学角度阐明了接受主体与作品风格的关系，值得人们注意。

---

① 1963年2月26日在中央工作会议上召集各大区第一书记的谈话。

苏轼是『宋代的大文豪』

【传略】

苏轼（1037—1101），字子瞻，一字和仲，号东坡居士，眉州眉山（今四川眉山）人，北宋著名的文学家、书画家，"唐宋古文八大家"之一。

苏轼出身于寒门地主家庭，幼年承受家教，深受父亲苏洵的熏陶，也从母读书，立志做东汉范滂那样坚贞不屈的人。20岁时至成都，乐泉公张方平（字安道）一见即许以国士。仁宗赵祯嘉祐元年（1056），他自蜀入京，参加进士考试；第二年春和弟辙一同考取进士。当时主考官欧阳修看了他的文章《刑赏忠厚论》后，十分惊奇，打算选拔在诸举子之首，但怀疑文章是他的门客曾巩做的，所以只取为第二等。后来苏轼又在《春秋》对义考试中居第一等，在殿试中考中进士及第的第二等。后来，苏轼通过写书信作自我介绍和欧阳修相识，欧阳修读过书信对梅尧臣说："我当让开这个人，好使他出人头地。"乍一听到这话的人，议论纷纷，很不服气，时间长久便信服了。

正当苏轼金榜题名之时，其母程氏病逝，于是苏轼便回家奔丧。仁宗赵祯嘉祐四年（1059）十一月，苏轼服丧期满，自眉州沿长江东下，经江陵再度赴东京（今河南开封）。次年，苏轼被任命为福昌县（今河南宜阳福昌集）主簿。还未赴任，欧阳修认为他才识兼茂，就推荐他去秘阁（宫中收藏珍贵图书之处）任职。仁宗赵祯嘉祐六年（1061），苏轼参加制举科考试，入三等。自宋朝开国以来，制策入三等者，至此还只有吴育和苏轼二人。

同年十一月，苏轼被任命为大理评事、签书凤翔（今陕西凤翔）府判官。他上任以后，注意察访民情，曾到他管辖之下的各地巡视。第二年春旱，当地人民很是担忧，可是不久连下几场好雨，旱象解除，真是"商贾相与歌于市，农夫相与忭于野"。这时，他所在官舍修的一个亭子刚好落成，就起名为"喜雨亭"，并写下《喜雨亭记》记其事。

凤翔府地处西北边陲，自从西夏建立以来，老百姓贫困不堪，赋税繁重。老百姓每年要砍伐终南山的木材，编成木筏，从渭水转入黄河经过砥柱之险（原在今黄河三门峡急流中，1958年修三门峡水库时已炸掉），衙役们催逼致使许多船夫家破人亡。苏轼调查研究，为此事修订了衙门章程，使衙役可以自行选择水工，自行决定运停时间，从此祸害减少了一半。

嘉祐八年英宗即位，苏轼转任大理寺丞。第二年，即英宗治平元年（1064），转殿中丞，仍住在凤翔。这一年的冬天，任满还京。英宗早就听到他的名声，准备立即提拔他为翰林学士、知制诰，宰相韩琦认为提拔过快，不是爱惜人才的好办法，应先加以培养锻炼。苏轼后来知道这件事，认为韩琦做得对，当面对韩琦说："您真是爱人以德啊！"治平三年，他因父丧离职归蜀。

神宗赵顼熙宁二年（1069），苏轼服孝期满，回到朝廷，差判官诰院兼尚书祠部。熙宁四年，他升迁太常博士，摄开封府推官。当时，王安石正在实行新法，苏轼的改革思想与王安石的变法主张有许多不同。王安石主张"大明法度"，多方理财，并迅速向全国推行新法。苏轼则强调择吏任人，而反对"以立法更制为事"（《策略》第三）；苏轼主张"节用以廉取"，而不赞同"广求利之门"（《策略》十八）；他还提出"欲速则不达"，"轻发则多败"，在兴革步骤上力主稳健，因此，他连续上书反对新法。先是反对改革考试制度，接着又借神宗征召对策的机会，面谏不可"求治太急"、不可"听言太广"、不可"进入太锐"三事，并要神宗"镇之以安静"，实际上是反对过激的变革。神宗召见苏轼，听取他的意见后，即下诏收回前令。不久，苏轼又上了万言书，指责新法是"急功好利"，要神宗"结人心，厚风俗，存纪纲"。所谓"结人心"，就是要缩小改革所及的打击面；所谓"厚风俗""存纪纲"，实际上是反对不充分估计力量的对比，采取一系列激烈的措施。他的这些议论虽偏向保守，但也有合理的东西，当时完全遭到拒绝。王安石大怒，便指使侍御史谢景温上书弹劾苏轼，彻底查他的罪过。为此，他感到留在京城处境很难，便请求外任，出任杭州通判。高丽（今朝鲜）进献贡品，使者把币帛献给官吏，文书用甲子纪日和纪年。苏轼拒绝说："高丽是本朝的属国，而不秉承宋朝的纪年，我怎么敢接受！"高丽使者改换文书，使用北宋神宗熙宁纪年，然后接受。当时王安石推行的新政策一天天颁布下来，苏轼选择其中对人民有益的条款实行，老百姓得以安定下来。

熙宁七年（1074），苏轼改任密州（今山东诸城）知州。司农寺推行

"手实法"，令民户自报田地和财产作为征税的根据，不及时施行的人以违反皇帝命令论处。苏轼告诉提举官："违反皇帝命令之罪，如果出自朝廷，谁敢不服从？现在出自司农寺，是擅自制造法律。"提举官吃惊地说："大人暂且缓慢处理这个问题。"不久，朝廷知道手实法扰害民众，便撤销了。苏轼在这里写了几首有名的词，如〔江城子〕《密州出猎》〔江城子〕《乙卯正月二十日记梦》、〔水调歌头〕（明月几时有）等。

熙宁九年（1076），苏轼又调任徐州知州，第二年五月到任。七八月间徐州地区大水，河决曹村，很快漫及徐州城。他组织人民群众和驻徐禁军日夜筑堤防洪，自己则过家门而不入，终于保住了州城。第二年夏，旱后下雨，他借下雨的机会，到农村巡视，写了一组〔浣溪沙〕词，别开生面地用词这种形式，描写了一路所见的农村风光，抒发了自己热爱农村的情怀，散文《放鹤亭记》也写作于这一年，表达了仕不如隐、贵不如贱的思想；这与〔浣溪沙〕词中的"使君元是此中人"的话联系起来看，实际上还是与对新法有所不满有关。

神宗赵顼元丰二年（1079），苏轼改任湖州（今浙江湖州）知州。又以有些法令对百姓无益而不敢劝说，写诗以进行劝谏，御史李定、舒亶、何正臣摘引了他的一些被认为是攻击新法的诗句，深文周纳，罗织罪状，横加"包藏祸心"，"讪谤朝政"的罪名，八月将他逮捕入狱，想置之于死地。朝中许多大臣为苏轼辩护，连当时正在生病的曹太后（仁宗之皇后）也劝神宗不要因为苏轼的过失而毁了人才。这就是北宋有名的文字狱"乌台诗案"（乌台即御史台）。十二月，他被贬为黄州（今湖北黄冈）团练副使，安置在本州居住。

苏轼初到黄州时，住在定惠院。苏轼与年老的农民、林野老人，在山中水上游玩，在东城修筑住房，自号"东坡居士"。当时因廪（官俸）人城写的两首七律和《东坡》诗八首都是名篇，为后世所传诵。

元丰七年（1084），苏轼改任汝州（今河南汝州）团练副使。这年五月，他离开黄州，乘舟东下。六月，因送长子苏迈赴德兴尉，到了鄱阳湖边的湖口县，夜游石钟山，写了著名的散文《石钟山记》。在这篇作品里，他以身临其境的实地考察，辨明了石钟山命名的缘由，从而得出凡事不可主观臆断的结论，表现了一种求实精神。东下途中，幼子苏遁病卒。第二年北上，到了泗州（今安徽泗县），因为一路风涛惊恐，举家重病，资用罄竭，只好上表请求回常州居住（他在常州有田产）。

苏轼离黄州北上时，路过金陵（今江苏南京），拜会了退职宰相王安石。苏轼说："常年用兵和大量冤狱，是汉、唐灭亡的征兆。祖宗以仁厚治天下，正要革除此弊。今与西夏的战争，连年不停，东南好几起大的冤狱，您难道一句挽救的话也不说吗？"安石说："这两件事都是吕惠卿开的头，我不在其位，怎敢说话？"苏轼说："在位就说话，不在位就不说，这是侍奉君王的常礼。神宗待您不是常礼，您对待皇上，难道能用常礼吗？"王安石大声说："安石必定要说。"又说："出在安石口，入在子瞻耳。"又说："一个人应该知道，做了一件不道义的事，杀了一个无罪的人，就是得到天下也不要干，才对。"苏轼开玩笑说："现在的人，为了减少半磨勘，升迁得快，虽然杀人也敢干。"王安石笑而不言。

元丰八年（1085），神宗病死，哲宗即位，神宗母宣仁太后高氏临朝听政，于是朝廷中政治形势为之一变，以司马光为首的保守派上台掌了权，新法被废除。苏轼也恢复了朝奉郎的官阶，任命为登州（今山东蓬莱）知州。他十月到登州，十一月又召入京，十二月任起居舍人。哲宗元祐元年（1086），升迁为中书舍人、翰林学士，知制诰，二年充任侍读。三年，暂时主持礼部的贡举考试。从此他在京城做了几年皇帝的近臣。后来，因为他对司马光等不加区别地一概废除新法有不同的看法，加上论事时得罪过当权者，便又请求外任。元祐四年（1089），经他一再请求，终于得旨以二学士、左朝奉郎出任杭州知州。到杭州时，正赶上旱灾和饥疫同时发生，他一面请求朝廷免去本路供米三分之一，一面筹集钱粮，自己也献出黄金50两，放粥施药，救济灾民。西湖水本对农田有灌溉之利，后来因受江潮浸漫，经常淤塞，既影响水利，又堵塞了唐时李泌所凿的六眼水井。他便设法筹款，招募民工筑堤，挡住江潮，同时取湖中葑田（泥深田）泥土积湖中南北筑成长堤，两旁植杨柳，既通行人，又美化了风景，杭州人名之为"苏公堤"（即今之"苏堤"）。元祐六年（1091），他被召回朝廷，任吏部尚书，不久改任颍州（今安徽阜阳）。元祐七年他又改任扬州；九月又被召回京城，任兵部尚书兼侍读；继又任命为端明殿学士兼翰林侍读学士、守礼部尚书。

哲宗赵煦元祐八年宣仁太后死，哲宗亲政。朝中形势又发生了变化，新法派人物章惇、蔡卞上台执政，随即打击旧派人物。八月，苏轼以二学士出知定州（今河北定州）。定州在防金前线，军政坏弛。他到了定州，大胆地进行了一番整顿，出现了多年未有的新局面。绍圣元年（1094），御史台又有人告发他在掌内外制时所作词中有"讥刺先朝"的话，结果追免一官，降两职，以承议郎任英州（今广东英德）知州。这年六月，他到了当涂，又接到朝廷命令把他降为宁远军节度副使，惠州（今广东惠州）安置。这时他留下家口，独携幼子苏过及一二仆人南下，经赣水、韶州，十月到达惠州。在宋代，把作过高官的人贬斥到这样遥远的地方，算是最重最苦的惩罚了，但苏轼却坦然处之。他在题为《食荔枝》的诗中写道："罗浮山下四时春，卢桔杨梅次第新。日啖荔枝三百颗，不辞长作岭南人。"既表现了他的达观倔强的性格，也显示了对打击他的势力的蔑视。在这里他写下了有名的《荔枝叹》一诗，从而抨击历史上汉唐两代最高统治者要地方官供献鲜荔枝；地方官也极力媚上，因而不顾人民死活的史实写起，一直写到宋代贡茶贡花等事，揭露了统治阶级的荒淫昏庸，痛斥了那些媚上求荣的奸佞，其中"至今欲食林甫肉"之句，可以说是喊出了人民的心声，表达了人民对李林甫一类谄媚之徒的无比憎恨。

哲宗赵煦绍圣四年（1097）四月，苏轼再被贬为琼州（今海南海口）别驾，昌化（今广东东方市昌江镇）军安置。这时他弟弟苏辙也谪贬雷州，兄弟二人在藤州（今广西藤县）相遇，同到雷州，然后分手。苏轼到昌化后，初居官舍，不准，只好自己出钱在城南买了一块地皮盖了三间房住了下来，但他对朝廷是时刻都在思念着的。如《澄迈驿通潮阁》诗说："余生欲老海南村，帝遣巫阳招我魂。杳杳天低鹘没处，青山一发是中原。"

哲宗赵煦元符三年（1100），徽宗即位，皇太后向氏临朝听政，旧派人物又一度上台执政。五月，朝廷下令将苏轼调至廉州（今广西合浦）安置。八月，苏轼改任舒州团练副使，永州（今湖南永州）安置。十一月大赦，复任朝奉郎，提举成都府玉局观，在外军州任便居住。他于这年六月渡海到广东，第二年春经韶州、赣水北上；五月过金陵，回到常州；六月因病告老于朝，从此辞官退休。苏轼不久病卒，享年 66 岁。幼子苏过将他的遗体葬于汝州郏城（今河南郏县）的小峨眉山。宋高宗即位，赠资政殿学士，孝宗乾道六年（1170）谥"文忠"，乾道九年特赠为太师。诗文有《东坡七集》等。

【毛泽东评说】

诗词也是一样，在同一朝代，如宋朝，有柳永、李清照一派，也有苏轼、陆游一派。柳、李的作品专讲爱情。

——摘自毛泽东1963年2月26日在中央工作会议上召集各大区第一书记的谈话，转引自陈晋《毛泽东与文艺传统》，第373页，中央文献出版社1992年版。

古人说：文章之道，有开有合。这个说法是对的。苏东坡用"八面受敌"法研究历史，用"八面受敌"法研究宋朝，也是对的。今天我们研究中国社会，也要用"四面受敌"法，把它分成政治的、经济的、文化的、军事的四个部分来研究，得出中国革命的结论。

——毛泽东：《关于农村调查》，《毛泽东文集》，第二卷，第381页，人民出版社1993年版。

言科举无用。

——毛泽东：《读〈古文辞类纂·苏轼徐州上皇帝书〉批语》，《毛泽东读文史古籍批语集》，第107页，中央文献出版社1993年版。

贾生《治安策》以后第一奇文。宋人万言书，如苏轼之流所为者，纸上空谈耳。

——毛泽东：《读〈新唐书·马周传〉批语》，《毛泽东读文史古籍批语集》，第235页，中央文献出版社1993年版。

【作者述评】

苏轼早年即胸怀大志，博览群书，好观前代盛衰之迹，形成了自己的一套治国的主张。但在王安石变法前期，他的政治倾向是保守的。如王安石认为当时国是之弊在于旧法，要改变局面必须变法，他则认为"失在于任人而非法制之罪"。他于熙宁二年回朝任职时，变法与反变法的斗争还刚刚开始，他就站在保守派一边，指责新法，因而遭到打击，但他在接触了一些实际之后，对新法的某些方面转而持肯定态度，所以在旧派执政时，又反对不加区别地废除所有新法，从而得罪了旧派，同样遭到打击。他为人刚强自信，"傲睨雄暴，轻视忧患，高视千古，气盖一世"（张耒语），不幸在两派斗争中成了牺牲者。他一生遭受很多政治磨难，仕途曲折，历尽升沉。然而这正好有利于他加强阅历，扩大视野，使他在文学上获得很大的成功。

苏轼有多方面的艺术才能。他工书善画，书法与黄庭坚、米芾、蔡襄并称为宋代四大家，对书画和金石鉴赏也很精通。诗、词、散文都是名家，不但内容充实，而且艺术造诣很高。

苏轼的诗，现存2700多首，题材广泛，内容丰富多彩。同情人民，关心生产，是苏诗的一个特点。如《山村五绝》中"迩来三月食无盐"，《吴中田妇叹》中"卖牛纳税拆屋炊"等，都反映了人民的苦难生活。有些政治讽刺诗，如《李氏园》、《荔枝叹》都通过具体事件的描绘，揭露封建统治者为满足个人的贪欲享受而不顾百姓死活的罪恶。苏轼的写景诗和理趣诗，艺术价值最高，最为脍炙人口。这些诗构思奇特，想象丰富，比喻新奇贴切，而且巧于摄取有特征的景物，表达富有生机的意趣和耐人寻味的哲理。如《惠崇春江晓景二首》之一："竹外桃花三两枝，春江水暖鸭先知。蒌蒿满地芦芽短，正是河豚欲上时。"这首题画诗，通过竹子、鸭儿、桃花、江水、蒌蒿、芦芽六种景物的描写，把生机勃勃的江南水乡春景写得活灵活现。1949年5月5日，毛泽东在北京西山双清别墅邀著名诗人柳亚子叙谈，其间谈论了"池塘生春草""空梁落燕泥""春江水暖鸭先知"的诗句。他还把"春江水暖鸭先知"这一警句题写在柳亚子的《羿楼纪念册》上。南北朝诗人谢灵运《登池上楼》、隋朝诗人薛道衡《昔昔盐》、宋朝诗人苏轼《题惠崇春江晓景》等诗篇，并作一题记："一九四九年五月五日柳先生惠临敝舍，曾相与论及上述诸语，因书以为纪念。"（中共中央文献研究室主编：《毛泽东年谱》下卷，第496页，人民出版社、中央文献出版社1993年版）再如《饮湖上初晴后雨》："水光潋滟晴方好，山色空蒙雨亦奇。欲把西湖比西子，淡妆浓抹总相宜。"先写杭州西湖先晴后雨，风光无限，再以春秋时期越国绝代佳人西施为喻，一个新鲜而又空灵的比喻，不仅使西湖生色，而且表现了东坡的洒脱性格和开阔胸襟。毛泽东曾手书过此诗的后两句。再如《题西林壁》："横看成岭侧成峰，远近高低各不同。不识庐山真面目，只缘身在此山中。"这里寄寓的是"当局者迷，旁观者清"，或放开眼界，突破局限才能认清事物之理，是为历代传诵的佳作。毛泽东曾手书过。

在北宋词坛上，苏轼突破词必香软的樊篱，创作了一批风貌一新的词章，为词体的长足发展开拓了道路。正如毛泽东所说："诗词也是一样，在同一朝代，如宋朝，有柳永、李清照一派，也有苏轼陆游一派。"这就是婉约派与豪放派。苏轼是豪放派的主要代表之一。他的词气势磅礴，豪迈奔放，一扫晚唐五代词家柔靡纤弱之风。从今存三百四五十首东坡词来看，苏轼对词体的革新是多方面的。

首先，苏轼扩大了词反映社会生活的能力，苏轼不仅用词写爱情、离别、旅况等传统题材，而且还用词抒写报国壮志、农村生活、贬居生涯等，扩大了词境。其次，风格上，有时豪放，有时清丽，有时清新隽永，有时缠绵婉媚，各具风韵。再次，体制上，有的合律，有的不合律。有时用文的写法，有时用诗的写法。可以有牌无题，也可以有牌有题有序。最后，语言多吸收诗赋词汇，兼采史传、口语，以清雄见称。总之，一如他的文风一样，也是自由奔放，挥洒自如。不过，最能代表他的成就的，还是那些被称为须关西大汉，执铜琵琶、铁板绰来唱的风格豪放的词。最有名的如〔念奴娇〕（大江东去）和〔水调歌头〕（明月几时有），前者以三国时赤壁之战为背景，展开了对壮丽如画的河山和英雄人物业绩的描写，然后结合到自己的老大无成，发出"人生如梦"的感慨；后者以自己的政治波折和进退间的矛盾为背景，结合内心活动，展开了对中秋明月的描绘，从

苏轼是「宋代的大文豪」

天上到人间，从月初出到月当空、月偏西，最后归结到对骨肉之亲的怀念和"但愿人长久"的祝愿。这两首词把抒情、写景和议论融为一体，题材新颖，风格豪放，语言朴素清新，流利畅达，充分体现了豪放词派的艺术特色。1957年6月，毛泽东在会见词学专家冒广生时，两人谈词的问题。冒广生说："诗变为词，小令衍为长调，不外增、减、摊、破四法。蜀主孟昶的《玉楼春》（冰肌玉骨）是两首七绝，经苏轼的增字、增韵而成八十三字的〔洞仙歌〕。诗歌贵简练含蓄。孟昶原作本意已足，东坡好事，未免文字游戏。"毛泽东风趣地说："东坡是大家，所以论者不以蹈袭前人为非。如果是别人，后人早已指出他是文抄公了。"（舒湮：《一九五七年夏季我又见到了毛主席》，《新华文摘》1986年第1期）肯定了苏轼对词的改革。

苏轼的文在当时已很有名，与韩愈、柳宗元、欧阳修并称"四家"，加上其父苏洵、弟苏辙与王安石、曾巩，又称"唐宋八大家"。他的文章"大略如行云流水，初无定质，但常行于所当行，常止于所不可不止。文理自然，姿态横生。"（《答谢师民书》）他的谈史议政的论文，包括奏议、进策、史略等，大都是与苏轼的政治生活有密切联系的作品。最有名的是那篇上神宗的《万言书》《徐州上皇帝书》和一些策文、史论。这些文章大都是早年写的，从内容上说基本上是儒家的传统观点，可取之处不多。由于他早年得志，对社会实情了解不深，一些议论国事的文章，往往只能引经据史，作泛泛之谈，因而多书生之见。所以，毛泽东批评他的《万言书》是"纸上空谈"，是十分中肯的，对他的《徐州上皇帝书》论及"科举无用"还是赞扬的。他的史论，常常提出一些新奇的见解，别出心裁，翻空出奇，议论风发，笔势恣肆，构思奇妙，语言流畅，心有所想即能曲尽其意，往往有独到之处。他称自己的这种方法叫"八面受敌"。所谓"八面受敌"，意谓功力深厚，能应对各种情况。苏轼在《又答王庠书》中说："……若学成，八面受敌，与涉猎者不可同日而语也。"其实早在唐代吴融就采取"八面受敌"法。五代王定保《唐摭言·海叙不遇》："子华（吴融）才力浩大，八面受敌，以八韵著称。"清赵翼《瓯北诗话·查初白诗》："……而元微之所谓'铺陈始终，排比声韵，豪迈律切'者，往往见绌，终不足八面受敌为大家也。"可见"八面受敌"是一种大家风范。毛泽东注意到苏轼用"八面受敌"法研究历史，用"八面受敌"法研究宋史，并且认为"今天我们研究中国社会，也要用个'四面受敌'法，把它分成政治的、经济的、文化的、军事的四个部分来研究，得出中国革命的结论"（《关于农村调查》）。可见毛泽东是非常赞成苏东坡研究历史、研究现状的"八面受敌"法的。

叙事记游的散文在苏文中艺术价值最高，有不少广为传诵的名篇。记人物的碑传文如《方山子传》，能借助于生活片段和有代表性的细节显示人物性格，《潮州韩文公庙碑》有叙有议，结合韩愈一生的遭遇，评述了他对文学的贡献，写得议论风生，气势充沛。记楼台亭榭的散文，如《喜雨亭记》《超然亭记》等，随事生发，写得生动活泼，姿态横生。其写景游记，更以捕捉景物特色和寄寓理趣见长，如《石钟山记》写夜泊绝壁奇境，情调森冷，耸人毛发；前后《赤壁赋》，一写风清月朗的秋光，一写水落石出的冬景，描绘逼真，境界如画。1956 年夏，毛泽东到大江南北视察，5 月底在长沙，毛泽东看到了湖南各方面形势很好，十分高兴。他对湖南省委书记周小舟说："苏东坡讲'驾一叶之扁舟'，那说的是小舟，你已经不是小舟了，你成了承载几千万人的大船了。"（赵志超：《毛泽东和他的父老乡亲》，第 401—402 页，湖南文艺出版社 1992 年版）"驾一叶之扁舟"，出自《前赤壁赋》。毛泽东十分风趣的话语，语重心长。

苏轼的作品具有广泛的影响，他热心奖掖后进，培植不少人才。他的作品在宋代已广为流传，对宋代文学的发展起了重要作用。苏诗受到金代诗人、明代公安派作家和清代宗宋派诗人的推崇。苏文长期沾溉后学，其小品随笔更开明清小品文的先声。苏词直到清代，仍为陈维崧等词家所宗法。苏轼的大量作品，是他留给后人的宝贵遗产。苏轼在我国文学史上占有重要地位。

李清照『不仅词写得好，而且很有爱国思想』

【传略】

李清照（1084—1155？），自号易安居士，又署易安室，济南章丘（今山东章丘）人，一说济南（今山东济南）人，宋代女词人。她的父亲李格非，字文叔，宋神宗赵顼熙宁九年（1076）进士，官至礼部员外郎、京东路提点刑狱。他出自韩琦门下，又曾以文章受知于苏轼，与廖正一、李禧、董荣并称"苏门后四学士"。格非为人，性格孤洁高雅，不慕权贵，学识渊博，尤用意于经学，在齐、鲁一带颇负盛名。平生著述较多，有《李格非集》，现仅存《洛阳名园记》一卷。母亲王氏，是状元王拱辰孙女（《宋史·李格非传》），一说为汉国公王准孙女（庄绰《鸡肋编》），也知书善文。李清照就出生在这样一个有文化教养的仕宦家庭。

李清照一生经历可以宋室南迁为界，分为前后两个时期。

前期，李清照早年随父住在汴京（今河南开封）、洛阳（今河南洛阳），受过较好的文化教育。她工书，能文，兼通音律，以词有名于时，"才力华赡，逼近前辈"（宋王灼《碧鸡漫志》）。在元符三年（1100）左右，写有《语溪中兴颂诗和张文潜》，受到当时人们的好评。建中靖国元年（1101），清照18岁，与吏部侍郎赵挺之幼子赵明诚结婚。明诚字德甫，当时21岁，在太学当学生。其父挺之，字正夫。明诚夜梦颂书，醒告父曰："言与司合，安上已脱，芝芙草拔。"挺之解之曰："此离合字，词女之夫也。"明诚自幼爱好金石刻，又酷好书画，学识渊博，藏书万卷，遇到地下发掘所得的古代文物，或古今名人字画，夏商周三代奇器，不惜脱衣典当购买。徽宗崇宁年间（公元1102—1106年），有人拿着南唐名画家徐熙的《牡丹图》要价20万钱，明诚留了几天，终因筹措不到那么多钱而归还卖者，夫妇俩惋惜了好几天。每逢初一、十五，明诚在太学请假探家，抵押衣服，得半千钱，到大相国寺（今河南开封相国寺），购买碑帖书籍带回家，夫妇一起展玩欣赏，快乐在尘世之外，自称是古代葛天氏时老百姓。

结婚不久，明诚出游，清照非常不忍离别，书〔一剪梅〕在一个锦帕上送给他说："红藕香残玉簟秋，轻解罗裳，独上兰舟。云中谁寄锦书来，雁字回时，月满西楼。花自飘零水自流，一种相思，两处闲愁。此情无计可消除，才下眉头，却上心头。"其后明诚出外做官，夫妇两地分居，离恨别愁，凝聚笔端，又有〔如梦令〕曰："昨夜雨疏风骤，浓睡不消残酒。试问卷帘人，却道海棠依旧。知否？知否？应是绿肥红瘦。"又曾以〔醉花阴〕《重阳》函寄明诚，明诚想胜过她，闭门谢绝所有的客人，废寝忘食者三昼夜，得 50 余阕，把清照的那首杂入其间以示友人陆德夫。德夫再三玩赏，说："只三句绝佳。"问他，是"莫道不消魂，帘卷西风，人比黄花瘦"，正是清照作的。

徽宗赵佶崇宁元年（1102），蔡京、赵挺之极力排斥元祐党人。下诏登录元祐党人姓名，皇帝手书刻在端礼门，党祸惨烈，人人自危。李格非出自苏东坡门下，讨厌蔡京之流放纵个人的私意，胡作非为，以参与编纂元祐章奏为耻，李格非名列登录的八名元祐党人之中，不得在京做官。清照上诗挺之救父，有句说"何况人间父子情"！负责籍记的人很同情她，而李格非终因党籍免去提点京东路刑狱之职。当时苏东坡、黄庭坚诗文都在禁之列，而明诚每次遇到苏、黄诗文，虽然只有半页或几个字必定录藏，因此父子失和。

挺之既任副宰相，与蔡京争权，屡次陈说蔡京奸恶，并且请免职避开他。大观元年（1107）三月，挺之去世。蔡京乘机诬陷，兴大狱彻底清查，皆无事实。七月案件结束，挺之被追夺所赠官职。

徽宗赵佶大观二年（1108），明诚和清照一起回到青州（今山东青州）家乡，退隐乡间 10 年，生活俭朴，衣食有余。政和元年（1111），朝廷下令撤销赵挺之降职的命令。二年，明诚的哥哥存诚恢复官职。宣和三年（1121），明诚出任莱州（今山东莱州掖县）太守。七年，出任淄州（今山东淄博淄川区）太守，李清照也随在任所。赵明诚接连出任两郡太守，把所有的俸禄收入都用在书籍校勘上。每得到一部书，就和清照共同校勘，整理并题写书名。得到书画彝鼎（青铜器），也抚摸赏玩，把书画展开再卷起，指出毛病缺点，每天晚上都要点完一支蜡烛。所以所藏书画纸张精致，笔画完整，在收藏家中数第一。明诚有尽收天下古文奇字之志。取上自夏、商、周三代，下自五季（后梁、后唐、后晋、后汉、后周），钟、鼎、甗、鬲、盘、匜、尊、敦等青铜器上铸刻的文字，刻有纪念文字的碑和圆形的碑，地位高贵有名望的人和不为人知道的人的事迹，共见于金石

李清照『不仅词写得好，而且很有爱国思想』

刻的有 2000 件，都订正错误，加以选择，进行评价，能够订正史官记载方面的错误，都加以刊载，作《金石录》三十卷，是李清照帮助完成的。

李清照记忆力惊人，每次吃过饭后，与明诚坐在归来堂煮茶吃，指着堆积的文史书籍，说某件事在某书某卷第几页第几行，以猜中与不中争胜负，为饮茶的先后次序。清照猜中就举杯大笑，以至于茶都洒个满怀，反而不得饮而起。清照头上没有明珠翡翠之饰，室内没有涂金刺绣之用具，遇见书史百家字不缺损，本子好的，就买下它，常常一次三四本都精绝。本来家传《周易》《左传》，故这两类，进行解释的各种注疏文字最完备。几案罗列，枕席枕藉，思想与书的内容会合，眼睛集中在书上，精神贯注于书中，快乐在声色狗马之上。明诚曾从淄州邢氏购得白居易所书《楞严经》，因而上马飞奔，回家与清照共赏。当时已是二更以后，他很想喝酒，烹小笼团茶饼，相对展玩，高度兴奋得不能控制自己，点了两支蜡烛，还不想就寝，便下床写了后记。

钦宗赵桓靖康元年（1126）十一月，金人围攻东京（今河南开封），二人四顾，毫无办法，书画彝器，盈箱满篋，恋恋不舍，烦恼不快，知道它一定不是自己的东西了。南宋高宗赵构建炎元年（1127）春天，赵明诚母于金陵（今江苏南京）病逝，明诚携书 15 车南下奔丧。青州家中锁书册杂物十余间。金人攻陷青州，十多间房屋尽为灰烬。随之，北宋灭亡。高宗即位后，明诚又被任命为建康知府，兼江东经制副使。这时北方大乱，李清照只携带小部分文物随人群逃难，从此开始了她在南方的苦难生活。

后期，建炎二年（1128），李清照怀着国破家亡之痛南逃到建康。她极关心国家命运和当时的政治形势，写有"南游尚怯吴江冷，北狩应知易水寒"，"南渡衣冠欠王导，北来消息少刘琨"的诗句，表达了对于南宋朝廷苟且偷安的极大不满。次年五月，赵明诚移知湖州（今浙江湖州），他把家安在池阳（今安徽贵池），自己一个人应诏前往。六月十三日，清照望舟中告别，十分害怕，喊道："如果传闻城中局势紧张怎么办？"明诚情绪愤激地回答："和大家一样。实在无法，先丢掉行李，再丢衣物，再丢书册卷轴，再丢古代文物。只有宗庙行礼作乐所用的钟磬祭器等物，可以自己携带，与身俱存亡，不要忘记。"于是驰马而去。一路奔驰，冒暑得病，至高宗驻跸之地建康，患恶性疟疾。清照得到明诚患病的书信，当即乘船东下，一天一夜行300里。到了建康，明诚已病入膏肓。清照悲泣惊慌，不忍问后事。八月，明诚去世，终年49岁。清照撰文悼念他，有云："白日正中，叹庞翁之机敏，坚城自堕，怜杞妇之悲深！"李清照怀着极大的悲痛敛葬了丈夫。这时金兵又大举南侵，建康形势紧急，朝廷已开始疏散、逃亡。李清照派人先将书册、金石刻送往洪州（今江西南昌），准备去那里投奔时任兵部侍郎的赵明诚的妹夫以避乱。建炎三年（1129）十二月，金兵攻破洪州，金石书籍，全部丢失，散为云烟。安徽一带既不能去，因为形势很难预测。李清照的弟弟李远，在枢密院任删定官，于是就去投奔他。清照到达台州（今浙江临海），太守晁公为己弃城逃走。到剡县（今浙江嵊州），出睦州（今浙江建德），又丢掉衣服被褥，走黄岩（今浙江黄岩），雇船入海奔朝廷驻跸之所，再到温州（今浙江温州），再到越州（今浙江绍兴）。建炎四年（1130）十二月，到衢州（今浙江衢州）。绍兴元年（1131）春天三月间，又回到越州，最后又回到临安（今浙江杭州）定居。

在赵明诚病重期间，他的朋友张飞卿曾携一玉壶来看望他。这件事后来没有根据地妄说赵明诚以玉壶颁赐金国，并听说已有人向朝廷告发。这样的政治陷害使李清照大为恐慌，她决定将家中所有的铜器等物品进献朝廷，以求得洗刷和摆脱。后来这些器皿都辗转落到了李将军手中。只有书、画、砚、墨满满五七箱，常放在床下，亲自开合。在会稽（今浙江绍兴），清照租居一个姓钟的农民家里。忽然一天夜里，屋墙被挖了个洞，五七箱书画尽被盗去，清照痛不欲生，悬重赏收赎被盗文物。两天后，邻人钟复皓拿出18轴书画求赏。多方访求，其余不可复得。

南宋高宗赵构绍兴二年（1132），赵宋偏安江南，定都临安，南渡百姓不能回归故里。据李心传《建炎以来系年要录》卷五十八记载，李清照曾再嫁张汝舟，"李氏，格非女，能为歌词，自号易安居士"。关于李清照改嫁事，历来颇有争议。清俞正燮《易安居士事辑》以编年法排比清照行实，为清照辩诬，在学术界颇有影响。今存疑。建炎四年（1130）八月，清照翻阅《金石录》，如见故人，悲伤悼念旧物之不存，于是作《后叙》，叙述半生忧患及遭遇、变化、事故的前后关系。自云所以记其始终，是要

李清照「不仅词写得好，而且很有爱国思想」

为爱好古代文物书画、学问广博而又不同于流俗的人。

李清照少年就有诗名，才气横溢，笔力雄健。被人传诵的诗句"诗情如夜鹊，三绕未能安""少陵也是可怜人，更待明年试春草"。社会上又传颂："两汉本继绍，新室如赘疣，所以嵇中散，至死薄殷周。"以为佳境。绍兴三年（1133）五月，南宋朝廷派签书枢密院韩肖胄、工部尚书胡松年充任金国奉表通问使，清照作诗呈送两人寄意，有"欲将血泪寄山河，去洒青州一抔土"之句。足见她始终关心国事。

宋晁公武《郡斋读书志·别集类》称李清照"晚节流落江湖间以卒"。李清照卒于哪一年，今天尚不能确定。陆游《夫人孙氏墓志铭》曾记载孙氏十余岁时，李清照"欲以其学传夫人"的事。据此推算，今人黄盛章先生认为至少绍兴二十一年（1151）李清照还健在。他又据其他证明材料，认为李清照在绍兴25年（1155）左右卒于杭州，享年73岁。

有《易安居士文集》《易安词》，已散佚。后人辑有《漱玉词》，今人王仲闻有《李清照集校注》，人民文学出版社出版。

【毛泽东评说】

诗词也是一样，在同一朝代，如宋朝，有柳永、李清照一派，也有苏东坡、陆游一派。柳、李的作品只讲爱情。

　　　　——摘自毛泽东1963年2月在中央工作会议上召集各大区第一书记的谈话，转引自陈晋《毛泽东与文艺传统》，第373页，中央文献出版社1993年版。

【作者述评】

李清照工诗，能文，更擅长词。她是人所公认的"婉约派"的正宗词人，在宋代，以她和柳永为代表的婉约派，和以苏轼、辛弃疾为代表的豪放派，是两种不同的词风。李清照有一篇《词论》，提出词"别是一家"的著名论断，严格划开诗与词的疆界。所以，她很少用词去反映她所经历过的国家大事变，而是用诗去反映它们。她流传下来的诗，虽只有断句零篇，但也可以看出她的爱国热情和诗歌艺术的造诣。她的《夏日绝句》：

"生当作人杰，死亦为鬼雄。至今思项羽，不肯过江东。"和断句"南渡衣冠欠王导，北来消息少刘琨"，正是对于一味逃跑屈膝求和而毫无光复国土之志的昏君庸臣们的讽刺，表现出一种豪放遒劲的诗歌风格。

李清照的散文也写得很好，她南奔后所作的《金石录后序》，就是一篇在叙事和抒情两方面都写得极为生动而优美的散文。总之，她的诗、文，讲历史，谈世事，论文艺，题材范围比较宽广。

李清照的词分为前后两期。前期的词真实地反映了她的闺阁生活和思想感情，主要内容集中在对爱情的追求和对自然的喜爱上。如〔如梦令〕：

> 昨夜雨疏风骤，浓睡不消残酒。试问卷帘人，却道海棠依旧。知否？知否？应是绿肥红瘦。

择取雨夜酒醒询问海棠如何的生活片段，写得活泼秀丽，语新意隽。再如〔醉花阴〕：

> 薄雾浓云愁永昼，瑞脑消金兽。佳节又重阳，玉枕纱橱，半夜凉初透。东篱把酒黄昏后，有暗香盈袖。莫道不消魂，帘卷西风，人比黄花瘦。

这首词写于夫妇两地分居而引起对丈夫的思念，爱情的煎熬，词人瘦削下来。以黄花比人的瘦削，在形象上极富有创造性，用瘦来说明长时的痛苦的相思，不说破情，而情欲深。这首词之所以被广泛传诵，是由于它的创造性和深刻性。

李清照所写这类词名篇还很多，如〔凤凰台上忆吹箫〕〔一剪梅〕等词，通过描绘孤独的生活和抒发相思之情，表达了对丈夫的深厚感情，婉转曲折，清俊疏朗。〔蝶恋花〕《晚止昌乐馆寄姊妹》写对女伴的留恋，感情也极真挚。

李清照这样热烈地表露和歌唱爱情，她主观上当然不会意识到这就是对封建礼教的冲击，但在客观的社会作用上，却具有反对封建礼教束缚的意义。和他同时代的王灼在《碧鸡漫志》中诋毁他的作品说："闾巷荒淫之语，肆意落笔，自古缙绅之家，能文妇女，未见如此无顾籍也。"这正是她的爱情词具有积极意义的反证。

李清照南渡后的词和前期相比迥然不同。国破家亡后，政治上的风险和个人生活的种种悲惨遭遇，使她的精神非常痛苦，因而她的词作一变早年的清丽、明快，而充满了凄凉、低沉之音，主要抒发伤时念旧和怀乡悼亡的情感。在流离生活中她常常思念中原故土，如〔菩萨蛮〕写的"故乡何处是，忘了除非醉"，〔蝶恋花〕写的"空梦长安，认取长安道"，都流露出她对失陷的北方的怀念。她更留恋以往的生活，如著名的慢词〔永遇乐〕，回忆"中州盛日"的京洛旧事；〔转调满庭芳〕回忆当年的"胜赏"，都将过去的美好生活和今日的凄凉憔悴作对比，寄托了故园之思。

她在词中充分地表达了自己在孤独生活中的浓重哀愁，如〔武陵春〕通过写"物是人非事事休"的感慨，表达自己难以克制、无法形容的"愁"，〔清平乐〕中"前年海角天涯，萧萧两鬓生华"的悲伤，〔孤雁儿〕中的悼亡情绪，特别是著名的慢词〔声声慢〕：

> 寻寻觅觅，冷冷清清，凄凄惨惨戚戚。乍暖还寒时候，最难将息。三杯两盏淡酒，怎敌他、晚来风急？雁过也，正伤心，却是旧时相识。满地黄花堆积，憔悴损，如今有谁堪摘？守着窗儿，独自怎生得黑！梧桐更兼细雨，到黄昏、点点滴滴，这次第，怎一个愁字了得！

这首词通过对人物徘徊寻觅、雨窗独坐等动作的撷取描绘，以及人物意念的波动、情绪的缠绕、心理的刻画、景物的衬托，明白而又婉转的语言，营造了一种清幽凄婉的氛围，表现了她的深愁惨痛。这类作品都是在国破家亡、孤独凄惨的生活基础上产生的，所以她的这部分词作正是对那个时代苦难和个人不幸命运的艺术概括。

李清照词的艺术成就很高，在文学史上占有重要地位。她的词语言优美、精巧，却不事雕琢，在遣词造句上很有创造性。像她笔下的花树是"宠柳娇花""绿肥红瘦"；天气是"浓烟暗雨"，"风柔日薄"；又曾以"黄花瘦"比人，都十分新颖、清丽。她还常常以"明白如家常"的方言口语入词，如"甚霎儿晴，霎儿雨，霎儿风"，"守着窗儿，独自怎生得黑？"信手拈来，便增添了许多新鲜生动的情味。在艺术表现上，她巧于构思，常常选取一些生活片段写入词中，极具体、生动地展现自己的内心世界。如〔武陵春〕中通过"也拟泛轻舟"和"只恐双溪舴艋舟，载不动许多愁"的矛盾，来表现自己的内心痛苦。她又善于运用白描手法，通过写具体的行动或事物，把抽象的内心活动形象化。如〔一剪梅〕中以"才下眉头，却上心头"的情状来写相思之深。她的抒情既委婉、含蓄，又极其自然，毫无矫揉造作的毛病。她的词的风格以婉约为主，但也偶有豪放之作，像〔渔家傲〕（天接云涛连晓雾），即被称为"浑成大雅，无一毫脂粉气"（黄了翁《蓼园词选》），很值得重视。

毛泽东对李清照评价很高。在一次会议上，有同志提到："有人说，轻音乐是抒情的，重音乐是战斗的。"毛泽东当即插话："那战士就没有抒情？诗词也是一样，在同朝代，如宋朝，有柳永、李清照一派，也有苏东坡、陆游一派。柳、李的作品只讲爱情。"他认为在宋代词坛豪放派与婉约派之中，李清照、柳永是一派，"柳、李的作品只讲爱情"，是婉约派的代表作家。这个评价，李清照是当之无愧的，人所公认的。对李清照的词作，毛泽东也很喜爱。他在1958年成都会议上的一次讲话中，谈到要实干，不要一阵风，大家抢先，各省都要争个第一时，引用"状元三年一个，美人千载难逢"的话语，并指出：我们做工作要轰轰烈烈，高高兴兴，不要寻寻觅觅，冷冷清清。（董文学等《毛泽东的文艺美学活动》，第179页，高等教育出版社1995年版）他对李清照的〔醉花阴〕这首脍炙人口的代表作极其欣赏，对其中"莫道不消魂，帘卷西风，人比黄花瘦"这一千古绝唱尤为喜爱，表现在他的藏书中，凡载有这首词的集本，都留有他圈画的手迹。在一本清朱彝尊等编选《词综》中，毛泽东还圈阅了李清照下列词作：〔凤凰台上忆吹箫〕（香冷金猊）、〔壶中天慢〕（萧条庭院）、〔一剪梅〕（红藕香残玉簟秋）、〔醉花阴〕（薄雾浓云愁永昼）、〔怨王孙〕（帝里春晓）、〔浣溪沙二首〕（髻子伤春懒更梳、楼上青天碧四垂）、〔武陵春〕（风住尘香花已尽）〔点绛唇〕（寂寞深闺）、〔卖花声〕（帘外五更风）、〔声声慢〕（寻寻觅觅）。

陆游是『南宋一位了不起的大诗人』

【传略】

陆游（1125—1210），字务观，号放翁，越州山阴（今浙江绍兴）人。南宋伟大的爱国诗人。

山阴陆氏是一个大家族，本是以务农为业的。到了陆游的高祖陆轸，才通过科举制度，开始走上仕途。祖父陆佃，徽宗时官至尚书右丞，被诬元祐党籍，罢归亳州。他的父亲陆宰，字元钧，北宋末年，官至直秘阁、淮南路计度转运副使。南渡后，没有直接参与政治，是个大藏书家。陆游出身于由贫居苦学而仕进的世宦家庭。

陆游生于宋徽宗赵佶宣和七年（1125）十月十七日。当时，他父亲陆宰任淮南路计度转运副使，接到回京的命令，就带着家眷，从淮水乘船向京城航行，陆游就生在淮水舟中。他后来有诗记载："我生急雨暗淮天，出没蛟鼍浪人船。"陆宰进京以后，调任京西路转运副使。因为时局紧张，他把家眷安顿在河南荥阳后，便奔赴任所。十一月，金人分道南侵，北边诸郡都被他们占领。第二年，金兵攻陷北宋首都东京（今河南开封），徽宗、钦宗当了俘虏，北宋覆灭。公元1127年，钦宗的弟弟赵构，在应天府（今河南商丘睢阳区）即位，是为高宗。后来，他逃到临安（今浙江杭州），正式建立南宋小朝廷。

陆游生在北宋王朝腐败不振、国家遭受金人侵略的年代，同当时的广大人民一起，经历了国破家亡的痛苦，受到了爱国主义的教育和熏陶。动乱中，陆游一家先逃到寿春（今安徽寿县），后到山阴。建炎四年（1130），金人铁骑到达山阴，陆游一家又从山阴逃到东阳（今浙江金华）。这一段逃难的生活，在陆游幼小的心灵上铭刻了深刻的对敌的仇恨。10岁以后，他们回到山阴，居住乡间。这时正是大汉奸秦桧杀害民族英雄岳飞，南宋小朝廷向金称臣纳贡之际。往来于陆家的，除了那些爱国的政治家以外，还有很多文人学者。陆游认识了曾几，并开始向曾几学诗。曾几是南宋初年属于江西诗派的著名诗人。他反对和议，抵触权贵，做官廉洁，是一个有操守的诗人。他不仅在诗学方面教育了陆游，而且在为人方面也影响了陆游。陆游还从前代大诗人屈原、陶渊明、李白、杜甫、岑参等人的诗作中汲取营养。

封建家庭教育虽然给陆游以良好的文化教养，特别是爱国教育，但也给他带来婚姻上的不幸。他 20 岁时与唐琬结婚，夫妻感情甚笃，可是母亲却不喜欢唐氏，强逼他们夫妇离散。离婚后，陆游非常伤痛，曾在 10 年后的一次偶然相遇中写了〔钗头凤〕以寄深情，此后多次赋诗怀之，直至老年还写了有名的爱情诗《沈园》："城上斜阳画角哀，沈园非复旧池台。伤心桥下春波绿，曾是惊鸿照影来。"

宋高宗赵构绍兴二十三年（1153），陆游 29 岁，到临安去参加省试。这时，秦桧的孙子秦埙也来应试，试官陈子茂把陆游取为第一名，秦桧恼羞成怒。到第二年陆游去参加礼部考试时，秦桧就把他黜落了。这件事，除了秦桧的私心外，还有政治上的原因，因为陆游在试卷里主张恢复故土，坚持抗战，这正是汉奸秦桧所最忌恨的。

秦桧死后（1155），正派人物才逐渐抬起头来。陆游 33 岁（1157）时，出任福州宁德县主簿。不久，调到临安，先后担任敕令删定官及枢密编修官等职务。公元 1162 年 6 月，赵构让位给太子赵昚（宋孝宗）。孝宗隆兴元年（1163），曾采纳主战派张浚的北伐意见，对敌反攻。在这次反攻战役中，陆游积极参与其事，成为抗战派中的活跃分子。他曾被军政大臣请到中书省撰拟文书，召谕中原人民奋起抗敌，收复失地，并代宰相致书西夏，恢复联盟关系。但是，这次抗战最后失利，主和派又抬了头，赵昚起用秦桧余党汤思退为丞相，罢免了张浚。汤思退正式与金人议和，签订了"隆兴和议"。隆兴二年，陆游调任镇江府通判，不久又调任隆兴府通判。乾道二年（1166），有人提出弹劾，认为陆游"交结台谏，鼓唱是非，力说张浚用兵"，并以这个名义，把他免职了。

陆游被免职以后，在家闲居了 4 年之久。宋孝宗赵昚乾道五年（1169），才得到一个夔州（今重庆奉节）通判的职务。他在夔州任职 3 年，僻处山城，不能施展自己的抱负，常常有天涯沦落的感慨。任满后恰好王炎来做四川宣抚使，聘陆游担任干办公事的职务。他这才又活跃起来。

王炎是一个主战派的人物，才能出色。西北一带的军力、财力和人力都集中在他手里。他驻扎在南郑（今陕西汉中）前线。陆游把他比作萧何、裴度，期望他能完成恢复中原的事业。

陆游经过实地考察，对川陕一带形势的险要，物产的丰富，人民的豪侠，获得深刻的了解。他认为这些情况可以作为反攻敌人的条件。因此他向王炎"陈进取之策，以为经略中原，必自长安始，取长安必自陇右始。当积粟练习，有衅则攻，无则守"（《宋史·陆游传》）。陆游除了为王炎出谋划策以及处理一些日常公务以外，还经常骑着马到各处去了解情况。南郑附近他常到的有西县、定军山、孤云、西角等地。他还到过大散关下的鬼迷店和仙人原上的仙人关。这两处都是宋金对峙的最前线。"昔者戍南郑，秦山郁苍苍。铁衣卧枕戈，睡觉身满霜"（《鹅湖夜坐书怀》）。陆游也参加战斗。他说："我昔从戎清渭侧，散关嵯峨下临贼。铁衣上马蹴坚冰，有时三日不火食。山畬畲栗杂砂礓，黑黍黄穄（mí 糜）如土色。飞霜掠面寒压指，一寸赤心惟报国。"（《江北庄取米到作饭香甚有感》）

在王炎、陆游和幕府中其他参谋人员的策划下，北伐的准备工作积极进行着，而且条件逐步成熟。沦陷区的人民迫切地要求光复，他们又在敌人军队中策动起义的工作。长安是敌人的西方军事根据地，可是长安的将吏都和四川宣抚司进行联系，他们把对方的消息写在四五寸见方的细绢上，团成弹子，涂上蜡，再设法传递过来。甚至还把洛阳的春笋和黄河的鲂鱼都带来慰劳南宋的军队。这种爱国的热情，使陆游万分感动。他了解到人民期待反攻的迫切心情，也看到了人民反抗压迫的伟大力量。盘踞长安的敌人很害怕，他们在城外挖掘三道壕沟，作为防御工事。"王师入秦驻一月，传檄足定河南北。"陆游认为只要大军一出动，敌人就会在里应外合的夹击之下逃走。但是，这样的好机会又错过了。乾道八年（1172）九月，朝廷颁发了命令，把王炎召回，随即罢免，陆游也改任成都府安抚司参议官。陆游觉得辜负了沦陷区的人民，他痛心地说："三秦父老应惆怅，不见王师出散关。"可这是投降集团的决策，他只能"有时登高望鄠杜，悲歌仰天泪如雨"。此后，陆游又在蜀州、嘉州、荣州代理通判、知州等职，自称"身如林下僧"，抗战复国的壮志一直得不到伸展的机会。

宋孝宗赵昚淳熙二年（1175），著名诗人范成大担任四川制置使，召陆游担任参议官，于是他又到了成都。

范成大是陆游的朋友，有名的诗人，在处理日常公务以外，他们经常饮酒赋诗，互相唱和。不过，陆游与范成大是不同的。陆游主张随时做好军事准备，待机北伐，而范成大则是雍容坐镇，不求有功，但求无过。他对陆游很客气，陆游却不甚拘守官场礼数，以致引起了同僚讥议；又由于陆游的复国抱负长久得不到伸展，和个人的功名事业一无所成，常以"脱巾漉酒，挂笏看山"为自得，甚至在琵琶腰鼓、舞衫香雾中寻求精神寄托，被同僚指为"不拘礼法，恃酒颓放"。于是陆游索性自号"放翁"，并在诗中这样解嘲道："名姓已甘黄纸外，光阴全付绿尊中。门前剥啄谁相觅，贺我今年号放翁。"从此，"放翁"便和他的诗名同著于世。陆游因此受到罢免的处分，担任主管台州桐柏崇道观（在今浙江天台县西北桐柏山上）的闲职。

淳熙四年（1177），范成大奉诏东还临安。陆游感到有些怅然，作《送范舍人还朝》诗一首。在这首诗里，他要范成大回朝以后，向皇帝提出先取关中，次取河北的抗战策略。但是，南宋统治当局根本不以收复国土为重。因此，陆游对统治者的腐败无能和妥协投降不能不感到愤恨。他在这一年写的《关山月》一诗中，就对统治阶级的"文恬武嬉"、醉生梦死的现象作了集中而有力的揭露："和戎诏下十五年，将军不战空临边。朱门沉沉按歌舞，厩马肥死弓断弦！戍楼刁斗催落月，三十从军今白发。笛里谁知壮士心？沙头空照征人骨。中原干戈古亦闻，岂有逆寇传子孙？遗民忍死望恢复，几处今宵垂泪痕！"这首诗用对比手法，概括了当时广大人民和爱国志士与投降派的矛盾。诗人从不同角度斥责了南宋封建统治者恃和苟安，不修武备，沉湎声色的种种罪恶，抒发了戍边战士报国无路、虚掷岁月的愤懑，表达了中原人民垂泪忍死、盼望恢复的痛切心情。诗中对南宋统治者的揭露和批判是很深刻的。

陆游在川陕9年，祖国的山川形势，风土人情丰富了他的生活体验。特别是在南郑前线，他接触到许多边防战士和"忍死望恢复"的"遗民"，使他的精神境界不禁大开，并将许多富有生活实感的爱国激情倾注于诗词之中。这是他创作上收获最多的时期。陆游对这一创作阶段很珍视，觉得"诗家三昧忽见前"，于是将全部诗作题名为《剑南诗稿》。

淳熙五年（1178）秋天，陆游回到临安，这时他已54岁。孝宗在便殿召见了他，但并未重用，只不过派他到福建、江西做了两任提举（掌管）常平茶盐公事的地方官。在江西任上，当地发生水灾，他"草行露宿"，不辞辛苦，亲到灾区视察，并"奏拨义仓赈济，檄诸郡发粟以予民"，不料却因此得罪当道，竟以"擅权"罪名罢职还乡。

淳熙六年（1179），陆游被罢官回家乡山阴闲居，他的名义是主管成都府玉局观。在家闲居6年，直到淳熙十三年（1186），他62岁时，才又被起用为严州（今浙江建德）知州。他赴京受命，写了有名的七律《临安春雨初霁》，其中"小楼一夜听春雨，深巷明朝卖杏花"两句，得到孝宗激赏，但孝宗并不了解陆游的真正抱负，只叫他到严州后，"职事之暇，可以赋咏自适"。新职虽然不合陆游素志，但他还是勤勉从事，正如诗中所说："忧民怀惙惙，谋己耻营营。"他在任上，力求"宽期会，简追胥，戒兴作，节燕游"，因此得到人民的爱戴，为他立碑，并为他140多年前曾经做过严州太守的高祖陆轸立祠，以纪念他们祖孙二人。

在严州期间，陆游曾将历年所作诗，特别是早年的作品，严加删选，共得2500余首，刊刻为《剑南诗稿》20卷。此书行世后，深得当时文坛赞赏。

陆游虽被起用，但由于投降派的专权，他的报国理想始终无法实现。因此，他不能不常常感到压抑和愤慨。如《书愤》一诗，通过追述壮年时以"塞上长城"自许的抱负与慨叹"世事多艰"的现实遭遇，抒发了诗人自己壮怀不得实现的苦闷和对主和派误国的愤恨。结尾提到三国时蜀相诸葛亮及其《出师表》，表明自己是多么羡慕诸葛亮当年提师北上，为"兴复汉室，还于旧都"而驰骋疆场的壮志豪情。

淳熙十五年（1188），陆游严州任满，卸职还乡，不久奉诏到临安担任军器少监。第二年改任礼部郎中兼实录院检讨官。这时，孝宗赵昚让位儿子赵惇（宋光宗）。赵惇即位之初，陆游曾连上了几道奏章，劝他励精图治，"力图大计，宵旰勿怠"，并提出"救民之贫，莫先于轻赋"等政治主张。这时南宋小朝廷已耽于偏安享乐，无意进取，所以陆游的建议不仅不被采纳，反而遭到奸佞之徒的弹劾，以"嘲咏风月"的罪名再度被罢官。陆游对此非常激愤，便索性将山阴镜湖故居命名为"风月轩"，以示讥讽。

从宋光宗赵惇绍熙元年（1190）到宁宗嘉泰元年（1201）的十一二年中，陆游一直住在山阴，过着田园生活。他将书室命名为"老学庵"，以坐拥书城为乐，正像诗中所说："万卷古今消永日，一窗昏晓送流年。"

陆游的住宅在镜湖旁边，他有《吾庐》诗一首说："吾庐镜湖上，傍水开云扃……"在家居期间，他和老百姓很接近，不但"身还民服，口诵农书"（《除宝谟阁待制谢丞相启》），而且"身杂老农间"（《晚秋农家》）。经常和他们接触，自己也参加了一些农业劳动，"扶衰业耕桑"（《晚秋农家》），"种菜三田畦，畜豚七八个"（《幽居》）。他甚至不辞劳苦，"夜半起饭牛"（《晚秋农家》）。他还经常参加田父们的一些宴会，跟他们共话桑麻，而且慷慨地倾吐自己的满腔忠愤，抒发他那深厚的爱国感情。

陆游虽然遭到贬斥和迫害，但他抗金的豪气依然如故。时刻准备披坚执锐，奔赴疆场，为收复中原而战斗："僵卧孤村不自哀，尚思为国戍轮台。夜阑卧听风吹雨，铁马冰河入梦来。"（《十一月四日风雨大作》）。在另一首诗中，陆游还为沦陷区人民向昏庸腐朽的南宋统治者提出了有力的呼吁："三万里河东入海，五千仞岳上摩天。遗民泪尽胡尘里，南望王师又一年！"（《秋夜将晓出篱门迎凉有感》）此诗所写的遗民的心情，实际也是诗人自己的心情。它虽然表现得比较含蓄，但对苟且偷安的南宋统治者是一个有力的鞭挞。

陆游是反对投降派的坚定战士。他屡次遭到主和派的压制和打击，但决不同流合污，还继续写诗批判他们："百战元和取蔡州，如今胡马饮淮流。和亲自古非长策，谁与朝家共此忧？"（《估客有自蔡州来者感怅弥日》）这表现了陆游坚持不懈地批判投降派的顽强意志。

在陆游乡居期间，宁宗于绍熙五年（1194）七月代光宗即位，次年改国号为庆元。外戚韩侂胄当政。他斥理学为伪学，罢逐宗室大臣赵汝愚及理学家朱熹等，史称"庆元党禁"。在这一时期，陆游应韩侂胄之请，为他撰写了《南园记》，希望他"勤劳王事"。

宋宁宗赵扩嘉泰二年（1202），宋朝因孝宗、光宗两朝实录尚未完成，韩侂胄以修史的责任委托陆游，又起用抗战派将领辛弃疾。陆游从国家利益出发，顾全大局，不仅自己欣然前往，还劝辛弃疾为国立功。"深仇积愤在逆胡，不用追思灞亭夜"（《送辛幼安殿撰造朝》），就表现了他的看法。

韩侂胄虽然起用了陆游、辛弃疾，但并不重用，他所重用的只是一些纨绔子弟。陆游很失望，在史书修完之后，便立刻辞官回家，前后在临安只待了 年光景。开禧二年（1206）夏天，朝廷仓促地兴师北伐，因准备不足而失败。以史弥远为首的卖国集团用阴谋诡计把韩侂胄杀了，函首金人，订立了丧权辱国的"开禧和议"。陆游不愧为爱国志士，当战争失利，朝廷又要议和的时候，他主张坚决打下去，说"为邦要持重，恐复议消兵"（《雨晴》）。及至和议已成，陆游的悲愤心情更是无法形容了。由于陆游和韩侂胄有上述关系，在当时和后来都受到一些责难，说他"晚节"不终。其实，陆游在韩当政时退而复出，主要是为抗敌复国的夙愿所驱使，并无趋炎附势之意。

陆游于嘉泰三年（1203）辞官还乡，已近80岁高龄，且体弱多病，但他对于国家民族的命运，仍然关注心切，激情也总是永不衰竭。抗战的主张虽不能实现，但是陆游的意气仍是轩昂的。他说："双鬓多年作雪，寸心至死如丹。"（《感事六言》）"一闻战鼓意气生，犹能为国平燕赵。"（《老马行》）嘉定元年（1208）秋天，陆游出门散步，一位老农和他谈起对于敌人的愤恨，深深地打动了老诗人。他写道："至论本求编简上，忠言乃在里闾间""寸禄不沾能及此，细听只益厚吾颜"（《诗稿》卷七八）。在这首诗里，他不但对老农的爱国热忱深表敬意，并且自愧自责，深感食禄为官而不如闾里老农的一片忠心。

宋宁宗赵扩嘉定二年（1209），陆游的病情更复杂了，时好时坏，但他精神还是饱满的。立秋以后，陆游得隔膜炎，就在这一年的除夕（十二月二十九日），这位伟大的爱国诗人，终于抱着没有看到恢复失地的遗恨与世与辞了。临死的时候，他写下了一首《示儿》诗："死去元知万事空，但悲不见九州同。王师北定中原日，家祭无忘告乃翁。"诗人强烈的爱国精神，洋溢在字里行间，直到今天还感染着我们。

著有《剑南诗稿》《渭南文集》《南唐书》《老学庵笔记》等。

【毛泽东评说】

　　我的几首歪词，发表以后，注家蜂起，全是好心。一部分说对了，一部分说得不对，我有说明的责任。一九五八年十二月，在广州，见文物出版社一九五八年九月刊本，天头甚宽，因而写了下面的一些字，谢注家，兼谢读者。鲁迅一九二七年在广州，修改他的《古小说钩沉》，然后说道：于时云海沉沉，星月登碧，饕蚊遥叹，予在广州。（编者按：这是毛泽东凭记忆写的。鲁迅一九二七年在广州编校《唐宋传奇集》，作《序例》，文末题记说："时大夜弥天，璧月澄照，饕蚊遥叹，余在广州。"（《唐宋传奇集》上册一九二七年十月由北新书局出版，次年二月续出下册）从那时到今天，三十一年了，大陆上的饕蚊灭得差不多了，当然，革命尚未全成，同志仍须努力。港台一带，饕蚊尚多，西方世界，饕蚊成阵。安得起全世界各民族千百万愚公，用他们自己的移山办法，把蚊阵一扫而空，岂不伟哉！试仿陆放翁曰：人类今娴上太空，但悲不见五洲同。愚公尽扫饕蚊日，公祭无忘告马翁。

　　——毛泽东：《在〈毛主席诗词十九首〉上的批语》（1958年12月21日），《毛泽东诗词集》，第241—243页，中央文献出版社1996年版。

卜算子·咏梅

一九六一年十二月

　　读陆游咏梅词，反其意而用之。

　　风雨送春归，飞雪迎春到。已是悬崖百丈冰，犹有花枝俏。　　俏也不争春，只把春来报。待到山花烂漫时，她在丛中笑。

　　——中共中央文献研究室编：《毛泽东诗词集》，第129页，中央文献出版社1996年版。

　　作者北伐主张失败，皇帝不信任他，卖国分子打击他，自己陷于孤立，感到苍凉寂寞，因作此词。

陆游是『南宋一位了不起的大诗人』

——毛泽东 1961 年 12 月 27 日批示内部印刷他的〔卜算子〕《咏梅》词附录陆游原词时加的注释说明，《建国以来毛泽东文稿》，第九册，第 617 页，中央文献出版社 1996 年版。

这是陆游写的一首词：〔钗头凤〕（红酥手）。他是南宋一位了不起的大诗人，年轻时就立志"上马击狂胡，下马草军书"。他的表妹叫唐琬，也是一位有才华重感情的妇女。他们的爱情悲剧在《齐东野语》里有记载。

——摘自毛泽东与专列服务员姚淑贤的一次谈话，见费振刚、董学文主编的《毛泽东圈注史传诗文集成·诗词卷》，第 609 页，吉林人民出版社 1996 年版。

诗词也是一样，在同一朝代，如宋朝，有柳永、李清照一派，也有苏东坡、陆游一派。

——摘自毛泽东 1963 年 2 月 26 日在中央工作会议上召集各大区第一书记的谈话，陈晋：《毛泽东与文艺传统》，第 373 页，中央文献出版社 1992 年版。

【作者述评】

陆游是杰出的爱国诗人，他一生满怀深情地为祖国的统一而歌唱，写下了许多感人至深的优秀诗篇。他是我国古代文学史上创作特别丰富的一位诗人。在他现存的 9300 多首诗中，始终洋溢着强烈的爱国主义精神，从而形成了他诗歌创作的最显著的特色，奠定了他在我国诗坛上的崇高地位。如《金错刀行》：

黄金错刀白玉装，夜穿窗扉出光芒。
丈夫五十功未立，提刀独立顾八荒。
京华结交尽奇士，意气相期共生死。
千年史册耻无名，一片丹心报天子。
尔来从军天汉滨，南山晓雪玉嶙峋。
呜呼！楚虽三户能亡秦，岂有堂堂中国空无人！

由于诗人的"一片丹心"得不到报国的机会，因而年已 50 岁了，依然"功名未立"，他只好独自一人提着宝刀，站在旷野上，顾望着八方荒远的地方。"楚虽三户亦亡秦"，表现了诗人永不衰竭的为国雪耻的信念，也足以说明诗人一贯的抗战气概。这里所表现的虽是个人的感情，实际上概括着当时许多爱国志士的思想。

陆游的战斗诗篇，还把人民所遭受的阶级压迫和民族灾难联系起来："捶楚民方急，烟尘虏未平。一生那敢计，雪涕为时倾！"(《三月二十五夜达旦不能寐》)诗人忧国忧民，夜不能寐，对人民所受的双重痛苦，表现了深切的关注。在《农家叹》中，诗人更是真切地反映出农民所受的压迫：

> 有山皆种麦，有水皆种秔。
> 牛领疮见骨，叱叱犹夜耕。
> 竭力事本业，所愿乐太平。
> 门前谁剥啄？县吏征租声。
> 一身入县庭，日夜穷笞搒。
> 人孰不惮死？自计无由生。
> 还家欲具说，恐伤父母情。
> 老人饷得食，妻子鸿毛轻。

诗人首先描绘了农民种麦种秔、辛勤力耕的情景和他们渴望太平的善良愿望，然后写出农民被勒索敲诈、被逮捕、遭受严刑拷打的惨状，揭示出租税的沉重和官府的凶残。诗中对农民求生不得、求死不能的心理状态的真切描绘，有力地说明诗人思想感情同劳动人民的接近，对劳动人民痛苦的同情。

总之，忧国、爱民、誓死抗战，是陆游诗歌的最大特色并能传诵千古的原因。但是，陆游诗的题材是很丰富的，咏史、怀古、山水、田园、写景、抒情，无不具备。这些诗或抒发生活感情，或描写山川景物，呈现着自然流畅而又清新俊逸的风格；其中有些作品还将诗情和哲理艺术地交融在一起。如《游山西村》：

陆游是「南宋一位了不起的大诗人」

莫笑农家腊酒浑，丰年留客足鸡豚。

山重水复疑无路，柳暗花明又一村。

箫鼓追随春社近，衣冠简朴古风存。

从今若许闲乘月，拄杖无时夜叩门。

在这首诗里，诗人抒发自己生活中的感情，热烈地歌唱淳厚好客的农家和农村生活习俗。诗中描绘的农村风光，似乎是"桃花源"的境界，深含着诗人对官场的厌倦和对农村自由生活的挚爱。三四两句极为生色，是为人传诵的名句。

陆游的诗不但内容丰富，思想性强，而且在艺术风格上也自有其特色。他继承了我国现实主义的优良传统，又吸收了各种诗派的营养而自成一家。他的诗，语言明丽自然，流利畅达。在这方面，陆游受白居易的影响较大。他的《自咏》诗说："闭门谁共处，枕藉乐天诗。"清人赵翼说他的诗"清空一气，明白如话"（《瓯北诗话》卷六）。刘熙载也说他"诗能于易处见工，便觉亲切有味，白香山、陆放翁擅长在此"（《艺概》）。这些评论是符合实际情况的。不过，它还不能概括陆游诗的全貌。陆游诗风格的最显著特征是悲壮奔放，开阔雄健。

在体裁方面，陆游也各体俱工，律绝古体，均有佳作，尤擅长七律。沈德潜称赞陆游的七律说："放翁七言律，对仗工整，使事熨帖，当时无与比埒。"（《说诗晬语》）

当然，由于时代和阶级的局限，陆游把恢复中原的希望寄托在封建统治者的身上，一旦遭到排斥和打击，便不免在诗中流露出悲观、伤感的情绪。在艺术上，有些诗不免率尔成章，气势有余而余蕴不足。词意和句法有互相蹈袭的现象，特别是在晚年。这是由于他创作甚丰，因而"不暇剪除荡涤"的缘故。

陆游不仅工诗，而且擅长写词，现存词共有130首。他的词也是风格多样并有自己的特色。有不少词写得清丽缠绵，与宋词中的"婉约派"比较接近，如有名的〔钗头凤〕：

红酥手，黄滕酒，满城春色宫墙柳。东风恶，欢情薄。一怀愁绪，几年离索。错，错，错！

春如旧，人空瘦，泪痕红浥鲛绡透。桃花落，闲池阁，山盟虽在，锦书难托。莫，莫，莫！"

在这首词中，他对硬被封建势力拆散的前妻唐琬，倾吐了曲折而深挚的恋情。毛泽东对这首词十分熟悉，当身边工作人员看了一出由陆游与唐琬的爱情悲剧改编的戏《钗头凤》后，向他讲述时而把戏名说成《凤头钗》时，毛泽东马上加以纠正，并给她讲述了陆游与唐琬的爱情故事。有些词常常抒发深沉的人生感受，或寄寓高超的情怀。如〔卜算子〕(咏梅)："驿外断桥边，寂寞开无主。已是黄昏独自愁，更着风和雨。无意苦争春，一任群芳妒。零落成泥碾作尘，只有香如故。"词中作者以不怕风吹雨打傲然挺立的梅花自喻，表现了封建社会中一个正直知识分子气节和操守，也流露出怀才不遇的苦闷；是一种孤芳自赏、凄凉抑郁的调子。1962年12月，毛泽东"读陆游咏梅词，反其意而用之"，即用陆游原调原题，但情调完全相反，写了这样一首词：

风雨送春归，飞雪迎春到。已是悬崖百丈冰，犹有花枝俏。俏也不争春，只把春来报。待到山花烂漫时，她在丛中笑。

毛泽东一反陆词的孤独、凄凉、寂寞，格调高昂，唱出了梅花凌霜傲雪开放，万木萧杀而独吐芳香，报春而不争春，引来百花争放而不居功自傲，表现出一个无产阶级革命家以解放全人类为己任的伟大胸怀。

但是最能体现陆游的身世经历和个性特色的，还是他的那些写得慷慨雄深、荡漾着爱国激情的词作。如〔诉衷情〕(当年万里觅封侯)、〔夜游宫〕(雪晓清笳乱起)、〔谢池春〕(壮岁从戎)、〔汉宫秋〕(羽箭雕戈)等等，都是饱含着一片报国热忱的雄健之作。这类词和辛弃疾比较接近。毋怪前人称赞陆游的词"纤绝处似淮海，雄快处似东坡"(杨慎《词品》)；又有人说"超爽处更似稼轩"(毛晋《宋六十家词·放翁词跋》)，这个评语是有道理的，他和辛弃疾确是一扫纤丽的词风。所以，毛泽东把陆游和苏轼看成是宋词中豪放一派的代表是很有见地的。

　　毛泽东对陆游评价很高，说他是"南宋一位了不起的大诗人"。他对陆游的一些爱国诗词十分熟悉，1959年，有一次毛泽东和正在北大中文系学习的儿媳邵华谈起宋人诗词，毛泽东问她最喜欢哪几位诗人，邵华说最喜欢陆游。毛泽东问她为什么，她说陆游的诗词，充满血肉沸腾的爱国主义激情，具有雄浑豪放的战斗风格，常常表现出"一身报国有万死"的牺牲精神。毛泽东又问她喜欢哪几首，邵华列举了〔关山月〕、《书愤》《示儿》、〔夜游宫〕等几首，并将其中的几首背给毛泽东听。背诵中，邵华略微停顿想下句时，毛泽东就提示她一下。邵华背诵〔夜游宫〕，背到"睡觉寒灯里"时，毛泽东指出他读错了一个字，"睡觉寒灯里"的这个"觉"，这里不能读jiào（教），应该读jué（决），并让她回去问问老师这样念对不对。邵华乘机请求爸爸把这首词写出来给她。毛泽东谈兴正浓，立刻站起身来，走到桌前，铺开宣纸，饱蘸墨汁，挥笔写下了〔夜游宫〕《记梦寄师伯浑》："雪晓清笳乱起，梦游处、不知何地。铁骑无声望似水，想关河，雁门西，青海际。睡觉寒灯里，漏声断、月斜窗纸。自许封侯在万里，有谁知，鬓虽残，心未死！"毛泽东写完，邵华如获至宝，立刻双手将纸捧了起来，用嘴吹干墨迹。（华英：《毛泽东的儿女们》，第123—124页，中外文化出版公司，1989年版）1958年12月在广州，毛泽东见文物出版社《毛主席诗词十九首》同年九月刊本，天头甚宽，便写了前面我们引录的那段文字。写这段文字缘由是1927年鲁迅在广州修改他的《古小说钩沉》文末题记："时大夜弥天，壁月澄照，饕蚊遥叹，余在广州。"毛泽东由此引发联想，从1927年到1958年，31年过去了，中国发生了翻天覆地的变化，"大陆上的饕蚊灭得差不多了"，但是，"革命尚未全成，同志仍需努力"。因为"港台一带，饕蚊尚多，西方世界，饕蚊成阵"。作为一个伟大的马克思主义者，毛泽东心系世界革命，希望全世界千百万人民觉悟起来，"用他们自己的移山办法"，起来革命，"把蚊阵一扫而空"，全人类都得到解放。他想起了陆游临终前写的《示儿》，并仿照写了一首诗：

人类今娴上太空，但悲不见五洲同。

愚公尽扫饕蚊日，公祭无忘告马翁。

毛泽东把反动派比作"饕蚊"，把革命人民比作"愚公"，而称马克思主义的创始人马克思为"马翁"。这首词表现了毛泽东要实现解放全人类的宽广胸怀和革命气概。

毛泽东还在自己的诗词创作中化用陆游诗句。他1965年5月写的〔水调歌头〕《重上井冈山》中"谈笑凯歌还"，是从陆游《出塞四首借用秦少游韵》中"壮士凯歌还"化出。1957年9月写的《七绝·观潮》中"铁马从容杀敌回"，是从陆游《十一月四日风雨大作》中"夜阑卧听风雨声，铁马冰河入梦来"脱化而来。他还在为一九五八年出版的《毛主席诗词十九首》中〔忆秦娥〕《娄山关》写的一条作者自注中写道："万里长征，千回百折，顺利少于困难不知有多少倍，心情是沉郁的。过了岷山，豁然开朗，转化到了反面，柳暗花明又一村了。""柳暗花明又一村"，便是直接使用陆游《游山西村》中的成句了。

毛泽东曾手书过陆游的〔夜游宫〕（记梦寄师伯浑）、〔诉衷情〕（当年万里觅封侯）、〔示儿〕、〔鹊桥仙〕（华灯纵博）等诗词。（中央档案馆编：《毛泽东手书选集》，北京出版社1996年版）

毛泽东还引用、化用、圈阅过陆游的下列诗词：《题西林壁》《惠崇春江晓景二首》《示儿》《剑门道中遇微雨》《成都书事》《归次汉中境上》《楼上醉书》《出塞四首借用秦少游韵》之一、〔钗头凤〕（红酥手）、〔南乡子〕（归梦寄吴樯）、〔好事近〕（湓口放船归）、〔朝中措〕（怕歌愁舞懒逢迎）、〔朝中措〕（冬冬傩鼓饯流年）、〔水龙吟〕（摩何池上追游路）、〔采桑子〕（宝钗楼上妆梳晚）、〔渔家傲〕（东望山阴何处是）、〔极相思〕（江头疏雨轻烟）、〔双头莲〕（华鬓星星）、〔鹊桥仙〕（华灯纵博）、〔鹊桥仙〕（茅檐人静）、〔感皇恩〕（小阁倚秋空）、〔诉衷情〕（当年万里觅封侯）、〔夜游宫〕（雪晓清笳乱起）、〔沁园春〕（粉破梅梢）、〔沁园春〕（一别秦楼）、〔真珠帘〕（山村水馆参差路）、〔乌夜啼〕（执扇婵娟素月）、〔卜算子〕（驿外断桥边）、〔谢池春〕（壮岁从戎）等。

王实甫的『《西厢记》里的红娘是一个有名的人物』

【传略】

　　王实甫，一作实父，名德信，生卒年不详，大都（今北京）人。元代初期著名的杂剧作家。

　　王实甫的生活时代，大约与关汉卿同时或稍晚，根据他所写的杂剧《四丞相歌舞丽春堂》，用金代事，并使用不少女真曲调和方言；故可推知他大约也是由金入元的，应生于公元1234年金亡以前，活了60岁以上，卒年则不可考，但应在公元1294年以后。他的生平活动资料缺乏。元钟嗣成《录鬼簿》将他列入"前辈已死名公才人"，元周德清《中原音韵》在称赞关汉卿、郑光祖、白朴、马致远"一新制作"的同时，也称赞了《西厢记》的曲文，并说"诸公已矣，后学莫及"。由此可以推知，王实甫活动的年代可能与关汉卿等相去不远。他的主要创作活动当在元成宗铁穆耳元贞、大德年间（1297—1307）。

　　据明陆采叙《南西厢》中提道："逮金董解元演为《西厢记》，元初盛行……至都事王实甫，易为套数。"可见王实甫曾担任过都事之类职务。在元代，都事是个中级官吏，中书省、枢密府、大都督府、行台御史、大宗正府等机构都设有都事一职。又据王实甫在他60岁时所作的一首以《退隐》为题的《商调·集贤宾》散套，其中提到"想着那红尘黄阁昔年羞"，可见他所担任的是中央机构的都事。由于他性格正直，不善逢迎上司，因此才"退一步乾坤大，饶一着万虑休"，便"乘醉赋归休"。他对于自己半生来宦海沉浮，尚耿耿于怀，"怕虎狼恶图谋，遇事休开口，逢人只点头。见香饵莫吞钩，高抄起经纶大手"。曲中又有"且喜的身登中寿"，"百年期六分甘到手"，可以推断他至少活到60岁。但追隐之后，他的晚景倒很顺适，"有微资堪赡赒，有亭园堪纵游"，"免饥寒桑麻愿足，毕婚嫁儿女心休"。退隐之后，他更可以集中精力从事杂剧的创作。元末明初的贾仲明在《录鬼簿续编》中吊王实甫的《凌波仙》词中说："风月营密匝匝列旌旗，莺花寨明飙飙排剑朝，翠红乡雄赳赳施谋智。作词章，风韵美，士林中等辈伏低。"可见，他与关汉卿及其他杂剧作家一样，也是一个在烟花队伍中有着广泛联系的人。

　　王实甫是一个很有才华的杂剧作家，历来得到较高的评价。明初朱权

《太和正音谱》说："王实甫之词，如花间美人。铺叙委婉，深得骚人之趣。极有佳句，若玉环之出浴华清，绿珠之采莲洛浦。"这说明他具有卓越的艺术才能，在杂剧创作上取得了很高的成就。特别是他的重要作品《西厢记》，被推为北剧之冠，历来的评价尤高。《凌波仙》吊词说："新杂剧，旧传奇，《西厢记》天下夺魁。"

王实甫所作杂剧有 14 种，现存《崔莺莺待月西厢记》《四丞相歌舞丽春堂》《吕蒙正风雪破窑记》三种，仅存佚曲的有《韩彩云丝竹芙蓉亭》《苏小卿月夜贩茶船》二种，另存散曲数首。

【毛泽东评说】

《西厢记》里的红娘是一个有名的人物。她是青年人，还是奴婢，但她很公正、勇敢，她帮助张生做那样的事情，当时是违反"婚姻法"的。她被拷打，可是她不屈服，反抗过，她把老夫人责备了一顿。你们说究竟红娘学问好，还是老妇人学问好？红娘是"发明家"，还是老夫人是"发明家"？

———摘自毛泽东 1958 年 5 月 8 日在中共八大二次会上第一次讲话，转引自王子今著《毛泽东与中国史学》，第 198—199 页，中共中央党校 1993 年版。

【作者述评】

《西厢记》是王实甫的代表作。它是我国最早的一部以多本杂剧表演一个故事的大型剧作，代表了以爱情为题材的元代杂剧的最高成就。这部杂剧的故事最早见于唐元稹的传奇《莺莺传》，又名《会真记》。《莺莺传》写唐代贞元中书生张生与少女崔莺莺从恋爱、结合到离异的悲剧故事。所谓"会真"，实际是写偷情艳遇。作者抱着欣赏文人风流韵事的态度，对张生始乱终弃的行为加以肯定。到了宋代，崔、张故事十分流行。秦观、毛滂的《调笑令》以一诗一词咏唱这个爱情故事，使它成为歌舞曲词。赵令畤创作了可说可唱、韵散相间的《商调蝶恋花鼓子词》。

金章宗完颜璟时董解元将这个故事改编为鸿篇巨制《西厢记诸宫调》

（又称《西厢搊弹词》或《弦索西厢》）。《西厢记诸宫调》有14宫调、193套组曲，它在主题思想和人物塑造上都与《莺莺传》有根本差异。《西厢记诸宫调》摒弃了《莺莺传》的悲剧结局，以张生和莺莺双双私奔作为团圆结局。《莺莺传》中矛盾的双方是张生和莺莺，导致莺莺悲剧命运的原因，是张生的薄幸。而《西厢记诸宫调》中的基本矛盾是争取婚姻自主的崔、张和以崔母为代表的封建势力，这就使作品具有明显的反抗封建礼教的思想。从《莺莺传》到《西厢记诸宫调》，主要人物性格也有很大变化；崔母从一个性格软弱的老婆婆，成为封建势力的维护者，崔、张婚姻的直接障碍。张生从一个思想感情上存在着矛盾的负心汉，变成一个用情专一、敢于反抗封建礼教的多情种。而崔莺莺则表现出鲜明的反抗性，最终她与张生一同投奔了白马将军。《西厢记诸宫调》还创造了两个身世卑微的小人物——红娘和法聪，并赋予他们勇敢、机智的性格和济危解难的侠义肝胆。

王实甫《西厢记》主要是在《董西厢》的基础上作了更进一步的加工创造，增强和突出了崔、张争取婚姻自由，反对封建礼教和封建婚姻制度的主题思想，艺术表现上也更加完美，成为中国文学中影响深远的杂剧作品。

《西厢记》写已故崔相国的小姐莺莺随母扶枢还乡，暂住普救寺，在寺内与白衣秀才张珙相遇，一见倾心。孙飞虎兵围普救寺，要夺莺莺为妻。张生应老夫人以莺莺许配终身之约，计退贼兵。事后老夫人推翻前约，令他与莺莺兄妹相称。后在侍女红娘的帮助下，崔、张二人私自结为夫妇。老夫人无奈，被迫应允婚事，却又逼迫张生上京应试，拆散这一对恩爱夫妻。后来几经波折，最终实现了"有情的都成眷属"的爱情理想。

剧作深刻地揭露了封建礼教对青年幸福生活的摧残，热情地歌颂了崔莺莺与张生为了爱情幸福，向封建礼教所作的勇敢的斗争，以及这种斗争的胜利。作者在剧中提出了"愿普天下有情的都成眷属"的口号，反映了封建时代青年男女的思想感情和愿望。剧本成功地塑造了几个典型人物。张生忠诚、憨厚和对莺莺的一往情深，带有浓厚的书生气和脆弱。他对爱情能大胆追求，在危急时能挺身而出。作者描绘了他的优良品质，也表现了他由于出身和教养形成的软弱性。莺莺是个温柔、深情的贵族少女，性格深沉而内向，作者细致地描写了她对爱情的觉醒。她经历了矛盾的、复杂的、甚至于痛苦的思想斗争过程，最后摆脱了封建意识对自己的束缚，走上了勇敢反抗的道路。老夫人竭力维护门阀利益和封建礼教，在她身上，更多地体现了封建统治阶级冷酷无情、专横跋扈、背信弃义的特征。比起《莺莺传》和《西厢记诸宫调》来，《西厢记》中老夫人是个成功的封建家长的典型形象。

在元代杂剧中《西厢记》艺术成就是很高的。它在体制上作了大胆的革新创造，突破了元杂剧四折一楔子的限制，写成了五本二十一折的长篇戏剧。全剧结构谨严，场次清晰，一气呵成。人物性格和情节展开紧密结合，精心组织戏剧冲突。全剧波澜起伏，摇曳多姿，通过情节的发展和冲突的推进，深入地开掘了人物的思想性格，有力地表达了作品的主题。剧本的语言清丽华美，作者善于酝酿诗意的气氛，衬托人物内心活动，形成作品独特的优美风格。一些脍炙人口的文辞优美的词曲，体现了《西厢记》高度的艺术成就。如《长亭送别》：

〔端正好〕碧云天，黄花地，西风紧，北雁南飞。晓来谁染霜林醉？总是离人泪。

用人们秋天常见的景物，构成萧瑟而凄冷的氛围，与主人公的离愁别绪互相融合，创造了浓郁的抒情氛围，历来被称道是"神来之笔"。

《西厢记》一直是最受群众欢迎，流传最广的剧本。从陆天池、李日华改编的传奇《南西厢》以来，不断出现各种改编本，并且流传到一些国家和地区。至今各个地方戏《西厢记》还在舞台上盛演不衰，具有很强的艺术生命力。同时，它在文学创作上影响很大，元、明、清以来以爱情为题材的戏剧、小说，如《东墙记》《㑇梅香》《牡丹亭》《红楼梦》等，也多少受到它的影响。

毛泽东很熟悉《西厢记》，并对董解元《西厢记诸宫调》和王实甫《西厢记》进行了研究比照。1958年3月成都会议期间，他让工作人员给他找来一本《西厢记》阅读。22日，又给田家英一封信说："请着人再找一部金圣叹批注的《西厢记》，金批本与此本有些不同。"早在延安时期，毛泽东1941年写的《驳第三次"左"倾路线》一文中，就顺笔提到：金圣叹不愿意抹煞王实甫在《西厢记》中偶然写出的几句好话。1962年12月，在一个周末晚会上，当时在中央办公厅秘书室工作的崔英见毛泽东正坐在沙发上休息，立即走过去，向毛泽东伸出了手，自我介绍说，我是新调来的，在秘书室工作。毛泽东问她叫什么名字。她告诉毛泽东，我叫崔英时，毛泽东微笑着对她说："那么你的爱人可能是姓张了？"问得崔英茫然不知所措，还没等她答话，毛泽东又面带笑容地问她："你读过《西厢记》吗？"崔英才恍然大悟，明白了毛泽东说她的爱人可能是姓张的来由。她告诉毛泽东，读过《西厢记》。毛泽东问："你读的是哪个版本？"崔英说是王实甫写的那本。毛泽东说："你应该再读读董解元写的《西厢记诸宫调》，那本写得好，文词写得美，文字精练细腻，读两遍不嫌多。"（崔英：《中南海的两次周末晚会》，《毛泽东读古书实录》，第287页，上海人民出版社1994年版。）毛泽东认为这两种版本"有些不同"，各有特色，但比较起来，"《西厢记诸宫调》，那本写得好，文词写得美，文字精练细腻"。他对《西厢记》中两个小人物——红娘和惠明评价很高，曾用他们的形象来说明现实问题。1958年3月23日在中共中央政局召开的成都扩大会议的讲话中，他讲了《西厢记》中张生和惠明的故事："孙飞虎围着普救寺，张生要找人送信请他的朋友白马将军来解围，可是无人肯去，于是开群众会议，这时惠明挺身而出，把信送了去，搬了兵，解了围。"毛泽东同志说："惠明见义勇为，勇敢大胆，是个坚定之人，希望中国多出点惠明。"（摘自毛泽东1958年3月22日在成都会议上的讲话，陈晋：《毛泽东读书笔记解析》，第1347—1348页，广东人民出版社1996年版。）火头僧人惠明不理会佛门的斋戒、杀戒、鄙视佛门中的庸僧。在孙飞虎兵围寺院，要抢莺莺为妻时，他一人挺身而出，冲出重围，前去搬兵，实际上就帮助成全崔张婚姻。这个豪侠勇武的僧人形象，赢得了毛泽东的赞扬："惠明见义勇为，勇敢大胆，是个坚定之人，希望中国多出点惠明。"语重心长，至今仍不失其教育意义。

　　1958年5月8日，毛泽东在中共八大二次会议上的讲话中，热情地赞扬"红娘是一个有名的人物",并对她的性格特征作了具体分析:指出"她是青年人,还是奴婢",是个身份卑微的小人物,"但她很公正、勇敢",在崔、张的婚姻事件中起着至关重要的作用。她支持崔、张的恋爱婚姻,反对封建家长干预。她伶俐机敏的性格,决定了她的行动方式:对忠诚、憨厚的张生是坦率的,热心地为他出谋划策;对心细如发的小姐十分小心,仔细揣摩她的心理,要作"撮合山",又不露痕迹;对老夫人,她敢于抗争,有勇有谋,她被拷打,却不屈服,反而把老夫人责备了一顿。她是作品里对封建礼教最具有冲击力的形象。所以,毛泽东称赞她的学问比老夫人好,是个"发明家"。红娘是毛泽东这次以"破除迷信,解放思想"为主旨的讲话中列举的众多的敢于发明创造的年轻人之一,号召大家学习这种精神,大胆解放思想,勇于发明创造。

1958 年 7 月 1 日,毛泽东批示有关工作人员为他找几本古典文学著作,其中也有《西厢记》。1961 年 12 月 27 日在北京召开的中央工作会议上,毛泽东又特意从《西厢记》里选出一段,批道:"印发各同志《西厢记》第二折。"印发与会者的"第二折",即该剧第四本第二折,前面所引崔母斥红娘反被红娘教训的一段,便出自这一折。在这里,《西厢记》成了毛泽东表达自己的政策思想和开展政治思想工作的工具。

1962 年 8 月 5 日,在一次谈话中,毛泽东又举《西厢记》为例来说明"冲突"在戏剧艺术中的重要作用。他说:"《西厢记》中老夫人代表封建势力,是对立面,有了老夫人,才有戏,不然光有莺莺、红娘、张生三个人打成一片,没有对立面还有什么戏呀!"

1975 年,当时的北京大学中文系讲师芦荻为毛泽东读了一段时间的书。一次,读江淹的《恨赋》,为了解释其中的"溢"字,毛泽东就将《西厢记》中的原文背了一大段(杨建业:《在毛泽东身边读书——访北京大学中文系讲师芦荻》,1978 年 12 月 29 日《光明日报》)。据查,江淹《恨赋》中只有一个"溢"字,那段原文是:"至如秦帝按剑,诸侯西驰。削平天下,同文共规华山为城,紫渊为池,雄图既溢,武力未毕。……"毛泽东背《西厢记》中的原文,当是有"溢"字的又非常精彩的一段,那就是第四本第三折《长亭送别》中〔四煞〕:"这忧愁诉与谁? 相思只自知,老天不管人憔悴。泪添九曲黄河溢，恨压三峰华岳低。到头来闷把西楼倚，见了些夕阳古道，衰柳长堤。"毛泽东还手书过这支曲子中"泪添九曲黄河溢，恨压三峰华岳低"二句，（中央档案馆整理：《毛泽东手书选集》，第 205 页，北京出版社 1996 年版）因此记得特别清楚。

毛泽东曾手书过王实甫《西厢记》中如下曲子：第一本第一折〔么篇〕（可正是人值残春蒲郡东）、〔仙吕〕〔点绛唇〕（游艺中原）、〔混江龙〕（向诗书经传）、〔油葫芦〕（九曲风涛何处险）、〔寄生草〕（兰麝香仍在）；第二本第一折〔仙吕〕〔八声甘州〕（恹恹瘦损）、〔混江龙〕（落红成阵）；第三本第二折（待月西厢下）等。（中央档案馆整理：《毛泽东手书选集·古诗词》下，第 176—204 页，北京出版社 1996 年版）

施耐庵的『《水浒》要当作一部政治书看』

【传略】

施耐庵（约1296—约1370），名子安，一说名耳。兴化（今江苏兴化）人，原籍苏州。元末明初杰出的小说家。

相传施耐庵是《水浒传》的主要作者。最早提出此说法的是明代嘉靖十九年（1540）高儒的《百川书志》，书中记载："忠义水浒传一百卷，钱塘施耐庵的本，罗贯中编次。"接着，嘉靖四十五年（1566）郎瑛在《七修类稿》中也说："《三国》《宋江》二书，乃杭人罗本贯中所编，予意旧必有本，故曰编。《宋江》又曰"钱塘施耐庵的本"。稍后的田汝成《西湖游览志余》和王圻《稗史汇编》都记为罗贯中作。万历年间，胡应麟在《少室山房笔丛》中也说："武林施某所编水浒传，特为盛行。"根据这些记载大致可以判断：此书当是先由罗贯中将说话、戏剧中的水浒故事综合加工而成，故曰"编次"；后由施耐庵对这种本子加以发展提高。对罗氏原本进行再加工的本子当不止一个，而以施耐庵的本子为最好，故称为"的本"。至于胡应麟说罗贯中是施耐庵的门人（见《少室山房笔丛》），当是因为见到刻本是施氏列名在前而产生的推测。

有关施耐庵生平事迹的材料极少，搜集到的一些记载亦颇多矛盾、抵牾之处。抗日战争时期纂修的《兴化县续志》卷十三补遗载有《施耐庵传》一篇，卷十四补遗载有明初王道生撰《施耐庵墓志》一篇。墓志来源不明，故亦有人怀疑其为伪造。这些材料上记载说：施耐庵生于元成宗元贞二年（1296），元明宗至顺二年（1331）中进士，曾官钱塘（今浙江杭州）二年，因与当道权贵不合，弃官还乡，回到苏州。他与元末起义军领袖张士诚部下大将卞元亨相友善，卞元亨推荐他给张士诚，他借口母老不能远离，避居于江苏兴化县白驹镇（今属江苏盐城大丰区）。追溯旧闻，闭门著述，悒悒不得行其志。明太祖洪武初年，曾多次被征召，他都坚辞不赴。洪武三年（1370）殁，终年75岁。

施耐庵的著作，王道生《墓志》中列举"有《志余》《三国演义》《隋唐志传》《三遂平妖传》《江湖豪客传》（即《水浒》）。每成一稿，必与门人校对，以正亥鱼，其得力于罗贯中者为尤多。"上述的一些作品，《三国演义》的主要作者应为罗贯中。《隋唐志传》及《三遂平妖传》可能亦系罗作。《志余》内容无考。至于《水浒传》亦有施作、罗作、施罗合作、施作罗续等四种说法。但近人从语言运用、文字风格等方面考定，多数人认为是施耐庵所作。

【毛泽东评说】

"我读过经书，但是并不喜欢经书，我爱看的是中国古代的传奇小说，特别是其中关于造反的故事。我读过《岳传》《水浒传》《隋唐演义》《三国演义》和《西游记》等。那是在我还很年轻的时候瞒着老师读的，老师憎恨这些禁书，并把它们说成是邪书。我经常在学校里读这些书，老师走过来的时候就用一本经书把它们盖住。大多数同学也都是这样做的。许多故事，我们几乎可以背出来，而且反复讨论过许多次。关于这些故事，我们比村里老人们知道的还要多些。他们也喜欢这些故事，而且经常和我们互相讲述。"

　　——《毛泽东一九三六年同斯诺谈话》，第8—9页，人民出版社1979年版。

谁人不知，两个拳师放对，聪明的拳师往往退让一步，而蠢人则其势汹汹，劈头就使出全副本领，结果却往往被退让者打倒。

《水浒传》上的洪教头，在柴进家中要打林冲，连唤几个"来""来""来"，结果是退让的林冲看出洪教头的破绽，一脚踢翻了洪教头。

　　——毛泽东：《中国革命战争的战略问题》，《毛泽东选集》，第一卷，第203页，人民出版社1991年版。

研究问题，忌带主观性、片面性和表面性。……《水浒传》上宋江三打祝家庄，两次都因情况不明，方法不对，打了败仗。后来改变方法，从调查情形入手，于是熟悉了盘陀路，拆散了李家庄、扈家庄和祝家庄的联盟，并且布置了藏在敌人营盘里的伏兵，用了和外国故事中所说木马计相像的方法，第三次就打了胜仗。《水浒传》上有很多唯物辩证法的事例，这个三打祝家庄，算是最好的一个。

　　——毛泽东：《矛盾论》，《毛泽东选集》，第一卷，第312—313页，人民出版社1991年版。

施耐庵的『《水浒》要当作一部政治书看』

那些李逵式的官长，看见弟兄们犯事，就懵懵懂懂地乱处置一顿。结果，犯事人不服，闹出许多纠纷，领导者的威信也丧失干净，这不是红军里常见的吗？

——毛泽东：《反对本本主义》，《毛泽东选集》，第一卷，第112页，人民出版社1991年版。

《水浒传》梁山上有军队有政府，也有保卫侦察这些特务工作。108位高级将领中就有做特务工作的。梁山的对面，朱贵开了一个酒店，专门打听消息，然后报告上面。如果有大土豪路过，就派李逵去拿了回来。

——摘自毛泽东1938年关于保卫工作的一次讲话，转引自江东然《博览群书的毛泽东》，第261—262页，吉林人民出版社1993年版。

中国有三部小说，《三国演义》《水浒传》《红楼梦》不看完这三本书，不算中国人。徐海东老实回答："没看过《红楼梦》。"毛泽东笑着说："那，你算半个中国人！"

——摘自1938年10月毛泽东在中共中央六届六中全会期间同贺龙、徐海东等几位名将的谈话，转引自董学文等《毛泽东的文艺美学活动》，第67页，高等教育出版社1995年版。

只要不反对革命，我们就和他合作，另外拿一只小眼睛去注意特务活动。和民主分子合作，怕什么呢？我们有饭大家吃，有敌人大家打，发饷是没有的，自己动手，丰衣足食，还实行三大纪律、八项注意，七搞八搞便成了正果。像梁山泊，就实行了这个政策，他们内部政治工作相当好，当然也有毛病就是了，他们里面有大地主、大土豪，没有进行整风。那个卢俊义是被逼上梁山的，是用命令主义强迫人家上去的，他不是自愿的。

——毛泽东：《在中国共产党第七次全国代表大会上的口头政治报告》，《毛泽东文集》，第三卷，第329页，人民出版社1996年版。

一个阶级革命要胜利，没有知识分子是不可能的。你们看过《三国演义》《水浒传》，……梁山泊没有公孙胜、吴用、萧让这些人就不行，当然没有别人也不行。无产阶级要翻身，劳苦群众要有知识分子，任何一个阶级都要有为它那个阶级服务的知识分子。奴隶主有为奴隶主服务的知识分子，就是奴隶主的圣人，比如希腊的亚里斯多德、苏格拉底。我们中国的奴隶主也有为他们服务的知识分子，周公旦就是奴隶主的圣人。至于封建时代的诸葛亮、刘伯温，《水浒传》里的吴用，都是封建社会里的知识分子。

> ——毛泽东：《在中国共产党第七次全国代表大会上的口头政治报告》，《毛泽东文集》第三卷，第342—343页，人民出版社1996年版。

我们要学景阳冈上的武松。在武松看来，景阳冈上的老虎，刺激它也是那样，不刺激它也是那样，总之是要吃人的。或者把老虎打死，或者被老虎吃掉，二者必居其一。

> ——毛泽东：《论人民民主专政》，《毛泽东选集》，第四卷，第1473页，人民出版社1991年版。

总而言之，争名誉，争地位，比较薪水，比较吃穿，比较享受，这么一种思想出来了。为个人的利益而绝食，而流泪，这也算是一种人民内部的矛盾。有一出戏，叫《林冲夜奔》，唱词里说："男儿有泪不轻弹，只因未到伤心处。"我们现在有些同志，他们也是男儿（也许还有女儿），他们是男儿有泪不轻弹，只因未到评级时。这个风也要整一下吧。

> ——毛泽东：《坚持艰苦奋斗，密切联系群众》，《毛泽东文集》，第七卷，第284—885页，人民出版社1999年版。

绍萱、燕铭同志：

看了你们的戏[①]，你们做了很好的工作，我向你们致谢，并请代向演员同志们致谢！历史是人民创造的，但在旧戏舞台上（在一切离开人民的旧文学旧艺术上）人民却成了渣滓，由老爷太太少爷小姐们统治着舞台，这种历史的颠倒，现在由你们再颠倒过来，恢复了历史的面目，从此旧剧

---

① 指杨绍萱、齐燕铭编导，中共中央党校俱乐部演出的平剧（即京剧）《逼上梁山》。

施耐庵的『《水浒》要当作一部政治书看』

开了新生面，所以值得庆贺。郭沫若在历史话剧方面做了很好的工作①，你们则在旧剧方面做了此种工作。你们这个开端将是旧剧革命的划时期的开端，我想到这一点就十分高兴，希望你们多编多演，蔚然成风，推向全国去！

敬礼！

毛泽东

一月九日夜

——《致杨绍萱、齐燕铭》（1944 年 1 月 9 日），《毛泽东书信选集》，第 222 页，人民出版社 1983 年版。

《水浒》要当作一部政治书看。它描写的是北宋末年的社会情况。中央政府腐败，群众就一定会起来革命。当时农民聚义，群雄割据，占据了好多山头，如清风山、桃花山、二龙山等，最后汇集到梁山泊，建立了一支武装，抵抗官军。这支队伍，来自各个山头，但是统帅得好。他从这里引申出我们领导革命也要从认识山头，承认山头，照顾山头，到消灭山头，克服山头主义。

——薄一波：《回忆片断——记毛泽东同志二三事》，《人民日报》1981 年 12 月 26 日。

宋江立忠义堂，劫富济贫，理直气壮，可以拿起来就走。宋江劫的是"生辰纲"（劫生辰纲是晁盖等人干的——引者注），是不义之财，取之无碍。我们长期不打土豪了，打土豪，分田地，都归公。那也可以，因为是不义之财。

——李锐：《毛泽东早年读书生活》，第 19 页，辽宁人民出版社1992 年版。

《水浒》这部书，好就好在投降。做反面教材，使人民都知道投降派。

《水浒》只反贪官，不反皇帝。屏晁盖于一百零八人之外。宋江投降，搞修正主义，把晁的聚义厅改为忠义堂，让人招安了。宋江同高俅的斗争，

---

① 指郭沫若在抗日战争时期写了《屈原》《虎符》等历史话剧。

是地主阶级内部这一派反对那一派的斗争。宋江投降了，就去打方腊。

这支农民起义队伍的领袖不好，投降。李逵、吴用、阮小二、阮小五、阮小七是好的，不愿意投降。

鲁迅评《水浒》评得好，他说："一部《水浒》，说得很分明：因为不反对天子，所以大军一到，便受招安，替国家打别的强盗——不'替天行道'的强盗去了。终于是奴才。"（《三闲集·流氓的变迁》）

金圣叹把《水浒》砍掉了二十多回。砍掉了，不真实。鲁迅非常不满意金圣叹，专门写了一篇评论金圣叹的文章《谈金圣叹》。（见《南腔北调集》）

《水浒》百回本、百二十回本和七十一回本，三种都要出。把鲁迅的那段评语印在前面。

　　　　——毛泽东 1975 年 8 月 14 日与芦荻关于《水浒》的谈话，《毛泽东年谱》，第六卷，第 603 页，中央文献出版社 2013 年版。

【作者述评】

《水浒传》是我国古代著名的长篇小说之一，它是在群众创作基础上加工完成的。远在施耐庵之前，宋江等人的故事早已在民间流传，南宋时期就有人为之传写并作画赞，还有人编入说话篇目。元刊《大宋宣和遗事》记叙了从杨志押运花石纲，到征方腊为止的比较完整的水浒故事。元代不少杂剧也演唱了水浒故事，创造了不少生动的梁山英雄形象。元脱脱等《宋史》中的《徽宗本纪》说："淮南盗宋江等犯淮阳军，遣将讨捕，又犯京东、河北，入楚海州界，命知州张叔夜招降之。"宋王称《东都事略·侯蒙传》也说："江以三十六人横行河朔，京东官军数万无敢抗者。"《张叔夜传》里有更详细一些的记载。这些史料简略地记录了发生在北宋宣和年间的这次起义斗争的大概情况。施耐庵把有关这方面的故事、人物加以提高和理想化，创作了这样一部以描写农民起义为中心内容的长篇名著。

《水浒传》全书可分前后两大部分，前半部写各路英雄纷纷上梁山大聚义，打官军，受招安；后半部由五个部分组成，即征辽、平田虎、平王

施耐庵的「《水浒》要当作一部政治书看」

庆、平方腊及结局。《水浒传》集中地、多方面地反映了中国封建社会里一次农民革命从发生、发展到最后失败的全过程，从而揭示了阶级压迫是农民起义的根本原因。由小到大、由分散到集中、由个人反抗到集体反抗，由小股起义到汇聚成大规模的攻城夺府的全国性大起义，正是农民革命发展的必然过程；从而形象地展示了"乱自上作""官逼民反"的现象，深刻地反映了历史的真实本质，它所表现的梁山泊英雄轰轰烈烈的大起义，有力地冲击着封建地主阶级的统治，在文学史上是罕见的。作品还通过从受招安到征方腊，写出了农民起义由动摇、蜕变到失败的经过。尽管由于时代的局限，作者还不可能对此作出正确的解释。像受招安实际上是向统治阶级投降，征方腊实际上是帮助封建统治者扼杀农民起义，但作者都错误地加以肯定。不过，作品还是比较真实地写出了宋江等由于接受招安尽管讲忠义，打外敌，平内乱，还是不见容于当权执政者而不得不走向覆灭的悲剧，在一定程度上传达了一种历史教训。

作品还通过对 108 个出身经历不同，上山原因也不同的水浒英雄的描写，真切地展出了当时社会生活的广阔画面，塑造了一大批起义英雄的生动形象，其中尤以李逵、鲁智深、武松、林冲、宋江等人性格最为鲜明。如李逵的忠诚淳朴、强烈的反抗性和坚定的革命精神构成了这个农民英雄的典型性格。鲁智深的凌强助弱，武松的仗义刚烈，林冲的不甘屈辱的英雄本色，以及宋江身上的反抗性和妥协性相互消长的复杂和矛盾的性格，这些都给读者留下了深刻印象，并使得这些人物成为长期流传在人民群众中家喻户晓的英雄形象。

《水浒传》继承和发展了中国古典小说与讲史话本的传统特色。故事极富传奇性，一波未平，一波又起，起伏跌宕，变幻莫测，是一种连环式结构。现代作家茅盾在《谈〈水浒〉的人物和结构》中说：

"从全书看来，《水浒》的结构不是有机的结构。我们可以把主要人物的故事分别编为各自独立的短篇或中篇而无割裂之感。但是，从一个人物的故事看来，《水浒》的结构是严密的，甚至也是有机的。在这一点上，是可以证明《水浒》当其尚为口头文学的时候是同一母题而各自独立的许多故事。

这些各自独立、自成整体的故事，在结构上有一些共同的特点。大概而言，第一，故事的发展，前后勾联。一步紧一步，但又疏密相间，摇曳多姿。第二，善于运用变化错综的手法，避免平铺直叙。"

正如茅盾所说，《水浒传》的整体结构基本上是完整的，书中人物与情节的安排，主要是单线发展，每组情节既有相对的独立性，又是一环紧扣一环，互相勾联的，是一种典型的连环式结构。

《水浒传》的语言是以口语为基础，经过加工提炼而创造的文学语言，以明快、洗练、准确、生动为特色。写景、状物、叙事、表情，极为灵动传神，尤其是人物语言个性化，达到了很高的水平，通过人物的语言不仅表现人物的性格特点，而且对其出身、地位及其所受的文化教养而形成的思想习惯有时也能准确地表现出来，所谓"人有其性情，人有其气质，人有其形状，人有其声口"（金圣叹语）。李逵、鲁智深、阮小七、吴用、宋江等人的某些话语，无不如闻其声，如见其人。鲁迅曾经指出："《水浒》和《红楼梦》的有些地方，是能使读者由说话看出人来的。"

施耐庵编写的《水浒传》，即《水浒》的祖本，迄今尚未发现，今存最早的《水浒》刊本，是明嘉靖年间武定候郭勋家所刊印的《忠义水浒传》，共 100 回。据后人考定，郭勋及其门客对原本进行过一些增删加工，其中征辽故事就是原本所无的。万历年间，余象斗刊印的《全象增插忠义水浒传》，实为简本，但新增入征田虎、征王庆的故事。明朝末年，杨定见刊印的《李卓吾评忠义水浒传》，把简本中的田、王二传编入繁本，共为 120回。这种《水浒传》最为完整，但距离原作可能就越来越远了。明末清初金圣叹删去了排座次以后的部分，添了卢俊义的噩梦作为结局，梦中 108人全部被杀，又把原来的第一回改为楔子，作为 70 回本。这个本子，入清以来最为流行。

毛泽东一生爱读《水浒传》，从少年求学时起，在漫长的革命过程中，直至逝世前夕。毛泽东如此钟情《水浒传》，但他主要不是从文学欣赏角度评点《水浒传》，而是把《水浒传》当作"政治书"来看的。因为毛泽东领导中国人民推翻帝、封、官三座大山，夺得中国革命的胜利，但中国革命从本质上也是一场农民革命，这场农民革命与宋江领导的梁山泊起义有很多相似之处，毛泽东自己也说："我们这些人好造反，跟宋江差不多"，这道出了毛泽东终生喜读《水浒传》的原因。

毛泽东把《水浒传》作为"政治书"来读，在夺得政权前，是从《水浒传》中汲取农民义军的斗争智慧和力量，在全国胜利后，是考虑如何保卫胜利成果，不致重蹈水浒英雄失败的覆辙。

据薄一波回忆，毛泽东公开提倡把《水浒传》当作"政治书"来看。政治，在阶级社会里，就是阶级对阶级的斗争，而其最高形式则是武装起义和战争。在封建社会，就是农民起义和农民战争。《水浒传》中描写的波澜壮阔的农民起义和农民战争揭示的"官逼民反"的主题引起了毛泽东的共鸣。对书中好汉的义气、侠行、胆识、才干等，毛泽东是很敬佩和向往的。1944年1月9日，毛泽东看了延安平剧院编演的历史剧《逼上梁山》以后，当即高兴地给编导们写了这样热情赞誉的信："历史是人民创造的，但在旧戏舞台（在一切离开人民的旧文学旧艺术上）人民却成了渣滓，由老爷太太少爷小姐们统治着舞台，这种历史的颠倒，现在由你们再颠倒过来，恢复了历史的真面目。"这出戏，是《水浒传》的精髓，体现了作品强烈的反抗精神，受到毛泽东的赞誉，这是很自然的。毛泽东还常常把自己带队伍上井冈山说成是"没法子，被逼上梁山的"。在延安著文给斯大林祝寿时，毛泽东还把马克思主义的道理，概括为一句极其简单的话。他说："马克思主义的道理千条万绪，归根结底就是一句话：'造反有理'……根据这个道理，于是就反抗，就斗争，就干社会主义。"新中国成立以后，毛泽东在谈自己的革命生涯，谈中国共产党的历史经验时还颇有感触地说：革命家是怎样造就出来的呢？他们不是开始就成为革命者的，他们是被反动派逼出来的。我原先是湖南省的一个小学教员，我是被逼迫这样的。反动派杀死了很多人民。最后他借用《水浒》的故事归纳成一句话："每个造反者都是被逼上梁山的。"

毛泽东晚年读《水浒传》，是要把《水浒》作反面教材，于是就有了1975年8月13日他同芦荻那个著名的谈话："《水浒》这部书，好就好在投降。做反面教材，使人民都知道投降派。"1974年他身边的工作人员张玉凤在武汉读《水浒》时，毛泽东就对她说过："宋江是投降派，搞修正主义。《水浒》中的农民起义最终失败，宋江招安投降，这是历史的必然。封建社会的历次农民起义总是以失败而告终。"对于这一点，早在1939年12月，毛泽东就说过："只是由于当时还没有新的生产力和新的生产关系，没有新的阶级力量，没有先进的政党，因而这种农民起义和农民战争得不到如同现在所有的无产阶级和共产党的正确领导，这样，就使当时的农民革命总是陷于失败，总是在革命中和革命后被地主和贵族利用了去，当作他们改朝换代的工具。"① 那么，中国共产党领导中国人民经过几十年艰苦斗争夺得的政权，能不能巩固和发展，中国共产党还能不能领导全国人民沿着社会主义道路继续前进，人民夺得的政权还会不会丧失，中国还会不会重蹈"农民革命总是陷于失败"的历史覆辙，这是晚年毛泽东极为关注而且一直在用心防止和探索的问题。在进城前夕中国共产党召开的七届二中全会上，毛泽东就告诫全党："夺取全国胜利，这只是万里长征走完了第一步。……中国的革命是伟大的，但革命以后的路程更长，工作更伟大，更艰苦。"他勉励大家要继续地保持"谦虚、谨慎、不骄、不躁的作风"，"继续地保持艰苦奋斗的作风"。

毛泽东在迟暮之年，多次谈论《水浒》，"不能说是'实出无心'，'顺口评《水浒》'，而是从宏观的历史文化角度隐秘透露出他对革命事业的忧虑"。②

从属于读《水浒》的政治目的，毛泽东还十分重视《水浒》中体现的政策和策略的意蕴。政策和策略是革命事业的生命，是夺取革命胜利的保证。在夺取政权时期，毛泽东十分重视军事策略的运用。毛泽东多次在会议上讲到三打祝家庄。他总结宋江第三次打祝家庄取得胜利的经验：一是调查情况，摸清敌情；二是瓦解敌人的联盟，各个击破；三是深入虎穴，里应外合。毛泽东还把它上升到哲学高度来看，认为它是《水浒传》上"许多唯物辩证法事例"中"最好的一个"。在毛泽东代表性的军事著作《中国革命的战略问题》中，毛泽东运用《水浒传》第九回"柴进门招

---

① 《中国革命和中国共产党》，《毛泽东选集》，第二卷，第625页，人民出版社1991年版。

② 陈晋：《毛泽东与文艺传统》，第170页，中央文献出版社1992年版。

天下客，林冲棒打洪教头"的故事，讲述战略退却的重要和必要，指出这是保存兵力、待机破敌的战略步骤。毛泽东进而批评红军中"李逵式的官长"，处事武断，不讲方式方法，强调处理好官兵关系。毛泽东还强调《水浒传》中没有公孙胜、吴用、萧让这些知识分子就不行，强调贯彻好知识分子政策。他还说梁山好汉朱贵是做特务工作的，借以说明保卫侦察工作的重要性。又说神行太保戴宗是搞城市工作的，祝家庄没有城市工作就打不下来。在革命取得完全胜利的关键时刻，他号召人们要学景阳冈上的武松，以大无畏的英雄气概夺取革命的彻底胜利。

在全国解放以后，毛泽东以水浒英雄来自各个山头，从而引申出我们领导革命也要"认识山头，承认山头，照顾山头，到消灭山头，克服山头主义"。1957 年 3 月 19 日在南京党员干部会议上的讲话中，他强调在新的工作中仍然要保持和发扬《水浒》中"拼命三郎"石秀那种"拼命精神"。1959 年庐山会议期间，一次谈到当时社会上刮的"共产风"时，毛泽东把宋江（当为晁盖）等人劫"生辰纲"不义之财和我国土地革命时期打土豪、分田地取的不义之财一并加以肯定。在社会主义时期，在人民公社化运动中的"一平二调"，对农民的集体财产如肥猪、大白菜等，要拿就拿，拿起就走，其实是不对的。1955 年 10 月 11 日，毛泽东在中国共产党第七届中央委员会扩大的第六届全体会议上的讲话中，在谈到怎样对待犯错误的同志时，他又联系到《水浒传》中的"白衣秀士王伦不准人家革命，结果把自己的命革掉了"，借以说明要允许犯错误的同志继续革命的道理，教育全党和全国人民。

这里我们可以看出，毛泽东读《水浒传》，特别注意书中的一些情节和细节的描绘，善于从政策和策略的视角分析人物和事件，从而有目的、有针对性地引申出一些有益于中国革命和社会主义建设的经验和教训。

罗贯中的『《三国演义》又通俗又生动』

【传略】

罗贯中（约 1330—约 1400），名本，一说名贯，字贯中，别号湖海散人。太原（今山西太原）人，一说钱塘（今浙江杭州）人。元末明初杰出的小说家。

罗贯中生卒年不详。根据鲁迅的考定：大约生于元文宗图帖睦尔至顺元年（1330）左右，死于明惠帝朱允炆建文二年（1400）左右。他与元末明初剧作家贾仲明为"忘年交"。元惠宗至正二十四年（1364），曾与贾仲明第二次相会。别后将近 60 年，即直到明成祖永乐二十年（1422）贾仲明编写元贾仲明《录鬼簿续编》时，"遭时多故，天各一方"，"竟不知所终"。

罗贯中的生平事迹多不可考。《录鬼簿续编》说他"与人寡合"。明王圻《稗史汇编》说他是一个"有志图王者"。因朱元璋这样的"真主"统一了天下，罗就"传神稗史"。大约罗贯中生当元末，社会动乱，有自己的政治理想，不苟同于流俗，东奔西走，参加了反元的起义斗争，明朝建立之后，即结束了政治生涯，而专心致力于小说创作。清代徐渭仁《徐炳所绘水浒一百单八将图题跋》又说"罗贯中客伪吴，欲讽士诚"，以为罗贯中曾入农民起义领袖张士诚幕府，虽系传说，但亦不无可能。

关于他的著作，明田汝成著《西湖游览志徐》称罗贯中"编撰小说数十种"，又相传他有《十七史演义》的巨著。今存署名由他编著的小说有《三国志通俗演义》《隋唐两朝志传》《残唐五代史演义》《三遂平妖传》，《水浒传》刊本亦有署罗贯中"编次"或"纂修"的。《录鬼簿续编》说他"乐府隐语，极为清新"，著录他创作的杂剧三种：《赵太祖龙虎风云会》《忠正孝子连环谏》《三平章死哭蜚虎子》。其中仅《赵太祖龙虎风云会》流传了下来。

【毛泽东评说】

《三国演义》的作者罗贯中不是继承司马迁的传统，而是继承朱熹的传统。南宋时，异族为患，所以朱熹以蜀为正统。明朝时，北部民族经常为患，所以罗贯中也以蜀为正统。

——林克：《忆毛泽东学英语》，《毛泽东的读书生活》，第 258 页，生活·读书·新知三联书店 1986 年版。

吾人揽〈览〉史时，恒赞叹战国之时，刘、项相争之时，汉武与匈奴竞争之时，三国竞争之时，事态百变，人才辈出，令人喜读。至若承平之代，则殊厌弃之。非好乱也，安逸宁静之境，不能长处，非人生之所堪，而变化倏忽，乃人性之所喜也。

——中央文献研究室等编：读《论理学原理》批注，《毛泽东早期文稿》，第 186 页，湖南出版社 1990 年版。

黄忠本来年迈、体衰，很难取胜夏侯渊。可是诸葛亮使用了"激将法"，把黄忠的勇气鼓动起来了。于是黄忠表示：如果不斩夏侯渊于马下，提头来见。结果，黄忠果然杀了夏侯渊。

——赖传珠：《古田会议前后》，《伟大的历程——回忆战争年代的毛主席》，第 84—85 页，人民出版社 1977 年版。

……"开发西北"，"建设西北"，先主之志则大矣，先生之办法则不可。日本帝国主义正亦有此大志，正用飞机大炮呼声动地而来，先生欲与之争"开发"，争"建设"，舍用同样之飞机大炮呼声动地以去，取消它那一边，则先生之"开发""建设"必不成功，此办法问题也。谈到这个办法问题，询谋佥同，国人皆曰可行，不信先生独为不可行，是则国共两党实无不能合作之理。《三国演义》云：天下大势，合久必分，分久必合。

——毛泽东 1936 年 9 月 8 日致邵力子信，《毛泽东书信选集》，第 54—55 页，人民出版社 1983 年版。

显然是一个不大的战役①，却同时是说的战略防御的原则。中国战史中合此原则而取胜的实例是非常之多的。楚汉成皋之战、新汉昆阳之战、袁曹官渡之战、吴魏赤壁之战、吴蜀彝陵之战、秦晋淝水之战等等有名的大战，都是双方强弱不同，弱者先让一步，后发制人，因而战胜的。

——毛泽东：《中国革命战争的战略问题》，《毛泽东选集》，第一卷，第 204 页，人民出版社 1991 年版。

---

① 指春秋时期的齐、鲁长勺之战。

罗贯中的「《三国演义》又通俗又生动」

《三国演义》上所谓"眉头一皱计上心来",我们普通说话所谓"让我想一想",就是人在脑子中运用概念以作判断和推理的工夫。

——毛泽东：《实践论》，《毛泽东选集》，第一卷，第 285 页，人民出版社 1991 年版。

现在很多青年知识分子没有自由，没有走路之权。例如从西安到延安的这一条路上，遍设关防，进步的知识青年要通过是困难的。因为他们既没有青龙偃月刀、嘶风赤兔马，又没有过五关斩六将的本领，那只有被赶到集中营"训练团"里去。

——毛泽东：《一二九运动的伟大意义》，《毛泽东文集》，第二卷，第 257 页，人民出版社 1993 年版。

张飞在古城相会时，怀疑关云长，是有高度的原则性的。关羽形式上是投降了曹操，封了寿亭侯，帮曹操杀了颜良、文丑，你又回来是干什么来了？我们一定要有严肃性、原则性。当然过火是要不得的，所以去年抢救运动，十几天，我们马上就停下来了。

——忻中：《毛泽东晚年的读书生活》，《党史文汇》1994 年第 8 期。

一个阶级革命要胜利，没有知识分子是不可能的。你们看过《三国演义》《水浒传》，魏、蜀、吴三个国家，每个国家都有每个国家的知识分子，有高级的知识分子，有普通的知识分子，那个穿八卦衣拿鹅毛扇子的就是知识分子；梁山泊没有公孙胜、吴用、萧让这些人就不行，当然没有别人也不行。无产阶级要翻身，劳苦群众要有知识分子，任何一个阶级都要有为它那个阶级服务的知识分子。奴隶主有为奴隶主服务的知识分子，就是奴隶主的圣人，比如希腊的亚里士多德、苏格拉底。我们中国的奴隶主也有为他们服务的知识分子，周公旦就是奴隶主的圣人。至于封建时代的诸葛亮、刘伯温，《水浒传》里的吴用，都是封建社会里的知识分子。

——毛泽东：《在中国共产党第七次全国代表大会上的口头政治报告》，《毛泽东文集》，第三卷，第 342 页，人民出版社 1996 年版。

三国时代，曹操带领大军下江南，攻打东吴。那时，周瑜是个"青年团员"，当东吴的统帅，程普等老将不服，后来说服了，还是由他当，结果打了胜仗。现在要周瑜当团中央委员，大家就不赞成！团中央委员尽选年龄大的，年轻的太少，这行吗？自然不能统统按年龄，还要按能力。

　　——毛泽东：《青年团的工作要照顾青年的特点》，《毛泽东选集》，第五卷，第85页，人民出版社1977年版。

刘备得了孔明，说是"如鱼得水"，确有其事，不仅小说上那么写，历史上也那么写，也像鱼跟水的关系一样。群众就是孔明，领导就是刘备。一个领导，一个被领导。

　　——毛泽东：《打退资产阶级右派的进攻》，《毛泽东选集》第五卷，第452页，人民出版社1977年版。

任何一个人都要有人支持。一个好汉也要三个帮，一个篱笆也要三个桩。这是中国的成语。中国还有一句成语，荷花虽好，也要绿叶扶持，……我们中国还有一句成语：三个臭皮匠，合成一个诸葛亮。……单独的一个诸葛亮总是不完全的，总是有缺陷的。

　　——毛泽东：《在莫斯科共产党和工人党代表会议上的讲话》，《毛泽东文集》，第七卷，第330页，人民出版社1999年版。

曹操统一北方，创立魏国。那时黄河流域是全国的中国的中心地区。他改革了东汉的许多恶政，抑制豪强，发展生产，实行屯田制，还督促开荒，推行法制，提倡节俭，使遭受大破坏的社会开始稳定、恢复、发展。这些难道不该肯定？难道不是了不起？说曹操是白脸奸臣，书上这么写，剧里这么演，老百姓这么说，那是封建正统观念制造的冤案，还有那些反动士族，他们是封建文化的垄断者，他们写东西就是维护封建正统。这个冤案要翻。

　　——张贻玖：《毛泽东读史》，第61页，中国友谊出版公司1991年版。

看这本书，不但要看战争，看外交，而且要看组织。你们北方人——刘备、关羽、张飞、赵云、诸葛亮，组织起一个班子南下，到了四川，同

罗贯中的「《三国演义》又通俗又生动」

"地方干部"建立了一个很好的根据地。

> ——薄一波：《再忆毛泽东同志》，《领袖·元帅·战友》，
> 第 23 页，中共中央党校出版社 1992 年版。

孙权劝曹操当皇帝，曹操说，孙权是要把他放在炉火上烤。我劝你们不要把我当曹操，你们也不要做孙权。

> ——王年一：《大动荡的年代》，第 393 页，河南人民出版社
> 1988 年版。

主观指导的正确与否，影响到优势劣势和主动被动的变化，观于强大之军打败仗、弱小之军打胜仗的历史事实而益信。中外历史上这类事情是多得很的。中国如晋楚城濮之战、楚汉成皋之战、韩信破赵之战、新汉昆阳之战、袁曹官渡之战、吴魏赤壁之战、吴蜀彝陵之战、秦晋淝水之战等等，外国如拿破仑的多数战役，十月革命后的苏联内战，都是以少击众，以劣势对优势而获胜。都是先以自己局部的优势和主动，向着敌人局部的劣势和被动，一战而胜，再及其余，各个击破，全局因而转成了优势，转成了主动。在原占优势和主动之敌则反是；由于其主观错误和内部矛盾，可以将其很好的或较好例优势和主动地位，完全丧失，化为败军之将，亡国之君。

> ——毛泽东：《论持久战》，《毛泽东选集》，第二卷，第 491 页，
> 人民出版社 1991 年版。

汉末开始大分裂，黄巾起义摧毁了汉代的封建统治，后来形成三国，这是向统一发展的。三国的几个政治家、军事家，对统一都有所贡献，而以曹操为最大。

> ——芦荻：《毛泽东谈二十四史》，见 1993 年 12 月 20 日《人民
> 日报》。

天下无所谓才，有能雄时者，无对手也。若言对手，则孟德、仲谋、

诸葛而已^①。

诸葛而已[①]。

——毛泽东：《讲堂录》（1913.10—12），《毛泽东早期文稿》，第587页，湖南出版社1990年版。

天下事有真必有假，虚夸古已有之。赤壁之战，曹操号称八十三万人马，其实只有二三十万，又不熟水性，败在孙权手下，不单是因为孔明借东风。

——吴冷西：《忆毛主席》，第109页，新华出版社1993年版。

三国时关张开始因孔明年轻不服气，刘劝说也不行，没封他官，因封大封小都不好，后派孔明到东吴办了一件大事，回来后才封为军师。东吴程曾是老将，但叫周瑜挂帅，打了赤壁之战的大胜利。

——尹家民：《将军不辱使命》，第153页，解放军文艺出版社1992年版。

新闻工作，要看是政治家办，还是书生办。有些人是书生，最大的缺点是多谋寡断。刘备、孙权、袁绍都有这个缺点，曹操就多谋善断。

要反对多端寡要，没有要点，言不及义。要一下子看到问题所在。曹操批评袁绍，"志大而智小，色厉而胆薄"，没有头脑。还批评袁绍有其他缺点，兵多而分工不明，将骄而政令不一，地虽广，粮虽多，完全可为我所用。

——毛泽东：《要政治家办报》，《毛泽东新闻工作文选》，第215—216页，新华出版社1983年版。

你们读《三国演义》和《三国志》注意了没有，这两本书对曹操的评价是不同的。《三国演义》是把曹操看作奸臣描写的；而《三国志》是把曹操看作历史上正面人物来叙述的，而且说曹操是天下大乱时出现的"非常之人""超世之杰"。可是因为《三国演义》又通俗又生动，所以看的人多，加上旧戏上演三国戏都是按照《三国演义》为蓝本编造的，所以曹操在旧戏舞台上就是一个白脸奸臣。现在我们要给曹操翻案。我们党是讲真

---

① 若，原作"以"。而，原作"尚"。

罗贯中的「《三国演义》又通俗又生动」

理的党，凡是错案、冤案，十年、二十年要翻，一千年、二千年也要翻。

——忻中：《毛泽东晚年的读书生活》，《党史文汇》1994年第8期。

《三国演义》是小说，《三国志》是史书，二者不可等同视之。若说生动形象，当然要推演义；若论真实性，就是说更接近历史真实，罗贯中的《三国演义》就不如陈寿的《三国志》啰！

——忻中：《毛泽东晚年的读书生活》，《党史文汇》1994年第8期。

【作者述评】

罗贯中在文学上的成就，主要在小说方面。在罗贯中所创作的一些历史小说中，以《三国志通俗演义》成就最高，这也是我国古代历史小说中最为杰出的一部。罗贯中根据有关三国的历史、杂记、遗闻轶事、小说讲史等丰富资料加工写成了这样一部"七实三虚"的文学巨著。据杜宝《大业拾遗录》，隋炀帝观水上杂戏，有曹操谯水击蛟、刘备檀溪跃马的节目，而刘知几《史通·采撰》言及，唐时有些三国故事已"得之于道路，传之于众口"。李商隐《骄儿》诗云："或谑张飞胡，或笑邓艾吃。"可见到了晚唐，三国故事已普及小儿都知的程度。到了宋代，说话中已有"说三分"专门科目和专业艺人，同时皮影戏、傀儡戏、南戏、院本也有搬演三国故事的。苏轼《东坡志林》载："王彭尝云：涂巷中小儿薄劣，其家所厌苦，辄与钱，令坐听古话。至说三国事，闻刘玄德败，频蹙眉，有出涕者；闻曹操败，则喜唱快。"可见此时三国故事已有明显的尊刘贬曹倾向。元至正年间所刊《三国志平话》，其故事已粗具《三国演义》的规模，但情节颇与史实相违，民间传说色彩较浓；叙事简略，文笔粗糙，人名地名多有讹误，未经文人的修饰。与此同时，戏剧舞台上也大量搬演三国故事，现存剧目即有40多种，桃园结义、过五关斩六将、三顾茅庐、赤壁之战、单刀会、白帝城托孤等重要情节皆已具备。而后罗贯中收集了民间传说，并考据史实，创作了杰出的历史小说《三国演义》。它把纷乱的三国历史按年代、事件、人物有层次地组织起来，从而表现了三国政治、军事、外交上的复杂而又尖锐的斗争，反映了这些矛盾的互相渗透和转化，概括了这一时代的历史，塑造了一大批英雄人物的典型形象。尽管作者宣扬了"尊刘抑曹"的封建正统观念，从而表现了作者的历史的和阶级的局限。但在当时，这种"人心思汉"的想法，多少反映了元代人民反对民族压迫的强烈愿望。而且，在作者笔下，曹刘两家的斗争，正是现实政治中的昏君奸臣与当时人民理想中的圣君贤相的对立的反映。

《三国演义》代表着古代历史小说的最高成就。它采用浅近的文白相杂的语言，明白流畅，雅俗共赏。它的笔法富于变化，对比映衬，旁见侧出，波澜曲折，摇曳多姿。它以宏伟的结构，把百年左右头绪纷繁、错综复杂的事件和众多的人物，组织得完整严密，叙述得有条不紊，前后呼应，彼此关联，环环相扣，层层推进。它最擅长于描写战争，能写出每次战争的特点，即在具体条件下不同战术的运用，指导作战的主观能动性的发挥，而不把主要笔墨花在单纯的实力和武艺的较量上。它所描写的官渡之战、赤壁之战、彝陵之战，都表现了战争中优势与劣势的互相转化，关键在于指挥人员是否明于知己，又明于知彼，以及有无驾驭整个战局变化的能力。各次战争既有其特点，作品的写法也各不相同，或实写，或虚写，或正面写，或侧面写。并且在写战争的同时，兼写其他活动，作为战争的序幕、余波，或是战争的辅助手段，使紧张激烈、惊心动魄的战争，表现得有张有弛，疾徐相间，具有旋律节奏，富于诗情画意。在人物塑造上，《三国演义》特别注意把人物放在现实的尖锐矛盾中，通过各自的言行，表现其思想性格，并且注意以貌取神，不单纯追求细节的真实。它往往借助人物自身的言行或通过周围环境来对人物的思想性格加以夸张渲染。曹操奸诈，一举一动都好像隐伏着阴谋诡计。张飞心急口快，无处不带上天真而莽撞的色彩。鲁肃忠厚老实，考虑问题总是那么单纯善良。诸葛亮神机妙算，临事总是那么得心应手从容不迫。抓住人物主要性格特点反复描写，把人物写得栩栩如生，不免有"类型化"之嫌。《三国演义》巨大的艺术成就，在中国文学史上和人民生活中有着不可估量的深远影响。

《三国演义》大约创作于元代末年。现存此书最早的版本，是公元1522年刊印的嘉靖本，共分24卷，240节，每节有七言单句回目。后来的各种版本，都是依据嘉靖本，在细节方面各有些改动，总的面貌未有变化，只有一个假托"李卓吾评本"将原书的 240 节合并为 120 回。清康熙年间，毛纶、毛宗岗父子对此书作了较大的加工处理。他们修改了回目，对情节和文字也作了些增删，并删除了原书的论赞，逐回加上自己的评论。于是，毛本《三国演义》成了清代以来最通行的本子。

《三国演义》是毛泽东比较喜欢读的一部长篇历史小说。他对《三国演义》的喜爱和关注，贯穿了他的一生。

1930 年同斯诺的谈话中，毛泽东就说过，他很年轻的时候就爱看《三国演义》等历史小说，《毛泽东早期文稿》还保存有他的精辟论述。1929 年 12 月"古田会议"之后，他给大家讲了《三国演义》中老将黄忠大败夏侯渊的故事。1938 年 10 月召开的党的六届六中全会期间，毛泽东还对贺龙和徐海东两位将领开玩笑说："中国有三部小说，《三国演义》、《水浒传》、《红楼梦》，谁不看完这三部小说，谁就不算中国人。"①1944 年 10 月 25 日，毛泽东到延安中央党校作报告，讲到审干问题时，赞扬张飞在古城与关羽相会时，怀疑他，"是有很高的原则性"。1953 年 6 月 3 日，在接见青年团第二次全国代表大会主席团成员的讲话中，在谈到必须重视青年干部的培养和选拔时，毛泽东向大家讲赤壁之战中，孙权让年轻的周瑜当统帅，"结果打了胜仗"。1970 年 3 月，毛泽东提出召开四届人大，并提出不设国家主席的建议。为了说服中央委员能够同意他的建议，毛泽东用三国的历史故事启发大家："三国时，孙权让曹操当皇帝，曹操说，孙权要把他放在炉火上烤。"并说："我劝你们不要把我当皇帝，你们也不要做孙权。"

毛泽东是从哪些视角读《三国演义》的呢？

首先，作品的政治倾向的视角。关于《三国演义》的政治倾向，一般认为罗贯中"扬刘抑曹、蜀汉正统"的政治倾向是自然的。毛泽东沿袭此说，并作出了令人信服的解释："《三国演义》的作者不是继承司马迁的

---

① 《毛泽东提倡读三部中国小说》，1984 年 1 月 9 日《山西日报》。

传统，而是继承朱熹的传统。南宋时，异族为患，所以朱熹以蜀为正统。明朝时，北部民族经常为患，所以罗贯中也以蜀为正统。"三国鼎立，谁为正统？是尊刘还是尊曹？这是评论三国史时不可回避的一个问题。西晋陈寿的《三国志》是尊魏为正统的。因为晋乃是魏之嬗变和延续，魏一直控制着汉末的皇帝，"挟天子以令诸侯"，先魏代汉，后晋代魏，一脉相承，尊魏即是维护晋的正统地位。到东晋时期，汉族政权偏安江左，北方出现五胡十六国的混乱局面。这时习凿齿作《汉晋春秋》，便改尊蜀汉为正统。北宋司马光作《资治通鉴》，沿陈寿之先例，尊魏为正统。而到南宋时，朱熹作《通鉴纲目》又尊蜀汉为正统。到罗贯中生活的时代，明政权建立后，定都南京，北方的少数民族经常扰乱明廷北方疆域。正是北部边患频发的历史环境下，罗贯中继承朱熹的传统，以蜀汉为正统作《三国演义》。毛泽东说明了罗贯中的尊刘是继承朱熹的传统，并指出了北部边患是罗贯中以蜀汉为正统的历史背景，就是肯定了这种正统观所蕴含的爱国主义思想倾向。

　　毛泽东还谈及《三国演义》和《三国志》的差异。1958 年 11 月 20 日上午，毛泽东在武汉东湖畔的住所召开的座谈会上，在谈到曹操时，毛泽东说：你们读《三国演义》和《三国志》注意了没有，这两本书对曹操的评价是不同的。《三国演义》是把曹操看作奸臣描写的；而《三国志》是把曹操看作历史上的正面人物来叙述的，而且说曹操是天下大乱时期出现的"非常之人""超世之杰"。可是因为《三国演义》既通俗又生动，所以看的人多，加上旧戏舞台上演三国戏都是按《三国演义》为蓝本编造的，所以曹操在旧戏舞台上就是一个白脸奸臣。毛泽东对曹操评价很高："曹操结束汉末豪族混战的局面，恢复了黄河两岸的广大平原，为后来的西晋统一铺平了道路。"[1] 他称赞曹操"不仅是政治家，也是诗人"。（李敏·孔令华主编《怀念》，第 88 页，中央文献出版社 1992 年版。）这是毛泽东冲破"尊刘抑曹"这一皇权正统思想束缚的独到之处。

----

　　[1] 林克：《忆毛泽东学英语》，《毛泽东的读书生活》，第 258 页，生活·读书·新知三联书店 1986 年版。

罗贯中的『《三国演义》又通俗又生动』

其次，战争、外交、组织的角度。毛泽东从战争的视角来读《三国演义》，就是从战略、战术的视角来读，注重学习书中可供借鉴的有关军事斗争的知识和思想资料。1936 年 12 月，他写《中国革命战争的战略问题》时，毛泽东结合我国第二次国内革命战争的实际，谈及战略防御原则时，毛泽东列举了我国历史上六个著名的以弱胜强的战例，其中袁曹官渡之战、吴魏赤壁之战、吴蜀彝陵之战这三次大战，都是《三国演义》中着力描写的。在《论持久战》中，他再次以三国时期这三次大战及其他中外战例，说明"主观指导的正确与否，影响到优势劣势和主动被动的变化"，开掘出这些战例的军事理论意义。

在外交上，三国时期，诸葛亮为刘备提出的外交路线是"东联孙吴，北抗曹操"。吴、蜀联合，赤壁之战，大破曹操。后来关羽不执行"联吴抗曹"的外交路线，荆州失守，败走麦城被杀，刘备兴兵伐吴，在彝陵之战中被陆逊打得大败，白帝托孤，由诸葛亮收拾残局。这个历史教训极为深刻。1941 年 1 月，新四军军部在皖南被国民党反动派围歼。在这种严峻的历史关头，在如何对待蒋介石和国民党反动派问题上，共产党内产生了不同意见。毛泽东就以三国时期的历史经验教育大家。毛泽东认为：只有"抓住主要矛盾，分清主次与轻重缓急，先曹后孙才是大局为重的政策"。吸取这一历史经验，毛泽东提出"我党的方针是以打对打，以拉对拉"。对蒋介石"不愿在根本上破裂国共合作的一面，采取联合政策；对他动摇和反共的一面，采取斗争和孤立的政策。但是斗争必须是有理、有利、有节，三者缺一，就要吃亏"。这是对国民党的情况作了极精辟的分析之后提出的极高明的斗争策略。毛泽东还多次引用《三国演义》中"天下大势，合久必分，分久必合"这一名言，来说明"国共两党实无不能合作之理"。他还引用"天有不测风云，人有旦夕祸福"的格言，来说明人的忧患与生俱来。

在组织上，毛泽东赞扬刘备、关羽、张飞、赵云、诸葛亮等北方人组成一个南下的班子与原刘璋手下的蜀地干部结合起来，终于成就蜀汉事业，借以说明外来干部和本地干部的关系。他还以刘备得到诸葛亮"如鱼得水"，来说明干部和群众的关系，等等。

再次，政策和策略的视角。毛泽东曾教导说："政策和策略是党的生命，各级领导同志务必充分注意，万万不可粗心大意。"在阅读《三国演义》的过程中，对书中的政策和策略思想，毛泽东是十分注意的。他利用《三国演义》中"魏、蜀、吴三个国家，每个国家都有自己的知识分子"，"那个穿八卦衣拿鹅毛扇子的就是知识分子"，来阐明"一个阶级要革命胜利，没有知识分子是不可能的"的道理。他运用"一个好汉还要三个帮，一个篱笆还要三个桩"的格言，来说明一个人总是"有缺陷的"。他运用"七擒孟获"的故事，来说明在西安事变中不杀蒋介石的道理。他运用"挥泪斩马谡"的故事，来说明对大贪污犯刘青山、张子善不杀不足以平民愤。他用"青梅煮酒论英雄"的情节，来赞扬刘备的随机应变。他用《三国演义》中的"眉头一皱计上心来"，来形象地说明"人在脑子中运用概念以作判断和推理的工作"。他赞扬诸葛亮对少数民族的政策好。他用"蜀中无大将，廖化充先锋"，来说明诸葛亮的知人善任。他用张飞的"粗中有细"来教育干部。他用许褚赤膊上阵战马超的故事，教育人们要注意斗争策略。他用陆逊破荆州后善待关羽及其手下将领家属，说明瓦解敌人的重要意义，等等。

总之，毛泽东读《三国演义》是多视角的。上面说到的视角，只是笔者认为比较重要的视角。这些阅读视角，对我们阅读《三国演义》这一古典名著，无疑将很有启发。

高启是『明朝最伟大的诗人』

【传略】

高启（1336—1374），字季迪，长洲（今江苏苏州）人，明代最伟大的诗人，博学工文。元末农民起义领袖张士诚占据长江下游一带，建立政权，定都平江（今江苏苏州），国号为周，高启为其江南行省参政饶介座上客。高启后去依外祖父家，隐居在吴淞江的青丘（在吴县东的吴淞江滨），故又自号青丘子。

明太祖朱元璋洪武元年（1368），高启被地方推荐，和同县谢徽一起应召入朝，授翰林院国史编修官，以其才学，受朱元璋赏识，复命教授诸王，纂修《元史》。

高启为人孤高耿介，思想以儒家为本，兼受释、道影响。他厌倦朝政，不羡功名利禄。因此，洪武三年（1370）秋，朱元璋在宫阙之城楼召见高启、谢徽等入见应对。朱元璋拟委任高启为户部右侍郎，谢徽为吏部郎中。高启自陈年少，不敢担当重任，谢徽也坚决辞谢，于是得到允许。不久，朱元璋赏赐白银放高启回归故乡。但朱元璋怀疑他作诗讽刺自己，对他产生忌恨。高启返回青丘后，以教书治田自给。

苏州知府魏观帮高启把家搬到苏州，朝夕相见，交游甚欢。魏观因修府治获罪，原因是，张士诚据吴时，曾以苏州府府衙为其王宫，而把府衙迁到都水行司。到了魏观任苏州知府时，因嫌其地低下矮小，又搬回原处并加修治。有人诬告魏观此举是"兴既灭之基"，朱元璋认为这是对他不满，不尊重朝廷的表现，就把魏观处以死刑。朱元璋见高启所作《上梁文》，因而大怒，下令将高启押解南京，腰斩于市，当时高启年仅39岁。

明朝初年，苏州府多诗人，高启与杨基、张羽、徐贲合称"吴中四杰"，以比之于初唐的四杰王勃、杨炯、卢照邻、骆宾王。

高启著作编为：诗集《高太史大全集》、文集《凫藻集》、词集《扣弦集》。

【毛泽东评说】

高启，字季迪，明朝最伟大的诗人。

　　——毛泽东手书高启《梅花九首》之一末题，《毛泽东手书选集·古诗词》下，第 216 页，北京出版社 1996 年版。

1961 年 11 月 6 日致田家英的信

田家英同志：

　　请找宋人林逋（和靖）的诗文集给我为盼，如能在本日下午找到，则更好。

毛泽东
十一月六日上午六时

田家英同志：

　　又记起来，是否清人高士奇的。前四句是：琼枝只合在瑶台，谁向江南到处栽。雪里山中高士卧，月明林下美人来。下四句忘了。请问一下文史馆老先主，便知。

毛泽东
六日八时

田家英同志：

　　有一首七言律诗，其中两句是：雪满山中高士卧，月明林下美人来。是咏梅的，请找出全诗八句给我，能于今日下午交来则最好。何时何人写的，记不起来，似是林逋的，但查林集没有，请你再查一下。

毛泽东
十一月六日上午八时半

　　——毛泽东 1961 年 11 月 6 日上午致田家英的三封信，均见董边等编《毛泽东和他的秘书田家英》，第 106—108 页，中央文献出版社 1989 年版。

【作者述评】

　　高启是明代最优秀的诗人之一。其文学思想，主要取法于汉魏晋唐各代，师古之后成家。但因他死于盛年，未能自成一家。他的诗体制不一，风格多样，学习汉魏晋唐诸体，均有模拟痕迹。但他才思俊逸，诗歌多有佳作。

高启是『明朝最伟大的诗人』

　　高启做官只有 3 年，长期住在乡间，故其部分诗歌描写了农民的劳动生活，如《牧牛词》《捕鱼词》《养蚕词》《伐木词》《打麦词》等。这些诗没有把田园生活理想化，而是一定程度上反映了阶级剥削和人民痛苦，尤为可贵。

　　高启诗中十之八九是述志感怀、游山玩景以及酬答友人之作。如表现自我人格的《青丘子歌》，强烈而鲜明地体现了脱离伦理的羁绊而获得自由发展的个性化要求。诗中这样描写自己："蹑屩厌远游，荷锄懒躬耕。有剑任羞涩，有书任纵横。不肯折腰为五斗米，不肯掉舌下七十城。但好觅诗句，自吟自酬赓。"又说："不忧回也空，不慕猗氏盈。不惭被宽褐，不羡垂华缨。不问龙虎苦斗，不管乌兔忙奔倾。向水际独坐、林中独行。"这首诗反映了他政治理想的破灭，对群雄纷争的厌倦。他对人生目标的选择，既非一般受尊重的达官、游士、隐者，亦非日益活跃的富商，他只愿做一个诗人，一个自由、孤独的诗人。这反映了元朝末年诗人的思想情况。

　　从政治态度来看，在中国沦入异族之手，元末群雄割据，他是希望光复、期盼统一的。如《吊岳王墓》："大树无枝向北风，十年遗恨泣英雄。班师诏已来三殿，射虏书犹说两宫。每忆上方谁请剑，空嗟高庙自藏弓。栖霞岭上今回首，不见诸陵白露中。"这首诗是作者瞻仰杭州西湖岳飞墓时所作。诗中对宋代民族英雄岳飞精忠报国、誓死抗金进行了热情歌颂，对南宋君臣苟且偷安的主和政策表示强烈的愤恨，表现了期盼摆脱元人统治、光明祖国的思想。入明以后，高启曾对新王朝抱有期待。如他应召赴南京时，写有《登金陵雨花台望大江》一诗，末几句是："我生幸逢圣人起南国，祸乱初平事休息。从今四海永为家，不用长江限南北。"歌颂国家的统一，也包含着对于统一给人民带来安定富足的期望。但与此同时，明王朝的所作所为，也在他心中投下阴影。如明军攻破苏州后，曾将苏杭等地 20 多万人押解至南京，其中有高启的兄长高咨；他的许多文友，或被流徙，或被处决；一向富庶的江南，也弄得残破不堪。这一切迫使高启拿起了他的诗笔，对统治者进行揭露讽刺。如五古《寓感》之七云："大道本夷直，末路生险巇。杯酒出肺肝，须臾起相疑。田蚡排窦婴，赵高诬李斯。倾挤不少假，权宠实灾基。"对统治阶级的内部矛盾进行了揭露。又如他去官后的《太白三章》之三："新丰主人莫相忽，人奴亦有封侯骨。"实际上是讥讽明朝新贵的。他曾作《宫女图》一诗，揭露了明初宫闱中混乱的私生活，引起朱元璋的忌恨，据说这是他最终被杀的重要原因。

高启的诗在艺术上也有一定特色。首先，他的某些诗崇尚写实，描摹景物细致入微。如"江黄连渚雾，野白满田冰"；"鸟啄枯杨碎，虫悬落叶轻"等句，均使用白描，新颖逼真。其次，注重含蓄，韵味深长。如《送沈左司从汪参政分省陕西汪由御史中丞出》后四句："函关月落听鸡度，华岳云开立马看。知尔西行定回首，如今江左是长安。"诗人用春秋时孟尝君使秦被拘命门客学鸡叫赚开关门东归故国和唐人狄人杰前往并州赴任登上太行回望白云笼罩下河阳父母的典故，来比喻汪广洋等人入陕时必然回首，怀念国君、故乡和亲朋好友，意味深长。再次，用典不多，力求通畅。有些小诗富有民歌风味。如《子夜四时歌》之二："红妆何草草，晚出南湖道。不忍便回舟，荷花似郎好。"明白如话，亲切动人。

毛泽东对高启评价很高，称他是"明朝最伟大的诗人"。在明朝模拟之风盛行，诗人缺乏创造性，高启却写了一些"好诗"，这个评价并非溢美之词。毛泽东喜爱高启的诗，从这样一件事情上看得很清楚：

1961 年 11 月 6 日上午，毛泽东可能是想集中阅读古人咏梅的一些诗作，为他写作［卜算子］《咏梅》（1961 年 12 月）作准备，便想起了过去阅读过的一首《梅花》诗。他先以为是林逋所作。因为宋初诗人林逋隐居杭州西湖孤山，终身不仕，以赏梅养鹤为娱，人称"梅妻鹤子"。其诗大都反映他的隐逸生活和闲适心情，尤以咏梅著称，风格清幽淡远，艺术成就很高。其《山园小梅》中的"疏影横斜水清浅，暗香浮动月黄昏"两句，最为人称颂，后来南宋的词人姜夔还将［暗香］、［疏影］为两种慢词的名称。毛泽东曾手书过这两句。上午六点半钟便给秘书田家英写了第一封信，让他帮助查找，自己也动手查找。

但毛泽东从林逋的诗文集中没有查到，然而他对这首诗的记忆逐渐清晰起来了，他首先回忆起了诗中的两句："雪满山中高士卧，月明林下美人来"，并说明"是咏梅的"，于是上午八时半又给田家英写了第二封信，请他"再查一下"。到了九点钟（原为八点，疑误），他又给田家英写了第三封信，说"又记起来，是否清人高士奇的"，并且回忆起了诗的前四句，让田家英向中央"文史馆老先生"请教。

那么，毛泽东为什么又怀疑是高士奇所作呢？高士奇，钱塘人，字澹人，号江村。以学生就试京闱不利，卖文自给。春节为人作对联，自为句书之，偶为康熙听见。著述甚丰，有《清吟堂全集》等。毛泽东喜读的《清诗别裁集》中载有其诗三首，其中一首题作《送孙恺似孝廉》：

> 沁园词客旧知名，曾在杨花渡口行。
> 佳句已传箕子国，归心又向阖闾城。
> 白蘋风细扁舟稳，青桂香浓小苑清。
> 吾亦有庐江上好，秋来鲈鲙不胜情。

这首诗写送孙恺似回吴中，风格清新淡远，又用了晋张翰在洛阳做官时见秋风起而思故乡鲈莼之美命驾而归吴中的典故，所以毛泽东也曾想到《梅花》诗也可能是他写的。

待终于弄清《梅花》诗是高启所作，就在这一天，毛泽东用挥洒自如的草体书写了全诗：

> 琼姿只合在瑶台，谁向江南处处栽？
> 雪满山中高士卧，月明林下美人来。
> 寒依疏影萧萧竹，春掩残香漠漠苔。
> 自去何郎无好咏，东风愁寂几回开。

并在诗末写道："高启，字季迪，明朝最伟大的诗人。"高启的《梅花》诗共九首，这是其中的第一首。首联写梅花俏丽美艳，高贵雅致，本应生长在瑶台仙境，可是江南大地，到处有其身影，寓扬于抑。颔联借东汉袁安卧雪和隋赵师雄醉宿梅下得遇梅花仙子典故，进一步烘托梅花品格的高贵雅致。颈联正面描写梅花，歌颂俏不争春而报春的高贵品格。尾联借南朝梁诗人何逊之后，很少有好的咏梅诗，而慨叹梅花的高贵品格得不到应有的赞颂。一首咏物之作，却想象超拔，大开大合，多方着墨，涵浑从容，颇有唐人风韵，不愧为咏梅诗词中的佳作，因而赢得毛泽东的喜爱。毛泽东曾说："过去我以为明朝的诗没有好的，没有看头。但其中有李攀龙、高启等人的好诗。"不错。这首《梅花》诗就是一例。

除此之外，毛泽东还圈阅过高启的如下诗篇：《悲歌》《忆昨行，寄关中故人》《送沈左司从汪参政分省陕西汪由御史中丞出》《送叶判官赴高唐时使安南还》《吊岳王墓》《凉州曲》。

李攀龙『有此诗写得不错』

【传略】

李攀龙（1514—1570），字于麟，号沧溟，历城（今山东济南）人，明代著名的文学家。

李攀龙生于明武宗朱厚照正德九年（1514），9岁时就死了父亲，家庭贫困，无力延师，但他刻苦自励，发愤好学。长大后入学为秀才，与友人许邦才、殷士儋在一起学习作诗歌，曾受到山东提学佥事王慎中的赏识。后来他对章句训诂之学越来越厌恶，整天埋头阅读古代文学书籍，周围的人都把他看成狂生。

明世宗朱厚熜嘉靖二十三年（1544），李攀龙进士及第，初授刑部主事，后历任刑部员外郎、郎中等职。在这段时期他首先与谢榛、李先芳等人倡建诗社。三年以后，王世贞加入；又三年以后，宗臣、梁有誉、徐中行、吴国伦亦陆续加入。这些人大多是青年进士，才高气锐，互相标榜，不可一世，"七才子之名播天下"。

嘉靖三十年（1551）以后，李攀龙出任为顺德府（今河北邢台）知府，有善政，成绩卓著，得到上司推荐，他被提升为陕西提学副使。当时陕西巡抚殷学是他的同乡，殷学为人傲慢刻薄，曾命令李攀龙给他起草文件。李攀龙大为恼火，说："文可檄至耶？"拒不接受任务。这时陕西几次发生地震，李攀龙心里害怕，又想念家中的母亲，于是谢病辞归。按照明王朝惯例，外地官员谢病一般不再起用。当时吏部重视李攀龙的才干，特地准予他告归，将来还可以起用。

李攀龙于嘉靖三十六年（1557）回到家中，在家乡住了将近10年。他在历城郊外鲍山、华不注山之间，修筑了一幢白雪楼，整天在其中读书吟咏。由于他的文名很高，四方向他请教的人不少，他一概辞谢。甚至连地方官吏登门，他也不见。因此，人们都说他过于简傲。但他与年轻时旧友许邦才、殷士儋等人却过从甚密。当时徐中行也因父死，在浙江长兴县家居守丧。徐中行与他的作风不同，喜宾客，好交游，家中经常高朋满座。他听到徐中行的情况以后，才稍稍接见一些宾客。

明穆宗朱载垕隆庆元年（1567），李攀龙重新起用为浙江提学副使，两年后改任浙江参政，后来升任河南按察使。这时李攀龙的高傲的性格也变得平和一些，接待宾客也稍微多一些。隆庆四年，他母亲病故回家奔丧，因悲痛过度而患病。他病情稍稍稳定，有一天又突患心痛病而死，终年57岁。李攀龙一生清介自持，身后甚为寥落。相传他的宠姬蔡氏，万历中叶年已70多岁，在济南西郊卖胡饼自给。清代著名诗人王士禛的叔祖王季木见了，做了一首诗，内有"白雪高埋一代文，蔡姬典尽旧罗裙"之句。

著有《沧溟集》30卷。

【毛泽东评说】

他们给我弄了一部《明诗综》（清朱彝尊编），我看李攀龙有些诗写得不错。

> ——臧克家：《伟大的教导，深沉的怀念》，《怀念毛泽东同志》，第 223 页，人民文学出版社 1980 年版。

我过去以为明朝的诗没有好的，《明诗综》没有看头，但其中有李攀龙、高启等人的好诗。

> ——摘自毛泽东 1957 年 1 月同臧克家、袁水拍等人的谈话，陈晋：《毛泽东与文艺传统》，第 377 页，中央文献出版社 1992 年版。

明朝李攀龙有一首送朋友的诗《怀明卿》："豫章西望彩云间，九派长江九叠山。高卧不须窥石镜，秋风憔悴侍臣颜。"李攀龙是"后七子"之一。明朝也有好诗，但《明诗综》不好，《明诗别裁》（清沈德潜编）好。

> ——毛泽东：《对〈毛主席诗词〉中若干词句的解释》，中共中央文献研究室编：《毛泽东诗词集》，第 258 页，中央文献出版社 1996 年版。

【作者述评】

李攀龙是后七子的首领之一，他影响海内文坛近 20 年。后七子的文学纲领最初是由谢榛提出来的。谢榛虽亦主张散文复秦汉之古，诗歌复盛唐之古；但取径还比较广阔，持论也不拘泥。但后来谢榛遭到李攀龙、王世贞等人的排挤。以李攀龙为首的后七子的议论就越来越偏执，他甚至认为：诗自天宝以下，文自西京以下，誓不污我毫素也。连东汉散文，安史之乱以后的中唐诗歌，包括李白、杜甫的后期诗歌都在排斥之列。对于明朝诗人只推崇李梦阳，并以继承前七子文学主张自命。他认为，先秦古文已有成法，"其成言班如也，法则森如也"，创作只要"摭其华而裁其衷，琢字成辞，属辞成篇，以求当于古之作者而已"（王世贞《李于麟先生传》），甚至鼓吹"视古修辞，宁失诸理"（《送王元美序》）。他推崇汉魏古诗、盛唐近体，"论古则判唐、选为鸿沟，言今则别中、盛如河汉"（钱谦益《列朝诗集小传·丁集上》），以致对盛唐古诗也加以鄙视，他编选历代诗歌而成《古今诗删》，唐后则直接明代，宋元诗一首也未选，以示其论诗宗旨。

由于李攀龙的文学主张过于片面，所以对他自己的诗文创作造成不良影响。李攀龙著有《沧溟集》30卷，包括诗14卷，文16卷。虽然以著作自负，甚至狂妄地认为："微吾竟长夜"。然而他的诗文成就均有限。他的散文不过是对秦汉古文的生吞活剥。"聱牙戟口，读者至不能终篇"（《明史·李攀龙传》）。尽管词语非常古雅，"无一语作汉以后，亦无一字不出汉以前"（王世贞《艺苑卮言》），但思想贫乏，内容空虚，纯粹是一些"假古董"。他的拟古乐府诗，往往把古人作品改动数字，便据为己作，如他的《拟陌上桑》就是这样写的：

> 日出东南隅，照我西北楼。罗敷贵家子，足不逾门枢；……行者见罗敷，下担故绸缪；少年见罗敷，袒裼出臂䩭；来归相怨怒，且复坐斯须。……

像这样的拟古，简直就是剽窃和抄袭。可王世贞也不得不承认，李攀龙的乐府诗"不堪与古乐府并看，看则似临摹帖耳"（《艺苑卮言》）。

但李攀龙"资地本高""才力富健"。当他稍能面对现实、抒写内真情实感时，也能创作出一些较好的诗章。他有时也要感时伤世、忧念旱灾："地胜纡王事，年饥损吏才。难将忧旱意，涕泣向蒿莱"（《广阳山道中》）；有时则面对潦水而感慨万端："潦水阴相积，萧葭晚自寒。大夫方跋涉，天步属艰难"（《赵州道中》）；有时也抒发自己宦海浮沉的哀怨和牢骚，同时表现向往隐居的闲情逸致，如《冬日登楼》《九日登楼》《和余德甫江上杂咏》等，这些诗虽然取材也还嫌狭隘，但的确有一定真情实感。

李攀龙的近体诗，特别是七言近体，情况就比较复杂，后人看法很不一致。推崇的如胡应麟、沈德潜，称赞它"高华杰起，一代宗风"（《诗薮》），"已臻高格"，"语近情深"（《明诗别裁》）。反对的如艾南英、钱谦益、朱彝尊，把它说得一钱不值。平心而论，《沧溟集》中少数近体诗比较可读，作者也花过较多功力。传说李攀龙初写诗时，因操山东口音，以仄为平，因而遭到人家的嘲笑。后来他按照诗韵正音，把舌头咬出了血，他把血滴在酒杯中吞服，从此一变，不再龃龉，可见他为学写诗，确也下过苦功。他的七律，声调清亮，词采俊爽。例如下面这首《平凉》：

> 春色萧条白日斜，平凉西北见天涯。
> 唯余青草王孙路，不属朱门帝子家。
> 宛马如云开汉苑，秦兵二月走胡沙。
> 欲投万里封侯笔，愧我谈经鬓有华。

这首七律表现了诗人对国家安稳的关心，抒发了投笔从戎的壮志豪情，语言浑浩，气势雄阔，无疑是一首佳作。他的七绝，也还写得自然天成，注意顿挫变化。如《和聂仪部明妃曲》："天山雪后北风寒，抱得琵琶马上弹。曲罢不知青海月，徘徊犹作汉宫看。"意味隽永，风韵深长。清诗论家沈德潜评此诗说："不著议论，而一切著议论者皆在其下。"再如为毛泽东同志欣赏的《怀明卿》：

> 豫章西望彩云间，九派长江九叠山。
> 高卧不须窥石镜，秋风憔悴侍臣颜。

明卿，是吴国伦的字。吴国伦是李攀龙的诗友，明"后七子"之一，嘉靖二十九年（1550）进士，初授中书舍人，后擢兵科给事中，因触及奸相严嵩，被谪为江西按察司知事，又移南康推官。这是吴国伦被贬江西之后，李攀龙写的一首怀念他的诗。诗的前两句点出明卿被贬的地理特征及方位。"豫章"为江西南昌之古称。"九派"，指这一带的河流，长江的支流。山峦重叠，彩云缭绕，河流纵横，吴头楚尾，乃形胜之地，极写南昌之美，借以安慰被贬之人。后二句写想象中的友人形象。诗人用庐山石镜可以"照见人形"之典，揣想吴国伦郁闷成愁、憔悴不堪的身影，表达了作者对友人的关心、同情和思念。全诗写得语浅意深、含蕴不尽，不言怀人，而怀人之情毕现。

毛泽东十分喜欢这首诗。他1959年7月1日写的《七律·登庐山》一诗中有"云横九派浮黄鹤，浪下三吴起白烟"之句。他在《对〈毛主席诗词〉中若干词句的解释》中注释"九派"时，指出典出"明朝李攀龙有一首送朋友的诗《怀明卿》"，并在引录该诗全文后，说："李攀龙是'后七子'之一。明朝还有好诗，但《明诗综》不好，《明诗别裁》好。"他在1957年1月与臧克家、袁水拍谈话时也指出："他们给我弄了一部《明诗综》，我看李攀龙有些诗写得不错。"这便是由这首词而论及李攀龙的诗作以及整个明代诗歌了。就明代文学而论，由于小说、戏曲的崛起及其卓越成就，明代诗文又模拟之风火炽，相对而言，成就不大，所以便给人以明代无好诗的错觉。其实，明诗中亦有好诗，诗人中也有杰出人物，为毛泽东所欣赏的高启、李攀龙、杨慎等人的有些诗就写得不错。明诗有两个集子影响较大，这就是清人朱彝尊编的《明诗综》和清人沈德潜、周钦合编的《明诗别裁集》。《明诗综》，是明代诗歌总集，100卷，由朱彝尊选录，其友人汪森、朱端、张大受、钱玠等人分卷辑评，录存明代诗人3400余人的作品。朱氏意在成一代之书，故求全责备，所录诗作众寡悬殊，其意在或因诗而存其人，或因人而存其诗，而不在作者是否为有成就的诗人。《明诗别裁集》则是一本明诗选集，全书12卷，共收录作者340人，诗1010余首。沈德潜提出的编纂意图和标准大致是：（1）所录"皆深造浑厚，和平渊雅，合于言志永言之旨"，以"辅翼诗教"；（2）选诗时"始端宗旨，继审规格，终流神韵，三长具备，及登卷帙"；（3）"因诗存人，不因人存诗"，不求备一代的掌故，只要是"示六义之指归"；（4）"是书之选，欲上续唐人"。由此可见，二书编纂意图和选诗标准不同，于是《明诗综》显得较为芜杂，良莠不齐，而《明诗别裁集》则显得更为精粹，所以毛泽东说《明诗综》不好，《明诗别裁》好，这是符合实际的。据不完全统计，毛泽东阅读《明诗别裁集》时共圈阅了明诗近180首，而仅李攀龙就圈阅了22首①，它们是：《和许殿卿春日梁园即事》《黄河》《初春元美席上赠谢茂秦得关字》《送皇甫别驾往开州》《怀子相》《平凉》《抄秋登太华山绝顶》《七夕集元美宅送茂秦》《塞上曲送元美》《寄元美》、《于郡城送明卿之江西》《怀明卿》《春日闻明卿之京都寄》《挽王中丞二首》《和聂仪部明妃曲》《崔驸马山池燕集得无字》《同元美子相公实分赋怀泰山得钟字》《送扬给事河南召募》《送子相归广陵》《赠梁伯龙》《观猎》。这是毛泽东所说明代也有好诗，李攀龙有些诗写得不错的实证。毛泽东关于明诗的论断令人耳目一新，给文学史研究家们以新的启迪。

特别一提的是，毛泽东还曾戏改《怀明卿》一诗批判林彪。据周世钊日记载：1971年"9.13"事件之后，毛泽东曾改过李攀龙的一首七绝："豫章西望彩云间，九派长江九叠山。高卧不须窥石镜，秋风怒在侍臣颜。"有人曾问周世钊，"侍臣"指的是谁？周世钊说，毛主席把这两个字改成"叛徒"。这自然是指林彪。（萧永义：《毛泽东诗词史话》，第385页，东方出版社1996年版）

---

① 见毕桂发主编：《毛泽东批阅古典诗词曲赋全编》，第935—950页，中国工人出版社1997年版。

吴承恩

『金猴奋起千钧棒，玉宇澄清万里埃』

【传略】

吴承恩（约1500—约1582），字汝忠，号射阳山人，祖籍涟水（今江苏涟水），后徙居山阳（今江苏淮安），明代杰出的小说家。

吴承恩出身于一个由学官破落为小商的家庭。高祖父吴鼎。曾祖父吴铭，曾任浙江余姚县训导。祖父吴贞，曾任浙江仁和县教谕，并卒于任所。父亲吴锐，字廷器，号菊翁，将家迁回山阳。吴家数代业儒，并无余资，家境贫寒。后吴锐娶徐氏为妻，徐家以卖彩缕文羯为业，吴锐后来便继承了这爿商店，以出售一些丝线、花边为生。家业渐起，中年娶张姓女为妾，弘治末年生承恩。但吴锐性喜读书，"自六经诸子百家，莫不流览"，又喜讲谈历史，"及与人谭说中传，上下数千载，能竟日不休"。他还经常抨击朝政，"好谭时政，意有所不平，辄抚几愤惋，意气郁郁"。吴锐忠厚笃实，作为一个商人，却"未尝有机心"，做生意能够"不二价"，还要"日日读古人书"，因而被当地同行视为"痴"人。连吴承恩小时入市，市中人便指着他说："是痴人家儿"（以上引文均见吴承恩《先府君墓志铭》），吴承恩听了非常气愤。这样的家庭和父教，对吴承恩有明显的影响。

吴承恩自幼聪敏，又好学习，少年时期，就读过许多书，特别喜欢"野言稗史"，常"私求隐处读之"，受到民间文学的积极影响，又喜读"善横写物情"（《禹鼎志·序》）的唐人传奇，从中吸取营养。这对他《西游记》的创作有重要意义。

吴承恩早年曾希望以科学进身，40岁前后，受到本乡名人蔡昂（正德三年探花）的赏识，又与本县儒生沈坤（明世宗朱厚熜嘉靖二十年状元）一道参加县、府儒生考试，并得到沈坤的父亲的器重。明世宗朱厚熜嘉靖八年（1529），他开始就读于淮安知府葛木所创办的龙溪书院。他此时由于个性"迂疏漫浪，不比数于时人"，常受到时俗笑骂，但却受到知府葛木的信任，"公之信仆，甚于仆之自信也"（以上引自吴承恩《祭卮山先生文》）。

吴承恩长大后，诗文下笔立成，在淮安一带颇有文名。但这样一位有才华而又博学的人，在八股取士的科举制度下，一直不得志。他多次参加乡试，均落第而归。直到明世宗朱厚熜嘉靖二十九年（1550），他47岁才补了一个岁贡生。他应贡人都，失意而返。他在这年写的七律《庚戌寓京师迫于归志呈一二知己》中写道："世味由来已备尝，鸥心宁复到鹓行。纵令索米容方朔，未必含毫象子长。"后来几年，他可能被编入南京国子监。嘉靖四十一年（1562），由于友人李春芳的老父的教促劝谕，他曾到北京谒选，以贡生身份谋求官职。四年以后，即嘉靖四十五年（1566），他63岁时，才谋得长兴县丞职位，并于这年到任。也正是在此前后，另一位著名文学家归有光以进士出任长兴县令。解放后，还在长兴发掘出归有光撰、吴承恩书写的《圣井铭》《梦鼎堂记》两块石刻。吴承恩在长兴工作很出色，清同治年间《长兴县志》卷二二《名宦传》有记载说，吴承恩"官长兴时与邑绅徐中行最善，往还唱和，率自胸臆出之。丞廨浮沉，绝无攀援附丽，其贤于人远矣"！他自己也在七律《长兴作》中写道："身贫原宪初非病，政拙阳城自有劳。"在长兴大约两年，即明穆宗隆庆二年（1568）左右，他终于因为"不谐于长官"，"耻折腰，遂拂袖而归"。但也有人说他是遭受诬陷被罢职的。

此后十多年，他都在家乡度过，因他年事已高，一生频遭挫折，早已绝意仕进，也不再外出，在家中从事写作。大约在明神宗万历十年（1582）左右，病逝于淮安。享年82岁。

吴承恩平生与沈坤、朱日藩、李春芳为莫逆之交。三人都通过科举考试而飞黄腾达。官至首辅的李春芳，曾在仕途上积极鼓励和帮助吴承恩。吴承恩还曾与吴中名士、先辈书法家兼诗人文征明和王宠交往，诗酒唱和。他们疏狂自傲，不合时流的精神风貌彼此相通。在长兴当官时，与后七子之一，当时正家居的徐中行有较密切的交往。晚年乡居，与在淮安的陈耀文、陈文烛和邵元哲等结为翰墨交。陈耀文编选的词集《花草粹编》，与吴承恩所编的《花草新编》内容性质相近。陈文烛曾与吴承恩一起商定《花草新编》，并为之作序。

吴承恩一生诗、词、文创作数量不少，但因无子嗣，去世后大部分亡佚。后由"亲犹表孙，义近高弟"的丘度，从亲友中遍索遗稿，但亦仅"存十一于千百"，编订成《射阳先生存稿》4卷，包括诗1卷，散文3卷，卷4附小词38首。

【毛泽东评说】

但是我之包围好似如来佛的手掌，它将化成一座横亘宇宙的五行山，把这几个新式孙悟空——法西斯侵略主义者，最后压倒在山底下，永世也不得翻身。如果我能在外交上建立太平洋反日阵线，把中国作为一个战略单位，又把苏联及其他可能的国家也各作为一个战略单位，又把日本人民运动也作为一个战略单位，形成一个使法西斯孙悟空无处逃跑的天罗地网，那就是敌人死亡之时了。

——毛泽东：《论持久战》，《毛泽东选集》，第二卷，第473页，人民出版社1991年版。

若说：何以对付敌人的庞大机构呢？那就有孙行者对付铁扇公主为例。铁扇公主虽然是一个厉害的妖精，孙行者却化为一个小虫钻进铁扇公主的心脏里去把她战败了。柳宗元曾经描写过的"黔驴之技"，也是一个很好的教训。……我们八路军新四军是孙行者和小老虎，是很有办法对付这个日本妖精或日本驴子的。目前我们须得变一变，把我们的身体变得小些，但是变得更加扎实些，我们就会变成无敌的了。

——毛泽东：《一个极其重要的政策》，《毛泽东选集》，第三卷，第882—883页，人民出版社1991年版。

我们希望四月或五月占领南京，然后在北平召集政治协商会议，成立联合政府，并定都北平。我们既然允许谈判，就要准备在谈判成功以后许多麻烦事情的到来，就要准备一副清醒的头脑去对付对方采用孙行者钻进铁扇公主肚子里兴妖作怪的政策。只要我们精神上有了充分的准备，我们就可以战胜任何兴妖作怪的孙行者。不论是全面的和平谈判，或者局部的和平谈判，我们都应当这样去准备。

——毛泽东：《在中国共产党第七届中央委员会第二次全体会议上的报告》，《毛泽东选集》，第四卷，第1436页，人民出版社1991年版。

我们上山打游击，是国民党剿共逼出来的，是逼上梁山。就像孙悟空大闹天宫，玉皇大帝封他为弼马温，孙悟空不服气，自己鉴定是齐天大圣。可是你们连弼马温也不给我们做，我们只好扛枪上山了。

——摘自 1945 年毛泽东在重庆谈判期间与陈立夫的一次谈话，转引自王炳南：《阳光普照雾重庆——忆毛主席在重庆》，《怀念毛泽东同志》，第 71 页，人民文学出版社 1980 年版。

从那时起 [①]，我们就像孙悟空大闹天宫一样。我们丢了天条！记住，永远不要把天条看得太重了，我们必须走自己的革命道路。

——安娜·露易斯·斯特朗：《必须走自己的革命道路——与毛泽东的一次谈话》，曹力铁译，《党史文汇》1986 年第 6 期。

我是自信而又有些不自信。我少年时曾经说过：自信人主二百年，会当水击三千里。可见神气十足了。但又不很自信，总觉得山中无老虎，猴子称大王，我就变成这样的大王了。但也不是折中主义，在我身上有些虎气，是为主，也有些猴气，是为次。

——毛泽东 1966 年 7 月 8 日给江青的信，《建国以来毛泽东文稿》，第十二册，第 72 页，中央文献出版社 1998 年版。

只因做得多，所以分配应当多，多劳应当多得。反过来，只因吃得多，所以才有可能做得多。生产转化为消费，消费转化为生产。

——毛泽东：读《绘图增像西游记》第十八回《观音院唐僧脱难，高老庄行者降魔》批语，《毛泽东读文史古籍批语集》，第 73 页，中央文献出版社 1993 年版。

"千里行善，善犹不足；一日行恶，恶常有余。"乡愿思想也。孙悟空的思想与此相反，他是不信这些的，即是说作者吴承恩不信这些。他的行善，即是除恶。他的除恶，即是行善。所谓"此言果然不差"，便是这样认识的。

——毛泽东：读《绘图增像西游记》第二十八回《花果山群妖聚义，黑松林三藏逢魔》批语，《毛泽东读文史古籍批语集》，第 74—75 页，中央文献出版社 1993 年版。

---

① 指 1963 年 7 月 14 日苏共中央公开信对中共的攻击。

吴承恩『金猴奋起千钧棒，玉宇澄清万里埃』

对孙悟空也不公平，他自然个人英雄主义蛮厉害，自称齐天大圣，玉皇大帝只封他"弼马温"，所以他就大闹天宫，反官僚主义。

——毛泽东：《同文艺界代表的谈话》，《毛泽东文集》，第七卷，第254页，人民出版社1999年版。

要看到他们有个坚强的信仰。唐僧、孙悟空、猪八戒、沙和尚，他们一起上西天取经，虽然中途闹了点不团结，但是经过互相帮助，团结起来，终于克服了艰难险阻，战胜了妖魔鬼怪，到达了西天，取了经，成了佛。

——薄一波：《回忆片断——记毛泽东同志二三事》，《人民日报》1981年11月26日。

唐僧这个人，一心一意去西天取经，遭受了九九八十一难，百折不回，他的方向是坚定不移的。但他也有缺点，麻痹，警惕性不高，敌人换个花样就不认识了。猪八戒有许多缺点，但有一个优点，就是艰苦。臭柿胡同就是他拱开的。孙猴子很灵活，很机动，但他最大的缺点是方向不坚定，三心二意。……你们别小看了那匹小白龙马，它不图名，不为利，埋头苦干，把唐僧一直驮到西天，把经取了回来，这是一种朴素、踏实的作风，是值得我们学习的。

——摘自毛泽东1938年4月30日在延安"抗大"第三期学员毕业典礼上的讲话，牛克伦：《熔炉》，《回忆毛主席》，第245—246页，人民文学出版社1977年版。

中国也有上帝，就是玉皇大帝。他官僚主义很厉害。有个最革命的孙猴子反对他专制。这个猴王虽经历了不少困难，像列宁被抓去一样被人家抓去，后来他又跳了出来，大闹一番，玉皇大帝是很专制的，……一定会被打倒。孙行者很多，就是人民。

——摘自毛泽东1957年5月12日会见外宾的谈话，陈晋主编：《毛泽东读书笔记》（上册，第450—451页，广东人民出版社1994年版。

孙行者无法无天，大家为什么不学？猴子反教条主义，戴了紧箍咒，就剩了一半了。猪八戒一辈子都是自由的，有点修正主义，动不动就想退党，不过那个党不是一个大党，是第二国际，应该退党。唐僧是伯恩斯坦。

——摘自毛泽东1958年4月在武昌中央工作会议上的讲话，陈晋主编：《毛泽东读书笔记》（上册），第462页，广东人民出版社1994年版。

中国历史上也有翻译工作，唐僧就是一个大翻译家，他取回经来后设翻译馆，就翻译佛经。

——摘自毛泽东1945年5月31日《在中国共产党第七次全国代表大会上的结论》，《毛泽东文集》，第三卷，第418页，人民出版社1996年版。

《西游记》上许多故事都讲到，开始时不知道是什么精在作怪，是蝎子精，还是蜘蛛精，还是从太上老君那里跑掉的一匹青牛？就是搞不清楚。只看现象，就搞不清本质；搞不清本质，就无法降妖捉怪。比如那条青牛，多厉害呀！（你们回去可请秘书找那个故事来看看）请来如来佛，他没有办法，他说他也不清楚，不是他那里的。玉皇大帝也没有办法。后来说到三十三重天的兜率宫里去问问吧。太上老君住在三十三重天上，不问政治，不参加玉皇大帝的国家组织，不做官，只炼丹，研究自然科学。结果是他的烧火娃娃青牛精偷跑下凡来作怪。查到这个原因，才稳住他，请太上老君自己下来，把青牛收回去。这是讲《西游记》，单看现象是不能解决问题，要抓问题的本质。

——摘自毛泽东1959年9月15日在各民主党派负责人座谈会上的讲话，陈锋等《毛泽东瞩目的文人骚客》，第319页，长江文艺出版社2000年版。

当年姜子牙（姜太公）下昆仑山，元始天尊赠给他杏黄旗、四不像、打神鞭等三样法宝。现在你们出发上前线，我也赠你三样法宝，这就是统一战线、武装斗争、党的建设。

——摘自毛泽东1939年7月7日给即将奔赴抗日前线的"华北联合大学"师生的报告，转引自董学文等《毛泽东的文艺美学活动》，第76页，高等教育出版社1995年版。

吴承恩『金猴奋起千钧棒，玉宇澄清万里埃』

……我想亮平在翻译方面曾有功绩①，最好还是他主持编译部，不知你意如何？不知他自己愿意否？为全党着想，与其做地方工作，不如做翻译工作，学个唐三藏及鲁迅，实是功德无量的。

——摘自毛泽东 1942 年 9 月 15 日致何凯丰的信，《毛泽东书信选集》，第 202 页，人民出版社 1983 年版。

七律·和郭沫若同志

毛泽东

（一九六一年十一月十七日）

一从大地起风雷，便有精生白骨堆。

僧是愚氓犹可训，妖为鬼蜮必成灾。

金猴奋起千钧棒，玉宇澄清万里埃。

今日欢呼孙大圣，只缘妖雾又重来。

——中共中央文献研究室编：《毛泽东诗词集》，第 124 页，中央文献出版社 1996 年版。

孙行者头上套的箍是金的，列宁论共产党的纪律说纪律是铁的，比孙行者的金箍还厉害、还硬，这是上了书的，《共产主义运动中的"左派"幼稚病》上就有。

——毛泽东：《关于整顿三风》，《毛泽东文集》第二卷，第416 页，人民出版社 1993 年版。

【作者述评】

吴承恩生活在明代中叶，一生经历了明孝宗、武宗、世宗、穆宗、神宗等五朝。明王朝自武宗以来，政治腐败，宦官刘瑾、奸相严嵩相继专权。

---

① 亮平，即吴亮平。当时在延安编辑《解放》周刊。曾翻译恩格斯的《反杜林论》等书。

吴承恩对当时黑暗政治是不满的。他认为当时的情况是："行伍日凋、科役日增、机械日繁、奸诈之风日竞。"(《赠卫候章君履任序》)这种黑暗的社会现实和他个人穷困潦倒的生活经历，促使他对当时社会有较深刻的认识，形成了吴承恩世界观进步的一面。他曾在七古《二郎搜山图歌》中这样写道：

……民灾翻出衣冠中，不为猿鹤为沙虫。坐观宋室用丑鬼，不见虞廷诛四凶。野夫有怀多感激，抚事临风三叹息。胸中磨损斩邪刀，欲起平之恨无力。救月有矢救日弓，世间岂谓无英雄？谁能为我致麟凤，长令万年保合清宁功。

在这里，吴承恩尖锐地指出当时那些掌握朝政大权的官僚，不过是北宋时王钦若、丁谓等"五鬼"，虞舜时共工、驩兜等"四凶"一类的人物，人民的灾祸全是他们造成的。他强烈地表示了要铲除这些罪恶现象的愿望，同时又表示了"欲起平之恨无力"的苦哀。因此，他寻找英雄，召唤英雄，并将自己胸中被磨损了的"斩邪刀"化为文字，运用文学作为武器向这种黑暗现象进行斗争。这就形成了创作《西游记》的思想基础。他在《禹鼎志序》中说道："虽然，吾书名为志怪，盖不专明鬼，世纪人间变异，亦微有鉴戒寓焉。"可见，他并不是为志怪而志怪，这表明了他借神魔故事以批判现实社会的创作思想，《西游记》便是他这一创作思想的成功实践。

《西游记》这部作品也是在传统故事的基础上进行再创造的。唐代僧人玄奘前往印度取经，这是历史上曾经有过的真实事件。玄奘本人曾口述、弟子辩机写成《大唐西域记》，弟子慧立、彦悰也写过《大唐大慈恩寺三藏法师传》，以记录途中实况，也添加了若干神奇色彩。后来，这个故事传到民间，就更加神话化了。今存南宋的《大唐三藏取经诗话》，形式上近乎"说话"四家中的"说经"或寺院中的"俗讲"。值得注意的是，在这本《诗话》中，孙悟空的前身猴行者化为白衣秀士，作为唐僧的保驾弟子，一路降妖捉怪，已经出现，探沙神则是沙僧的前身，当时还没有猪八戒。在金、元两代，民间戏剧家还将取经故事搬上舞台，使故事的情节和内容更加丰富。元代还出现一部比较完整的明无名氏《西游记平

吴承恩「金猴奋起千钧棒，玉宇澄清万里埃」

话》，尽管这部平话小说已经失传，但从明初《永乐大典》和朝鲜古汉语教材《朴通事谚解》中所保留的片段来看，明谢晋《永乐大典》13139 卷"送""韵""梦"字条下引《梦斩泾河龙》故事，标题即为《西游记》，其内容与现存百回本第九回前半部分基本相同；《朴通事谚解》中也概括地引述了"车迟国斗圣"故事的片段。书中还有八条注文，介绍了取经故事的主要情节，其中已有孙悟空出身和大闹天宫的故事，而且由"魏徵斩龙"过渡，与取经故事连接。人物方面，探沙神已演变为沙和尚，并出现了黑猪精猪八戒，《西游记》的重要情节已经定型，就是在语言文字方面也已接近于纯熟的白话。

大约在吴承恩中年，他在取经故事的话本、杂剧的基础上，重新创作了长篇小说《西游记》。吴承恩把以前的有关取经故事的各种传说、神话和文学资料，组合成为一个完整的整体。《西游记》全书的内容由三部构成。第一部分，包括第 1 回至第 7 回，写孙悟空出世和大闹天宫的故事。第二部分，包括第 8 回至第 12 回，写唐僧出世、魏徵斩龙、唐太宗入冥故事，交代取经缘由。第三部分，包括第 13 回至第 100 回，写孙悟空皈依佛门，和猪八戒、沙和尚一起保护唐僧到西天取经，一路上降妖捉怪，经历九九八十一难，终于取到真经，自己也修成了"正果"。

大闹天宫的故事，生动地塑造了一个蔑视皇权、神通广大、敢于造反的孙悟空的英雄形象，表现了作者对反抗传统、反抗权威、蔑视等级制度等反封建的叛逆思想和斗争精神的热情歌颂。第二部分在结构上起一个过渡和联结的作用，在思想上表现了较明显的封建迷信观念。第三部分取经故事，由相互独立又相互关联的 41 个小故事组成，着重表现孙悟空斩妖除怪、不畏艰险、勇往直前、积极乐观的斗争精神和美好品德。

作者充分运用自己的浪漫主义想象力，极大地丰富了原有的故事情节。通过这些无比精彩、无比曲折，而又充满幻想的神奇情节，塑造了孙悟空、猪八戒等几个非常成功的艺术形象。作者在孙悟空身上，寄托了人民征服自然、控制自然、摆脱命运束缚的理想和愿望，同时也反映了人民机智、勇敢、乐观、幽默的性格与反抗封建权威、横扫邪恶势力的精神。吴承恩正是通过这部小说，寄寓了广大人民反抗邪恶势力，要求战胜自然，克服困难的愿望，相当曲折地反映了明代中叶的社会现实。

鲁迅在《中国小说史略》中指出，《西游记》"讽刺揶揄则取当时世态，加以铺张描写"，"述变幻恍惚之事，亦每杂解颐之言，使神魔皆有人情，精魅亦通世故"，正确地概括了这部小说的社会意义和思想特色。

除主要人物孙悟空外，比较突出的是猪八戒和唐僧。猪八戒憨厚淳朴，能吃苦耐劳，对敌斗争从不屈服，是孙悟空斩妖除怪不可或缺的助手。但他贪馋好色，自私偷懒；对取经事业缺乏坚定性，一遇困难，就想散伙回家；嫉妒心强，好搬弄是非。他的小聪明具有一种憨厚本色的特点，作者对他弄巧成拙的嘲笑，表现了对现实生活中小生产者落后意识的善意批评。唐僧是一个带有浓厚封建士人气质的人物。他恪守宗教信条和封建礼教，乃至迂腐顽固，而又胆小懦弱，而且常常误信谗言，颠倒是非，无理责骂和残忍地处罚为取经事业建立了巨大功勋的孙悟空，作者对于他的批评多于肯定。

《西游记》在思想内容上，存在着浓厚的佛法无边的思想、宿命论的观念、因果报应的思想、儒释道三教合一的思想和以忠孝为主要内容的封建伦理道德观念等。

《西游记》的环境描写，天上地下，龙宫冥府，妖魔洞穴，异国风光，组成一个绚丽神奇的神话世界；人物塑造则具有把神性（幻想性）、人性（社会性）、物性（自然性）三者有机融合的特点；情节生动、奇幻、曲折，语言生动流利，取得了高度的艺术成就。

《西游记》是毛泽东从小就爱看的，一生中不知翻阅多少次的古典文学名著。毛泽东在自己的文章、讲话、谈话、诗词中经常谈及《西游记》，并用它说明革命斗争和国家建设中的现实问题，表现了一个革命家的阅读文学作品的特色。总的来看，毛泽东阅读《西游记》主要有三个视角：

首先，政治的视角。对《西游记》中的唐僧师徒，毛泽东都有评价。他虽然骂唐僧是"愚氓"，是伯恩斯坦，却充分肯定他去西天取经，方向明确，百折不回，意志坚定，还称赞他是一个"功德无量"的"大翻译家"。对沙和尚，毛泽东说他有个性，是典型。毛泽东对猪八戒批评最多，说他有许多缺点。同时也指出，猪八戒有一个很大的优点，就是吃苦耐劳，

吴承恩「金猴奋起千钧棒，玉宇澄清万里埃」

并举例说臭柿胡同就是他拱开的。孙悟空无疑是毛泽东最喜欢的人物。毛泽东认为他是最革命的角色。他大闹天宫，大胆提出"皇帝轮流做，今日到我家"的口号。反对封建专制，反对官僚主义，反对教条主义，灵活机智，是人民的化身，甚至把列宁喻为孙悟空。毛泽东用大闹天宫的故事，来说明对国民党的斗争和60年代的反对苏联"修正主义"的斗争。毛泽东特别喜欢孙悟空的斗争哲学，那就是行善即是除恶，除恶即是行善，需要的是明辨是非的洞察能力和英勇果敢的斗争，不需要那种不讲原则的一团和气、恭敬不如从命的奴隶人格。当然，毛泽东对孙悟空的评价也是一分为二的，他批评孙悟空有"蛮厉害的"个人英雄主义，由于戴了紧箍咒而减弱了反教条主义的勇气。毛泽东嘲笑孙悟空把尾巴变作旗杆立于庙后的笨拙，认为孙悟空也需要锻炼锻炼。唐僧骑的那匹小白马，毛泽东赞扬他不图名，不为利，埋头苦干，朴素踏实，有意味的是，毛泽东曾戏言唐僧党是第二国际，这个集团的党性就是信佛教。毛泽东还称赞唐僧师徒四人上西天取经，互相帮助，团结起来，克服困难，战胜妖魔鬼怪，到达了西天，取来了经，成了佛。

其次，政策和策略的视角。"政策和策略是党的生命，各级领导同志务必充分注意，万万不可粗心大意。"[①] 在领导中国革命和社会主义建设中，毛泽东一贯重视党的各项政策和策略。在读《西游记》这部神话小说时，他也非常注意从政策和策略的视角去寻求启示。1938年5月，在延安抗日战争研究会的讲演中，毛泽东把孙悟空比喻"法西斯侵略主义者"。1942年9月7日，毛泽东在为延安《解放日报》写的一篇社论中，在谈到精兵简政的重要性和必要性时，毛泽东又称赞"孙行者却化为一个小虫钻进铁扇公主的心脏里去把她战败了"。在全国胜利前夕，他又告诫人们要警惕对方采用"孙行者钻进铁扇公主肚子里兴妖作怪的政策"。1939年7月7日，毛泽东对即将奔赴抗日前线的"华北联合大学"师生讲话时，用姜子牙下昆仑山时，元始天尊赠给他杏花旗、四不像、打神鞭等三样法宝，

---

① 《关于情况的通报》，《毛泽东选集》，第四卷，第1298页，人民出版社1991年版。

说他也要送给师生三样法宝：统一战线、武装斗争、党的建设。1961 年，毛泽东看了浙江绍剧《孙悟空三打白骨精》后，写了著名的《七律·和郭沫若同志》，诗中有"今日欢呼孙大圣，只缘妖雾又重来"之句，则是服务子当时对"现代修正主义"的批判的。1966 年 7 月，毛泽东在致江青的信中说，他身上有虎气，也有些猴气，自己变成了孙大圣"这样的大王了"。毛泽东在读上海广百宋斋光绪辛卯（1891 年）校印的《绘图增像西游记》第十八回"观音院唐僧脱难，高老庄行者降魔"时，写了一段关于猪八戒在高老庄做女婿后吃饭干活的评语，说这是"生产转化为消费，消费转化为生产"。毛泽东的这段批语中，他明确主张"多劳应当多得"。宣传了按劳分配，多劳多得，不劳动者不得食的社会主义分配原则。

再次，哲学的视角。毛泽东还提高到理论高度，来教育全党和革命群众。在《矛盾论》中，谈到矛盾在一定条件下的同一性时，毛泽东强调指出矛盾乃是现实的矛盾，具体的矛盾，而矛盾的相互转化也是现实的、具体的。他举出《西游记》中孙悟空七十二变等事例，借以说明这种神话中千变万化的故事，"并不是根据具体的矛盾之一定的条件而构成的，所以它们并不是现实之科学的反映。这就是说，神话或童话中矛盾构成的诸方面，并不是具体的同一性，只是幻想的同一性。科学地反映现实变化的同一性的，就是马克思主义的辩证法"。[①]

---

① 毛泽东：《矛盾论》，《毛泽东选集》，第一卷，第 331 页，人民出版社 1991 年版。

吴承恩『金猴奋起千钧棒，玉宇澄清万里埃』

纳兰性德的词，『多为《巫山高》之类』

【传略】

纳兰性德（1655—1685），初名成德，字容若，号楞伽山人，满洲正黄旗人，清代满族词人。

清世祖福临顺治十一年（1654）十二月十二日，纳兰性德出生于京城父亲的府邸中，起名成德，为了避当时的皇太子允礽的嫌名，改名性德。他的家族和满清皇室，既是姻眷，又是世仇。性德的远祖原是蒙古人，姓土默特氏。在部落纷争中，土默特氏歼灭了纳喇部，以地为氏，改姓纳喇，即纳兰。后来又迁居威远堡东北的叶赫河畔，位置在今辽宁开原附近，形成了拥有15个部落的叶赫部。从始祖星根达尔汉开始，以次代传为席尔克明噶图——齐尔噶尼——诸孔格——太杵，再传至杨佳砮、杨吉砮兄弟。杨吉署的儿子金台石，就是纳兰性德的曾祖父。那时，清太祖努尔哈赤刚刚起兵，力量还很薄弱。杨吉砮十分器重努尔哈赤的才干和气质，便主动把幼女许配给努尔哈赤，他就是孝慈高皇后，清太祖皇太极的生母。清太祖在关外建立了自己的基业之后，姻眷之间却由于争夺疆土而变成了水火不容的仇敌。明神宗朱翊钧万历十七年（1589），努尔哈赤率兵攻打已经衰败的叶赫，叶赫贝勒金台石被困围城，自焚身亡，他的儿子奴尼雅哈束手归降。努尔哈赤顾念杨吉砮对自己的恩惠，赦免了尼雅哈，并且授他以佐领之职。此后，金台石不劫后子孙便被划归满洲的正黄旗。清兵入关前后，尼雅哈以功晋擢云骑都尉。尼雅哈的儿子明珠是纳兰性德的父亲。由于皇帝的赏识和信任，也因为明珠在应对时善于揣摩和迎合上意，他在仕途上一帆风顺。起初他不过是御前侍卫，授銮仪卫治仪正，不久迁升内务府郎中；清圣祖玄烨康熙三年（1664）擢为权力很大的内务府总管，康熙五年授弘文院学士，七年晋刑部尚书，改都察院左都御史，充经筵讲官，康熙十一年（1672）迁兵部尚书，十四年调吏部尚书，十六年援武英殿大学士，加太子太师，总揽朝政，声势烜赫，直到康熙二十七年（1688）才因御史郭琇上疏弹劾而罢相。

纳兰性德就出生在这样一个门第显赫的满洲贵族家庭，他是明珠的长子。作为满洲贵族的世家子弟，性德从小就按照传统的方式从文武两条途径，开始从事他的课业。在这两方面，他都显示了杰出的才能。徐乾学在

《通议大夫一等侍卫进士纳兰君墓志铭》中记叙："自幼聪敏，读书一再，过即不忘；善为诗，在童子已句出惊人，久之益工"，"尤善为词"；书法方面，学诸遂良、韩葰在《进士一等侍卫纳兰君神道碑》中说他"工书，妙得拔灯法，临摹飞动"。他好学不倦，除在诗词上锐意进取之外，也留心经史，博览群书，很快便窥悉了文学的堂奥，成为文坛上崭露头角的新人。在科举的道路上，他完全依靠自己的才华，而无须父亲的援手与庇荫。康熙十年（1671），17岁的性德以文学补诸生，贡入太学，深受国子监祭酒徐立斋的器重；次年就中了顺天乡试举人，他的座师就是经学家兼史学家徐乾学。由于"寒疾"，未能参加会试后的廷对，他转而"肆力经济之学，熟读《通鉴》及古文辞，三年而学大成"。康熙十五年（1676），性德参加殿试，以"条对剀切，书法道逸"，博得主试官员吴当世、李霨、宋德宜等人的一致赞许，列二甲第七名，赐进士出身，又因其系八旗贵胄，其父明珠当时正入阁秉政，康熙帝特派性德为三等侍卫，随侍皇帝左右。

从22岁进入宫廷，到31岁猝然去世，前后9年中，性德的职务和地位没有多大变化，只是从三等侍卫晋升为二等、一等。他的职责，主要是扈驾出巡，陪奉狩猎、避暑和祭祀，曾北出山海关，抵盛京（今辽宁沈阳）、长白山、松花江，西上五台山，东登泰山，谒曲阜阙里，南下扬州、金陵（今江苏南京）、无锡、苏州等地。凡康熙出行，无论远近，"未尝不从先后"，"出入扈从，服劳惟谨"。康熙二十一年（1682）秋，性德又奉命与副都统郎谈去梭龙（今黑龙江呼伦）达斡儿等少数民族地区，考察形势并调查沙俄侵扰边境的军事活动。这是纳兰性德一生的政治活动中，比较重要的一件事。在这项使命完成和次年赋乾清门应制诗、译御制《松赋》受到皇帝的嘉奖之后，近臣中盛传性德不久将摆脱侍卫的职务，蒙受不次的升迁。这个预言，却因他的突然去世而未能获得证实。康熙二十三年（1684），性德奉命出使塞北，第二年盛暑得病，不久病死，终年仅31岁。

众所周知，性德是一个感情丰富而真挚的诗人，他曾先后娶过两个妻子，原配卢氏，系两广总督兵部尚书都察院右都御史卢兴祖之女，不幸早逝；继室官氏。性德和卢氏感情特别深厚，即使在续弦多年之后，也仍然久久不能忘怀，直到自己的生命结束，始终未能振作起来。

纳兰性德的词，"多为《巫山高》之类"

性德尽管有对皇帝从封建观念的忠诚，但是他除了出于职守的服役之外，从不刻意奉承，也不接受世俗献媚，尤其是他具有一种仗义疏财、扶危济困的精神，值得称道。他所结交的好友，大多是确有才能而际遇坎坷的文人，如顾贞观、严绳苏、姜宸英、朱彝尊、陈维崧、秦松龄等。这些人在年龄上都比性德大十几岁以上，他们中的许多人的飞黄腾达，都是与性德订交以后的事，而性德对这些尚属布衣的忘年交极其尊重，彼此推心置腹，交流对文学的看法，诗词唱和酬答，并且慷慨地从经济上帮助他们解决困难，挥金如土，慨无愧色。康熙十九年（1680），姜宸英的母亲去世，性德除赋《金缕曲》慰问以外，又遣专人厚致赙礼。吴江吴兆骞本顺治十四年乡试举人，十五年"以科场蜚语逮系，遣宿宁古塔"，居塞上20年，与性德从未谋面。性德应顾贞观之请，代为纳镪，遂于康熙二十年（1681）赎还，延至家客住，二年后吴兆骞病逝。他还资助落第的翁叔元返回离开了15年的故乡，帮助他修造几间房屋安顿家小。他的同情心和义举，在社会上受到热烈的赞扬，也为他自己赢得了汉族知识分子的信任和友谊。

性德著有《通志堂集》20卷，其中包括诗词各4卷，文3卷，笔记4卷。

【毛泽东评说】

巫嵩（应作"巫山高"——引者注）之类。

——毛泽东读龙榆生编选《近三百年名家词选》载纳兰性德［江城子］《咏史》批语，《毛泽东读文史古籍批语集》，第33页，中央文献出版社1993年版。

看出兴亡

——毛泽东读龙榆生编选《近三百年名家词选》载纳兰性德［蝶恋花］《出塞》批语，《毛泽东读文史古籍批语集》，第33页，中央文献出版社1933年版。

悼亡

——毛泽东读龙榆生编选《近三百年名家词选》载纳兰性德［菩萨蛮］四首批语，第34页，中央文献出版社1993年版。

赠女友

——毛泽东读龙榆生编选《近三百年名家词选》载纳兰性德［清平乐］（风鬟雨鬓）批语，《毛泽东读文史古籍批语集》，第35页，中央文献出版社1993年版。

悼亡

——毛泽东读龙榆生编选《近三百年名家词选》载纳兰性德［临江仙］《寒柳》批语，《毛泽东读文史古籍批语集》，第35页，中央文献出版社1993年版。

【作者述评】

纳兰性德在文学上有着较高的造诣。其文多经解序录，可能不是他的手笔。他的诗华丽清隽，情感真挚，一些诗中，他采用比兴的手法，委婉曲折地抒发怀才不遇的痛苦和不满现实的真实情感；有些诗善于描绘自然景物，江南的秀丽，塞北的荒凉，深山古寺，斜月高楼，在他笔下无不形成景象鲜明的画面，对象不同，氛围、格调各异。他以雄浑的笔触写关山的峻伟，如《盛京》《山海关》等，又以细腻缠绵的情致表现梅开的春讯，冰下的潜流，孤舟泊岸、枫叶芦花之类，如《中元前一夕枕上偶成》《绿荫》等，都以生动的笔触把描绘的对象呈现在读者眼前，说明他观察得细致。但诗的成就不如他的词。

性德的词比较有名。他的词集《侧帽集》于康熙十七年（1678）问世，时年24岁。不久，另一词集《饮水词》在吴中刊行，当时曾形成"家家争唱饮水词"（曹寅语）的局面。这不仅因其词作"缠绵清婉，为当代冠"（郑振铎语），其思想的深沉，风格的清新，抒情描物，善用白描，不落窠臼，别开生面，也是重要原因。陈维崧说他的词"哀感顽艳，得南唐二主之遗"，这和性德的主张是一致的。性德曾说："花间之词，如古玉器，贵重而不适用；宋词适用而少贵重。李后主兼有其美，更饶烟水迷离之致。"由此可见性德对李词的推崇。性德生性淡泊。在涉猎汉文学作品时，他将李白、陶潜奉为楷模。他视功名权势如敝屣，视相府长子、御前侍卫的地位为束缚，不到30岁竟"忧愁居其半，心事如落花"，产生了

"海鸥无事，闲飞闲宿"的出世之想，这种心绪给他的作品涂上了一层浓重的哀愁。思乡、思亲、思友的主题，词集里多有所见，但感人至深、最足以代表他的思想和风格的，是他的悼亡词。顾贞观说："容若词一种凄婉处令人不忍卒读。"王国维论及纳兰性德时说："纳兰容若以自然之眼观物，以自然之舌言情。此初入中原，未染汉人风气，故能真切如此。北宋以来，一人而已。"不仅指出了他在中国词坛上的历史地位，而且概括了他的个人风格，虽不失为卓见，但其持论未免偏颇。因为性德词中那种对人生容易失落的敏感和哀伤，同他广泛交接汉族文人、同明末清初的社会氛围，应该说是不无关系的。

毛泽东是在近代词学家龙榆生编选的《近三百年名家词选》（上海古籍出版社 1956 年 9 月版）里读到纳兰性德的词的。该书选载纳兰性德词25 首，毛泽东圈阅了其中的 17 首，并对其中的 8 首写有评语，其他各首都有不同程度的圈画，大部分在题头上方天头空白处画有大圈，在佳句句末或句侧画有大圈或密圈。毛泽东所圈画的这 17 首词，从内容上看，大体上分为悼亡、怀友、咏史、咏怀几个类型。我们先看［江城子］《咏史》：

湿云全压数峰低，影凄迷，望中疑。非雾非烟神女欲来时。若问生涯原是梦，除梦里，没有知。

这首词题作"咏史"，是翻宋玉所讲楚怀王与巫山神女相会的旧案的。宋玉在《高唐赋·序》中写自己向楚襄王叙述楚怀王遇神女的故事："昔者先王（怀王）尝游高唐，怠而昼寝，梦见一妇人曰：'妾巫山之女也，为高唐之客。闻君游高唐，愿荐枕席。'王因而幸之。去而辞曰：'妾在巫山之阳，高丘之阻，旦为朝云，暮为行雨。朝朝暮暮，阳台之下。'"词人望着云雾缭绕的神女峰，对流传了数千年的神话传说产生了怀疑，因为神女"旦为朝云，暮为行雨"的活动，原来是一场梦，只有在梦里像楚怀王那样才能见到她，别人是无从知道她的存在的。词人这种不盲从、不泥古的勇于怀疑的精神是值得肯定的。毛泽东读了这首词，在词题下批注道："巫山高之类"。"巫山高"，乐府汉《铙歌》名。古辞写江淮水深，无桥可渡，临水远望，不得东归。似是游子思乡之诗。清陈沆《诗比兴笺》以为似忧吴楚七国之事，但无确据。后来南朝像南齐王融"想象巫山高"、南朝梁范云"巫山高不极"，参杂阳台神女故事，已无远望思乡之意，而加入了爱情内容。参见《乐府诗集》十六引《乐府解题》。但《毛泽东读文史古籍批语集》误将"山高"二字合为一字，误作"巫嵩之类"，便不可解，特加辨正。这样解释不仅与词的内容相符，而且唐有教坊曲《巫山一段云》，后用作词牌，也与巫山神女事有关，可资佐证。况且中央档案出版社出版的《毛泽东评点诗词曲精选》上册第222页载毛泽东批注手迹是"山高"二字，十分清楚，读者查阅便知。

待卫的职务，给纳兰性德造成了无法解决的矛盾和难以愈合的家庭悲剧的创伤。性德与元配卢氏，伉俪情笃。然而，接二连三的扈驾任务和宫廷的轮值，使他很难享受夫妻团圆之乐。"辛苦最怜天上月，一昔如环，昔昔都成玦。"(【蝶恋花】四首之一)有时甚至刚赢得片刻的相聚，就不能回避又一次的离别所带来的新愁："眼底风光留不住，和香和暖，又上雕鞍去。"(【蝶恋花】四首之二)这种分离给作者带来了精神上极大的痛苦："不恨天涯行役路，只恨西风，吹梦成今古。"(【蝶恋花】四首之三)"重到旧时明月路，袖口香寒，心比秋莲苦。"(【蝶恋花】四首之四)这类场景，在性德的家庭生活中也是常见的，因而在短暂的欢娱中总是交织着更多的痛苦，使他难以释怀的是，卢氏和他一样体质单弱，多愁善感，一听说丈夫又要远行，心里就禁受不住："待问归期还未，已看双睫盈盈"。([清平乐])因而，向来以甘于默默忍受著称的性德，此时也不能不为此抱怨："一生一代一双人，争教两处销魂？相思相望不相亲，天为谁春？！"([画堂春])所以，在性德的爱情生活中，聚少离多，心悬两地，天各一方，思念不已。[台城路]《塞外七夕》就反映了这种情形：

> 白狼河北秋偏早，星桥又迎河鼓。清漏频移，微云欲湿，正是金风玉露。两眉愁聚。待归踏榆花，那时才诉。只恐重逢，明明相视更无语。
>
> 人间别离无数。向瓜果筵前，碧天凝伫，连理千花，相思一叶。毕竟随风何处。羁栖良苦，算未抵空房，冷香啼曙。今夜天孙，笑人愁似许。

这首词写于词人远在塞外，又适逢传说中牛郎织女相会的七夕。词的上片写天上牛郎与织女相会，下片推及人间，而词人亦置身其中，最后以"今夜天孙（织女的别名），笑人愁似许！"今夜和牛郎相会的织女，也会讪笑人间这样多的离愁别绪。通过想象，把真挚浓烈的感情凝结于美丽哀婉的神话传说之中，将自身夫妻相别之恨、相思之苦推及于天下的有情人，使词的意境更为开阔深远。

卢氏18岁嫁性德，仅三年而卒世，恩爱夫妻，一旦抛撒，性德便陷入在巨大的悲痛之中。于是便产生了为纪念卢氏所赋的50余首悼亡词。这些作品，约占现存性德词总数的六分之一，往往写于卢氏生日或忌日，以及梦醒回忆之时，表达了性德对卢氏的真挚而深切的感情，读来令人凄伤欲绝。这类词毛泽东圈画有8首之多。［菩萨蛮］四首，毛泽东在词牌下批注："悼亡"。并在每首正文上方天头空白处画了一个大圈，四首中的佳句皆画有旁圈，如"旧梦逐寒潮，啼鹃恨未消"（其一），"不忍覆余觞，临风泪数行"，"粉香看欲别，空剩当时月，月也异当时，凄清照鬓丝"（其二），"西风鸣络纬，不许愁人睡。只是去年秋，如何泪欲流？"（其三）这组词当写于卢氏亡后一年，作者去松花江一带之时，将对送别、会饮、戏耍等往事的回忆与对卢氏的悼念交织起来写，十分感人。［临江仙］《寒柳》云：

> 飞絮飞花何处是？层冰积雪摧残。疏疏一树五更寒。爱他明月好，憔悴也相关。
>
> 最是繁丝摇落后，转教人忆春山。湔裙梦断续应难。西风多少恨，吹不散眉弯。

这首词，由咏物而转到对卢氏的思念。词人借繁密的柳叶柳丝凋落之后的寒柳形象，生动地表现对卢氏的深切怀念。毛泽东读后，在词题《寒柳》下批注道："悼亡"。并在题头上方天头空白处画了一个大圈，在上阕末二句旁和下阕后四句旁画了密圈，表示对这首词十分欣赏。［金缕曲］《亡妇忌日，有感》，写于卢氏去世三年的忌日，雨滴空阶，葬花天气，三年遥隔，思念不已。忆起"钗钿约"，盼望"双鱼寄"，更期以"他生知己"。"还怕两人俱薄命，再缘悭剩月零风里"。于结尾处以"清泪尽，纸灰起"的祭奠行动，表其绵绵不尽的哀思，读之令人涕下。毛泽东读后在词题上方天头空白处画了一个大圈，在"与谁相倚""忍听湘弦重理？待结个、他生知己""再缘悭剩月零风里"等句末各画了一个大圈，在"料也觉人间无味"等三句旁和"还怕两人俱薄命"二句旁加了密圈。[南乡子]《为亡妇题照》，是纳兰性德为亡妻卢氏的画像题写的。词的上阕说，词人泪流满面、喉咙发咽，悔恨妻子生前，对她爱得不深。看到她遗容仍是那样端庄美好，感到她与亲人死别而悲伤的情态，却难以在画像上表现出来；下片词人把妻子的去世当作是从人生的梦幻中醒来，想以此安慰自己，但仍然摆脱不了生离死别的痛苦。那雨中悲泣的风铃，不正是词人感情的外化嘛！毛泽东读后，在词题《为亡妇题照》上方天头空白处画了一个大圈，并在第二四两句和末三句句末各画一个大圈。[沁园春]（瞬生浮生）则写词人梦醒之后的回忆。这首词写在卢氏亡后三个月。词人在"小序"中写梦中与亡妻相见时的悲感，及亡妻的赠诗："衔恨愿为天上月，年年犹得向郎圆。"词中通过对昔日夫妻琴瑟欢谐的回忆，抒发了对死别后无可奈何的追思和难以排解的悲哀。毛泽东读后，在词牌上方天头空白处画了一个大圈，并在前三句句末和"尘缘未断""触绪还伤"二句末各画了一个圈，在"记绣榻闲时"等四句旁、"赢得更深哭一场"句旁和"欲结绸缪"等三句旁都画有密圈，可见，毛泽东对这首词也比较欣赏。

毛泽东还圈阅了纳兰性德三首赠友人的词。其一是[清平乐]：

> 风鬟雨鬓，偏是来无准。倦倚玉阑看月晕，客易语低香近。
> 软风吹遍窗纱，心期便隔天涯。从此伤春伤别，黄昏只对梨花。

大概在纳兰性德年少时，有位姑娘和他相爱，后来两个人终于被迫分开。所谓"旧游时节好花天，断肠人去自去年"（[浣溪沙]）。"知道今生那见卿！"（[减字木兰花]）这位姑娘可能是被迫选入宫中。"深禁好春谁惜，薄暮瑶阶伫立。别院管弦声，不分明。又是梨花欲谢，绣被春寒今夜。寂寞锁朱门，梦承恩。"（[昭君怨]）正是"御沟深，不似天河浅"。

（［金缕曲］）这一对恋人，就这样被封建制度永远地分开了。而这成了缠绵悱恻的性德词的另一个主题。［清平乐］这首小令，把恋人间的切切私语与天涯相思两种境况对比来写，在感情上形成强烈的反差，使离情别绪显得尤为亲切感人。毛泽东读后在词牌下批注道："赠女友"。准确地把握了这首词的性质，并在除了前三句外的其他各句旁都画了密圈。与此相仿的，还有一首［秋千索］《渌水亭春望》，其原文是：

　　药栏携手销魂侣，争不记、看承人处？除向东风诉此情，奈竟日，春无语。

　　悠扬扑尽风前絮，又百五韶光难住。满地梨花似去年，却多了廉纤雨。

"渌水亭"在今北京市西北玉泉山麓，乃名胜之地。这首词写词人春游渌水亭，忆起去年"药栏携手销魂侣"，但物是人非，无语怨东风，"这销魂侣"当亦是女性。毛泽东圈阅了这首词，并在"除向东风诉此情"等三句旁画了密圈。纳兰性德的男性朋友更多，其中关系最亲密的要数顾贞观。顾贞观号梁汾，亦是词人，两人唱和不少。毛泽东圈阅的［金缕曲］《赠梁汾》就是最有名的一首。词中性德自叙出身豪门、狂放不羁，但要仿效平原君礼贤下士，于是和顾贞观成了知己，表示一朝内心期许于朋友，成为知己，天长地久也不会改变，并愿来生仍为知己，抒发了对顾贞观的深情厚谊。毛泽东读了这首词，在题目上方天头空白处画了一个大圈，并在"有酒惟浇赵州土"等二句和"向尊前、拭尽英雄泪"等二句末各画了一个大圈，在"君不见，月如水"句旁画了密圈。

毛泽东还圈画了性德一首咏怀词［蝶恋花］《出塞》，其原文是：

　　今古河山无定据，画角声中，牧马频来去。满目荒凉谁可语？西风吹老丹枫树。

　　从前幽怨应无数，铁马金戈，青冢黄昏路。一往情深深几许？深山夕照深秋雨。

这首词当是作者随驾到关外巡察时的抒怀之作。上半阕，作者翘首远望，满目荒凉，于是想到古往今来兴亡盛衰的历史。他从画角的悲鸣声中，从战马频繁往来之中，深深地感到，世界本来就不像术者说的那样有什么定数，在人与大自然的强烈对比之中，越发感到人生的短暂与自然的永恒。他由此体味到，谁也不能永久地占据河山，长保富贵。每一个王朝，也都不过是来去匆匆的历史过客，就像塞外的牧马飘忽、丹枫易老一样。下半阕，作者从昭君出塞联想到自己，作为一个宫廷侍卫，今天甲胄在身，有金戈铁马、气吞万里如虎的襟袍，踌躇满志，建功立业，但最终还不是像昭君那样，青冢之下，受人凭吊。短短的几句词，人们可以感到在这里词人的目光纵横万里，词人的思绪，上下千年，苍凉悲壮的意境中，透出沉重的历史沧桑感，所以，毛泽东认为从中可以"看出兴亡"。除了这个批语之外，毛泽东在这首词中除了"从前幽怨应无数""一往情深深几许"二句外的其他各句旁都画了密圈。

蒲松龄『是一位人民的作家』

【传记】

蒲松龄（1640—1715），字留仙，一字剑臣，别号柳泉居士，世称聊斋先生，淄川（今山东淄博）人，清代著名小说家。

蒲松龄出生在一个没落的地主家庭，号称"累代书香"。祖上虽没有出过显赫人物，在当地却是大族，但在明末清初的动乱中衰微下来。淄川蒲姓的远祖是元代般阳路总管蒲鲁浑及蒲居仁。有的学者据此将他定为蒙古族人。相传元朝灭亡时，蒲姓子孙，改名换姓，到明初洪武年间，才复姓蒲氏。明朝末年，蒲姓子孙越来越多，于是将所居的地方满井庄改名为蒲家庄。

蒲松龄的祖辈是读书人，但功名皆不显。他的高祖蒲世广，是县里的禀生。曾祖父蒲继芳，是县里的庠生。祖父蒲生汭，父亲蒲槃，功名均不遂。由于家贫，蒲槃乃改营商业，几年以后才积累了一笔财产。蒲槃40多岁共生四子，蒲松龄排行第三。蒲槃虽然经商，但不忘经史，他的几个孩子都由自己教育。因为孩子多，家庭负担重，家里又日渐贫困。

蒲松龄在12岁以前，随父攻读经史，受到严格的儒家教育。在他12岁时父亲逝世。他青少年时对科举很热心。清世祖福临顺治十五年（1658），他19岁时参加科举考试，在县、府、道三次考试中均名列第一，考取了秀才，并受到了当时任山东学道的著名诗人施闰章的赏识，赞他："观书如月，运笔成风"，一时文名颇高。此后，他与同乡学友砥砺学问更勤，曾与李希梅、张历友、王鹿瞻等人结成"郢中诗社"，"常以风雅道义相劘切"（《柳泉蒲先生墓表》）。他在李希梅家读书时，"请订一箱，日诵一文焉书之，阅一经焉书之，作一艺、仿一帖焉书之。每晨兴而为之标日焉。庶使一日无功，则愧、则警、则涔涔下也"（蒲松龄《醒轩日课序》）。

蒲松龄一生长期处于贫困中。他18岁时与妻子刘氏结婚。婚后，兄弟分家，他本人生活贫困，他的兄弟也很贫困，有时还得靠他夫妻接济。他全家仅有"农场老屋三间，旷无四壁"。他借了伯兄一块木板，将房子隔开以分内外。大门不能同时容人出入，出门遇见有人进来必须退避门后，让对方走过才能走出去。他还在诗中写道："十年贫病出无驴"，"终岁不知肉味"。他在40岁时写的一首诗中说："忽然四十岁，人间半世人。贫困荒益累，愁与病相循。"由于蒲松龄生活贫困，长期生活在农村，因此他对农民有一定的了解和一定的同情，这样也就形成他世界观的进步的一面。

清圣祖玄烨康熙九年（1670），蒲松龄31岁时，因"家贫不足自给"，曾应友人江苏宝应县知县孙蕙的聘请去当幕僚。他还曾与成康保、王式舟、陈冰壑等登镇江北固山，涉大江，游广陵（扬州），泛邵伯（今江苏江都西北邵伯镇）而归，作记游诗一卷。第二年，又随孙蕙到高邮州署。同年，他离开江苏返回山东故乡。这是蒲松龄唯一一次南游。这次南游，扩大了他的眼界，收集了不少故事传说。后来他还到本县毕际有家教过私塾，前后共达30年左右。他设馆的主人藏书丰富，使他得以广泛涉猎。他不但研究经史、哲学和文学，而且对于天文、农桑、医药等等也有很大兴趣。

蒲松龄43岁时，才补廪膳生。但他"五十岁犹不忘进取"（《蒲松龄文集·述刘氏行实》）。康熙二十九年（1690）秋天，51岁的蒲松龄到山东济南参加省里的举人考试，第一场考得很好，第二场因生病没有试完，因此又没有考取。他受此刺激后，写了一首题为［醉太平］《庚午秋闱，二场再黜》的词："风檐寒灯，谯楼短更，呻吟直到天明。伴倔强老兵，萧条无成，熬场半生。回头自笑濛腾，将孩儿倒绷。"蒲松龄的妻子刘氏也劝他说："君勿须复尔！倘命应通显，今已台阁矣。山林自有乐地，何必以肉鼓吹为快哉！"他接受了妻子的劝告，从此不再参加科考。

蒲松龄62岁时，在朝廷任刑部尚书的著名诗人王士祯请假回山东故乡，他与王士祯之间有诗歌酬答。后来王士祯多次写信要他去当部属，他都托病推辞了。康熙四十八年（1709），蒲松龄70岁时，才结束教私塾的生活，回到家中，"归老不复他游"。他本人教私塾30年略有积蓄，他妻子也"衣俭食贫"，这样才得以维持生活。他74岁时，妻子刘氏死去。他本人由于长期住在农村和在外游学，身体一直结实。"六十余岁，犹往返百余里，时则冲风冒雨于夹山道中。"（《柳泉公行述》）直到康熙四十九年，71岁时，因他是个老秀才，这时才得了一个岁贡生。康熙五十四年（1715）正月二十二日傍晚，76岁的蒲松龄依窗端坐而逝。

由于蒲松龄把大半生精力耗费在科举考试上，故熟悉科举制度的黑暗现象，痛恨科举制度的弊端。在我国古典小说作家中，蒲松龄是第一个比较广泛地接触到科举制度的不合理现象的作家。对科举制度不合理现象的批判，也就成为他的代表作品《聊斋志异》的重要主题之一。又由于蒲松龄长期对科举功名存在幻想，因此他的有些作品又往往让人物通过科举取得功名利禄作为理想的结局。在批判科举制度方面，他不及后来的《儒林外史》作者吴敬梓。此外，蒲松龄还著有《聊斋文集》《聊斋诗集》和通俗俚曲 14 种以及农业、医药的通俗读物《农桑经》《药祟书》等。

蒲松龄有儿子 4 人：蒲箬、蒲篪、蒲笏、蒲筠。孙 8 人，名立德、立恕、立宪、立志、立愚、立慤、立忠、立恁。曾孙 4 人，五世孙 1 人。长孙蒲立德有文才，他学祖父，9 岁就开始写小说，蒲松龄的诗句"涂鸦小儿著新书"，就是写的他。他后来是本县秀才，也以教私塾为生。

【毛泽东评说】

所谓矛盾在一定条件下的同一性，就是说，我们所说的矛盾乃是现实的矛盾，具体的矛盾，而矛盾的互相转化也是现实的、具体的。神话中的许多变化，例如《山海经》中所说的"夸父追日"，《淮南子》中所说的"羿射九日"，《西游记》中所说的孙悟空七十二变和《聊斋志斋》中的许多鬼狐变人的故事等，这种神话中所说的矛盾的互相变化，乃是无数复杂的现实矛盾的互相变化对于人们所引起的一种幼稚的、想象的、主观幻想的变化，并不是具体的矛盾所表现出来的具体的变化。……这就是说，神话或童话中矛盾构成的诸方面，并不是具体的同一性的，只是幻想的同一性。科学地反映现实变化的同一性的，就是马克思主义的辩证法。

——毛泽东：《矛盾论》，《毛泽东选集》，第一卷，第 330—331 页，人民出版社 1991 年版。

个性斗争，此妇虽坏，然是突出典型。

——毛泽东：《读〈聊斋志异·马介甫〉批语》，《毛泽东读文史古籍批语集》，第 80 页，中央文献出版社 1993 年版。

表现作者的封建主义，然亦对农民有些同情。

——毛泽东：《读〈聊斋志异·白莲教〉批语》，《毛泽东读文史古籍批语集》，第 81 页，中央文献出版社 1993 年版。

一篇好文章，反映了个性解放的强烈要求，人与人的关系应是民主的和平等的。

——毛泽东：《读〈聊斋志异·小谢〉批语》，《毛泽东读文史古籍批语集》，第 82—83 页，中央文献出版社 1993 年版。

资本主义萌

——毛泽东：《读〈聊斋志异·细侯〉批语》，《毛泽东读文史古籍批语集》，第 85 页，中央文献出版社 1993 年版。

老实人 ①，虽然历经磨难，但只要敢于坚持实事求是，坚持原则，敢于斗争，问题终会弄清，冤案终能昭雪。

——林克：《在毛泽东身边的岁月片断》，《缅怀毛泽东》下册，第 563—564 页，中央文献出版社 1993 年版。

《聊斋》是封建主义的一种温情主义。作者蒲松龄反对强迫婚姻，反对贪官污吏，但是不反对一夫数妻（妾），赞美女人的小脚。主张自由恋爱，在封建社会不能明讲，即借鬼狐说教。作者写恋爱又是很艺术的，鬼狐都会作诗。

《聊斋》其实是一部社会小说。鲁迅把它归入"怪异小说"，是他在没有接受马克思主义以前的说法，是搞错了。

蒲松龄很注意调查研究。他泡一大壶茶，坐在集市上人群中间，请人们给他讲自己知道的流行的鬼、狐故事，然后回去加工……不然，他哪能写出四百几十个鬼与狐狸精来？

——摘自毛泽东 1939 年 4 月在延安同萧三的谈话，见萧三《窑洞城》，《时代的报告》1981 年第 3 期。

《聊斋志异》可以当作清朝的史料看。

——摘自毛泽东 1942 年在延安同何其芳等人的谈话，见何其芳《毛泽东之歌》，《何其芳文集》第三卷，第 73 页，人民文学出版社 1983 年版。

---

① 指《聊斋志异·席方平》中的席方平。

蒲松龄『是一位人民的作家』

《聊斋志异》是反对八股文的。它描写女子找男人是很大胆的。

——摘自毛泽东 1942 年 4 月在延安同何其芳等的谈话，见何其芳《毛泽东之歌》，《何其芳文集》第三卷，第 73 页，人民文学出版社 1983 年版。

《席方平》这篇作品的内容是借描写阴间的黑暗，来揭露清朝的人世间的黑暗。它描写阴间的狱吏、城隍、郡司、以至冥王都是贪污受贿，不问是非曲直。阴间的最高统治者冥王，对受地主老财的迫害，因而冤枉死的人来告状，不但不受理，而且用酷刑迫害。结论是：这篇小说的主人公觉得阴曹之暗昧尤其甚于阳间。

——何其芳：《毛泽东之歌》，《何其芳文集》第三卷，第 72 页，人民文学出版社 1983 年版。

《聊斋志异》里有一个狂生，晚上坐着读书，有个鬼吓他，从窗户口那个地方伸出一个舌头出来，这么长，它以为这个书主就会吓倒了。这个书生不慌不忙，拿起笔把自己的脸画成张飞的样子，画得像我们现在戏台上袁世海的样子，然后也把舌头伸出来，没有那么长就是了。两个人就这么顶着，你望着我，我望着你。那个鬼只好走了。

——摘自毛泽东 1959 年 4 月 15 日在第 16 次最高国务会议上的讲话，转引自徐中远著《毛泽东读评五部古典小说》，第 313 页，华文出版社 1995 年版。

世界上有人怕鬼，也有人不怕鬼。鬼是怕它好呢，还是不怕它好？中国的小说里有一些不怕鬼的故事。我想你们的小说里也会有的。我想把不怕鬼的故事、小说编成一本小册子。经验证明鬼是怕不得的。越怕鬼就越有鬼，不怕鬼就没有鬼了。有狂生夜坐的故事。有一天晚上，狂生坐在屋子里。有一个鬼站在窗外，把头伸进窗内来，很难看，把舌头伸出来，头这么大，舌伸得这么长。狂生怎么办呢？他把墨涂在脸上，涂得像鬼一样，也伸出舌头，面向着望着，一小时，两小时，三小时，望着鬼，后来鬼就跑了。

——毛泽东：《世界上有人怕鬼，也有人不怕鬼》，《毛泽东文集》第八卷，第 51 页，人民出版社 1999 年版。

历史上的状元，出色的没有几个。唐朝的李白、杜甫两大诗人都不是状元。出色的状元只有文天祥、秦桧。韩愈、柳宗元出身翰林只是二等进士。王实甫、曹雪芹、施耐庵、关汉卿、罗贯中、蒲松龄等，都不是状元。

——摘自毛泽东 1964 年 2 月 13 日在春节座谈会上的讲话，转引自董学文等《毛泽东的文艺美学活动》，第 224 页，高等教育出版社 1995 年版。

【作者述评】

蒲松龄在文学上的杰出成就，主要在于他创作的文言短篇小说集《聊斋志异》。《聊斋志异》大约作于作者 20 岁至 40 岁这 20 年间。到他 40 岁时，《聊斋志异》大体上写成。以后不断修改、增补。如《狐梦》写于康熙二十一年作者 43 岁时，《花神》写于康熙二十二年作者 44 岁时，《夏雪》写于康熙四十六年作者 68 岁时。《聊斋志异》在未全部脱稿时，就已受到社会上的重视。当时的著名诗人王士祯在北京按篇目索阅，每阅完一篇就寄还，按篇目再索。康熙二十八年，王士祯回山东，给《聊斋志异》题七绝一首云："姑妄言之姑听之，豆棚瓜架雨如丝。料应厌作人间语，爱听秋坟鬼唱时。"蒲松龄依韵写了一首诗回答王士祯："志异书成共笑之，布袍萧索鬓如丝。十年颇得黄州意，冷雨寒灯夜话时"。《聊斋志异》虽然于公元 1679 年就基本上完成，但由于作者家贫无力付印，作者死后 50 年间原稿一直搁在家里，直到公元 1765 年才有湖南王氏刻本。

《聊斋志异》共收 491 篇短篇小说。关于该书的故事来源，作者在《自志》中说："才非干宝，雅爱搜神；情类黄州，喜人谈鬼。闻则命笔，遂以成篇。久之，四方同人，又以邮筒相寄，因而物以好聚，所积益夥。"该书故事来源，主要来自以下三个方面：第一方面，是依据作者自己搜集到的民间传说和故事，进行文学加工。邹弢的《三借庐笔谈》说："（蒲松龄）作此书时，每临晨，携一大磁罂，中贮苦茗，具淡巴菰一包，置行人大道旁。下陈芦衬，坐于上，烟茗置身畔。见行道者过，必强执与语，搜奇说异，随人所知，渴则饮以茗，或奉以烟，必令畅谈乃已。偶闻一事，归而粉饰之。如是 20 余寒暑，此书方告葳，故笔法超绝。"第二方面，是

蒲松龄「是一位人民的作家」

根据作者的亲友提供的材料加工撰写而成。如《狐梦》结束时说："康熙二十一年腊月十九日，毕子与余抵足绰然堂，细述其异。余曰：'有狐若此，则《聊斋》之笔墨有光矣。'遂志之。"又如《江城》篇说："余于浙江得晤王子雅，言之竟夜甚详。"此外，《聊斋志异》还有很多篇章在开始或结尾处交代了故事来源或说故事者的姓名。第三方面，有些故事是作者根据自己对现实生活的直接观察，通过想象而创造出来的。如《司文郎》《罗刹海市》等。

《聊斋志异》是继唐代传奇小说之后，我国文言短篇小说的又一高峰。全书有两类主题：一类是爱情的主题。其中有些作品歌颂了真诚专一的爱情，如《青凤》中写耿去病与狐女青凤相恋，耿生不避险恶，急难相助，对青凤感情恳挚；青凤也不畏礼教闺训，爱慕耿生，终于获得幸福结局。其他如《婴宁》《瑞云》《香玉》等篇。有些作品则批判了剥削阶级迫害妇女的罪行，如《窦氏》《细侯》等篇。《连城》写乔生与连城相爱，遭到连父的阻挠，连城含恨而死，乔生也一痛而绝，二人在阴间相会。还魂前他们唯恐再发生变故，便先结为夫妻。这类主题的作品也存在着封建婚姻观的局限和某些不健康的描写。另一类是政治的主题。其中有些作品揭露了封建官吏的罪恶，如《促织》《席方平》等篇。《促织》通过成名一家为捉一头蟋蟀"以塞官责"而经历的种种离合悲欢，从一个侧面暴露了封建统治者的荒淫昏庸。《公孙九娘》《野狗》等反映清朝统治者对无辜人民的血腥屠杀。有的作品写了贪官暴吏、土豪劣绅残害人民的罪行，揭示了人民生活痛苦的原因。如《梦狼》以白翁的梦境和白翁次子的现实见闻，两相对照，深刻揭露了封建官府的吃人的本质，并大胆而尖锐地指出："天下之官虎而吏狼者，比比也。"作者在揭露统治阶级贪暴不仁的同时，还写出了被压迫人民的反抗斗争，对他们表示深切的同情。其中有"大冤未伸，寸心不死"的席方平（《席方平》）；有直入阴间、杀死两吏卒的王鼎（《伍秋月》）；有最终变成猛虎、咬死仇人的向果（《向果》）；有敢于衔恨雪耻的郎玉柱（《书痴》）；有任侠刚猛的聂政幽灵（《聂政》）等。《聊斋志异》中还有一部分作品抨击了浅薄的社会风气，歌颂了高尚的道德情操。如《镜听》写"贫穷则父母不子"的人情世态，《罗刹海市》写"颠倒妍媸，变乱黑白"的社会恶习，《夏雪》写"下者益谄，上者益骄"的世道颓风，《崂山道士》写好逸恶劳、希图侥幸成功的投机心理，都可警发薄俗，启人心智，有较深刻的批评意义。还有一些赞扬人们美好情操的作品，如《娇娜》写孔生与孤女娇娜之间的真诚友谊，《竹青》写鱼生与神雅竹青患难中的互助精神，《聂小倩》写宁采臣与女鬼聂小倩夫妻之间彼此体现的亲密关系，《宦娘》写鬼女宦娘成人之美的高尚品德，《水莽草》写祝生与女鬼寇三娘尽心事母的孝行等，读之荡人心胸，均有可取。

揭露科举制度的弊端是《聊斋志异》的另一重要内容。蒲松龄一生潦落名场，对科举的黑暗、试官的昏庸、士子的心理都非常熟悉，所以写起来能切中要害，力透纸背。如《素秋》《神女》等揭露科场的营私舞弊、贿赂公行；《司文郎》《于去恶》等讽刺考官的不学无术、颠颠无能，大都感情激烈，爱憎分明。有些作品还生动地描写了在科举考试戕害下读书人卑琐的精神状态。如《王子安》写书生王子安，久困场屋，一日醉后，梦见自己点了翰林，"乃欲出耀乡里，认真作假"。书中还写了一些不肯"易面目图荣显"的人物，如《贾奉雉》中"才冠一时"的贾奉雉，屡试不爽，终于"遁迹山丘"，弃家出走。这类作品，也存在某些封建思想和迷信观念的局限。

《聊斋志异》在艺术上的主要特色是想象丰富、构思奇妙、情节曲折、境界瑰丽。

鲁迅在《中国小说史略》中说它"用传奇法，而以志怪"，指出了《聊斋志异》独特的艺术风格。《聊斋志异》的基本样式，就是历史传记和"传奇"的结合。作品塑造了众多的性格鲜明、栩栩如生的人物形象，作者常把人物性格同花妖狐魅等原型的特征结合起来，正如鲁迅在《中国小说史略》中说《聊斋志异》"使花妖狐魅，多具人情，和易可亲，忘为异类，而又偶见鹘突，知复非人"。在艺术结构上，它记人叙事"似幻似真"，"铺排安放，变化不测"，故事情节曲折有致，引人入胜。作者创造性地运用了古代的文学语言，同时又大量提炼和融会进当时的方言俗语，从而形成了一种既典雅工丽而又生动活泼的语言风格。作者谈鬼说狐，写仙描神，百幻并作，无奇不有，展示出一个个神奇瑰丽的迷人境界。所有这些都表现了《聊斋志异》卓越的艺术成就。

《聊斋志异》也是毛泽东终生喜读的一部古典小说名著。他青少年时代就喜读《聊斋志异》，直到晚年仍兴致不减。在中南海毛泽东故居里就存放着《聊斋志异》18 种，其中有 4 种版本，毛泽东晚年都翻看过，有的看过多遍，有的还作了圈画，有的还写有批注。他认为这部书"写得好"，向亲友推荐它"可以读"。毛泽东认为，虚幻小说的创作也和现实题材的作品创作一样，都是源于生活，植根于人民的，《聊斋志异》不但情节引人入胜，而且包含了深刻的社会内涵。他很佩服蒲松龄重视调查的精神，提倡作家向蒲松龄学习，深入广大人民群众中去，搜集创作素材，寻求创作灵感。

毛泽东阅读《聊斋志异》有多种视角。

首先，历史的视角。毛泽东阅读文学作品，总是采取"知人论世"的方法，通过文学作品去透视当时的历史背景和社会面貌。他总是以一种理想的执着的史家眼光，去深入挖掘文艺作品所反映的最内在、最本质的东西。据毛泽东的老友萧三回忆，1939 年 5 月 5 日晚上，毛泽东到鲁艺去看望他，两人谈起了文学问题，谈到《聊斋志异》。毛泽东认为《聊斋志异》是"封建主义的一种温情主义"，"其实是一部社会小说"，并且认为鲁迅把它归入"怪异小说"，"是他在没有接受马克思主义以前的说法，是搞错了"。其原因大概是《聊斋志异》把花妖狐鬼和幽冥世界等非现实的幻想事物组织到社会生活中来，且将狐妖人格化，把鬼神世界社会化，以此反映现实的社会生活中的矛盾，同时，又充分利用超现实世界中的超现实力量，惩恶扬善，表现作者的社会理想。

延安文艺座谈会前夕，1942 年，4 月下旬的一天，鲁艺文学系和戏剧系的几位党员教师何其芳、姚时晓、曹葆华、严文井等从桥儿沟到毛泽东那里谈文艺问题。后来说到《聊斋志异》，毛泽东说："《聊斋志异》可以当作清朝的史料读。"他举出其中的《席方平》，因为"这篇作品的内容是借描写阴间的黑暗来揭露清朝的人世间的黑暗"，而且"这篇小说的主人公觉得阴曹之暗昧尤其甚于阳间"。毛泽东还认为，"《聊斋志异》是反对八股文的"。因为封建社会八股取士，反对八股文，也就是反对科举制度。《聊斋志异》中这类题材的优秀篇章，不胜枚举。毛泽东还赞扬"它描写女子找男人是很大胆的"。毛泽东还曾说过："《聊斋志异》是尊重女性的。《小谢》是《聊斋志异》中表现人与人之间民主平等关系的代表作。"到了50年代，毛泽东在重读这篇作品时，称赞它是"一篇好文章"，"反映了个性解放的要求，人与人的关系应是民主和平等的"。"个性解放的强烈要求"，当指二女的由鬼变成人，由害人的鬼变成爱人的人，由无知愚昧变成竞读终夜，由被拘囚到得释放。"人与人的关系"指陶生与二女鬼的关系是"民主的和平等的"。毛泽东直到年过古稀，一次与表孙女王海容的谈话中，还称赞"《聊斋》写得好，可以读"。他很有感触地说："《聊斋》里写的那些狐狸精可善良啦！帮助人可主动啦。"而在《马介甫》中写悍妇尹氏残酷折磨软弱书生杨万石一家人，毛泽东认为是"个性斗争"，并认为"此妇虽坏，然是突出典型"，即悍妇的典型。毛泽东还认为《白莲教》中"表现作者的封建主义，然亦对农民有些同情"。《细侯》一篇反映了清代社会的"资本主义萌芽"。总之，《聊斋志异》形象地反映了清代初期的历史，广泛地描写了那个时代社会生活的真实面貌。

其次，战略和战术的视角。1959年四五月间，毛泽东根据国际国内政治斗争形势的需要，提议编选一本《不怕鬼的故事》，中共中央书记处根据毛泽东的指示把编选工作交给中国科学院的文学研究所，由所长何其芳具体负责。大概是这年夏天，《不怕鬼的故事》基本编成。1960年，毛泽东指示何其芳将已编好的初稿再加以精选、充实，全书定稿后，何其芳请毛泽东为这本书写个序言，说明出版这本书的目的。毛泽东让何其芳先起草，起草好后再送给他看。何其芳几易其稿，写了一篇近万字的序言。毛泽东看了这篇序言后，于1961年1月4日上午11时前后，在他的住地颐年堂约见了何其芳。毛泽东在与何其芳谈话时说："你的问题我现在才回答你（按：指请他审阅稿子）。除了战略上藐视，还要讲战术上重视。对具体的鬼，对一个一个的鬼，要具体分析，要讲究战术，要重视。

不然，就打不败它。你们编的书（按：指《不怕鬼的故事》）上，就有这样的例子。《聊斋志异》的那篇《妖术》，如果那个于公战术上不重视，就可能被妖术害死了。还有《宋定伯捉鬼》。鬼背他过河，发现他身体重。他就欺骗他，说他是新鬼。'新鬼大，旧鬼小'，所以他重嘛。他后来又从鬼那里知道鬼怕什么东西，就用那个东西治它，就把鬼治住了。你可以再写几百字，写战术上重视。"（何其芳：《毛泽东之歌》，《何其芳文集》第三卷，第127页，人民文学出版社1983年版）他强调"除了战略上藐视，还要讲战术上重视"，并以《聊斋志异》中的《妖术》以及《宋定伯捉鬼》为例加以论证，并叮嘱何其芳："你可以再写几百字，写战术上重视。"

这次谈话之后，根据毛泽东的指示，何其芳对序言又作了修改。1月16日，何其芳将修改的稿子又送请毛泽东审阅。毛泽东收到这个修改稿时，正值在北京召开中国共产党第八届中央委员会第九次会议。会议期间，毛泽东又一次审阅了何其芳的这个序言修改稿，并且在这个修改稿的结尾以何其芳的口吻亲笔加写了以下一大段话：

这本书从1959年春季全世界帝国主义、各国反动派、修正主义组织反华大合唱的时候，就由中国科学院文学研究所着手编辑，到这年夏季即已基本上编成。那时正是国内修正主义起来响应国际修正主义、向着党的领导举行猖狂进攻的时候，我们决定将本书初稿加以精选充实，并决定由我写一篇序。1960年底，国际情况起了很大变化，八十一个共产党和工人党在莫斯科举行了代表会议，发表了反对帝国主义、反对反动派、反对修正主义的声明。这个"不怕鬼"的声明使全世界革命人民的声势为之大振，妖魔鬼怪感到沮丧，反华大合唱基本上摧垮。但是读者应当明白，世界上妖魔鬼怪还多得很，要消灭它们还需要一定时间，国内的困难也还很大，中国型的魔鬼残余还在作怪，社会主义伟大建设的道路上还有许多障碍需要克服，本书出世就显得很有必要。当着党的八届九中全会于1961年1月作出了拥护莫斯科会议声明的决议和对国内政治、经济、思想各方面制定了今后政策，目前条件下的革命斗争的战略战术又已经为更多的人所了解的时候，我们出这本《不怕鬼的故事》，可能不会那么惊世骇俗了。

除了加写的这一大段话之外，毛泽东对这个序言修改稿还有两处重要的修改。一处是序言中有这样一段话："难道它们有气，我们反而没有气吗？难道按照实际情况，不是它们怕我们，反而应该是我们怕它们吗？"

毛泽东在这段话后增写了："难道我们越怕'鬼'，'鬼'就越喜欢我们，发出慈悲心，不害我们，而我们的事业就会忽然变得顺利起来，一切光昌流丽，春暖花开了吗？"另一处是序言中的原话是这样写的："一切革命工作中的困难和挫折，都不过是暂时的现象，都不过是前进道路上的阻碍和曲折，都是可以克服、可以扭转的。"毛泽东在这段话之后又加写了一句话："事物总是在一定的条件之下向着它的对方交换位置，向着它的对方转化的。"（这句话后来毛泽东又改作："事物总是在一定的条件之下通过斗争同它的对方交换位置，向着它的对方的地位转化的。"）

1月23日下午两时半，毛泽东在中南海住地又一次约见了何其芳。一见面，毛泽东就对何其芳说："你写的序文我加了一段，和现在的形势联系起来了。"说着，他把他自己添加的上述那一段话念给何其芳和其他在座的几位同志听，像是征求意见，然后又传给大家看。大家传阅后，毛泽东又对何其芳说："你这篇文章原来政治性就很强，我给你再加强一些。我是把不怕鬼的故事作为政治斗争和思想斗争的工具。"他还要何其芳再增写几句，讲讲半人半鬼。他说："半人半鬼，不是走到人，就是走到鬼。走到鬼，经过改造，又会走到人。"（《毛泽东之歌》，《何其芳文集》第三卷，第129—130页，人民文学出版社1983年版）

在毛泽东的精心指导下，《不怕鬼的故事》终于在1961年2月由人民文学出版社正式出版。

1959年4月15日，毛泽东在第16次最高国务会议上向与会的同志通报当前的形势和党的大政方针。他在讲了1958年炮击金门的事之后说，这是"我们祖国的土地"，我们有理由捍卫，别人（美国）管不着。所以，"我们要奋斗下去，什么威胁我们都不怕"。说到这里，他又兴致勃勃地给大家讲了《聊斋志异》中那篇"狂生夜坐"的故事："《聊斋志异》里有一个狂生，晚上坐着读书，有个鬼吓他，从窗户口那个地方伸出一个舌头出来，这么长，它以为这个书生就会吓倒了。这个书生不慌不忙，拿起笔把自己的脸画成张飞的样子，画得像我们现在戏台上袁世海的样子，然后也把舌头伸出来，没有那么长就是了。两个人就这么顶着，你望着我，我望着你。那个鬼只好走了。"

毛泽东绘声绘色地给大家讲完了这个故事后，又强调说："《聊斋志异》的作者告诉我们，不要怕鬼，你越怕鬼，你就不能活，他要跑进来把你吃掉。"

毛泽东还把这个故事与当时炮击金门、马祖的实际联系起来。他说：我们不怕鬼，所以炮击金门、马祖。这一仗打下去之后，现在台湾海峡风平浪静，通行无阻，所有的船只不干涉了。

毛泽东这番十分风趣的话，说得在场的人们哄堂大笑。当时的会议记录上，注明"笑声"二字的就有六处之多。

在这次讲话之后的第21天，即5月6日，毛泽东与周恩来、陈毅一起在中南海紫光阁会见11个国家的访华代表团和这些国家的驻华使节的谈话中，他又一次讲了上述那个"狂生夜坐"的故事。据毛泽东的秘书林克回忆说，约在1958年5月初，毛泽东有一天对我说："世界上有许多鬼，也有许多人怕鬼。鬼是怕它好呢？还是不怕它好？"我说："我不相信鬼神，所以不怕鬼。"他说："鬼是怕不得的，越怕鬼，就越有鬼，不怕鬼就没有鬼了。"毛泽东边说边生动地比划说，《聊斋》上有一个故事，一个狂生夜坐，有个鬼披头散发，面黑似漆，很难看，瞪着眼睛，吓唬狂生，舌头伸得这么长。狂生怎么办呢？他笑着研墨，把墨涂在脸上，涂得像鬼一样黑，也伸出舌头，目光如炬，和鬼互相瞪着眼睛。这样对视着，一小时、两小时、三小时，那个鬼吓不倒狂生，就跑掉了。（这个故事出自《聊斋志异》中的《青凤》，狂生名叫耿去病。毛泽东说时绘形绘色，略带夸张。）他讲完故事后说道："作者蒲松龄在告诉我们，不要怕鬼，越怕越不能活，鬼就要出来把你吃掉。狂生不怕鬼，就把鬼征服了。"（林克：《潇洒莫如毛泽东》，《历史的真实》，第203—204页，中央文献出版社1998年版）在毛泽东看来，对鬼也要讲究斗争的战略和战术。他相信，任何鬼都是可以战胜的。

再次，生产斗争的视角。据何其芳回忆说，在延安文艺座谈会前夕，1942年4月下旬的一天上午，他和鲁艺文学系和戏剧系的几个党员教师在与毛泽东的谈话中谈到了《聊斋志异》时，毛泽东还很有兴致地给他们讲了这篇《狼》中的第三则小故事：一个屠夫在黄昏中走路，狼追着他。

道路旁边有晚上耕地的农民搭的窝棚，屠夫就到那里面去躲。狼把前爪伸进窝棚，屠夫赶快捉住它，不让它逃走。但又没有办法杀死狼。屠夫只有一把不到一寸长的刀子。后来就用这把小刀割开狼的前爪皮，用吹猪的方法使劲吹。吹了一阵，狼不大动了，才用带子绑住。他出窝棚去看，狼已经胀得像小牛一样，腿直伸不能弯了，口张开不能合了，于是他就把狼背回家去。讲完了这个故事之后，毛泽东笑着对他们说：蒲松龄有生产斗争知识。这是毛泽东对作者蒲松龄的称赞，也是对广大文艺工作者的期盼。（何其芳：《毛泽东之歌》，《何其芳文集》，第三卷，第73页，人民文学出版社1983年版）

最后，哲学的视角。1937年8月，毛泽东在著名的哲学论著《矛盾论》中，谈到矛盾的互相转化的问题时就说到了《聊斋志异》。他举例说，包括"《聊斋志异》中的许多鬼狐变人的故事等，这种神话中所说的矛盾的互相变化，乃是无数复杂的现实矛盾的互相变化对于人们所引起的一种幼稚的、想象的、主观幻想的变化，并不是具体的矛盾所表现出来的具体的变化"。其目的在于告诉我们要正确认识现实的、具体的矛盾的互相转化和神话中所说的矛盾的互相变化的区别，正确认识神话和现实的关系。

曹雪芹的『《红楼梦》是中国古代小说写得最好的』

【传略】

曹雪芹（1715—1763 或 1764），名霑，字梦阮，号雪芹、芹圃、芹溪，满洲正白旗人，清代伟大的小说家。

曹雪芹生年不详，大约出生于清圣祖玄烨康熙五十四年（1715）到清世宗胤禛雍正元年（1723）之间。祖先本是汉族，原籍辽东辽阳（今辽宁辽阳）。明朝末年，曹世选（又名曹锡远）到沈阳做官，于明熹宗天启元年（1621）三月清太祖努尔哈赤攻陷沈阳时被俘，沦为满洲正白旗的"包衣"（满语意为家奴）。他的儿子，即曹雪芹的高祖父曹振彦跟随正白旗主帅多尔衮参加满洲战争，因有军功，在皇太极天聪八年（明思宗崇祯七年，公元 1634 年）被任命为多尔衮部下的"牛录章京"（牛录章京是 300 人队伍的旗兵头目）。清兵入关时，多尔衮为摄政王，曹振彦因有军功，于清世祖福临顺治七年（1650），被派任山西省平阳府吉州（今山西吉县）知州。顺治九年任大同府（今山西大同）知府。

曹振彦的儿子即曹雪芹的曾祖父曹玺，在战争中立了军功，升任内务府工部郎中。康熙二年（1663），他由内务府派出任江宁织造，共达 22 年之久。他死后，又由其子，即曹雪芹祖父曹寅"协理江宁织造"一年。第二年他返回北京内务府，先后任慎刑司郎中和广储司郎中。康熙二十九年，他出任苏州织造。康熙三十一年，曹寅正式担任江宁织造。他担任此职，也是"专差久任"，直到康熙五十一年病死为止。在康熙三十一年至三十二年，他还兼任苏州织造。在康熙四十二年至四十三年，他还兼任两淮巡盐监察御史。康熙皇帝对曹寅非常信任，因为曹寅的母亲（即曹玺的妻子）孙氏是康熙帝玄烨的保姆。曹寅又曾担任康熙的伴读和御前侍卫。康熙六次南巡，除第一次、第二次外，后四次都是由曹寅负责接驾并以曹寅的织造府为行宫。江宁织造府名义上是替皇帝织造和采办衣物的机构，实际上它还担负着重大的政治使命，它负责向皇帝反映江南的吏治民情，并负责团结东南地区的汉族上层分子。现在北京故宫还保存有 100 多件有关曹家的档案。例如康熙四十七年（1708）三月初一日康熙帝在曹寅报告上批示："以后有闻地方细小之事，必具密折来奏。"所以，江宁织造府实际上起了清朝皇帝在东南地区的情报机构和统战机构的双重作用。曹寅具有高度的封建文化修养，精通诗律。他通过诗词曲赋、琴棋书画的文化交往，广泛联系东南地区的知识分子，实际上成为当时南京扬州一带的文坛盟主。他藏书十多万卷，还在扬州设立刻书的"诗局"，曾奉康熙皇帝之命，编印《全唐诗》与《佩文韵府》等重要典籍，本人著作有《楝亭集》。

从康熙二年（1663）至雍正六年（1728），是曹家富贵荣华的时期。从曹玺、曹寅至曹雪芹的父辈曹颙、曹頫，祖孙三代四人，世袭江宁织造官共计 60 年之久，曹颙是曹寅的儿子，一说为曹荃之子，字孚若，小名连生。康熙五十一年（1712）继任江宁织造，在任三年，康熙五十四年在北京病死。曹頫，原是曹寅之弟曹荃第四子。康熙皇帝因曹寅后继无人，命将曹頫过继给曹寅为子，并继任江宁织造。曹頫任江宁织造共十三年。玄烨对他也是很信任的，如玄烨在康熙五十七年（1718）六月初二日曹頫请安折的批语上说："亦可以所闻大小事，照尔父密密奏闻，是与非朕自有洞鉴。就是笑话也罢，叫老主子笑笑也好。"曹雪芹自幼就是在这"秦淮风月"之地的"繁华"生活中长大的。

康熙皇帝死后，雍正皇帝即位，对他父亲的一些亲信曾给予无情打击。曹家也成了打击对象。雍正五年（1727）十二月（公元 1727 年初）胤禛借口曹頫解送织物进京时"苛索繁费，苦累驿站"，"织造款项亏空甚多"，将其革职查办，并下令抄了曹頫的家，共抄出房屋 13 处，483 间，田地 19 顷零 67 亩，高利贷本利银子 32000 余两。雍正六年（1728），曹頫带领全家迁居北京。最初曹家还蒙恩留下些房产田地，后于乾隆初年又发生了一次详情不明的变故，遂彻底败落，子弟们沦落到社会底层。

经历了生活中的重大转折，曹雪芹深感世态炎凉，对封建社会有了更清醒、更深刻的认识。他蔑视权贵，远离官场，过着贫穷如洗的日子。

曹雪芹晚年住在北京西郊，生活贫困。张宜泉《题芹溪居士》开头两句是："爱将笔墨逞风流，庐结西郊别样幽。"敦诚的《赠曹雪芹》诗，最后一句是"日望西山餐暮霞"。敦诚在《赠曹雪芹》诗开头说："满径蓬蒿老不华，举家食粥酒常赊。"中间又说："衡门僻巷愁今雨"。敦诚在《寄怀曹雪芹》诗中又说曹家"于今环堵蓬蒿屯"，这些诗句都反映出曹雪芹晚景凄凉：住屋周围野草丛生，粗陋的房子不足以遮蔽风雨，全家食粥，吃酒还要赊账。

曹雪芹性格豪放、坚强，多才多艺，会写诗，会绘画。张宜泉在《伤芹溪居士》诗题下自注："其人素性放达，好饮，又善诗画。"敦敏在一首诗的题记中说："芹圃曹君霑别来已一载余矣，偶过明君琳养石轩，隔院闻高谈声，疑是曹君，急就相访，惊喜意外。"这些话都反映了曹雪芹的性格和才华。敦敏在《题芹圃画石》诗中还提到曹雪芹喜欢画石头。诗的开头说："傲骨如君世已奇。"他既有放达的胸怀，又有傲岸的骨气。

曹雪芹晚年感伤成疾，在40多岁时死去。敦诚在《挽曹雪芹》诗中自注："前数月伊子殇，因感伤成疾。"并有"泪迸荒天寡妇声"之句，可知他死后还留下一位寡妇。清高宗乾隆二十七年（1762），幼子夭亡，曹雪芹陷于过度的忧伤和悲痛，卧床不起，到了这一年除夕（公元1763年2月12日），终因贫病无医而逝世。一说死于乾隆二十八年癸未除夕（公元1764年2月1日）。大约活40多岁不到50岁。

曹雪芹"身胖、头广而色黑"。他性格傲岸，愤世嫉俗，豪放不羁。嗜酒，善谈吐，才气纵横。

曹雪芹是一位诗人。他的诗，立意新奇，风格近于唐代诗人李贺。他的友人敦诚曾称赞他："诗才忆曹植，酒盏愧陈遵。""爱君诗笔有奇气，直追昌谷破篱樊。"又说："知君诗胆昔如铁，堪与刀颖交寒光。"但他的诗仅存题敦诚《琵琶行传奇》两句："白傅诗灵应喜甚，定教蛮素鬼排场。"

曹雪芹又是一位画家，喜画突兀奇峭的石头。敦诚《题芹圃画石》："傲骨如君世已奇，嶙峋更见此支离。醉余奋扫如椽笔，写出胸中块垒时。"可见他画石头时寄托了胸中郁积着的不平之气。

曹雪芹是我国古代一位伟大的小说家。他在文学上的卓越贡献主要是创作了长篇小说《红楼梦》。他写作《红楼梦》的情况，《脂砚斋重评〈石头记〉》第一回有所说明："曹雪芹于悼红轩中，披阅十载，增删五次。"第一回第一段还附有八句诗，最后两句是"字字看来皆是血，十年辛苦不寻常"。当时他写作环境是"蓬牖茅椽，绳床瓦灶"。可惜他只写到《红楼梦》的第80回，便"泪尽而逝"了。在他生前，全书没有完稿。今传

120回本《红楼梦》，其中前80回的绝大部分出于他的手笔，80回以后他已写出一部分初稿，但由于种种原因而没有流传下来。《红楼梦》的续书很多，但以高鹗续写的为最好，故通行的《红楼梦》120回本的后40回采用高鹗的续作。高鹗（约1738—约1815）字兰墅，别署"红楼外史"，汉军镶黄旗内务府人。祖籍铁岭（今辽宁铁岭），先世清初寓居北京。乾隆六十年（1795）进士，官至刑科给事中。后40回的艺术水平较前80回有相当的差距，但它终究给《红楼梦》这部"千古奇书"以差强人意的完整形态，满足了一般读者的要求。因而，这一系统的本子也就成为《红楼梦》的流行版本。

【毛泽东评说】

　　十七世纪是什么时代呢？那是中国的明朝末年和清朝初年。再过一个世纪，到十八世纪的上半期，就是清朝乾隆时代，[①]《红楼梦》的作者曹雪芹就生活在那个时代，就是产生贾宝玉这种不满意封建制度的小说人物的时代。乾隆时代，中国已经有了一些资本主义生产关系的萌芽，但是还是封建社会。这就是出现大观园里那一群小说人物的社会背景。

　　　　　——毛泽东：在扩大的中央工作会议上的讲话（1962年1月30日），
　　　　《毛泽东文集》，第八卷，第301—302页，人民出版社1999年版。"

　　《红楼梦》我至少读了五遍。我是把它当作历史读的。开头当故事读，后来当历史读。什么人都不注意《红楼梦》的第四回，那是个总纲，还有《冷子兴演说荣国府》[②]、《好了歌》和注。第四回"葫芦僧乱判葫芦案"，讲护官符，提到四大家族："贾不假，白玉为堂金作马。阿房宫，三百里，住不下金陵一个史。东海缺少白玉床，龙王来请金陵王。丰年好大雪，珍珠如土金如铁。"《红楼梦》写四大家族，阶级斗争激烈，几十条人命。统治者二十几人（有人算了说是三十三人），其他都是奴隶，三百

---

　　① 乾隆，即清高宗爱新觉罗·弘历（1711—1799），1735—1796年在位。
　　② 即《红楼梦》第二回《贾夫人仙逝扬州城，冷子兴演说荣国府》。

多个，鸳鸯、司棋、尤二姐、尤三姐等。讲历史不拿阶级斗争观点讲，就讲不通。《红楼梦》写出来有二百多年了，研究红学的到现在还没有搞清楚，可见问题之难。有俞平伯、王昆仑，都是专家。何其芳也写了个序，又出了个吴世昌。这是新红学，老的还不算。蔡元培对《红楼梦》的观点是不对的，胡适的看法比较对一点。

　　　　——毛泽东：《谈〈红楼梦〉》，《毛泽东文艺论集》，第208—209 页，中央文献出版社 2002 年版。

曹雪芹在《红楼梦》里还是想补天，想补封建制度的天，但是《红楼梦》里写的却是封建家族的衰落，可以说是曹雪芹的世界观和他的创作发生矛盾。曹雪芹的家是在雍正手里衰落的。[①] 康熙有许多儿子，其中一个是雍正，雍正搞特务机关压迫他的对手，把康熙的另外两个儿子，第八个和第九个儿子，一个改名为狗，一个改名为猪。

　　　　——摘自毛泽东 1964 年 8 月 24 日同周培源、于光远的谈话，见《关于人的认识问题》，《毛泽东文集》，第八卷，第 393 页，人民出版社 1999 年版。

不要像《红楼梦》中林黛玉、贾宝玉那样多愁善感，脆弱多病，不能料理自己的生活。我们今天需要的是有活力、有热情、有干劲的革命青年。我们的青少年要像树木一样坚强，不要像花草一样脆弱！

　　　　——毛泽东 1965 年 7 月 3 日对减轻学生负担的批示，冯文彬主编：《毛泽东与青年》，第 168 页，辽宁人民出版社 1992 年版。

《红楼梦》这部书，现在许多人鄙视它，不愿意提到它，其实《红楼梦》是一部很好的小说，特别是它有极丰富的社会史料。比喻它描写柳湘莲痛打薛蟠以后便"牵马认镫去了"，没有实际经验是写不出"认镫"二字的。……没有丰富的实际生活经验，无从产生内容充实的艺术作品。要创造伟大的作品，首先要从实际斗争中去丰富自己的经验。艺术家固然要有伟大的理想，但像上马鞍子一类的小事情也要实际地研究。过去一个研

---

① 雍正，即清世宗爱新觉罗·胤禛（1678—1735），1722—1735 年在位。

究《红楼梦》的人说，他曾切实地把大观园考察过一番。现在你们的"大观园"是全中国，你们这些青年艺术工作者个个都是大观园中的贾宝玉或林黛玉，要切实地在这个大观园中生活一番，考察一番。

> ——毛泽东：《在鲁迅艺术学院的讲话》，《毛泽东文集》，第二卷，第 123—124 页，人民出版社 1993 年版。

《红楼梦》里有个大观园。大观园里有林黛玉、贾宝玉。你们的鲁艺是个小观园。你们也就是林黛玉、贾宝玉（说到这里，毛泽东两只手臂抱在胸前，笑了起来）。但是，我们的女同志不同于林黛玉只会哭。我们的女同志比林黛玉好多了，会唱歌，会演戏，将来还要到前方打仗。抗日民主根据地就是大观园。你们的大观园在太行山、吕梁山。

> ——董学文等：《毛泽东的文艺美学活动》，第 63 页，高等教育出版社 1995 年版。

大观园里贾宝玉的命根是系在颈上的一块石头，[①] 国民党的命根是它的军队，怎么好说不"保障"，或者虽有"保障"而不"确实"呢？

> ——毛泽东：《评战犯求和》，《毛泽东选集》，第四卷，第 1382—1383 页，人民出版社 1991 年版。

大家不是读过《红楼梦》吗？《红楼梦》中有两个主角，都不太高明。贾宝玉是阔家公子，饮食起居都要丫头照料，自己不肯动手。林黛玉多愁善感，最爱哭泣，只能住在大观园的潇湘馆中，吐血、闹肺病。这样的人怎么能革命呢？

> ——摘自毛泽东 1951 年 3 月同周世钊等人的谈话，转引自徐中远《毛泽东读〈红楼梦〉》，《党的文献》1994 年第 1 期。

[①] 贾宝玉，是《红楼梦》中的人物，大观园是贾宝玉家的花园。据说贾宝玉生时口里含着一块石头，这玉石是他的命根，系在颈上一时也不能离开，如果丢了便会"失魂丧魄"。

关于《红楼梦》研究问题的信

（一九五四年十月十六日）

各同志：

驳俞平伯的两篇文章附上①，请一阅。这是三十多年以来向所谓《红楼梦》研究权威作家的错误观点的第一次认真的开火。作者是两个青年团员。他们起初写信给《文艺报》请问可不可以批评俞平伯，被置之不理。他们不得已写信给他们的母校——山东大学的老师，获得了支持，并在该校刊物《文史哲》上登出了他们的文章驳《红楼梦简论》。问题又回到北京，有人要来将此文在《人民日报》上转载，以期引起争论、展开批评，又被某些人以种种理由（主要是"小人物的文章""党报不是自由辩论的场所"）给以反对，不能实现；结果成立妥协，被允许在《文艺报》转载此文。嗣后，《光明日报》的《文学遗产》栏又发表了这两个青年的驳俞平伯《红楼梦研究》一书的文章。看样子，这个反对在古典文学研究领域毒害青年三十余年的胡适派资产阶级唯心论的斗争，也许可以开展起来了。事情是两个"小人物"做起来的，而"大人物"往往不注意，并往往加以阻拦，他们同资产阶级作家在唯心论方面讲统一战线，甘心作资产阶级的俘虏，这同影片《清宫秘史》和《武训传》放映时候的情形几乎是相同的。被人称为爱国主义影片而实际是卖国主义影片的《清宫秘史》，在全国放映之后，至今没有被批判。《武训传》虽然批判了，却至今没有引出教训，又出现了容忍俞平伯唯心论和阻拦"小人物"的很有生气的批判文章的奇怪事情，这是值得我们注意的。

毛泽东

一九五四年十月十六日

---

① 指李希凡、蓝翎写的《关于〈红楼梦简论〉及其他》和《评〈红楼梦研究〉》两篇文章。

俞平伯这一类资产阶级知识分子，当然是应当对他们采取团结态度的，但应当批判他们的毒害青年的错误思想，不应当对他们投降。

——《毛泽东文集》，第六卷，第 352—353 页，人民出版社1999 年版。

我们的古人林黛玉讲，不是东风压倒西风，就是西风压倒东风。……他（指高岗——引者注）刮阴风，烧阴火，其目的就是要刮倒阳风，灭掉阳火，打倒一大批人。

现在再搞大民主，我也赞成。你们怕群众上街，我不怕，来他几十里也不怕。"舍得一身剐，敢把皇帝拉下马"。这是古人有言，其人叫王熙凤，又名凤姐儿，就是她说的。无产阶级发动的大民主是对付阶级敌人的。……大民主也可以用来对付官僚主义者。

——毛泽东：《在中国共产党第八届中央委员会第二次全体会议上的讲话》，《毛泽东选集》，第五卷，第 321、324 页，人民出版社 1977 年版。

现在我感到国际形势到了一个新的转折点。世界上现在有两股风：东风，西风。中国有句成语：不是东风压倒西风，就是西风压倒东风。我认为目前形势的特点是东风压倒西风，也就是说，社会主义的力量对于帝国主义的力量占了压倒的优势。

——毛泽东：《在莫斯科共产党和工人党代表会议上的讲话》，《毛泽东选集》第七卷，第 321 页，人民出版社 1999 年版。动》，第 186 页，高等教育出版社 1995 年版。

一

《红楼梦》里有这样的话："陋室空堂，当年笏满床。衰草枯杨，曾为歌舞场。蛛丝儿结满雕梁，绿纱今又糊在蓬窗上。"[1]这段话说明了在封

---

① 见《红楼梦》第一回《甄士隐梦幻识通灵，贾雨村风尘怀闺秀》。

曹雪芹的『《红楼梦》是中国古代小说写得最好的』

建社会里，社会关系的兴衰变化，家族的瓦解和崩溃。

二

《红楼梦》中就可以看出家长制度是在不断分裂中。贾琏是贾赦的儿子，不听贾赦的话。王夫人把凤姐笼络过去，可是凤姐想各种办法来积攒自己的私房。荣国府的最高家长是贾母，可是贾赦、贾政各人又有各人的打算。

——摘自毛泽东1959年12月至1960年2月读苏联《政治经济学教科书》的谈话，《毛泽东文艺评论集》，第205—206页，中央文献出版社2002年版。

《红楼梦》不仅要当作小说看，而且要当作历史看。他写的是很细致的、很精细的社会历史。[1] 他的书中写了几百人，有三四百人，其中只有三十三人是统治阶级，约占十分之一，其他都是被压迫的。牺牲的、死的很多，如鸳鸯、尤二姐、尤三姐、司棋、金钏、晴雯、秦可卿和她的一个丫环。秦可卿实际是自杀的，书上看不出来。贾宝玉对这些人都是同情的。你们看过《金瓶梅》没有？[2] 这部书写了宋朝的真正社会历史，暴露了封建统治，揭露了统治者和被压迫者的矛盾，也有一部分写得很细致。《金瓶梅》是《红楼梦》的祖宗，没有《金瓶梅》就写不出《红楼梦》。但是，《金瓶梅》的作者不尊重女性，《红楼梦》《聊斋志异》是尊重女性的。

——毛泽东：《红楼梦》，《毛泽东文艺评论集》，第206—207页，中央文献出版社2002年版。

有些小说如《官场现形记》等，[3] 是光写黑暗的，鲁迅称之为谴责小说。只揭露黑暗，人们不喜欢看，不如《红楼梦》《西游记》使人爱看。《金瓶梅》没有传开，不只是因为它的淫秽，主要是它只暴露，只写黑暗，

---

[1] 他，指《红楼梦》的作者曹雪芹。
[2] 《金瓶梅》，即《金瓶梅词话》，明代兰陵笑笑生的长篇小说。
[3] 《官场现形记》，清末李宝嘉的长篇小说。

虽然写得不错，但人们不爱看。《红楼梦》就不同，写得有点希望么。

——摘自毛泽东 1962 年 8 月 11 日在中央工作会议核心小组会上的谈话，《毛泽东文艺论集》，第 207—208 页，中央文献出版社 2002 年版。

《红楼梦》主要是写四大家族统治的历史，写封建剥削只有一两处。小说"写奴隶像鸳鸯、晴雯、小红等，都写得好，受害的就是这些人"。

《红楼梦》第二回上，冷子兴讲贾府"安富尊荣者尽多，运筹谋划者无一"，讲得太过。探春也当过家，不过她是代理。但是，贾家也就是那么垮下来的。

——摘自毛泽东 1963 年 5 月 7 日和 11 日在杭州会议上的讲话，董学文等：《毛泽东的文艺美学活动》，第 220—221 页，高等教育出版社 1995 年版。

大家担心的是形势问题，尤其是国际形势。有些同志担心苏、美合作对我们不利。我总相信《红楼梦》上王熙凤说的那句话，"大有大的难处"。现在，苏、美两国都很困难。美国政策委员会主席罗斯特曾发表一篇文章，基调是说美、苏都碰到了许多困难，而且是没法解决的。我也不认识这个人，他同我的某些想法不谋而合，差不多。美国不论国内、国际到处都碰钉子，赫鲁晓夫也是这样。不要忘记这一点。这是《红楼梦》上冷子兴说的，"百脚之虫，死而不僵"。美国《锤与钢》杂志也说：美国像一株空了的大树，里边已被虫子吸空了，外边还枝叶茂盛。

——毛泽东：《两个中间地带》，《毛泽东文集》第八卷，第 343 页，人民出版社 1999 年版。

《红楼梦》可以读，是一部好书。读《红楼梦》不是读故事，而是读历史，这是一部历史小说，作者的语言写得很好，可以学习他的语言，这部小说的语言是所有古典小说中最好的一部，你看曹雪芹把凤姐都写活了，凤姐这个人写得很好，要你（指王海容——引者注）就写不出来。你要不读一点《红楼梦》，你怎么知道什么叫封建社会？读《红楼梦》要了解这四句话："贾不假，白玉为堂金作马"（这里说的是贾家）。"阿房宫，三百里，住不下金陵一个史"（说史家）。"东海缺少白玉床，龙王来请金陵王"（说的是王家）。"丰年好大雪，珍珠如土金如铁"（说薛宝钗家）。

——摘自毛泽东1964年与王海容的谈话，董学文等：《毛泽东的文艺美学活动》，第231—232页，高等教育出版社1995年版。

贾母一死，大家都哭，其实各有各的心事，各有各的目的。如果一样，就没有个性了。哭是共性，但伤心之处不同。我劝人们去看看柳嫂子同秦显家的争夺厨房的那几段描写。

——摘自毛泽东1973年7月4日同王洪文、张春桥的谈话，董学文等：《毛泽东的文艺美学活动》，第246页，高等教育出版社1995年版。

曹雪芹把真事隐去，用假语村言写出来。真事就是政治斗争，不能讲，干脆用吊膀子（爱情）掩盖它。

——摘自毛泽东1973年12月21日同中央军委的同志的谈话，徐中远：《毛泽东读红楼梦》，《党的文献》1994年第1期。

许世友同志，[①]你现在也看《红楼梦》了吗？要看五遍才有发言权呢。他那是把真事隐去，[②]用假语村言写出来，所以有两个人，一名叫甄士隐，一名叫贾雨村。真事不能讲，就是政治斗争。吊膀子这些是掩盖它的。第四回里边有一张"护官符"，那上面说：

"贾不假，白玉为堂金作马。阿房宫，三百里，住不下金陵一个史。东海缺少白玉床，龙王来请金陵王。丰年好大雪，珍珠如土金如铁。"中国古代小说写得好的是这一部，最好的一部。创造了好多文学语言呢。

——毛泽东：《谈〈红楼梦〉》，《毛泽东文艺论集》，第209—210页，中央文献出版社2002年版。

我认为，中国有两条缺点，同时又是两条优点。

---

① 许世友（1906—1985），湖北麻城许家洼（今属河南新县）。当时任国防部副部长、中国人民解放军南京军区司令员。毛泽东谈话后的第二天，调任广州军区司令员。

② 他，指《红楼梦》的作者曹雪芹。

第一，我国过去是殖民地、半殖民地，不是帝国主义，历来受人欺负。工农业不发达，科学技术水平低，除了地大物博，人口众多，历史悠久，以及在文学上有部《红楼梦》等以外，很多地方不如人家，骄傲不起来。……在这方面要鼓点劲，要把民族自信心提高起来，把抗美援朝中提倡的"藐视美帝国主义"的精神发展起来。

——毛泽东：《论十大关系》，《毛泽东选集》，第五卷，第287页，人民出版社1977年版。

【作者述评】

鲁迅曾说："自有《红楼梦》出来以后，传统的思想和写法都打破了。"（《中国小说的历史的变迁》）这段话对《红楼梦》的思想和艺术都作出了高度的评价。《红楼梦》的中心故事是贾宝玉、林黛玉的悲剧，宝黛的悲剧既是爱情的悲剧，又是封建统治阶级叛逆者的悲剧。作者真实细致地描写了悲剧发生和发展的复杂现实内容，揭示造成悲剧的全面而深刻的社会根源。围绕着爱情婚姻悲剧，同时铺开一个由许多相关人物构成的广阔的社会生活环境，揭露了封建统治者的罪恶和腐败，从而展示渐趋崩溃的社会的真实内幕。贾宝玉、林黛玉等人对自由和幸福的向往追求，反映那个时代对个性解放和人权平等的要求，闪烁着初步的民主主义精神。它与封建主义冲突所造成的悲剧，生动地表现出封建社会的不合理，因此，全书在客观意义上，表现了封建社会必然崩溃的历史命运。

《红楼梦》是一部具有历史深度和社会批判意义的爱情小说。它颠倒了封建时代的价值观念，把人的情感生活的满足放到了最高的地位上，用受社会污染较少、较富于人性之美的青年女性来否定作为社会中坚力量的士大夫阶层，从而表现出对自由生活的渴望。因而，它也前所未有地描绘出美丽、聪慧、活泼、动人的女性群像。虽然《红楼梦》始终笼罩着一种宿命的伤感和悲凉，但也始终未曾放弃对美好理想的追求。在引导人性毁灭丑恶、趋向完美的意义上，它是有不朽价值的。

《红楼梦》不仅有很高的思想价值，而且也取得了高度的艺术成就。

《红楼梦》最值得称道的，是人物形象的塑造。作者对于他笔下的

曹雪芹的『《红楼梦》是中国古代小说写得最好的』

人物，有爱有憎，但他完全避免了肤浅的夸张和概念化的涂饰，而以深入的体察和天赋的灵感为凭藉，表现出人性的丰富内涵及其在不同生活状态中的复杂情形。在80回的篇幅中，有上百个来自社会不同阶层、具有不同文化背景的人物在活动，而无不自具一种个性，自有一种特别的精神光彩。书中的贾宝玉、林黛玉、王熙凤、薛宝钗等人物，都是非常成功的典型形象。

贾宝玉是《红楼梦》的中心人物。作为荣国府嫡派子孙，他出身不凡，又聪明灵秀，是贾氏家族寄予厚望的继承人。但他的思想性格却促使他背叛了他的家庭。他的性格的核心是平等待人，尊重个性，主张按照各人按照自己的意志自由活动。在他心眼里，人只有真假、善恶、美丑的划分。他憎恶和蔑视世俗男性，亲近和尊重处于被压迫地位的女性。他说过"女儿是水做的骨肉，男子是泥做的骨肉。我见了女儿便清爽，见了男子便觉浊臭逼人"。他憎恶自己出身的家庭，爱慕和亲近那些与自己品性相近、气味相投、出身寒微和地位低下的人物。他对个性自由的追求集中表现在爱情婚姻方面。封建的婚姻要求听从父母之命，取决于家族的利益。可是贾宝玉一心追求真挚的思想情意，毫不顾忌家族的利益。他和林黛玉的爱情，是以含有深刻社会内容的思想感情为基础的。而这种爱情与封建主义的矛盾，又成为他步步克服自身的劣性和弱点，日益发展他进步性格的主要的支持力量和推动力量。这种以叛逆思想为内核的爱情，遭到封建统治者的扼杀，失败了，林黛玉以生命相殉，贾宝玉只好遁入空门，到虚无缥缈的超现实世界中去。

林黛玉是一个比贾宝玉更多一层悲剧色彩的艺术典型。她出生在一个已衰微的封建家庭。祖上曾封列侯，到他父亲一代便已不能袭爵，父亲是科甲出身，官做到巡盐御史。林家支庶不盛，门庭单薄。林黛玉没有兄弟姐妹。母亲的早逝使她从小失去母爱，父亲请了家塾先生教她识字读书，又因她身体怯弱，课读也就不甚严格。封建礼教和世俗功利对她的影响有限，她保持着纯真的天性，爱自己之所爱，憎自己之所憎，我行我素，很少顾及后果得失。这种性格最不宜寄人篱下，可是她因父母相继去世，偏偏不得不依傍外祖母家生活。她寄居在荣府里，"一年三百六十日，风霜刀剑严相逼"，环境的压力与恶劣，使她自矜自重，警惕戒备；使她孤高自许，目无下尘；使她用真率与锋芒去抵御、抗拒侵害势力，以保卫自我的纯洁，免受轻贱和玷辱。在这个冷漠的环境中，她遇着热心、真诚的贾宝玉，二人产生了真挚的爱情，但这种爱情注定不能实现为两性的结合，当神话般的"木石前盟"被世俗的"金玉良缘"所取代，林黛玉只能以死相殉，实践了她的诺言："质本洁来还洁去，不教污淖陷渠沟。"

王熙凤也是一个著名的典型。她是贾琏的老婆，却是王夫人的内侄女，便成了荣国府的管家奶奶。她"体格风骚"，玲珑洒脱，机智权变，心狠手辣。她对家族的衰败和腐朽看得比谁都清楚，但她绝不肯牺牲自己来维护家族的命运；她不但不相信传统的伦理信条，连鬼神报应都不当一回事。作为一个智者和强者，她在支撑贾府勉强运转的同时，尽量地为个人攫取利益，放纵而不露声色地享受人生。而最终，她加速了贾府的沦亡，并由此淹没了自己的美丽而邪恶、富有才干的生命。

《红楼梦》的人物形象，具有鲜明特色的还有很多，可以排成一条很长的五光十色的人物画廊。他们在中国文学史上，具有不朽的价值。

《红楼梦》的语言，也有很高的造诣。它的叙事文字，既是成熟的白话，又简洁而略显文雅，或明朗或暗示，描写人物形象准确有力；它的对话部分，尤能切合人物的身份、教养、性格以及特定场合中的心情，活灵活现，使读者如闻其声、似见其人。此外，《红楼梦》行文中还杂有不少诗、词、曲、赋、骈文、联语等，与小说情节以及贵族生活的氛围，结合得比较密切；诗词之类的质量也比较高，显示了作者深厚的古典文化修养。

总之，《红楼梦》是我国古典小说的高峰，也是我国古典文学的高峰。它在清代就产生了巨大的影响，当时北京的竹枝词就说："开谈不说红楼梦，读尽诗书是枉然"（得與《京都竹枝词》嘉庆二十二年刊）《红楼梦》问世两百年来，对它的研究还成为一种专门的学问——红学。近年来，又兴起一种只研究作者曹雪芹而不研究《红楼梦》本身的专门的学问——曹学。

《红楼梦》是毛泽东最爱读的我国古典小说之一。他在青少年时代就读过这部小说，在 1913 年他作的《讲堂录》里，便有读《红楼梦》的记录。在土地革命战争期间，就有他和妻子贺子珍谈论《红楼梦》的记载。
他读《红楼梦》的最晚记录，是 1975 年夏初和护士孟锦云谈《红楼梦》
与《红与黑》，距他逝世仅一年多一点的时间，他的酷爱《红楼梦》，可
见一斑。1964 年以后，他多次向工作人员要过不同版本的《红楼梦》。他
读过的版本有《红楼梦》（道光壬辰年版）、《脂砚斋重评石头记》《原本
全图红楼梦》《增评补图石头记》《乾隆抄本百廿回红楼梦稿》《戚蓼生序
本石头记》《乾隆甲戌脂砚斋重评石头记》（胡适评）、《脂砚斋重评石头
记》（俞平伯评）、《绘图评注石头记》（王希廉评）、《原本红楼梦》等 20
种，还有建国后，国内有关出版社出版的各种平装本《红楼梦》。这些不
同线装版本的《红楼梦》，差不多都摆放在中南海游泳池住地会客厅里。
游泳池卧室内还摆放两种：《脂砚斋重评石头记》（1—8 册）和《增评补
图石头记》（1—32 册）。这两种，毛泽东都有圈画。放在游泳池住地会客
厅里和卧室里的多种不同版本的《红楼梦》，有的是用黑铅笔作了密密麻
麻的圈画，有的还打开放着，有的折叠起一个角，有的还加有纸条，这些
足以说明，晚年的毛泽东还在一遍又一遍地翻阅《红楼梦》。

　　毛泽东对《红楼梦》的评价相当高。在 1956 年写的《论十大关系》
中，谈到我国和外国的关系时，他把《红楼梦》与中国的"地大物博，人
口众多，历史悠久"相提并论，作为灿烂文化的杰出代表，是中国古典小
说的杰作，他认同英国一位教授的看法，"认为《红楼梦》超过了托尔斯
泰、巴尔扎克和莎士比亚"（管桦：《曹雪芹会哭泣吗？》，1994 年 9 月 13
日）《今晚报》。莎士比亚、巴尔扎克和托尔斯泰，分别是英国文艺复兴时
期、法国和俄国 19 世纪批判现实主义的文学大师，是公认的世界上第一
流的文学巨匠，曹雪芹的《红楼梦》和他们的成就相比，确是有过之而无
不及，无疑是中国人民的骄傲，足以令我们引为自豪。

　　1962 年 8 月，在中央工作会议核心小组会上，毛泽东通过几部我国古
典小说的比较，强调了《红楼梦》是写得最好的古典小说。他认为如《官
场现形记》《金瓶梅》"只暴露黑暗，虽然写得不错，但人们不爱看。《红
楼梦》就不同，写得有点希望么。"这种比较，在宏观的历史坐标系中，
更突出了《红楼梦》的文学价值，肯定了这部小说的思想成就。1973 年 12

月 21 日，毛泽东同许世友将军谈话时又指出："中国古典文学写得最好的是《红楼梦》"。诸如此类的话，在不同场合，毛泽东还说过多次。

对《红楼梦》这部小说，毛泽东多次强调"要读五遍"。据毛岸青和邵华《回忆爸爸勤奋读书和练习书法》记述，毛泽东说他至少看过五遍《红楼梦》。1954 年在杭州登北高峰时对卫士张仙朋等随行人员说，《红楼梦》"要看五遍才有发言权"。1964 年 8 月 18 日，毛泽东在北戴河与几个哲学工作者谈话时说："《红楼梦》我至少读了五遍。"1973 年 12 月 21 日，毛泽东在与许世友将军谈话时说："《红楼梦》要看五遍才有发言权，要坚持看五遍。"在毛泽东看来，《红楼梦》意蕴丰富，只有读五遍，才能读懂。他曾经说过，读《三国演义》或《水浒传》要读三遍才能懂，而《红楼梦》内涵丰富，文字较雅，至少要读五遍，才能真正读懂。其实，我们不可这样拘泥，因为"五"，五次，表现再三、多次的意思。《孟子·告子下》："居下位，不以贤事不肖者，伯夷也；五就汤，五就桀者，伊尹也。"其中"五"就是再三、多次之意。成语三令五申、五花八门等也是这种用法。在毛泽东看来，像《红楼梦》这样博大精深的文学作品，不认真多读几遍，反复阅读，常读常新，是不能吃透其精神实质的。

那么，毛泽东都是从哪些视角阅读《红楼梦》呢？

首先，历史的视角。毛泽东谈到自己读《红楼梦》的体会时说，开始当故事读，后来当历史读。早在 1938 年毛泽东给延安鲁迅艺术学院学员作报告时，就指出《红楼梦》包含有丰富的社会史料。1961 年他同刘少奇谈到《红楼梦》时说，它是写得很精细的社会历史。1964 年他同哲学工作者谈话时，说他是把《红楼梦》当历史读的。1965 年又同表孙女王海容说，"你要不读点《红楼梦》，你怎么知道什么叫封建社会"？在毛泽东看来，读《红楼梦》不能停留在故事的表层，要从考察、解剖历史生活的角度，从社会经济演变和阶级斗争的客观规律出发，挖掘出它的历史意蕴，理解和欣赏这部不朽的巨著。

毛泽东主张把《红楼梦》当作历史读，可从下列两方面来理解：

其一，以贾、史、王、薛四大家的衰败，展现了封建社会必然没落的历史命运。《红楼梦》以豪门贵族贾家为中心，一家连三家，形成了贾、史、王、薛四大家族"一损俱损，一荣俱荣"的局面。他们是整个封建统治阶级的代表。毛泽东明确指出："《红楼梦》写四大家族，阶级斗争激烈，几十条人命。统治者二十几人（有人算了说是三十三人），其他都是奴隶，三百多人，鸳鸯、司棋、尤二姐、尤三姐等。"并强调说，"讲历史不拿阶级斗争观点来讲，就讲不通"。他并且提出来第四回《葫芦僧乱判葫芦案》是"全书的总纲"①其中的"护官符"讲四大家族，还有《冷子兴演说荣国府》《好了歌》和注。毛泽东所以把第四回看作《红楼梦》的总纲，大概是因为"护官符"从一个侧面揭示了封建统治阶级维护其统治地位和统治秩序的形式和法宝，封建统治阶级就是利用这一法宝来剥削、压迫平民百姓，来剥夺和占有奴隶们用汗水和血肉创造的财富。这个"纲"最能体现作品的主题并能引导读者透过文字的表面看到问题的实质。抓住了这个"纲"就是抓住了"阶级斗争"，就是抓住了作品的主题，就等于掌握了理解整个作品的钥匙。

"1954年3月10日上午，主席一早起来就招呼我们，说今天要去登北高峰。……主席一面登山，一面和我们说古论今，谈笑风生。他问我们看过《红楼梦》没有？我们回答说看过。主席又问都看了几遍？有的回答看了一遍，有的说看了两遍。主席问站在他身边的一位老大夫看了几遍，老大夫说看了两遍。主席问他看过后有何感想？老大夫想了一下，十分认真地回答说：'我发现贾府里那些人都挺讲卫生的，他们每次饭前都要洗手。'他的话音刚落，主席就大笑起来，我们也笑了。有的同志开玩笑地说：'老大夫真是三句话不离本行，到处宣传讲卫生。'大家更加笑了。停了一会，主席对大家说：'《红楼梦》这部书写得很好，它是讲阶级斗争的，要看五遍才能有发言权哩。'接着又说：'多少年来，很多人研究它，并没有真懂。'当时，我们对主席讲《红楼梦》的话并不理解，实际上主席正在酝酿写一篇重要文献。不久，在这年十月十六日，他写出了给中央政治局和其他有关同志的《关于红楼梦研究问题的信》，接着发动了

---

① 清王希廉在《红楼梦总评》中将全书120回分为21段，提出第"五回为四段，是一部《红楼梦》之纲领"。

一场批判资产阶级唯心论的伟大斗争"。（张仙朋：《为了人民》，《当代》杂志1979年第2期）

毛泽东还指出，"《红楼梦》里写的是几个家庭，主要是一个家庭"。"通过家庭反映社会，家庭是社会的缩影"。因为书中的人，都代表了一定的阶级，应该这样看他们的矛盾冲突，矛盾纠葛，矛盾的产生和发展，才能真正通过看《红楼梦》来了解中国的封建社会。他还说过，"《红楼梦》主要是写四大家族统治的历史"。用阶级斗争观点来看，《红楼梦》中有两派，统治者一派，封建阶级的叛逆者和被统治者结成的统一战线为另一派。两派斗争激烈，有的付出了生命的代价。早在井冈山斗争时期，他就对妻子贺子珍说："《红楼梦》也是写斗争的。《红楼梦》写了两派，一派好，一派不好。贾母、王熙凤、贾政，这是一派，是不好的；贾宝玉、林黛玉、丫环，这是一派，是好的。《红楼梦》写了两派的斗争。"（王行娟：《贺子珍的路》，第114—115页，作家出版社1985年版）统治阶级内部的勾心斗角也很激烈，正如冷子兴所说贾府是"安富尊荣者尽多，运筹谋划者无一"。在贾府，贾母是最高权威，但"贾赦、贾政各人又有各人的打算"，贾珍、贾琏、贾蓉醉生梦死、吃喝玩乐，一代不如一代，而王熙凤作为荣府的管家奶奶，"想各种办法来积攒自己的私房"，面对着这分崩离析的局面，即使有探春"兴利除弊"的改革整修这个行将倾覆的家族大厦，也是无能为力的。因此，"陋室空堂，当年笏满床。衰草枯杨，曾为歌舞场。蛛丝儿结满雕梁，绿纱今又在糊蓬窗上"，就成了封建社会兴衰变化的形象写照。

把小说当作历史读，是马克思主义者的一个特点。恩格斯早在1884年4月在《致玛·哈克奈斯》的信中就谈过，巴尔扎克"在《人间喜剧》里给我们提供了一部法国'社会'特别是巴黎'上流社会'的卓越的现实主义历史"。（《马克思恩格斯选集》，第四卷，第462页，人民出版社1972年版。）可见，恩格斯是把《人间喜剧》当作历史读的。列宁也说过："托尔斯泰是俄国革命的镜子。"（《列宁选集》，第二卷，第369页，人民出版社1972年版。）列宁也是把小说当作历史来读的。毛泽东强调把《红梦楼》当作历史读，希望《红楼梦》了解中国封建社会的历史，和恩格斯、列宁的论点一

曹雪芹的『《红楼梦》是中国古代小说写得最好的』

脉相承，可见，这是马克思主义文艺理论的一个基本观点。

其二，《红楼梦》展现了封建社会形象的历史，反映了社会历史的进步要求。1962年1月在扩大的中央工作会议上，毛泽东指出，《红楼梦》作者曹雪芹生活的清朝乾隆时代，"中国已经有了一些资本主义生产关系的萌芽，但是还是封建社会。这就是出现大观园里那一群小说人物的社会背景"，正是在这样的历史背景下，才出现了"贾宝玉这种不满意封建制度的小说人物"；而这种"不满意封建制度"，主要表现在小说对封建制度摧残人才的不满，对被污辱和被损害者的同情，对女性的尊重，以及对美好的向往与追求。1961年毛泽东指出《红楼梦》"是尊重女性的"，1962年指出它"写得有点希望么"，1964年又指出，"曹雪芹在《红楼梦》里还是想补天，想补封建制度的天"，这些都说明这部小说反映了当时社会的进步要求。如果当时不出现"资本主义生产关系的萌芽"，这些"民主性"的意向也难以萌生。因此，认真阅读《红楼梦》这部中国封建社会百科全书式的小说，既能了解中国封建社会的历史面貌，又能悟出《红楼梦》是在怎样的历史背景下诞生的，从而把握历史发展的客观规律。

其次，政治的视角。作为一个革命领袖，毛泽东是日理万机，一闲对百忙，他阅读《红楼梦》，很少是单纯的文学欣赏，总是随时结合书中的人或事，来印证或阐发他的认识，说明中国革命和社会主义建设中的一些实际问题。据薄一波同志回忆，毛泽东同志对《红楼梦》有浓厚的兴趣，讲过这是一部顶好的社会政治小说。他多次要大家读，说不是读故事，而是读历史，你要不读《红楼梦》，怎么知道什么叫封建社会呢？这部小说描写的是乾隆年间，清朝开始走下坡路，曹雪芹借贾、史、王、薛"四大家族"的兴衰，揭示了封建制度的腐朽。（薄一波：《回忆片断——记毛泽东同志二三事》，1981年12月21日《人民日报》）

萧克将军回忆说，早在井冈山斗争前期，毛泽东就说过，"大观园里贾宝玉的命根子是颈上的那块石头，国民党的命根子是它的军队，只有消灭敌人，缴了它的枪，抓到俘虏，才挖掉它的命根子"。（肖克：《永铭在心的亲切教诲》，《怀念毛泽东同志》，第16页，人民大学出版社1980年版）教导大家消灭敌人，挖掉国民党的命根子。1935年遵义会议后，毛泽东对当时在中央纵队当秘书长的刘英说，《红楼梦》中"不是东风压倒西风，就是西风压倒东风"，是林黛玉说的，还说：《红楼梦》里最招人喜欢的是贾宝玉他鄙视仕途经济，反抗旧的一套，"有叛逆精神，是革命家"。（刘英：《在历史的潮流中——刘英回忆录》，第68—69页，中共党史出版社1992年版）1938年5月，他在鲁迅艺术学院作报告时，说到《红楼梦》里的大观园，以及大观园里的贾宝玉、林黛玉，指出"你们的鲁艺是个小观园"，"抗日民主根据地就是大观园"，鼓励学员们奔赴抗日前线。1945年4月24日，毛泽东在中国共产党第七次全国代表大会的口头政治报告中，批评小资产阶级的革命软弱性，好像林黛玉"洗涤后身上发出的那样一种'香'"，告诫要警惕这种"软弱香"，"给我们党以坏的影响"。1949年全国胜利前夕，他在《评战犯求和》中指出："大观园里贾宝玉的命根是系在颈上的一块石头，国民党的命根是它的军队"。1951年他接见来北京的湖南教育界的几位人士时指出，"不要把我们的青年培育成贾宝玉、林黛玉式的人，我们需要坚强的青年，身体和意志都坚强的青年。"1952年，毛泽东在"三反"的时候，用"贾政做官"的故事，来教育共产党员干部警惕受人包围。1956年11月15日，毛泽东在中共八届第二次全体会议上谈到高岗反党集团时说，"我们的古人林黛玉讲，不是东风压倒西风，就是西风压倒东风"，借以说明两条路线斗争没有调和的余地。1957年11月13日，毛泽东在莫斯科对留学生讲话时说道："不是西风压倒东风，就是东风压倒西风"。你们读过《红楼梦》没有？这句话是《红楼梦》的林黛玉说的。（董学文等：《毛泽东的文艺美学活动》，第175页，高等教育出版社1995年版）1957年，他又多次拿林黛玉这两句名言，来说明国际形势的特点："社会主义的力量对于帝国主义的力量占了压倒的优势。"在1957年3月1日最高国务会议的结束语中，他用王熙凤对刘姥姥说的："大有大的难处"这句话来说明大国的事情并不那么好办。1963年，他又用"大有大的难处"和冷子兴说的"百脚之虫，死而不僵"这两句话来说明苏、美两个超级大国的事情并不那么好办及其正在走向没落的趋势。他对王熙凤的"舍得一身剐，敢把皇帝拉下马"这句名言特别感兴趣，在提倡彻底的唯物主义者是无所畏惧的和与国内外反动派作英勇斗争的时候，曾多次引用这句话。1958 年，在成都会议上，他还用丫头小红说的"千里搭长棚，没有不散的筵席"来说明聚散的辩证法和没有一件事情不是互相转化的。1959 年12 月至 1960 年 2 月，毛泽东在读苏联《政治经济学教科书》（社会主义部分）的谈话中援引"陋室空堂"这支《好了歌注》曲子的前六句来说明在封建社会里，社会关系的兴衰变化，家庭的瓦解和崩溃。1965 年 7 月 3日，毛泽东为减轻学生负担作出批示，其中指出："不要像《红楼梦》中林黛玉、贾宝玉那样多愁善感，脆弱多病，不能料理自己的生活。"1967年 12 月 12 日接见许世友将军时提出"文官务武，武官务文，文武官员都要读点文学"，嘱咐他去读《红楼梦》。1975 年秋，毛泽东还称赞"王熙凤是当内务部长的材料"，"有战略头脑"，并风趣地举例说，"王熙凤处理尤二姐'事件'，真是有理、有利、有节哟"，还说"她把个贾瑞弄得死而无怨、至死不悟"。这方面的例子很多，不胜枚举。

再次，艺术的视角。毛泽东认为《红楼梦》是我国古典小说中最好的一部，对它的艺术成就评价很高。他对《红楼梦》的创作方法、艺术结构、人物塑造、文学语言、细节描写等诸方面都十分推许。1965 年，他与表孙女王海容谈话时，称赞"作者的语言写得很好，可以学习他的语言"，并指出"这部小说的语言是所有古典小说中最好的一部"，还称赞说，"你看曹雪芹把凤姐都写活了，凤姐这个人写得很好"。除了凤姐这个成功的典型之外，他评及的人物还有贾母、贾政、贾赦、贾宝玉、林黛玉、薛宝钗、晴雯、司棋、尤二姐、尤三姐、刘姥姥、香菱、柳湘莲、袭人等众多的人物形象。他还称赞《红楼梦》中的细节描写，1938 年 4 月 28 日，在对延安鲁迅艺术学院师生的讲话中，他举出柳湘莲痛打薛蟠以后（应为贾珍在尤二姐处饮酒之后——笔者）便"牵马认镫去了"的细节描写，指出"没有实际经验是写不出'认镫'二字的"。1973 年 7 月 4 日，毛泽东同王洪文、张春桥谈话时，谈到"贾母一死，大家都哭，其实各有各的心事，各有各的目的"，"哭是共性，但伤心之处不同"，并劝人们"去看看柳嫂子同秦显家的争夺厨房那几段描写"。关于《红楼梦》的艺术结构，1958 年10 月 26 日，毛泽东找田家英、吴冷西谈话，他拿当日发表的《再告台湾同胞书》为例，谈了如何写文章的几点意见。其中一点是："文章要有中心思想，最好是在文章的开头就提出来，也可以说是破题。文告一开头就提出绝大多数人爱国，中国人的事只能中国人自己解决。这个思想贯穿全篇。整个文告，从表面上看，似乎写得很拉杂，不连贯，但重在有内在联系，全篇抓住这个问题不放，中间虽然有穿插，但贯彻这个中心思想。《红楼梦》中描写刘姥姥进大观园就是这样写的。"① 这里毛泽东现身说法，说明《再告台湾同胞书》是受《红楼梦》中刘姥姥进大观园写法的影响。

此外，毛泽东对《红楼梦》研究十分关注。众所周知，1954 年 10 月 16 日，他还给中共中央政治局和其他同志写了一篇《关于红楼梦研究问题的信》，支持李希凡、蓝翎两个"小人物"对红梦楼研究权威俞平伯的批判，并亲自发动和领导了这场全国性的关于《红楼梦》的辩论和讨论。这次批判提出的问题，不仅是如何评论和研究《红楼梦》这部古典文学名著，而且是要从哲学、史学、文学、社会政治思想各个方面，对五四运动以后最有影响的一派资产阶级学术思想进行一番清理和批评，因此它有着十分重要的意义和极为深远的影响，为使《红楼梦》这部伟大的古典文学名著第一次广泛地为人们认识和接受，且影响国外，为弘扬民族文化，批判地继承文学遗产起到很大作用，也促使很多人学习、运用马克思主义的立场、观点和方法来研究中国古代文学，扩大了马克思主义唯物论的阵地，缩小了资产阶级唯心论的地盘。"但是，思想问题和学术问题是属于精神世界的很复杂的问题，采取批判运动的方法来解决，容易流于简单和片面，学术上的不同意见难以展开争论。"（胡绳主编：《中国共产党的七十年》）况且，当时对《红楼梦》研究的批判，已出现有把学术问题当作政治斗争并加以尖锐化的倾向，而将学术争论和政治斗争两个本质不同的范畴混淆起来。它造成的严重后果，不仅践踏了学术尊严，也使政治斗争庸俗化，对于发扬学术民主，促进学术文化繁荣也是不利的。

毛泽东出于对《红楼梦》的喜爱，始终关注《红楼梦》的研究工作。1954 年，毛泽东读了周汝昌《红楼梦新证》，对书中写《红楼梦》提到的

----

① 吴冷西：《忆毛主席》，第 61 页，新华出版社 1995 年版。

"胭脂米"的考证很感兴趣①。毛泽东还读过俞平伯的《红楼梦辨》和何其芳《论〈红楼梦〉》。这三种研究《红楼梦》的著作,毛泽东圈画和批注都比较多,特别是俞平伯的《红楼梦辨》。

后来,毛泽东一直很关注《红楼梦》的研究,有关研究和评论《红楼梦》的书刊,他都很爱看。这里有两个例子很能说明这个问题:

1962年4月14日和21日,《光明日报》的《东风》副刊发表了吴世昌的《脂砚斋是谁?》和《曹雪芹的生卒年》。这两篇文章是吴世昌的《我是怎样写〈红楼梦探原〉的》长文的两节,《东风》副刊发表时特意加了一个小注,加以说明。这两篇文章,连同后面的小注,毛泽东看得很仔细。他看后说,既然《光明日报》刊用此中两节,一定有其全文,请为他找份全文阅读。经与《光明日报》社的同志联系,真的确有全文。吴世昌的这个全文是刊载在《光明日报》社编印的一份内部材料上,有关人员当即给毛泽东补送一份。(黎丁:《毛主席和〈东风〉》,《难忘的回忆》,第236—237页,中国青年出版社1985年版)看了节选的文章,还一定要看全文,这说明毛泽东对《红楼梦》研究不是一般的关注。

1964年8月18日,毛泽东在北戴河同哲学工作者的谈话中,对《红楼梦》研究的发展轮廓,他作过一个独自的评价。他说:

《红楼梦》写出二百多年了,研究红学的到现在还没有搞清楚,可见问题之难。有俞平伯、王昆仑,都是专家。何其芳也写了个序,又出了个吴世昌。这是新红学,老的不算。蔡元培对《红楼梦》的观点是不对的,胡适的看法比较对一点。

这段话从《红楼梦》谈到"红学",谈到新旧红学家,这一方面说明毛泽东对红学研究的关注,另一方面说明在这次谈话之前,毛泽东已经非常用心地阅过这些红学家的著作和有关他们的"红学"研究与评论文章。

俞平伯的《红楼梦辨》(50年代改名为《红楼梦研究》),毛泽东阅读批判情况前已介绍。

---

① 徐中远:《毛泽东读〈红楼梦〉》,《党的文献》1994年第1期。

王昆仑是著名的政治活动家，著有《红楼梦人物论》。他的这部人物论，是他解放前的研究成果，1962年重新修订，在《光明日报》上逐篇连载，显然引起了毛泽东的注意和兴趣。

何其芳，当时是中国科学院文学研究所所长，他为人民文学出版社出版的新版《红楼梦》写了一篇长序，是用马克思主义观点研究《红楼梦》的一篇力作。他在许多问题上与李希凡、蓝翎的观点有分歧。这说明马克思主义研究者之间，在学术上也要进行百家争鸣。何其芳还有一本《论〈红楼梦〉》（人民文学出版社1958年9月出版），毛泽东也曾阅读过。

吴世昌，是当时刚从英国回国不久的一位红学家，其代表作是《红楼梦探原》和《我是怎样写〈红楼梦探原〉的？》。他的研究主要在版本和作者的考证方面，但在这方面的许多具体问题上，便同胡适的观点有尖锐分歧。

蔡元培是我国新文化运动的一位先驱。他著有《石头记索隐》。他是旧红学的最后一位代表，属于"索隐派"。所谓"索隐派"，就是用小说中的人物去附会历史上实有的人物。他认为，小说中描写的人物必然能在历史上检索出来。他研究的结论是："金陵十二钗"写的就是明末清初江南的12个名士（都是男的！）这种研究《红楼梦》的方法毛泽东是否定的，所以他肯定地说："蔡元培对《红楼梦》的观点是不对的。"

胡适是"新红学"的代表人物之一，著有《红楼梦考证》。他认为《红楼梦》是曹雪芹的"自叙传"，划清了考据同附会、猜谜的界限，把《红楼梦》的研究扭转到考证作者生平、家世、版本和研究作者与作品的关系上来，和孟子提倡的"知人论世"的传统批评方法一脉相承，对研究《红楼梦》具有开拓性的意义，但完全把《红楼梦》看作是曹雪芹的"自叙传"即把小说的内容等同于曹雪芹的生活经历，则基本上是错误的，所以毛泽东认为"胡适的看法比较对一点"。所以，毛泽东把胡适、俞平伯、王昆仑、何其芳、吴世昌都称为"新红学"的代表。

综观毛泽东对《红楼梦》的许多精辟见解及他对"新红学"和"旧红学"的中肯评价，我们可以毫不夸张地说，毛泽东是一位高明的红学家，一位名副其实的马克思主义的新红学家。

龚自珍

『我劝天公重抖擞，不拘一格降人才』

【传略】

龚自珍（1792—1841），字璱人、尔玉，更名易简，字伯定，又更名巩祚，号定庵，晚年又号羽琌山民。浙江仁和（今浙江杭州）人。清代著名的文学家、思想家和爱国主义诗人。

龚自珍于清高宗弘历乾隆五十七年（1792）出生于浙江省仁和县一个世代官宦学者家庭。龚自珍的过继祖父龚敬身，进士出身，曾任内阁中书和云南兵备道。祖父龚禔身，贡生，曾任内阁中书军机处行走，著有《吟瞿山房诗》。父亲龚丽正，嘉庆年间进士，曾任徽州知府和江南苏淞泰兵备道，著有《国语注补》《三礼图考》等。母亲段驯，是著名小学家段玉裁之女，著有《绿华吟谢诗草》。

龚自珍一生可分为三个阶段。

一、20 岁以前，在家学习经学文学。由于出身于书香门第，他从小就受到了良好的家庭教育。幼年时，母亲就口授吴梅村诗，培养了他对诗歌的爱好。优裕的生活和家传的学问使龚自珍可以读到当时能够看到的许多书籍，并为他在诗文、文字训诂学上的成就打下了深厚的基础。他 11 岁时离开浙江入都。12 岁时，外祖父段玉裁教他学"说文"部首。13 岁曾作《水仙花赋》，15 岁开始写诗。

二、19 岁至 28 岁，应乡试至入仕时期。龚自珍 19 岁应顺天乡试，中副榜。21 岁，校书英武殿。清仁宗颙琰嘉庆二十三年（1818），他复应试浙江，中举人。次年参加会试但落第。嘉庆二十五年，他开始入仕，任内阁中书，10 年后考中进士。龚自珍在 28 岁以前的主要活动就是读书、应考和著述。但是他的阅读范围并没有局限在经书和文籍的限制之内，而是"读百家，好杂家之言"，广泛地接触各类著作，充实着自己的思想。他尤其喜爱读历史上那些勇于改革、革新的人物的作品，曾将北宋改革家王安石的一篇《上仁宗皇帝言事书》亲自抄写了九篇，并视为瑰宝。对吴梅村、方百川、宋左彝等人的诗文，他也十分欣赏。这些人的诗文，不仅指导了他的文学创作，也对他后来的思想产生了深刻的影响。

龚自珍在担任武英殿校录时，有机会阅读国家珍藏的图书秘籍，为他研校勘掌故之学提供了极大的方便。他在随其父调任奔走南北时，既看到了官场上的一些积弊，也走进了现实社会生活，了解到了一些"田夫、野老、驵卒"的百姓生活。随着视野的开阔，他看到了封建社会末期沉重的社会危机，变法改革的思想初露端倪。他更加关心世情民生，与志同道合者谈论天下大事，并且写下了他最初的一些畅谈改革的文章，如《明良论》《乙丙之际筹议》《尊隐》《平均篇》等，揭露了最高统治者采用愚民政策来维护自己的专制统治的险恶用心，并猛烈地抨击了君主专制统治，否定"君权神授"，主张君臣"坐而论道"，共同治理国家。

宣宗旻宁道光二年（1822），龚自珍在北京的住宅失火，大部分藏书被焚，使他非常心痛，以后每年的此日都要用酒菜祭奠这些亡书。龚自珍研读了大量的前代和当代文史资料，吸取了17世纪以来沙俄蚕食我国领土的历史教训，进一步研究历史地理和国家实力，写下了《西域置行省议》等建议加强边防建设、防备外国侵略的文章，并提出了一些合理的假设，"各省大局，岌岌乎皆不可以支月日，奚暇问年岁"。道光九年，会试中试，他借参加殿试的机会，在"对策"答卷中，以王安石《上仁宗皇帝言事书》为根据，列论当前时事，直陈元隐，从施政、用人、治水、治边等方面提出了改革的主张，震动了整个朝廷。在随后的朝考中，他写下了《御试安边绥远疏》，提出"以边安边""足食足兵"和维护祖国统一的主张，阅卷考官皆大惊失色。考官们借口他的书法不合标准，列为三甲，将他拒之于翰林院大门之外，仍归内阁中书职务。道光十二年，天大旱，皇帝下诏征求直言。大学士富俊、王度向他征求意见，龚自珍提出急需改革的当世急务八条，其中一条是汰冗滥。富俊对其他各条都认为很好，唯独这条感到难以推行。

三、29岁至去世。嘉庆二十四年会试落选后，他又参加五次会试。道光九年（1829），第六次会试，始中进士，时年38岁。在此期间，他仍为内阁中书。道光十五年他被提拔为宗人府主事。道光十七年（1837），京察一等，改礼部主事祠祭司行走，两年后，又补主客司主事。这一段时间，他长期在京为官，还向今文经学家刘逢禄学习公羊学，刘以专治《公羊传》闻名。龚自珍接受了"经世致用"的思想，寻找变法改革的理论根据，并认识了一些有志于改革现状的文学家和思想家，如魏源、汤鹏等人。

龚自珍『我劝天公重抖擞，不拘一格降人才』

公元 1838 年，外国势力积极准备着对中国发动侵略，随着鸦片的急剧输入，在全国人民呼吁禁烟的压力下，清廷不得不派钦差大臣林则徐前往广东查禁鸦片。龚自珍写了《送钦差大臣侯官林公序》一文，提出了十条禁烟的建议，鼓励林则徐严禁鸦片，做好战守之策，特别提出要用武力对抗殖民主义者。他针对顽固派的反对，严正声明为禁烟而用兵是正义的自卫行动。这些都充分表明了龚自珍禁烟的决心和宁死不屈的爱国主义精神，林则徐非常赞同他的意见，回函中称赞他"谋识宏远"。由于龚自珍抨击时弊、力主改革，在鸦片问题上又支持禁烟派，因此遭到了顽固派的排挤和打击，政治理想难以施展，于是他于道光十九年（1839）辞官南归。四月离京时，许多好友赋诗送行。六月抵达扬州，与魏源等故友重逢。七月回到杭州。南归途中，龚自珍想起在广东禁烟的林则徐，联系到朝廷内外禁烟和反禁烟的相持形势，情绪变得非常低落并拜祭了孔庙。料理住房后又北上迎接家眷，于年底返回江南，安置在昆山羽琌山馆。在南下的这几个月中，龚自珍将沿途所感抒写成诗，总共有七言诗 325 首，题名《己亥杂诗》，叙述了途中见闻、感想、往事回忆等等。这是一组结构宏伟、内容深广的七绝自叙诗，形式上颇有独创性，对晚清诗坛有较大影响。龚自珍在杭州度过了他的晚年，并在丹阳县的云阳书院、杭州的紫阳书院讲学。道光二十一年（1841）八月，他突然患病去世，终年 50 岁。当时杨象济曾写诗哀悼说："斯才不占修青史，乾隆以还无与伦。衣香禅榻等闲死，应为皇清惜此人。"

著有《龚定庵全集》。

【毛泽东评说】

不能设想每个人不能发展，而社会有发展，同样不能设想我们党有党性，而每个党员没有个性，都是木头，一百二十万党员就是一百二十万块本头。这里我记起了龚自珍写的两句诗："我劝天公重抖擞，不拘一格降人才。"不要使我们的党员成了纸糊泥塑的人，什么都是一样的，那就不好了。

——毛泽东：《在中国共产党第七次全国代表大会上的结论

（1945 年 5 月 31 日），《毛泽东文集》第三卷，第 416 页。人民
出版社 1996 年版。

　　清人龚自珍云："九州生气恃风雷，万马齐喑究可哀。我劝天公重抖
擞，不拘一格降人才。"……中国劳动人民还有过去那一副奴隶相么？没
有了，他们做了主人了。中华人民共和国九百六十万平方公里上面的劳动
人民，现在真正开始统治这块地方了。

——毛泽东：《介绍一个合作社》，《红旗》杂志，1958 年第一期。

【作者述评】

　　龚自珍是我国 19 世纪上半叶一个具有启蒙主义色彩的思想家、伟大
的爱国主义诗人。他以一种特有的敏锐眼光观察现实，对清末腐朽黑暗的
社会进行了深刻的揭露和尖锐的批判。他"往往引《公羊》义讥切时政，
诋诽专制"（梁启超《清代学术概论》）。他热切地要求改革，要求破除摧残
人才的种种不合理措施，批判了扼杀人才的科举制度。他的改革思想还体
现在对反动的封建理学的批判上，他反对"存天理、灭人欲"的理学号
召，主张人的自由发展。他力主改革，是为了救亡图存。他坚决反对外国
殖民主义者的侵略，主张严禁鸦片，表现出鲜明的爱国主义思想。他还对
当时的一些具体政治问题提出过建议，如《西域置行省议》和《东南罢番
舶议》，这对于巩固西北边疆和抵抗外国入侵是有重大意义的。后来事实
的发展，也完全证实了龚自珍建议的正确性。

　　毛泽东在 1945 年 5 月 31 日中共"七大"上曾引用了龚自珍著名的诗
作《己亥杂诗》："九州生气恃风雷，万马齐喑究可哀。我劝天公重抖擞，
不拘一格降人才。"其目的是要求全党处理好党内的党性和个性的关系，
提倡开创生机勃勃的政治局面，并认为只有每个人都有个性、有生机，才
能使党内气氛活跃起来，在讨论中求同存异，建立更有活力的党性。

　　毛泽东在 1957 年 4 月 15 日会见并宴请苏联最高苏维埃主席团主席伏
罗希洛夫元帅时，伏罗希洛夫问："你们提出'百花齐放，百家争鸣'的口
号是什么意思？"，毛泽东意味深长地回答："万马齐喑究可哀么。"（李越

然:《"我想去当大学教授"——毛泽东和伏罗希洛夫》《毛泽东交往录》,第359页,人民出版社1991年版)也就是希望改变学术界的沉寂局面,活跃学术气氛。毛泽东倡导在多样性中互相比较、互相学习,在斗争中求同存异,认为只有这样,才会有社会的进步和历史的进展。

1958年,毛泽东在《介绍一个合作社》一文中再次引用《己亥杂诗》(九州生气恃风雷),是借以说明发扬人民民主的重要性和必要性,人民心里的话都说了出来,有助于创造一种空前未有的生动活泼的政治局面。

龚自珍是这个时代最敏感、最有成就的先驱。他的文集《龚自珍全集》留下了600多首诗,大多为政治抒情诗,饱含着丰富的历史内容,有着强烈的现实意义。他善于抓住问题的本质,以抒发自己的感慨。他还善于运用奇特的想象,以构成生动有力的形象,从而表达出自己的理想和愿望,如:《咏史》"金粉东南十五州,万重恩怨属名流。牢盆狎客操全算,困扇才人踞上游。避席畏闻文字狱,著书都为稻粱谋。田横五百人安在,难道归来尽列侯?"诗中表面是咏汉朝史事,实际是感慨当时江南名士慑服于清朝的统治,庸俗苟安,埋头著书,诗末更用田横抗汉故事,揭穿清王朝以名利诱骗文士的险恶用心。龚自珍在他晚年所写的《己亥杂诗》中反映了封建社会解体和半封建半殖民地开端这一历史转折时期的阶级矛盾和民族矛盾,进一步指出了外国帝国主义侵略中国的严重危害,表现了一定的民主倾向和爱国主义情感。在最有特色的一首"九州生气恃风雷"诗中,形象地表达了诗人坚定的信念:只有激荡天地的风暴雷霆,才能扫荡那令人窒息的政治氛围;中国才能成为有生气的国家;只有改变不合理的官僚制度,才能出现人才辈出的局面。龚自珍的诗打破了清朝中叶诗坛上一片歌舞升平的沉寂局面,给人以警醒。他的诗形式多样,不受格律束缚,多采用浪漫主义手法,通过丰富的想象力、生动奇特的艺术形象、一泻千里的气势和瑰丽的语言,以表达他那自由奔放的感情。他的诗风继承了从庄子、屈原到李白、李商隐等人的积极浪漫主义传统,继往开来,自成一家,形成了自己独特的艺术风格。

龚自珍的散文在当时也较有名,所写的古文大多是"以经术作政论",即对现实政治的批判与对学术思想的阐述相结合,特别是引用公羊学说以抨击时政、借古喻今。在写法上模仿诸子，尽洗明清文士拘守唐宋八大家之积习，能表现出深刻的思想内容和强烈的战斗气息。他还写过一些杂文、小品、书札和游记，形式多样，内容广泛，展示着那个烂透了的封建社会的图景，既有昏庸腐朽的官吏形象，也有对科举制度的唾骂，又有对朝廷上后继无人的惋惜。其杂文往往立意新颖，尖锐泼辣，匠心独运，别开生面。如《书金伶》通过对一个名伶歌姬的描写，反映了当时统治阶级生活的糜烂。《尊隐》一文则表达了作者对代表腐朽统治的"京师"的绝望，而期待"山中之民"的兴起。《捕蜮》等小品则以寓言形式表达出作者要求扫除社会上一切害人虫的强烈愿望。《病梅馆记》则借江南梅树被折、被删、被锄正，受到束缚而弄得肢体残缺、毫无生气来比喻封建统治阶级摧残人才、扼杀生机的罪恶，表现了作者渴望人格自由发展的救世之心，托物言志，意味深长。他的这些散文大多写得奇诡瑰丽、简括深沉，隐约之中含有激情，客观描述之中寓有深意。不过其文字过于深奥，显得晦涩难懂。

正因为有富国强民的热切盼望，其诗文具有强烈的战斗性。但由于时代和阶级的局限，他的改良思想受到了限制。他虽抨击专横的君主专制，但不反对帝制。他晚年的潜心向佛诵经，虽然也反映了他对现实的不满，但更主要的是表现了他的彷徨、苦闷，在处处碰壁之后，只好一头栽进佛经之中，去寻求那虚幻的精神安慰。

龚自珍的各方面的创作，既有狂傲的个性、自由的精神，又有深刻的思想和对国家与民族的关爱，这对于随后的社会发生剧烈动荡时期的文人，产生了强大的吸引力。梁启超说："自珍性诙宕，不检细行，颇似法之卢骚；喜为要眇之思，其文辞狂诡连犿，当时之人弗善也。……虽然，晚清思想之解放，自珍确与有功焉。光绪间所谓新学家者，大率人人皆经过崇拜龚氏之一时期，初读《定庵文集》，若受电然，稍进乃厌其浅薄。"这里指出龚自珍的思想学说、人格精神对于清末有志于改革的"新学家"的启蒙作用，是完全正确的。

后　记

　　本书是集体创作，在选目、体例由本人确定后，把撰写初稿的任务分解给各位执笔者，初稿写成后再交由本人最后修改定稿。这是一个很好的创作班子，大家都挚爱这一工作，工作努力，合作愉快，在短短的三个月中，如期完成了任务。这是令人欣慰的。参加本书写作的有：毕国民、毕晓莹、东民、刘磊、应楠、孙瑾、李会平、张敏、张桂芳、袁湜、赵守艺、赵建华、赵锐锋、徐艳蕊、祖乔、筱宝、阎青、王汇娟等同志。

毕桂发

2023 年冬